命を守る水害読本

命を守る水害読本編集委員会

はじめに

今年（平成29年）も既に多くの方々が豪雨の犠牲となっている。毎年水害により多くの方々が命を落とす悲劇が繰り返される。

水害は、突発的に発生する地震とは違い、降雨、河川への流出、流下、氾濫と順に発生する、いわば進行性の災害である。

すなわち、降雨から人命を落とすような被害の発生までの猶予時間（リードタイム）を活用し、適切な行動をとることにより、被害は発生したとしても、命は守ることができるはずである。しかし、これが難しい。毎年毎年、繰り返される悲劇に対して、様々な取り組みがなされ、改善も進んでいるが、根絶するには至らない。

一人一人に神様のような存在があり、「今が最後の逃げ時だ！」とささやいてくれればよいが、そういうわけにはいかない。行政も手助けをしてくれるが万能ではない。自分の命は自分で守るしかない。

そうはわかっていても、数十年ぶりの水害に直面することは、一生に一回あるかないかの出来事であり、いざ直面すると、なにをどうしたらよいのか。皆目見当がつかないのが現実ではないか。

まず、避難とは何か？　なぜ避難しなければならないのか、どのタイミングで避難しなければならないのか、どこに行けばよいのか、何を持って行けばよいのかなど、「はじめての避難」に対して戸惑うことが多いはずだ。

また、自分だけは被災しないという根拠なき楽観視、雨の中の移動に対する億劫さなども「はじめての避難」への障害となる。

初めて防災を担当する行政職員や初めて自主防災組織や自治会の役員になった方々から、一般の方々に向けて、多くの人にとっては初めて直面する「はじめての避難」に対し、少しでも心構えをもって取り組み、命を守ることができるようにと思い、本書の発行を企画した。

しかるべきタイミングでしかるべき場所に避難すれば、命は助かる。しかし、これは一定ではない。河川の特性、その時の雨の降り方、夜間なのか昼間なのか、様々な要因で異なってくる。

現在は、気象状況だけでなく、河川の水位、河川のライブ画像等様々な情報が入手可能となっているが、実際、自分にとって意味がある情報は何か？　とっさに判断するのは難しいが、このような情報を活用できれば、逃げるタイミングを把握することも可能となる。

さらに、人間の行動原理として、災害発生前は危機性を過小に受け止めがちであり、かつ、大雨の中では、外に出ること自体を危険、億劫と感じる。つまり、本質的には逃げない傾向を持つことを理解した上で避難を考え、促す必要がある。

単に「避難しろ！」では、避難は進まない、避難所、避難場所に行くことだけが避難でもない。

水害では、命をなくす前に、命を守れる場所に、途中危険な思いをせずに行くことが避難である。

本書を通じ、水害の犠牲となる方が一人でも減ることが執筆者一同の願いである。

平成29年7月9日

執筆者一同

CONTENS

はじめに …… 2

巻頭対談　逃げ遅れによる悲劇を防ぐために
国土交通大臣・石井啓一さん×栃木県知事・福田富一さん …… 6

特別インタビュー　作家・幸田真音さん　東京の洪水をテーマに選んだ理由 …… 11

第Ⅰ章　水害レポート …… 15

Ｐａｒｔ1　日本列島の豪雨災害２０１５～１６
1　岩手県岩泉町 …… 16
2　北海道に4台風来襲 …… 22
気候変動リスクに急いで備えるために
3　宮崎県　北川中流部 …… 30
4　茨城県　鬼怒川決壊 …… 32

Ｐａｒｔ2　水害を乗り越えて
1　兵庫県佐用町 …… 38
2　新潟県　信濃川下流域 …… 42
3　平成23年紀伊半島大水害 …… 48
4　平成24年九州北部豪雨 …… 52
5　都賀川水難事故（兵庫県神戸市） …… 58
いま県の防災システムはどうなっているのか? …… 60
水害レポートを振り返って …… 62

Ｐａｒｔ3　激甚化する世界の洪水
1　台風ハイエン …… 64
2　米国ハリケーン・サンディへの災害対策に学ぶ …… 68

第Ⅱ章　気象の基礎知識 …… 71
Ｐａｒｔ1　日本の雨の特徴 …… 72
Ｐａｒｔ2　台風を知る …… 76
Ｐａｒｔ3　近年の気象の特徴 …… 80
天気予報の素朴な疑問 Ｑ＆Ａ …… 84

表紙

・鬼怒川が決壊し、防災ヘリで救出される車のボンネットに乗った男性、2015 年 9 月 10 日（左上）

・台風10号の影響で小本川が氾濫し、濁流にのまれた高齢者グループホーム「楽ん楽ん」周辺＝岩泉町 2016 年 8 月 31 日（右上）

・鬼怒川の堤防決壊し、流れ込んだ濁流にのまれた常総市の住宅街、2015 年 9 月 10 日（下）

裏表紙

・濁流に流されたＪＲ久大線の鉄橋＝大分県日田市で 2017 年 7 月 6 日

第Ⅲ章　豪雨に備える……89
Part1　水害のメカニズム……90
Part2　水害シミュレーション　首都水没……102
Part3　洪水ハザードマップ……104
Part4　命を守る防災情報……108
早わかり　1・防災気象情報／2・川の水位に関する情報／3・おすすめホームページ&お役立ちアプリ

第Ⅳ章　はじめての避難……123
Part1　逃げ遅れを防ぐための災害心理学……124
Part2　そもそも避難とは？……127
Part3　避難の方法……132
Part4　避難についての素朴な疑問　Q&A……140
Part5　要配慮者利用施設の避難計画……143
Part6　コミュニティ防災で命を守る……146

第Ⅴ章　減災への取り組み……149
Part1　タイムライン……150
Part2　ホットライン拡大へ……166
Part3　治水の取り組み……170
Part4　防災教育……176
Part5　飯田市の減災メソッド……180
Part6　水害サミットの挑戦……184

2017年7月　九州北部に豪雨再び……57
過去の大水害アーカイヴ……70

巻頭対談

逃げ遅れによる悲劇を防ぐために

2015関東・東北豪雨で「ホットライン」が果たした役割

栃木県知事
福田 富一さん

◎

ふくだ・とみかず
1953年生まれ。栃木県日光市（旧今市市）出身。
2004年12月栃木県知事に当選。現在、4期目。

×

国土交通大臣
石井 啓一さん

◎

いしい・けいいち
1958年生まれ。東京都豊島区出身。
2015年10月から国土交通大臣（第20代）。

栃木県に「これまでに経験したことのないような大雨」

私たちは水害からどう命を守るべきか。避難勧告・指示を出す役割を担う市町村長を、県と国はどうバックアップできるのか。災害時にリーダーが果たす役割について、福田富一栃木県知事と石井啓一国土交通大臣が語り合った。
（コーディネーター・毎日新聞社 特別顧問　松田喬和）

――近年、日本列島に豪雨災害が相次いでいます。2016年は東北や北海道に台風が来襲、15年には関東・東北豪雨で鬼怒川が決壊して大きな被害をもたらしました。栃木県知事は、関東・東北豪雨の際、夜中に市長・町長に直接電話をして状況を伝える「知事ホットライン」で減災に努めました。広範囲の災害に一市町村で対応するのは不可能で、自治体を越えた相互扶助、国や県の関与が必要です。逃げ遅れによる悲劇を防ぐためには、どのようなノウハウが必要でしょうか。

福田知事　一昨年の9月、栃木県は関東・東北豪雨に見舞われました。上空に線状降水帯が発生、広範囲にわたる記録的な大雨で甚大な被害が発生しました。関東地方では初めて大雨特別警報が発表され、県内の河川も水位が上昇して危険な状況になったため、知事ホットラインにより7つの市町に避難勧告等に関する助言、情報提供を行いました。直接、市町長と話をして感じたのは、「差し迫る災害がどうなっているのか」「県全体または上流が今どんな状態か」が市町長にはわからないということです。「上流は今こんな状態です。隣の市では避難勧告を出しました。あなたのところも準備をしてはいかがでしょうか」とアドバイスをすることで、下流域の市町長も何をすべきか検討できます。電話をしたことで、市長が避難勧告を発令し、消防団が一軒ずつ戸を叩いて避難を手伝うなどの対応に結び付けた市もあります。刻々と変化する気象状況、災害発生の可能性を危機が迫っている市町長に伝えることが大切です。

石井大臣　私は関東・東北豪雨で鬼怒川が破堤した常総市（茨城県）の隣、つくば市に住んでおり、常総市は非常に身近な地域です。翌日すぐ現地に行き、以降も何回も足を運びました。地元のほとんどの方がおっしゃっていたのは「まさか鬼怒川が破

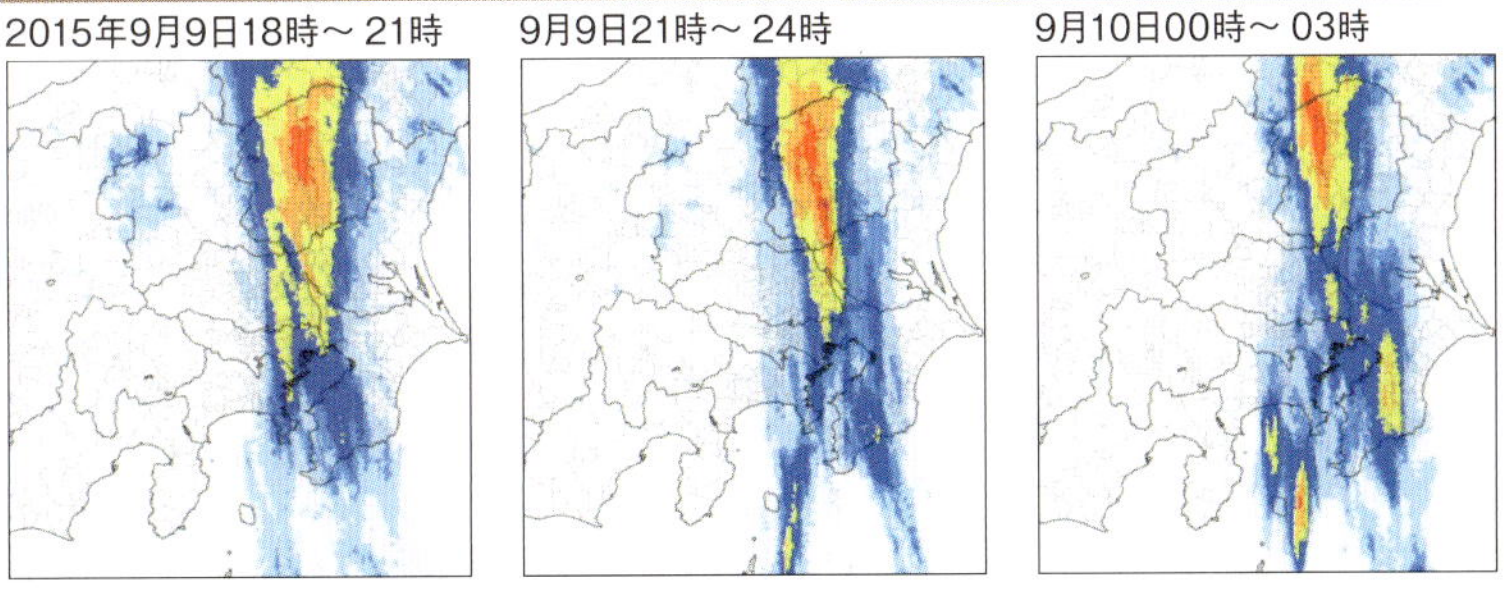

解析雨量による3時間降水量分布図（赤い部分は100mm以上、オレンジは60mm以上100mm未満）気象庁資料より

「平成27年関東・東北豪雨」では、台風18号（低気圧）と台風17号の影響により多数の線状降水帯が次々と発生、9月9日から10日にかけて栃木県で20時間以上も停滞した。日光市五十里（いかり）観測所では最大24時間雨量551mm（311mmが過去最高）を記録するなど、関東・東北地方の16地点で観測史上最多雨量を更新。栃木県内でも死者3人、住家被害は全壊22戸、半壊及び一部損傷996戸、床上浸水1100戸、床下浸水3938戸と大きな被害がもたらされた。

「何度も常総市に足を運びました。『まさか鬼怒川が破堤するとは！』が住民の声でした」

堤するとは」でした。昭和13年以来のことだそうです。昭和61年に東側の小貝川が破堤したので、皆、小貝川のことを心配していたようです。この決壊で2人が亡くなり、約4300人が救助されました。河川整備を一生懸命やってきたため、逆説的に水害への危機意識が薄らいでいたともいえますが、施設の能力を上回る洪水は起こり得ます。想定最大降雨を新しく設定し、これに備えたハード・ソフト対策を充実させることとしました。国土交通省は社会全体で洪水に備えるため、「水防災意識社会」の再構築を進めています。ハード対策としては、洪水を未然に防ぐ対策に加え、氾濫が発生した場合にも、避難のための時間を稼ぐための「危機管理型ハード対策」を推進しています。鬼怒川は越水して破堤しましたが、越水した場合にも決壊までの時間を少しでも引き延ばすために堤防の裏法尻をブロックで補強するなどの対策です。ソフト対策も抜本的に見直し、時系列で防災行動を整理した従来のタイムラインに加え、それぞれの家庭の事情に合わせて避難プランを作っていただく「マイ・タイムライン」の試みも始まっています。もうひとつはプッシュ型の情報伝達です。地震で緊急速報メールが鳴るように、洪水の情報を地域の住民にお知らせする仕組みを常総市と大洲市（愛媛県）から始め、2017年5月からは国の管理河川109水系のうち63水系373市町村で発令できるようになりました。隣接する自治体を含めての広域的な避難、水防訓練や防災教育などのソフト対策も充実させていきます。

福田知事　関東・東北豪雨の体験から、改めて治水事業・水防活動、さらには民間も含めた避難訓練が重要だと認識しました。県内の要配慮者利用施設では、毎月1回避難訓練を行っていたため、深夜にもかかわらずすみやかに避難できたケースもあります。知事ホットラインについては、この水害後に検証し、知事ホットラインの伝達事項について、市町からの質問や再確認等を受ける窓口を設置する等の双方向化を図るとともに、県幹部職員から市町危機管理部課長にも知事ホットラインの内容を伝達する複線化といった見直しを行いました。実際、市町長に電話をかけた時は雨の音、風の音が激しく、携帯電話はなかなか聞こえませんでした。市町長も現場で指揮をとっていますから、電話もなかなかつながりません。でも、「電話をかけたけれど出なかった」では伝わらないままになってしまいます。栃木県では大雨特別警報が発表された時には災害対策本部を自動設置、関係する職員は夜間でも

鬼怒川の堤防決壊口の現場で指示を出す石井国土交通大臣
（2015年10月10日）

「激しい雨音の中、夜中に電話をかけ続けました」

参集することとしました。災害はチームで対応しなければ落ち度が出てしまいますし、ホットラインの複線化・双方向化もチーム一丸となってこそ機能すると思います。

――16年の東北の豪雨で、岩手県岩泉町の高齢者グループホームで入所者の方が9人亡くなったのはシンボリックな事故でした。災害対策においても、私たちは高齢化社会にどう対応していくかの問題提起でもありました。

2015年9月の関東・東北豪雨で増水した鹿沼市の黒川沿いで倒壊した建物

石井大臣　岩泉町で氾濫した小本川は岩手県が管理する河川でした。避難勧告の発令基準に水位が達していたことが町長を含む町の幹部に伝わらず、避難勧告等が出されない中で被害が発生しました。国が管理する河川では、直接市町村長に河川の状況を電話連絡するホットラインの取り組みを行っていましたが、小本川のような都道府県が管理する中小河川についても、ホットラインを拡げる取り組みを始めています。2月（2017年）、「中小河川におけるホットライン活用ガイドライン」を作り、既に約9割にあたる41道府県で、この夏までの実施に向け準備に入っていると聞いています。また、この国会〔第193回国会〕で水防法の改正が成立しました。今まで進めてきた水防災意識社会再構築ビジョンを法的に位置付け、「大規模氾濫減災協議会」を国が管理する河川だけでなく、都道府県が管理する河川でも洪水予報河川と水位周知河川については設置できるようになりました。氾濫のおそれがある区域にある要配慮者利用施設については、避難確保計画の作成や避難訓練の実施を「努力義務」から「義務化」に法改正しました。

福田知事　栃木県では県内河川の4流域で栃木県減災対策協議会を立ち上げました。渡良瀬川流域、鬼怒川・小貝川上流域、利根川上流域、久慈川・那珂川流域です。そういえば真岡市での夏まつりの日、神輿をかついで五行川を渡っていたら、急に水かさが上がって、神輿もろとも流されそうになったことがありました。上流での大雨のためです。上流で何が起こり、下流では何が想定されるかを的確に市町長に直接伝え、職員同士も連携を取り合える仕組みを作り、地域住民の皆様に情報を提供することが大切です。市町長は十分なデータを取りにくい環境に

黒川沿川被災地を視察する福田知事（2015年9月）

「水防意識社会の再構築を図り、逃げ遅れゼロを目指す」

あり、災害対策にも慣れていません。情報をきちんと伝え、避難勧告・指示（緊急）を決断するための背中を押すのが国や都道府県の役割だと思います。

栃木県では災害が発生した市町を応援する新しい試みを始めています。関東・東北豪雨の時は、避難所の人数や年齢構成、今何が必要かの情報が市町から県になかなかあがってきませんでした。そこで、地域に住む県庁職員が市役所や町役場に出向いて情報収集や連絡の窓口になる職員派遣制度を作りました。また県内25市町のうち、6町の役場には土木職の職員がいません。3市町には1人ずつしかいません。脆弱な災害対応力を補うために、市町の要請に応じて土木職のOB職員を「災害復旧技術アドバイザー」として派遣するボランティア制度も今年度からスタートさせました。現役職員、OB職員がセーフティーネットをいくつも張ることで、災害を未然に防いだり、最小限におさえる取り組みの強化ができつつあります。県内の河川流域で立ち上げた減災対策協議会も県民の理解・協力を得ながら進めていきたいと思います。

石井大臣　国からは、リエゾンという情報連絡員を市町村長の周辺に派遣し、水害発生直後からは応急対策等の技術的な支援を行うテックフォース（緊急災害対策派遣隊・TEC-FORCE）を全国から集中的に投入して市町村をサポートする体制を整えています。今後は大規模氾濫減災協議会を活用して、河川管理者と市町村の担当者が顔の見える関係を作っていただくことが重要だと思います。都道府県の河川についても同様です。広域的な避難についても事前に話し合える場として、協議会を活用していただきたいと思います。また全国の要配慮者利用施設の管理者を対象とした説明会を開催し、水害の危険性に対する理解を促進して、確実な避難の確保を図ります。このための具体的な施策をアクションプランとしてとりまとめており、さらに取り組みを加速させていきます。水防法も改正されたので、これをしっかり運用することも含め、水防意識社会の再構築に邁進し、逃げ遅れゼロを目指してまいりたいと思います。

〔２０１７年５月24日〕

避難所となっていた「水海道あすなろの里」で住民の声を聞く石井国土交通大臣（2015年10月10日）

対談を終えて

コーディネーター
松田 喬和
（毎日新聞社 特別顧問）

防災、減災を進める上で、カギとなるのは自助・共助・公助による「三助」だ。人の輪を有機的に結合させることで、災害からの被害を最低限に抑えられる、と言っても過言ではない。

平和時が当たり前になっている戦後日本において、災害時はまれな非常時だ。災害対策基本法で、避難すべき地域住民への命令や指示、勧告を下す権限は、地元基礎自治体の首長が持っている。一方、「災害は忘れた頃にやってくる」ではないが、一人の首長が複数回被災を体験するケースは極めてまれだ。その一方で、指示、勧告などを発動すべき災害は後を絶たない。被災体験を持たない多くの首長には、発動を決断できる客観的データが必要とされている。

関東・東北豪雨時の栃木県内各首長への福田知事からの「ホットライン」は、発動の貴重な動機付けとなり、減災におおいに寄与したはずだ。

非常時だけに、全国でも福田知事が目指すチームでの対応とともに、首長への「ホットライン」の複線化・双方向化が急がれよう。

また、石井国交相が指摘する「危機管理型ハード対策」の推進も緊急の課題だ。

「水害サミット」では、復興に日々苦悩する首長が持つ、減災、防災へのノウハウを披瀝してもらい、より有効な自助、共助、公助のモデルを今後も追求しなくてはならないと、お二人の対談を通じ、改めて痛感させられた。

特別インタビュー

『大暴落 ガラ』で荒川堤防の決壊をシミュレーション

作家 幸田 真音さん

東京の洪水をテーマに選んだ理由

「自然災害と財政の問題は密接につながっています」

「ガラ」とは、相場用語で急激にすべてが値を下げる大暴落のこと。幸田真音さんが2017年3月に刊行した『大暴落ガラ』は、東京都心部を洪水が襲い、同時に「円・国債・株」が大暴落するという未曽有の危機的状況に敢然と立ち向かう人々の物語。「小説の力を借りて、危機意識をたくさんの方と共有したかった」と語る幸田さんが描きたかった世界とは？

——荒川の堤防決壊による東京の大洪水をテーマに選んだ理由をお聞かせください。

私はもともと金融や財政が専門ですが、自然災害と財政問題は密接につながっていると思っていました。地震やテロも脅威ですが、意外に盲点なのが水害、雨ではないか。最近はゲリラ豪雨・集中豪雨など雨も過激化し、危機が迫っているように感じます。雨や台風の襲来に対し、予測の精度が高まっているとはいえ、あらかじめ対策が打てそうで打てない。そこに何か課題があるのではないか。実際に荒川下流河川事務所の所長さんにもお話をうかがい、現場の方たちが真摯に取り組んでおられる現状を見て、その問題意識を小説の力を借りて多くの方と共有したいと思ったのがそもそものスタートです。

荒川流域の歴史についても、隅田川が昔の荒川だったこと、現在の荒川は人工的に造られた放水路であること、地盤沈下のこと……昔、ちらっと聞いたことはあっても改めて知ったことが多く、それもみなさんにお伝えしたいと思いました。

——災害対策基本法についての記述や河川事務所やダムの現場の詳細な話など、相当な取材を重ねて書かれたのではないでしょうか。

日本では現実に災害が起こってからでないと、緊急事態宣言を出すことができません。真近に迫っている災害に対して、一貫した対応策がとれないことを現場の方が一番はがゆく思っているのをひしひしと感じました。この問題をわかりやすく疑似体験していただけるのが小説の力です。

作品はフィクションですが、読者の方に共感していただくために、ディテールとファクトをきちっと埋めていくのが私のやり方です。現場の方が持っている問題意識を正確に伝えたいという思いがあるので、極力、キーになる方に詳しく取材をさせていただきます。大抵は編集者も同行せず、基本は一人で行って、テープ起こしもすべて自分でやります。現場ならではの課題や願いはどこにもあり、おこがましい言い方ですが、それを小説で代弁できないかと。その世界のプロも読んでくださるので、いつも緊張感を持って書いています。

ダムの話も気合を入れて書きました。万が一、台風がそれた場合のことも考慮し、放流の量には繊細な調整が必要なのだということも今回初めて知り、ぜひ広く読者にも知ってほしいと思いました。

——荒川の上流部に3日間で550㎜の雨が降るという設定の物語ですが、2015年に鬼怒川が決壊した時は五十里観測所でそれ以上の雨が降っています。降雨量のベースが上がっているという実感があります。

この作品を発表したことで、「雨は盲点だった」とおっしゃる方が本当に多い。常総市の水害では、本来、避難勧告を出すはずの市役所が水につかってしまいましたよね。自然は人知を超えたものですから、他人まかせではダメで、みんなが自分のこととして、「災害は起きるもの。どう立ち向かうか」を考えなくてはいけません。誰もが「自分だけは大丈夫」という理由なき楽観を抱き、被災された方の映像を見ても、「また起きたか、気の毒に」と他人事のように感じ

『大暴落　ガラ』

中央公論新社
本体価格1700円＋税

日本初の女性総理大臣となった三崎皓子。まだ組閣も終わっていない時に、「埼玉県秩父地方に大雨が降っている。このままでは荒川の堤防が決壊、都心が水に沈む可能性がある」と内閣危機管理監に告げられる。さらに2つの台風が発生して日本へ。新総理は「緊急事態宣言」を提案するが、閣内で反対の声があがる。一方、欧州市場でドル円相場が159円をつける。都心を直撃する大規模な水害とかつてない財政危機が日本を襲う。二つの危機を新総理はどう切り抜けるのか？　2014年に刊行し、黒木瞳主演でテレビドラマ化された『スケープゴート』の続編。

てしまいがちです。でも、明日は自分かもしれない。だから、あえて小説の中では、河川事務所の所長の奥様ですら、逃げ遅れそうになるという設定にしたのです。

——自然災害と金融危機が結びついて起こるという視点でも印象的な作品です。

財政の問題と国の安全保障や外交、自然災害、防災……実は全部つながっています。日本国債の問題も、日銀の存在がいわばスーパー堤防のようになって、川の水かさが増していることが見えなくなっているという発想がありました。私の作家としてのライフワークは財政や国債ですが、自然災害や安全保障の問題が起きると財政の無理も露出し、さらに相乗されてしまう。どちらか一方を制御するだけでも大変なのに、同時に問題が誘発される。だからこそ、荒川の洪水を借りて財政の問題をわかりやすく語れるし、財政を借りて水害を語れるという思いがありました。この二つをひとつのテーマにし、なおかつ女性総理が主人公なので女性活躍の難しさという要素も盛り込んでいます。財政と水害を並列することで、お互いのわかりにくい部分がわかりやすくなったと思っています。

ヨミウリオンラインでの連載中、「本当にあんなことが起きるんですか」という問い合わせも多かったようです。もちろんすぐに起きるわけではありません。でも、荒唐無稽な話では決してない。最悪のケースに照準をあわせて備えるという意識が大事だと思います。「最善のプランをたて、最悪に備える」ことは投資の基本でもあります。物語の中でも内閣危機管理監に「危機管理の一番大事なファクターは二つ。想像力とそれに対する備え」と言わせていますが、相場も「風が吹いたら桶屋がもうかる」のように先を見越し、想像力を働かせ、自分がどんな行動を起こすかのイマジネーションとアクションが大事。危機管理もまさにそう。本質は同じなんです。

最善のプランをたて、最悪に備える

「それでいいんだよ、青木。うまくいって当たり前。なにも起きないようにするのが俺たちの仕事だ。（後略）」（252ページ／二瀬ダム管理所・辻村所長）

「いいですか、みなさん。それぞれの持ち場で最悪のシナリオを描くのです」（中略）「………つまり、荒川は決壊する。そして東京がとんでもない水害にさらされる。それは日本を大きく弱体化させてしまう。そのことを前提にした対策に、いまから移行するのです。最悪のケースが想定されるからこそ、絶対にそれを起こさない。どこまで被害を食い止められるか、徹底した具体策を考えましょう」（266ページ／三崎皓子）

――連載中、ストーリーはあらかじめ決めていたのですか。

私は書きながら物語を作っていくタイプです。自分がつくった主人公に「あなたはなんでそんなことをしたの」と問いかけながら書いていく。最後のシーンだけはこうしようという映像的にイメージを決め、そこに向かって着地できるよう、背骨がずれないように土台をつけていきます。広げすぎた風呂敷をどうたたむのかには苦労しますけれど、途中はいろいろな要素をできる限り盛り込みたくて、取材をしながら書いていくスタイルです。作家としては、いい意味で読者の予想を裏切っていきたいですし、また物語の最後は希望のある終わり方にしたいと思っています。さまざまな人物が登場しますから、読む方は自分に近しい誰かに感情移入して、ハラハラドキドキしながら読んでいただければと思います。

――河川管理の現場を取材されて、どんな感想を持ちましたか。

今回、国土交通省のセクションを取材して、省庁の中でも国民との距離が近い、我々の暮らしに密着している仕事の現場だと改めて感じました。取材するほど、住民の命、日常生活を守ることにいかに真摯に対応されているかを実感しました。「荒川氾濫」のCG映像なども、どこが決壊したらどこは5メートルぐらいの水につかるなど、相当つっこんだシミュレーションを提示されています。ただ、せっかく情報発信しているのに、浸透していないのがあまりにもったいない。もっと一般の方々に現場の危機感を知ってもらいたいし、問題を共有したい。そのために少しでもこの本がお役にたてば、嬉しく思います。

こぼれ話

★駐車場に川の水が迫った時

若い時に住んでいたマンションが川のそばで、台風の時、駐車場あたりまで水が来たことがありました。1階に住んでいる方が2階に荷物を運んでいるのを見て、うちは3階だったのですが、思わず実家に電話をしたことがあります。父に「3階まで水が来るのか」と聞かれて、ようやく冷静に。実際、目の前に水がくるとあわててパニックになるものですね。

★水と食料は多めにストック

災害への備えとしては、水と食料を多めに用意。毎日は買い物に行けないので、まとめて買うようにしています。車の中には窓を内側から割ることができる工具を積んでいます。近所の方とのコミュニケーションも大切ですよね。我々も足が動かなくなると誰かのお世話にならなくてはいけないし、高齢化が進んでいくことも常に話し合っておかなくてはいけないと思ってます。

Profile

こうだ・まいん。1951年生まれ。米国系銀行や証券会社での債券ディーラーなどを経て、95年『小説ヘッジファンド』で作家に。2000年に発表した『日本国債』（講談社）がベストセラーになり、経済小説の旗手として海外メディアからも注目を集める。14年、『天佑なり　高橋是清・百年前の日本国債』（角川書店）で新田次郎文学賞を受賞。『日銀券』（新潮社）『あきんど　絹屋半兵衛』（文藝春秋）『この日のために　池田勇人・東京五輪への軌跡』（角川書店）など著書多数。テレビ・ラジオのコメンテーターとしても活躍。政府税制調査会、国土交通省交通政策審議会委員など公職を歴任。2017年は人工知能（AI）がテーマの小説などを連載中。公式HP http://www.kohda-main.com／

第 I 章

写真◎毎日新聞社、国土交通省
デジタル段彩図◎国土地理院
図版◎新井純子

水害レポート

濁流とともに大量の流木が押し寄せた住宅地。左は大分自動車道杷木インター＝福岡県朝倉市で2017年7月6日

Part 1 日本列島の豪雨災害 2015～16
Part 2 水害を乗り越えて
Part 3 激甚化する世界の洪水

Part 1

日本列島の豪雨災害 ―― 2015〜16

ケース01

岩手県岩泉町《いわいずみちょう》

▼

2016年8月・台風10号

山あいを流れる小本川が台風による大雨であふれ、高齢者グループホームがある川岸一帯を濁流が覆った＝岩手県岩泉町で、2016年8月31日午後2時56分、長谷川直亮撮影

東北に上陸した迷走台風が高齢者グループホームを直撃

高齢者グループホーム
楽ん楽ん
1階で9人の遺体発見
「ふれんどりー岩泉」
・3階建ての2階まで浸水
・入居者約80人をヘリコプターで救出

ケース01
岩手県岩泉町
▼
2016年8月・台風10号

岩泉町で何が起きていたのか。

2016年8月30日午後6時前に岩手県大船渡市付近に上陸した台風10号は、東北地方や北海道に大きな被害をもたらした。

特に岩手県岩泉町では、29日午前0時～31日午前9時の間に248ミリの雨量を記録。わずか2日余りに、8月の平均降水量（157.4ミリ）の約1.6倍となる大雨が降った。県内では21人が死亡、2人が行方不明になり、住宅489棟が全壊、2218棟が半壊した（被害は17年2月10日現在）。

高齢者施設「ふれんどりー岩泉」の入所者をヘリで救助する自衛隊員ら。
奥が入所者9人が亡くなった「楽ん楽ん」（8月31日）

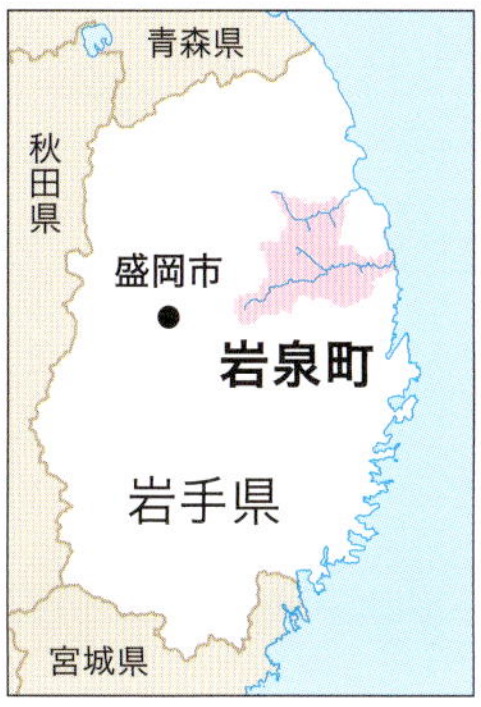

●岩手県岩泉町 DATA
【面積】 992.36km²
【人口】 9731 人（2017 年 5 月）

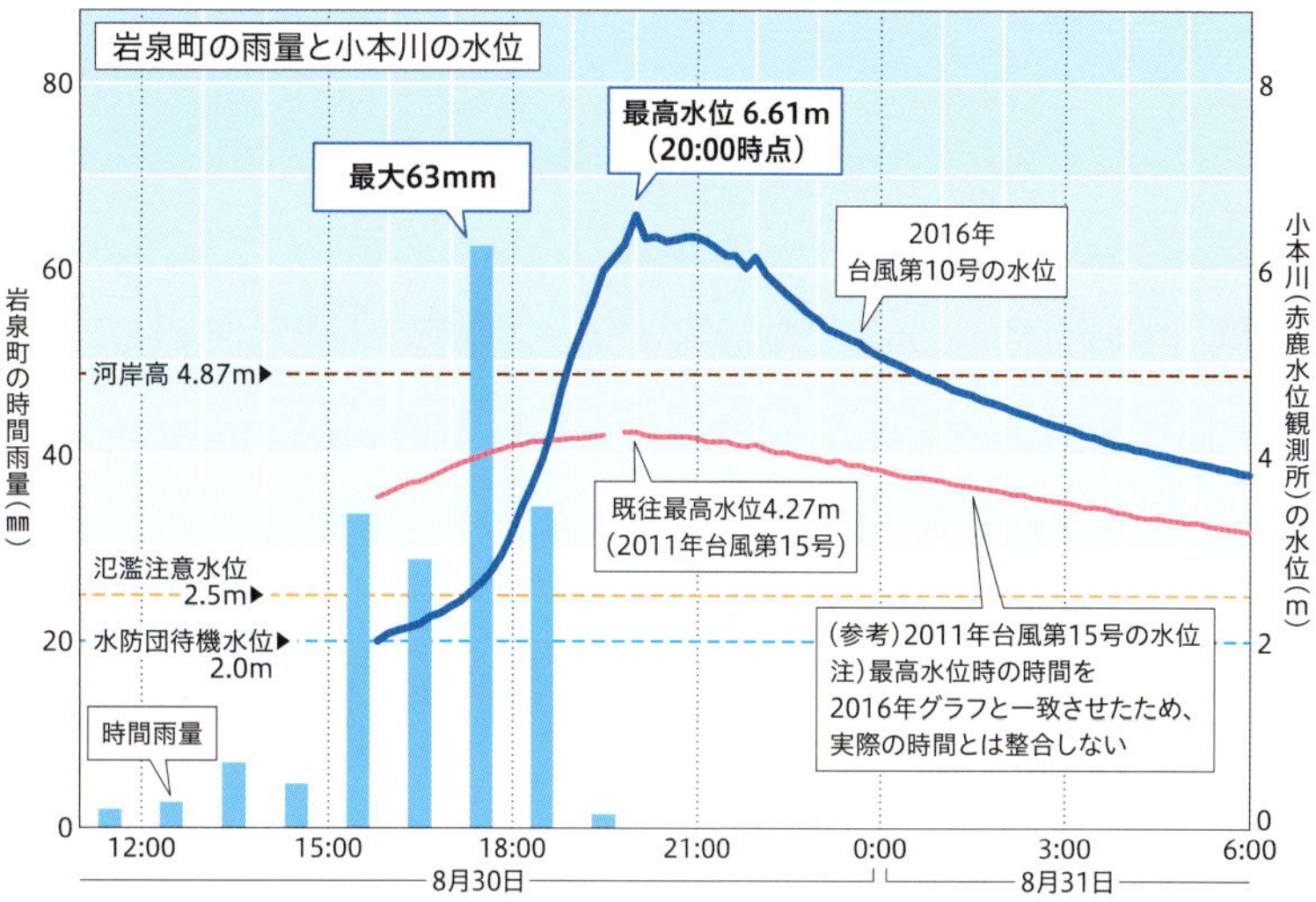

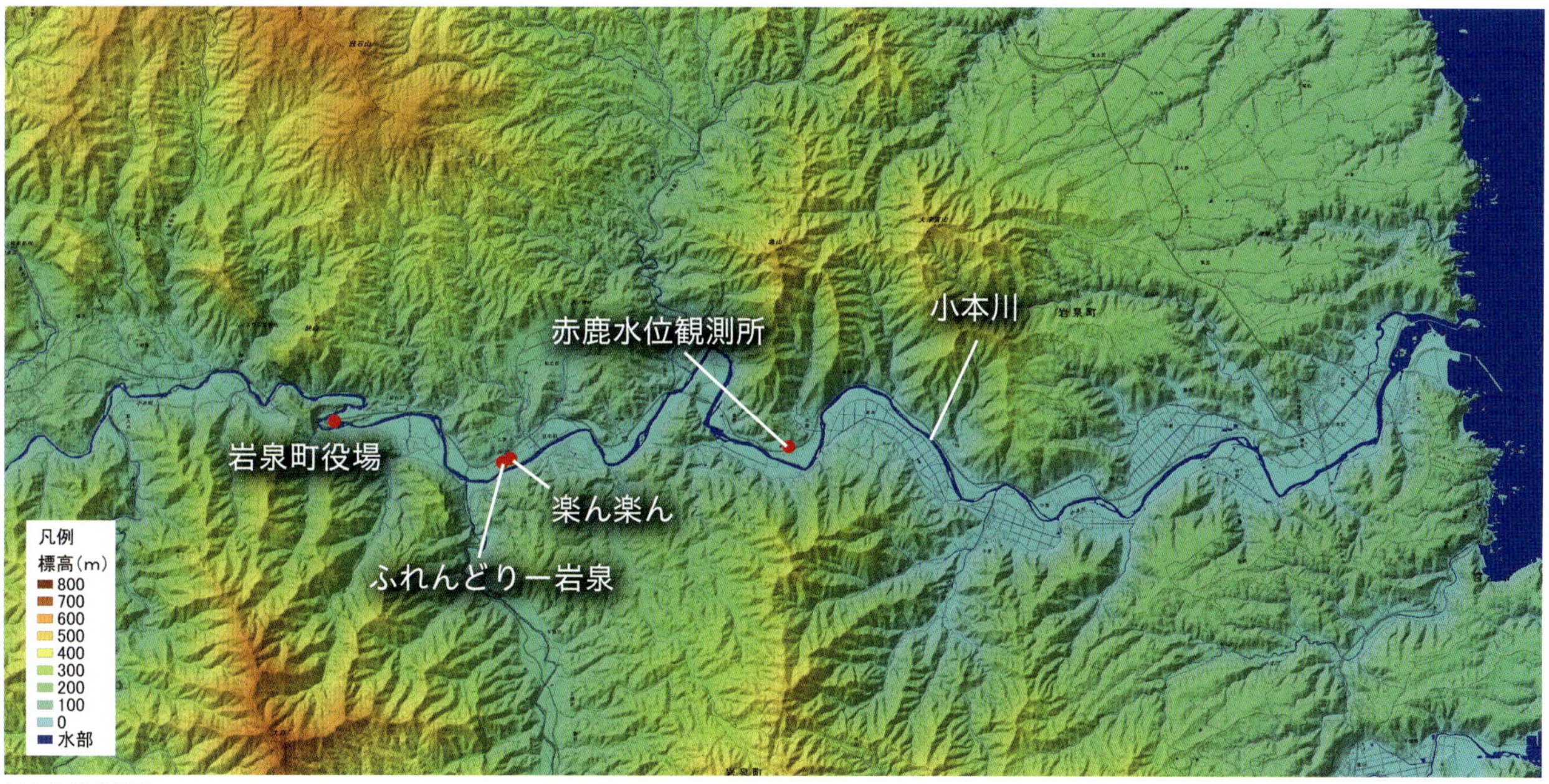

国土地理院提供

台風が上陸する前日の2016年8月29日の早朝だった。「31日午前6時までに予想される24時間の雨量は、岩手県の多い所で300〜500ミリ」。盛岡地方気象台は県に大雨に備えるよう、専用回線で呼びかけた。

気象台はその後も断続的に防災情報を発信する。30日午前5時19分に県内の沿岸市町村に大雨警報、午前10時16分に県内全域に洪水警報を発表した。

届けられなかった大雨予報 理解されなかった避難情報

岩泉町も午前9時、高齢者ら要介護者の避難を促す**避難準備情報**（16年12月に**「避難準備・高齢者等避難開始」**に名称変更）を出した。

午後3時過ぎ、岩泉町で本格的に雨が降り出す。町を流れる小本《おもと》川の水位は、正午に町内の赤鹿観測所で1・56メートルだったのが、午後4時に2・09メートルに上昇した。

そのころ、高齢者グループホーム「楽《ら》ん楽《ら》ん」を運営する社団医療法人の佐藤弘明・常務理事は、近くを流れる小本川の水位を町役場から聞かれたものの、気象台による大雨の予報を伝えられなかった。町が避難準備情報を出したのを把握していたが、そ

ケース01

岩手県岩泉町

▼

2016年8月・台風10号

	盛岡地方気象台	岩手県・県警	岩泉町	楽ん楽ん　ふれんどりー岩泉
8月30日	5:19 沿岸市町村に**大雨警報** 10:16 県内全域に**大雨洪水警報** 12:37 岩泉町と久慈市に土砂災害警戒情報 16:47 「50年に1度の大雨」と岩泉町に連絡	12:00 「50年に1度の大雨」として各市町村に注意喚起 17:20 岩泉町に小本川の氾濫注意を呼びかけ	9:00 **避難準備情報** 避難場所を6カ所開設 14:00 一部住民避難、安家地区に**避難勧告**	13:30頃 通所者を家に送る 16:40頃 岩泉町から状況確認の依頼。理事が自身で撮影した川の映像を見せるため町役場へ。(16:55撮影時点では地盤面から20センチほど低い水位) 17:30頃 理事が役場から戻る。3人の日勤職員を帰宅させる。駐車場浸水のため、車を順次高台へ移動。4往復目に氾濫流にハンドルをとられ、歩いて戻ろうとしたが氾濫流にのみこまれた。
	18:00 台風10号、大船渡市付近に上陸	20:00 県警岩泉署に「楽ん楽ん」浸水情報	17:30 災害対策会議 18:00 乙茂地区が停電 20:25 役場が停電 22:00 ほぼ全域が停電	18:00頃 乙茂(おとも)地区が停電。施設は18:30頃停電。 18:10 楽ん楽んの玄関付近に水。急に水位が上がってきたため、管理者が利用者をベッドの上などに誘導したが、大量の水が一気に流れ込んできた。ふれんどりー岩泉には職員が8人いて、2階にいた入所者を階段で3階に避難させた。エレベーターは使用できなかった。避難完了は19時頃。
8月31日	10:19 大雨警報が注意報に 20:43 洪水警報が注意報に	5:00 県職員が「楽ん楽んが浸水し、人が孤立」と県に連絡		9:40 消防隊員が「楽ん楽ん」で9人の遺体を発見

県、町、施設へとリレーされる危機感をいかに伝達、共有するか

の意味を理解しておらず入所者を避難させていなかった。

「50年に一度」に相当する大雨 土砂崩れの対応に追われる町役場

「『50年に一度』に相当する大雨が降っている。2〜3時間は続く」。午後4時47分、気象台から町役場に電話があった。町の担当者は気象台に「土砂崩れが起きた」と伝えている。その時、役所内では水害への警戒より土砂災害の対応に追われていた。しかし、住民の命を奪ったのは水害だった。町の東西に流れる安家《あっか》川と小本川の急激な増水が犠牲者を生んだ。

午後5時20分。赤鹿観測所の水位は、住民に氾濫への警戒を呼びかける「氾濫注意水位」となる2・5メートルを超える。その情報を県岩泉土木センターは町役場の担当者に電話で伝えたが役場内で共有されず、約10分後に開かれた町の災害対策会議では報告されなかった。「いざという時に備え、庁内の態勢を整えておこう」。伊達勝身町長が町幹部らとそう確認し、会議は短時間で終わった。そのころ、「楽ん楽ん」には、小本川からの濁流が迫っていた。

「玄関付近に水が上がってきたみたい」

午後6時10分ごろ、「楽ん楽ん」の女性入所者が「玄関付近に水が上がってきたみたい」と所長に声をかけた。施設は平屋建て。所長は隣の高齢者施設「ふれんどりー岩泉」に応援を呼ぼうと内線電話をかけたが、通じない。午後7時45分、天井付近まで水没し、入所者9人全員は逃げることができず死亡した。「ふれんどりー岩泉」では2階部分まで水が入ったが、入所者ら70〜80人は3階に避難して無事だった。

①入所者9人が亡くなったグループホーム「楽ん楽ん」の内部（9月1日）
②施設を訪れた後、涙を流して施設を後にする人たち（8月31日）
③「楽ん楽ん」は流木に埋もれ、流された車は横転していた（8月31日）

6年前にも小本川は氾濫 その時は床下浸水だった

小本川は11年9月にも氾濫している。「楽ん楽ん」は床下浸水し、「ふれんどりー岩泉」に入所者を約5分かけて避難させていた。今回の台風でも、避難準備情報が出された段階で同様に逃げていたら、助かっていた可能性が高かった。

一方、県は水防法に基づく「水位周知河川」に小本川を指定していなかった。指定されると、川があふれた時に浸水の恐れがある「浸水想定区域」の設定が求められ、区域内の高齢者施設に避難計画を作る努力義務が生じる。県は小本川の指定を検討していたが、11年3月の東日本大震災の影響で先送り。その結果、「楽ん楽ん」に避難計画が策定されることはなく、水害時の避難訓練もできていなかった。

介護施設への聞き取り調査では 避難のタイミングに迷い

ただ、台風10号で避難をためらっていたのは「楽ん楽ん」だけではない。日本認知症グループホーム協会岩手県支部などは県内の施設に聞き取り調査をしたところ、「避難のタイミングに迷いがあった」「認知症の高齢者を移動させるのに抵抗があった」などと回答。危険を感じながらも、避難への葛藤がうかがえたという。

今回の台風では、気象台や県、市町村、施設へとリレーされる災害情報や危機感をいかに伝達、共有するかということが教訓の一つに挙げられる。このため、県は市町村長が適切に避難勧告などを発表できるよう、市町村長に気象や河川の情報を直接連絡する「ホットライン」を設けるほか、気象台などと作る支援チームを整備していく。施設側がスムーズに避難できるよう、計画策定や訓練への支援もする方針だ。

（施設名、肩書は当時）

（毎日新聞社浜松支局長　奥山智己／元盛岡支局）

台風10号から1週間。砂ぼこりを防ぐためマスクを着用し、水害の爪痕が残る通学路を集団下校する岩泉小の児童たち＝2016年9月6日

観測史上初

北海道に3つの台風が上陸

2016（平成28）年夏は、観測史上最多となる3つの台風が1週間の間に相次いで北海道に上陸、その1週間後にも一つの台風が接近し大きな被害をもたらした。最初の台風の上陸から約半月の間に4つの台風が連続して来襲することは北海道にとっては、過去経験がないことである。

ケース02

北海道に4台風来襲

▼

2016年8月
台風7号・11号・9号・10号

北海道に上陸・接近した4つの台風の経路図
（気象庁のデータをもとに作成）

台風10号の大雨で堤防が決壊した空知川（手前）。濁流に流されそうな建物も見える＝北海道・南富良野町幾寅、2016年8月31日

ケース02

北海道に4台風来襲

▼

2016年8月

十勝地方に通じる国道を中心に橋の被害が相次いだ。国道38号の小林橋も崩落（十勝川水系小林川）

（国土交通省）

に大きな傷跡

川の氾濫で土砂に覆われた清水町のJR根室線。奥はJR十勝清水駅＝十勝管内清水町の清水跨線橋で、2016年9月1日午前8時10分ごろ

家屋・道路・鉄道に大きな被害 基幹的な路線網が寸断

この台風は、北の大地に大きな傷跡を残した。一連の台風による北海道内の死者・行方不明者は6人、重軽傷者も15人を数え、住宅は全半壊が１２６棟、一部損壊９６３棟、床上・床下浸水は１２６２棟に及ぶ。北海道の総住宅数約２７５万に対し、約1％が被害を受けている。河岸の侵食などにより家屋の流出が多数発生したのが特徴である。

また、道路も50橋以上が流出、日高山脈を越える国道２７４号は約40㌔の区間が被災し、復旧までに1年以上を要する見込みである。鉄道も石北線、石勝線、根室線で線路が流出し、道東を中心に基幹的な路線

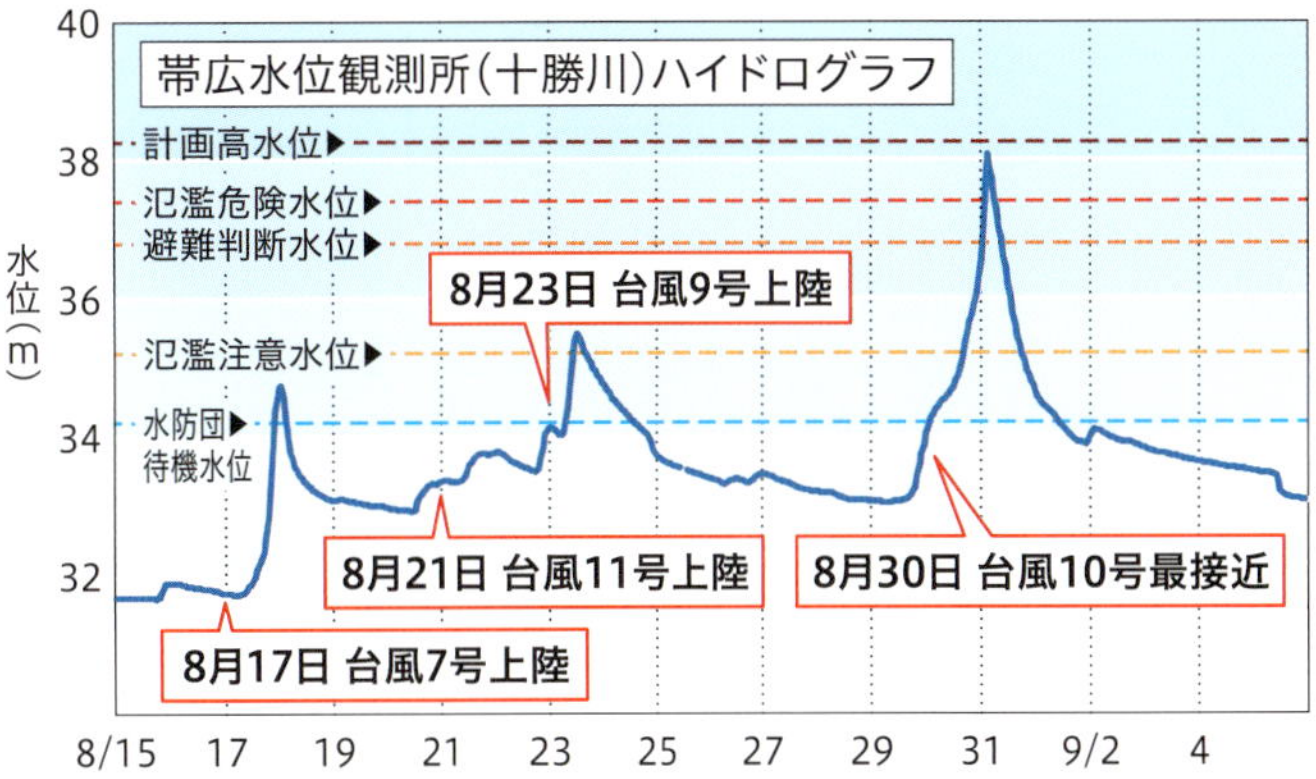

帯広水位観測所の8月の水位

連続した台風により、水位が下がりきらずに再び上昇する現象がみられた

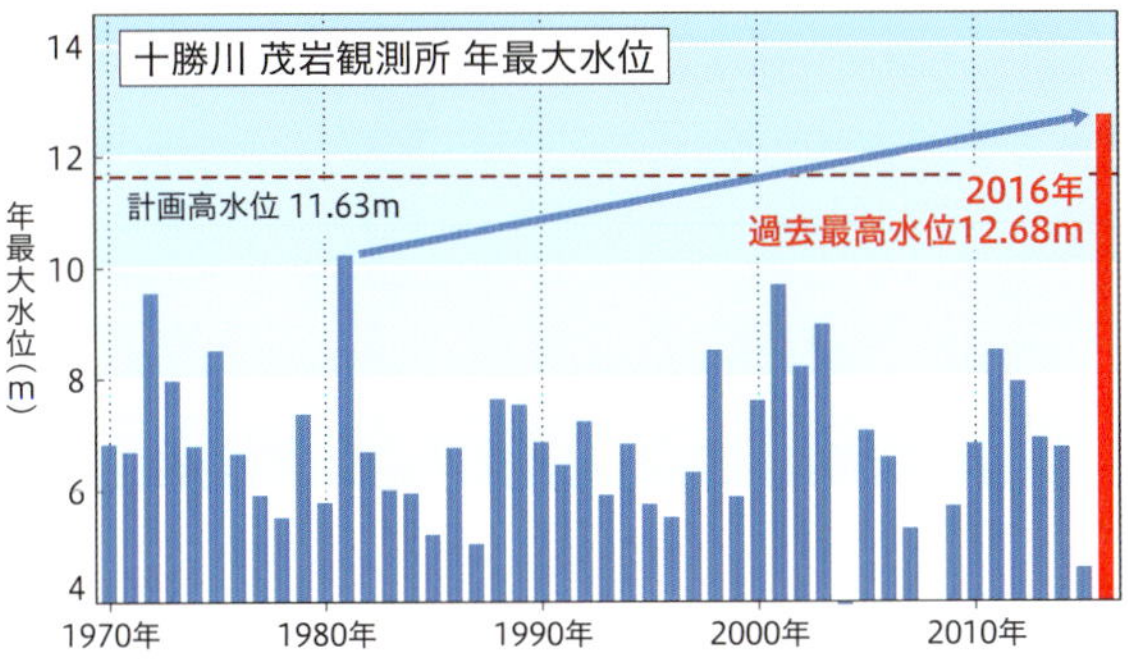

河川では過去最高水位を記録（十勝川　茂岩観測所）

台風10号の影響で水がたまり、収穫できずにいるジャガイモ畑で行われる水抜き作業＝北海道・芽室町、2016年9月7日

台風10号の大雨による増水で崩落したペケレベツ川に架かる橋。運転手からは状況がわかりにくい場合も＝2016年9月6日

雨量、水位とも観測史上最高値を観測

道東の太平洋側では平年の2～4倍となる500ミリを超える降雨がもたらされた。北海道内にはアメダスの地点が225地点設定されているが、この約4割にあたる89地点で月の最大降水量を更新した。十勝川、釧路川、網走川、常呂川などにおいても過去最高水位を更新した。

北の大地

網が寸断された。

ポテトチップスがなくなる？深刻な農業

2017年4月にはカルビー株式会社が「ポテトチップス」の一部商品の販売休止・終売を発表した。ジャガイモの約8割は北海道産である。北海道のジャガイモの収穫は年に一度、ポテトチップス用のジャガイモを多く作っている道東では9月頃からが収穫の本格的な時期に入るが、この収穫目前の時期に畑が水没した。

今回の水害での農作物の被害額は約263億円とされているが、その約45％がジャガイモの被害だ。必要なジャガイモの確保が困難となり、ジャガイモを貯蔵して次の収穫時期まで生産するローテーションが崩れ、ポテトチップスの生産が難しくなった。

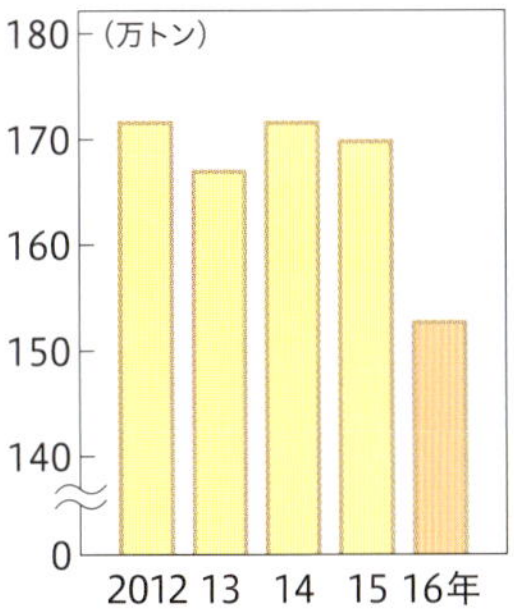

北海道産ジャガイモの出荷量

農林水産省「野菜生産出荷統計」をもとに作成

ケース02

北海道に4台風来襲
▼
2016年8月

水没しなかった農地にも及ぶ爪痕

漁業にも被害。からまったホタテ養殖ロープをつり上げて修復作業をする漁船＝森町沖で、2016年9月2日

スイートコーンがすき込まれた畑。破砕された実の一部がころがっていた＝北海道芽室町で、2016年9月27日

生産設備が冠水、缶詰生産がストップし、収穫できなかったコーン

逆に、スイートコーンは、缶詰生産設備が冠水し、生産ラインが復旧せず、せっかく実ったコーンを収穫できない状況に陥った。農家は収穫を断念し、収穫可能なスイートコーンを廃棄した。水害の爪痕は、水没しなかった農地にも及んでいる。

「アヲハタ十勝コーン」の缶詰を生産していた工場が冠水し、全国シェア約8割を占めるコーンの缶詰生産からの撤退を表明した。長年続いてきた商品の幕も閉じた。

南から暖かく湿った空気が北海道へ

２０１６年の台風はいずれも太平洋側から北海道に上陸・接近している。過去50年程度の統計からは、以前は6割以上が日本海ルートだったのに対して、太平洋ルートが５割以上に増加している。（27ページ参照）

太平洋から北海道に上陸・接近する台風は、中心気圧が低い状態のまま北上する傾向にあり、また、南からの湿った暖かい空気を呼び込み、大量の雨をもたらす。月の最大降水量を更新した89地点のアメダス地点のうち、上位20地点の第一位と第二位の倍率は、平均すると約1・7倍であり、経験のないような雨が道東地方を襲ったことがわかる。

台風が4つも連続したことにより、被害がさらに拡大

また、8月17日の台風7号から8月30日の台風10号の接近まで、2週間の間に4つの台風が接近、上陸したことも特徴だ。連続した台風の上陸により、水位が下がりきる前に再び水位が上昇しており、高い水位が発生した原因となっている。

橋梁の流出等が相次ぎ、分断された交通網

今回、主なものだけでも50橋以上の道路

北海道に上陸する台風のコースが日本海ルートから太平洋ルートへ変化

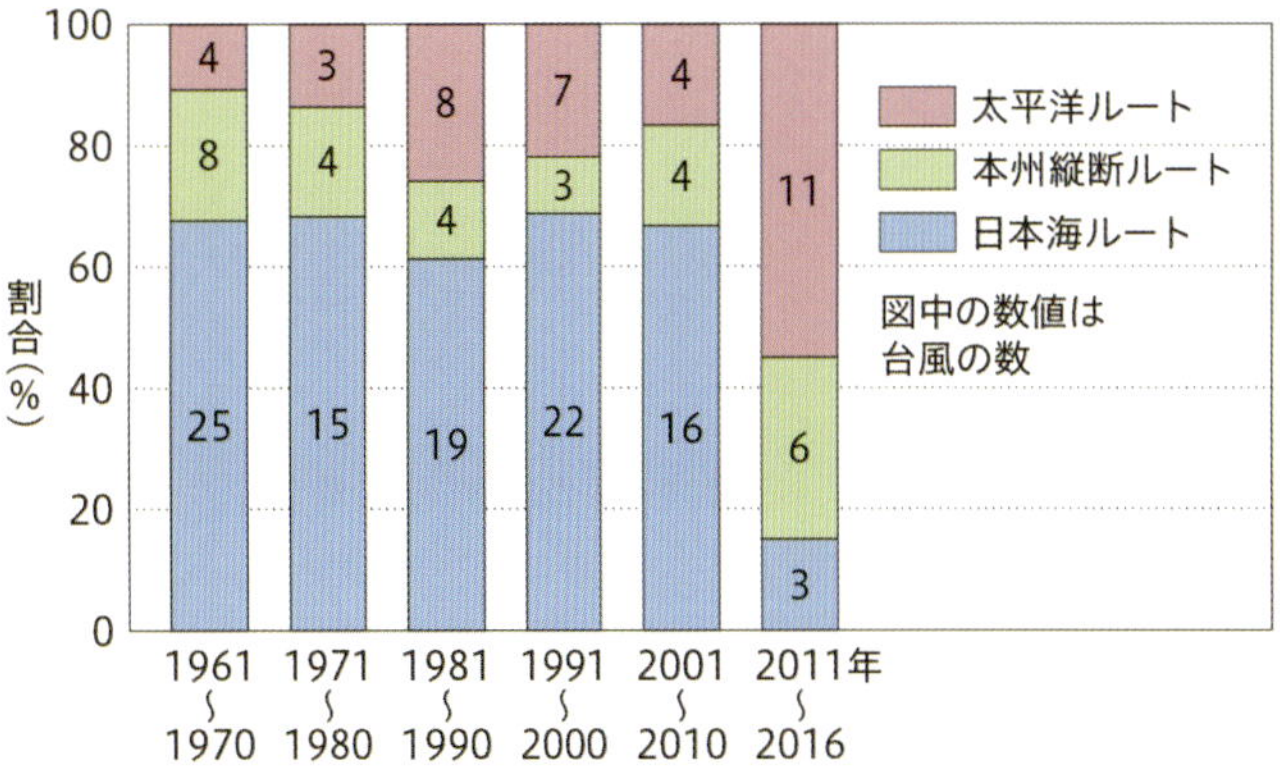

北海道に接近・上陸した台風の年代別ルートの変化
（接近の定義:経路が北海道から300km以内に入ったもの）
山田朋人准教授（北大）及び山本太郎氏（北海道河川財団）作成資料から

国道274号、沙流川の上流、千呂露（ちろろ）橋が崩壊した
（国土交通省）

橋梁が落橋や橋脚の沈下、橋台背面の盛土の侵食・洗掘など橋梁の被害が相次ぎ、鉄道、国道など基幹的な交通網が分断され、人流、物流の両面で大きな影響が生じたことも今回の水害の特徴でもある。

道路では、日高山脈を境に国道38号、274号が通行止めになり、一時十勝地方が孤立状態になった。

鉄道も、石北線、石勝線、根室線等、道東を中心に路線網が寸断されている。根室本線の一部不通区間があり、バスによる代行運転が今でも継続されている。

「56水害」と2016年8月の雨量分布の比較（アメダス）

2016年8月

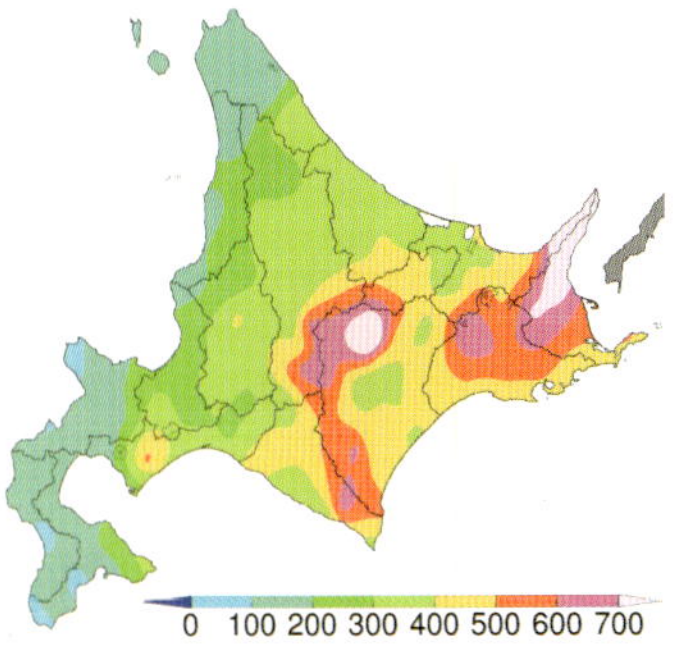

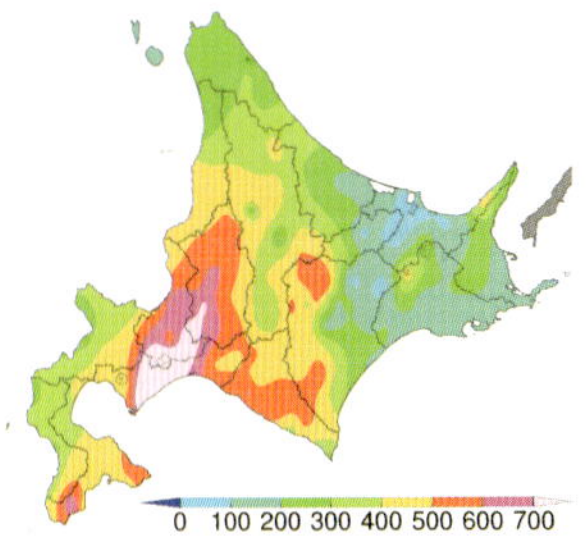

1981年8月（56水害）

1981年8月は道央を中心に500ミリ以上、札幌でも700ミリを超えた。2016年8月は道東を中心に500ミリ以上の降雨があった
（札幌管区気象台提供資料）

歴史は繰り返す 35年前の北海道の大水害

北海道を襲った過去の水害として、1981（昭和56）年8月の「56水害」が有名である。この時、札幌では月間降水量が700ミリを超えた。北海道観測史上最大の月間1041ミリ（白老町森野）を記録したのもこの時である。

1981年8月の月間降雨量を2016年のものと比較すればわかるように、石狩、空知、日高地方を中心に500ミリ以上の大雨をもたらしているが、その規模は今回の大雨とほぼ同等ということがわかる。この時も、2016年と同様に、2つの台風がそれぞれ太平洋側、本州を縦断して北海道に接近・上陸している。太平洋側からの台風が北海道に大きな被害をもたらしてきたことがわかる。

ケース02

北海道に台風上陸

▼

2016年8月～9月

北海道大雨の災害を踏まえた今後の水防災対策のありかたとは

気候変動リスクに急いで備えるために

２０１６年の北海道の水害は、気候変動による水害の激甚化の予測と懸念が現実になったものと認識できる。

ＩＰＣＣの第５次評価報告書では、気候システムの温暖化については疑う余地はなく、21世紀末までに**中緯度の陸域のほとんどの地域で、極端な降水がより強く、より頻繁となる**可能性が非常に高いことが示されている。

日本でも、環境省、気象庁等により、全国で降水量が増加することが予測されている。

欧米諸国は適応策を展開

気候変動による影響に対し、新たな対策を講じなければ、整備されてきた堤防等の治水施設の相対的な洪水への対応能力が低下し、安全度が下がっていくという、これまで経験したことのない困難な時代への対応が急がれる。緊急的な対策とともに、世代間という時間も踏まえ、次世代に負の遺産を引き継がないよう、自然災害への適応策を議論し、早急に構築していく必要がある。しかし、欧米諸国が既に適応策の具体的な展開**（左ページ）**に至っているにもかかわらず、日本では抽象的なレベルにとどまっている。

このため、困難な状況に直面している北海道が、先導して適応策に取り組むため、国土交通省北海道開発局と北海道が共同で有識者による検討を行い、**「平成28年8月北海道大雨激甚災害を踏まえた今後の水防災対策のありかた」**をまとめた。

以下、この提言を基に、適応策の構築に向けた新たな枠組みと水防災対策の方向を考える。将来予測を基本とする気候変動に対するリスク評価を、防災・減災の枠組みに具体的に組み込むための方法論とともに、防災・減災に向けた新たな特効薬がない中で、既存のハードやソフト対策等の検証に基づく機能や確実性の強化がポイントとなる。

災害リスク評価と社会的な共有

ＩＰＣＣ等の国際的な地球規模での予測をもとに、スケールダウンした影響予測を行う。そして、治水安全度の低下等の将来のリスクと地域での具体的被害を評価し、これを社会的に共有し検討する必要がある。また、気候変動の将来予測は、温室効果ガス排出量の想定等の違いによる複数のシナリオを基にするため、結果が変動幅を有することを考慮して検討を行うこととなる。これまでの過去の実績降雨等に基づく決定論的な計画論に対して、気候変動の将来予測や観測の方法等による降雨や水位等については、一定の変動幅を有するため、変動幅を考慮したリスク分析を実施すべきである。

適応策における治水施設等の役割

整備を進めてきた治水施設は、基準とする外力に対して、無被害で済む可能性の高い地域・範囲の拡大を図ってきたものであり、今回の激甚な水害においても大きな被害軽減効果を発揮した。諸外国で既に実施している適応策では、将来外力が増大した場合でも、これまで目標としてきた治水計画に基づく安全度を下げないことを前提に適応策の計画を策定している。日本においても同様の考え方を前提として検討を進める必要がある。

気候変動の影響に伴って降雨等の変動が大きくなり、洪水のピーク流量が大きくなるという特性を踏まえると、洪水ピーク流量をカットするために洪水をためることが、下流域への対策としてより有効で早期に効果が発現される。このため、遊水地やダム等の洪水調節施設は有効であり、既存施設の有効活用・再開発に加え新規施設整備の可能性を重点的に検討すべきである。

適応策における避難等の確実性

住民避難は災害時に住民の命を守る最後の砦であるが、多くの災害において、避難する割合が低く、実効ある避難がなされないなど、大きな不確実性を有した状況にある。今後、気候変動に伴う具体的なリスクを地域で共有化したうえで、避難が困難・不可能な状況を具体的に解決するための方法論の議論とともに、避難が不可能な場合には土地利用の規制やハードの役割を改めて強化する等の対策が必要である。

日本における防災・減災に向けた土地利用の誘導等は、諸外国のように水害リスクを社会・経済活動に具体的にリンクさせ、実効ある対策に結びつけるには至っていない。津波防災地域づくり法に基づく津波災害警戒区域を指定した地域では、具体的なリスク評価と公表を受け、住居建替を契機に安全な区域に移転する等の動きも始まっている。今後、水害対策においても、リスクの程度に応じた土地利用の誘導と構造物の耐水性の強化を目指し、宅地ごとの具体的リスクやリスクに応じた土地利用規制等の制度化が必要と考える。さらに、二線堤や霞堤等のリフォームにより、現在の社会に適応するよう高度化することにより、土地利用に応じた氾濫形態の選択を地域で議論し実施するための制度の構築が求められる。

（公益財団法人 河川財団・理事長　関 克己）

スイスは1000年に一度、ドイツは100年に一度の洪水にも対応

スイスにおける適応策
溢れ方を選択する多重防御施設の整備

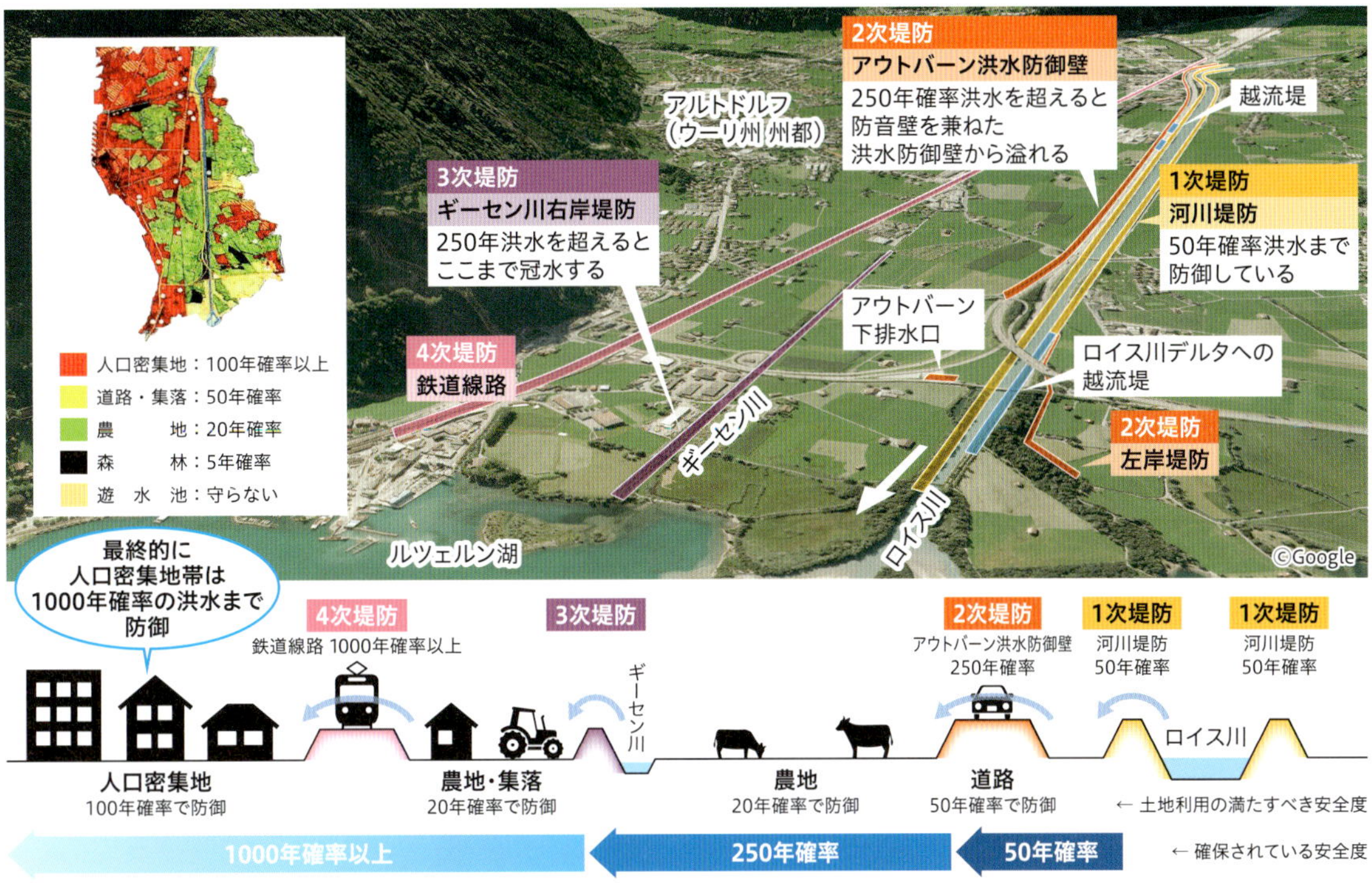

（資料：スイス・ウーリ州建設局）

山脇正俊（2007）、近自然河川工法におけるランドシャフトと危機管理
（出典：第４回大規模水害対策に関する専門調査会）をもとに作成

ドイツにおける気候変動適応策

将来の外力増大時に手戻りがない施設の設計

・設計流量（1/100）に気候変動の影響を割増※
　- 堤防は、将来の嵩上げに備えて用地を確保
　- 護岸等は、将来の嵩上げに対応できるように設計
　- 橋梁は、当初から割増した流量により設計

※KLIWAプロジェクト（ドイツ気象庁とバイエルン州などの一部の州を含む共同プロジェクト）において、気候変動予測モデルで予測された降雨量を用い、流出モデルにより洪水流量を求め、現在（1971～2000年）と将来（2021～2050年）の年超過確率別の流量の比（気候変動係数）を設定

ドイツの地域・確率年別
気候変動係数

地域	確率年	気候変動係数
ネッカー	100	1.15
ドナウ上流	100	1.25
バイエルン	100	1.15
ライン上流	5	1.45
シュヴァーベン上流	5	1.24
コンスタンツ湖	5	1.24

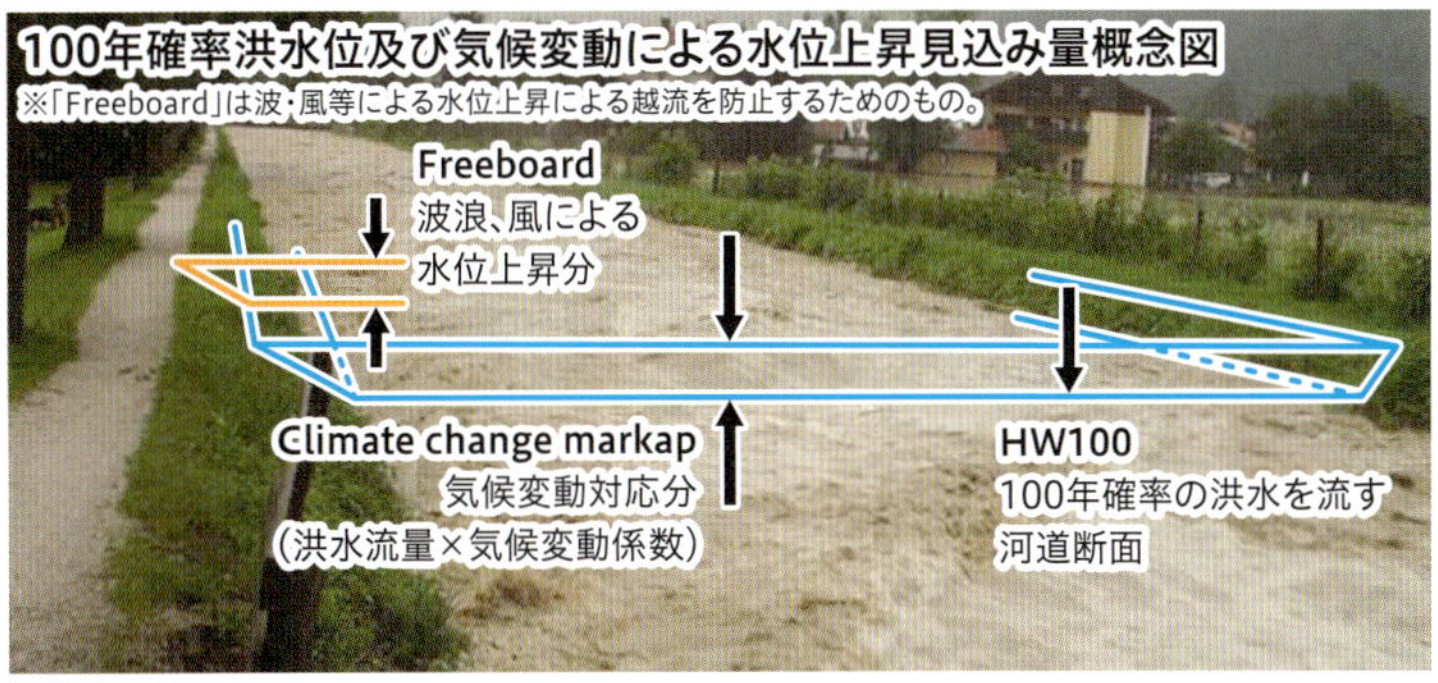

出典：KLIWA*：Climate Change in Southern Germany Extent -Consequences – Strategies, pp.18-19, 2009.
*KLIWA：水資源管理に係る気候変動と同影響に対応するためのドイツのバーデン=ビュルテンベルク、バイエルン、ラインラント・プファルツの各州とドイツ気象庁を含む協同プロジェクト。

ケース03

宮崎県 北川 中流部

▼

2016年9月・台風16号

「霞《かすみ》堤《てい》」が効果を発揮

~水と共存する洪水対策

家屋は嵩上げされていたため、
浸水していない（中央は倉庫）

北川が氾濫し、一帯が水につかった集落（宮崎県延岡市）
＝2016年9月20日午前11時48分

2016年、日本への台風上陸数は観測史上2番目に多い6個となった。6つ目に上陸した台風16号は、9月20日未明に九州南部を直撃、鹿児島、宮崎に時間雨量100ミリを超える降雨をもたらし、九州東海岸側（鹿児島・宮崎・大分）と四国の太平洋側（高知・徳島）に被害が広がった。この時、過去の大水害の被災経験を活かした河川整備で被害の最小化を図った地域がある。九州宮崎県北部の延岡市を流れる五ヶ瀬川に合流する北川である。

北川は一級河川五ヶ瀬川水系の左支川で、山と山の間の狭い谷底平野を蛇行しながら流れる。谷底平野は主に水田として利用されており、山際の高い場所に住宅地が形成されている。1997（平成9）年に北川は、連続雨量700ミリを超える豪雨で堤防越水が生じ、2カ所で破堤、谷底平野一面が氾濫する水害が発生した。浸水戸数も748戸と大きな被害が生じた。2016（平成28）年の台風16号では連続雨量は約400ミリと1997年の規模を下回るものの、24時間雨量では97年の300ミリに対して、400ミリを超えており、約1・3倍の規模となっている。しかし、浸水戸数は748戸から24戸と97%も減少した。

北川の中流部の9地区で「霞堤」による治水対策を採用

北川中流部は、水害常襲地帯として、江戸時代には、水害防備林として河岸に植樹がなされてきた。この水害防備林が昭和初期から伐採されるとともに、「地先防御（自分の土地を守る）」のため住民が不連続な

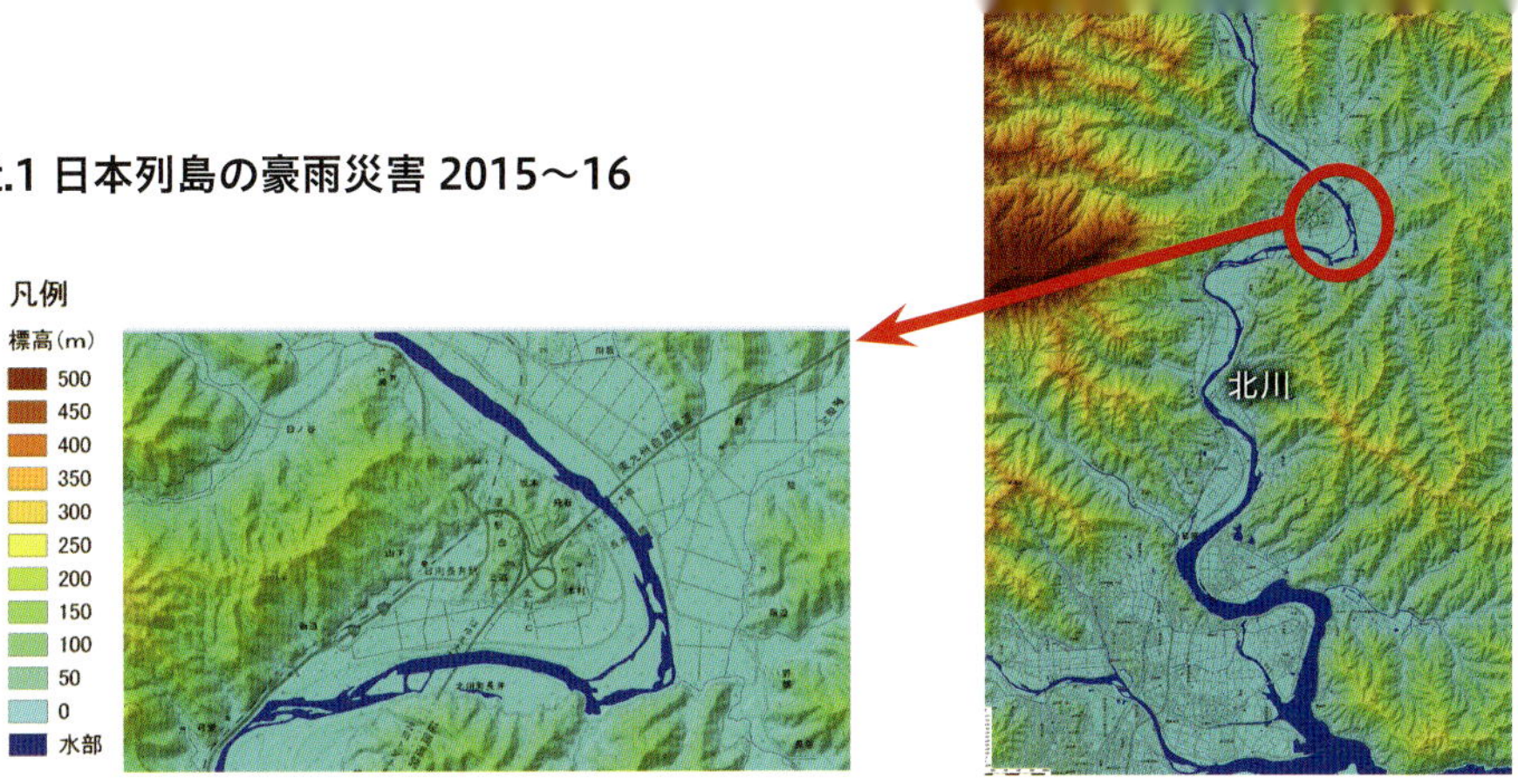

国土地理院提供

堤防を整備してきたようである。昭和40年代後半に治水事業の方針を検討した際に、連続した堤防による場合には、川幅を大きく広げる必要があり、狭い谷底平野の耕地が消失することから、「地域住民が川と共に暮らす姿勢を崩すことなく、川の恩恵を受容できる方策が望ましい。具体的には、水勢を減じる手段として水害防備林を活用し、越流しても安全な堤防を築くと共に霞堤を活かし被害を最小限にする方策をとることが望ましい」（昭和47年全国山村振興調査会報告書）との方針を打ち出した。

97年の洪水を受け、霞堤を締め切り、連続堤とする要望が地元から出された。連続堤の破堤による氾濫流に襲われた場合の避難も困難な急激な被害形態と、浸水の頻度は高いものの、霞堤の開口部から順次洪水が堤内へ侵入する相対的にゆっくりとした被害形態の選択の議論となった。

北川町（当時）と河川管理者との相談の下で、最終的には従来からの霞堤方式を強化する方針が選択された。土地利用の高度化により霞堤が全国で姿を消していく中、北川の霞堤は、治水方式の選択を超え、土地利用と洪水時の被害形態を選択した先駆的事例であり、その後の大規模水害で大きな効果を発揮した。

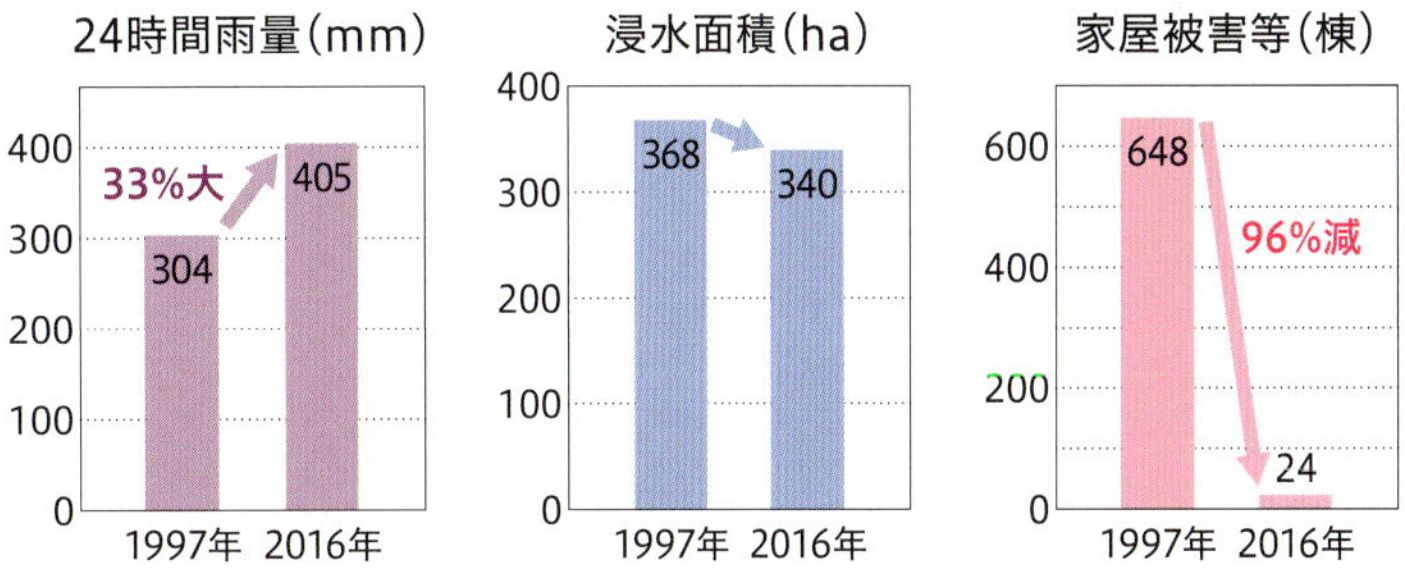

1997年と2016年の雨量・浸水面積・家屋被害等の比較

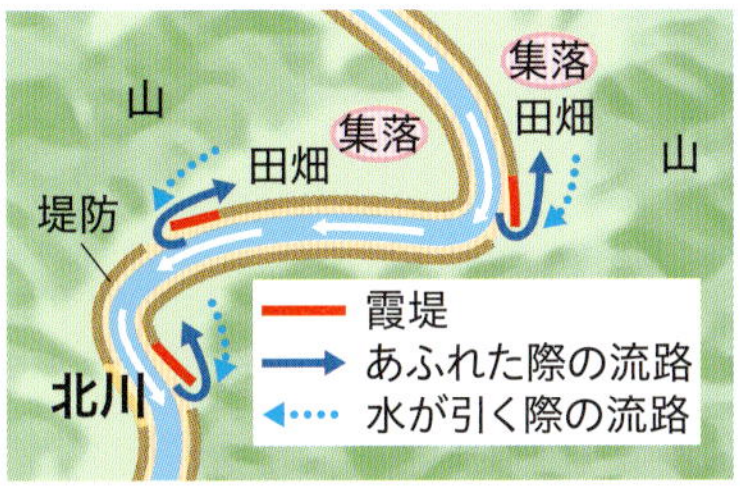

北川の霞堤のはたらき

洪水時に開口部から逆流し、氾濫水の勢いを弱める

約5時間後

9月20日17時17分頃、はるかぜ号より撮影。右の写真と同じ地域。夕方には既に水がひきつつある

氾濫水が速やかに戻り、湛水時間も短縮

霞堤の整備と併せて、霞堤の開口部の水位ができるだけ低下するように河道の掘削と樹木の伐採が行われた。

連続堤では、堤防の越水・破堤時の浸水が長期に及び、内水排除が必要になるが、霞堤の場合、氾濫水が速やかに戻り、湛水時間が短縮される。

２０１６年の洪水では、浸水も１日で解消され、農作物への影響も最小限に抑えられた。この霞堤の整備に合わせ、浸水する住家については水防事業で嵩上げし、かつ浸水するエリアにはこれ以上家屋が建設されないように土地利用規制（災害危険区域の指定）がなされている。この結果、１９９７年の24時間雨量３０４ミリ、２０１６年は４４５ミリと１・３倍の規模の降雨に対して、浸水面積は３６８haと３４０haでほぼ変わらないが、家屋被害は激減した。

ケース04

茨城県 鬼怒川決壊

▼

2015年9月・関東・東北豪雨

常総市の市域の3分の1が浸水

2015年9月9日から11日にかけての「関東・東北豪雨」をもたらしたのは、「線状降水帯」と呼ばれる帯状の積乱雲の集まりだった。台風18号から変わった低気圧に向かって流れ込む湿った空気と、台風17号から吹き込む湿った風が関東平野でぶつかり、南北に次々と積乱雲が発生。関東と東北に記録的大雨を降らせた。

豪雨により鬼怒川では10日、茨城県常総市三坂町で堤防が決壊した他、同市若宮戸でも大規模な越水が発生。同市は市域の3分の1に当たる約40平方キロが浸水し、浸水が解消するまでに約10日間を要した。犠牲者は直接死2人、関連死6人の計8人。住家被害は全壊53軒、大規模半壊と半壊は計約5000軒に上った。

逃げ遅れて自宅2階に避難 ヘリコプターで救出される

救助された人は県内で約4300人にも達し、ほとんどが同市での救助者だった。

大雨の影響で鬼怒川の堤防が決壊し、濁流が流れ込んだ茨城県常総市の集落や田畑＝2015年9月10日午後4時39分、毎日新聞社ヘリから

逃げ遅れて自宅2階に避難し、ボートやヘリコプターで救出される例が続出した。

その原因はまず市の対応にあった。浸水地域の広い範囲で堤防決壊前に避難勧告の発令がなかった上、避難指示を決めた地区が防災行政無線の放送から漏れるミスも出るなど対応は遅滞、混乱した。識者による検証委員会は、避難勧告を発令するかの判断を国土交通省下館河川事務所からの「ホットライン」に依存し、自らの基準がなかった▽ハザードマップも活用されなかった——と指摘。災害対策本部に役割分担がなく情報を整理できなかった点も批判した。

1986年に小貝川が氾濫「今回もその程度だろう」

一方、市民も「水害への備えや心構え（中略）は多くの人が持っていなかった」（検証委報告書）という。同市では1986年に小貝川が氾濫しているが、その体験もマイナスに働いた。ヘリで救助された女性（67）は言う。「あの時は庭先の浸水ですんだから、今回もその程度だろうと思ってしまった」。豪雨後の16年夏に就任した神達《かんだつ》岳志《たけし》市長は「行政、住民とも危機意識が薄らいでいた部分があった」と話す。

ケース04
茨城県 鬼怒川決壊
▼
2015年9月・関東・東北豪雨

●茨城県常総市 DATA
【面積】 123.6km²
【人口】 6万838人（2017年5月末）

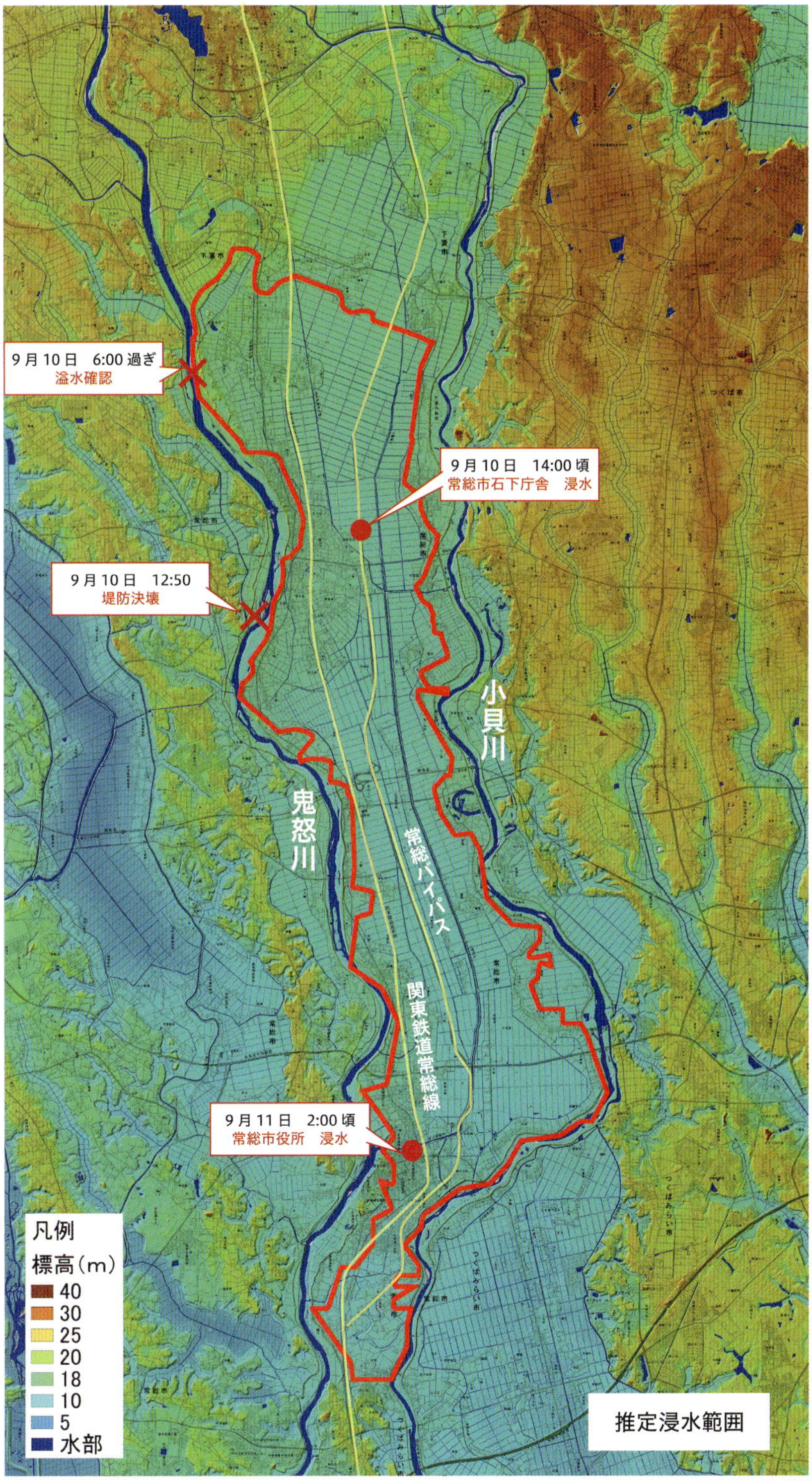

国土地理院提供

鬼怒川からの濁流が住宅をのみこむ中、防災ヘリに救出される住民＝茨城県常総市で2015年9月10日午後1時34分、毎日新聞社ヘリから

ケース04

茨城県 鬼怒川決壊

▼

2015年9月・関東・東北豪雨

災害時に共助の力を発揮するためにも 市と市民、市民同士の「対話のインフラ」を大切に

常総市長　神達岳志さん

「大切なのは、正確な情報をつかんで早めに市民に知らせること」

市は今、豪雨を教訓に防災対策を進める。神達市長は「大切なのは、正確な情報をつかんで早めに市民に知らせること」と語る。情報の入手は国、県からの情報待ちではなく「自ら動く」姿勢に変えた。「訓練では市から国や県に連絡を取って情報を取りに行く場面を作っている」（防災危機管理課）。避難勧告などの基準がなかった反省から、市が加わる「鬼怒川・小貝川下流域大規模氾濫に関する減災対策協議会」（国、県、流域市町で構成）の取り組みとして、鬼怒川上流の水位による発令基準を設けたタイムライン（事前防災行動計画）を策定。災害対策本部の運営体制も改めた。

市民への情報伝達では、豪雨では防災行政無線が聞き取れなかった地域が多かったため、スマートフォンを使った試みが17年度から始まる。多言語対応で無線の内容を見られるようにして、避難所の案内も表示させる。高齢者宅には戸別受信機を置き、聴覚に障害がある場合は家庭用テレビでも文字を表示させる。計画は総務省の「災害情報伝達手段等の高度化事業」の実証事業に選ばれ、国の予算でシステム整備が行われる。

住民個々が自らの避難行動を「マイ・タイムライン」としてまとめる

住民の防災意識を高める取り組みも施策に並ぶ。市は全地区を目標に自主防災組織の結成を進め、地域の担い手を養成するために民間資格の「防災士」の資格取得費用も補助している。各小中学校では、豪雨発生の9月に水害を想定した防災訓練を行うようになった。「今後は地元の自主防災組織と連携させたい」（神達市長）と言う。「減災対策協議会」により、住民個々が自らの避難行動を時系列でまとめた「マイ・タイムライン」を作る取り組みも全国で初めて行われた。生活環境に合わせた行動を考えてもらい、逃げ遅れ防止を図るのが目的だ。

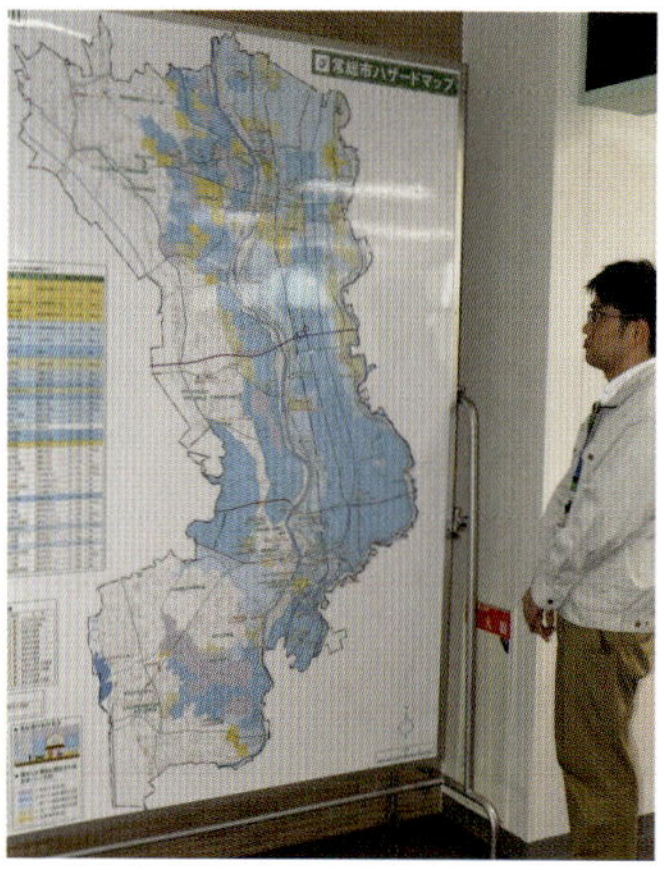

災害対策本部で、情報を集約するための大型地図。関東・東北豪雨では災害対策本部に大型地図はなかったため、新たに備えるようにした＝常総市役所で　2017年4月

神達市長には防災力の基盤になると考えるものがある。「市と市民、市民同士が普段から対話を重ね、互いのきずなが太くなるようにしたい。『対話のインフラ』づくりができれば、災害時にも速やかに情報が伝わり、共助の力も発揮できるはずです」。大水害を糧に、常総市は前進する。

（毎日新聞社つくば支局長　宮田哲）

Column

鉄道と水害

4カ月ぶりにJR特急が運行再開。地元の人たちが横断幕を掲げて歓迎する中、JR新得駅に到着する札幌発釧路行きの特急「スーパーおおぞら1号」＝2016年12月22日

鉄道の早期復旧のため、他の河川で使う予定の橋桁《はしげた》を流用

2016年、北海道を襲った台風でのJR石勝線、根室本線の被災により、札幌から帯広・釧路方面を結ぶ鉄道が不通となった。

このルートは、道央と道東を結ぶメインルートであり、単に人の移動だけでなく、道東産の農作物の主要な輸送ルートになっている。特に冬場は、路面の凍結から車による移動を敬遠し、鉄道を利用する人も多く、一刻も早いこのルートの再開が求められたが、橋桁が流出するなど、短期間での復旧が危ぶまれる被災状況であった。

特に橋桁は、河川の形状に合わせて新規に製作する必要があり、鋼材の購入、加工と１年弱要することから、早期の復旧が危ぶまれた。

しかし、北海道内の他の河川で使う予定であった橋桁が製作中であり、根室本線の復旧を最優先させる方針から、この橋桁を転用し、橋桁の形状に橋梁の形を合わせることで、年明けまでに復旧を完了させた。

用いたのは、35㍍の橋桁４連であり、これを用いて３橋梁を新たに架け替えた。単に新しくなっただけでなく、橋梁のスパンが例えば、約16㍍から35㍍に長くなることにより、川の真ん中にあった橋脚を廃止したり、また、橋桁下部の部材がない形式に変わることにより、水面と橋梁のクリアランス（橋梁の桁下空間）が大きくなる（下図参照）など、従前よりも水害にも強い構造となっている。

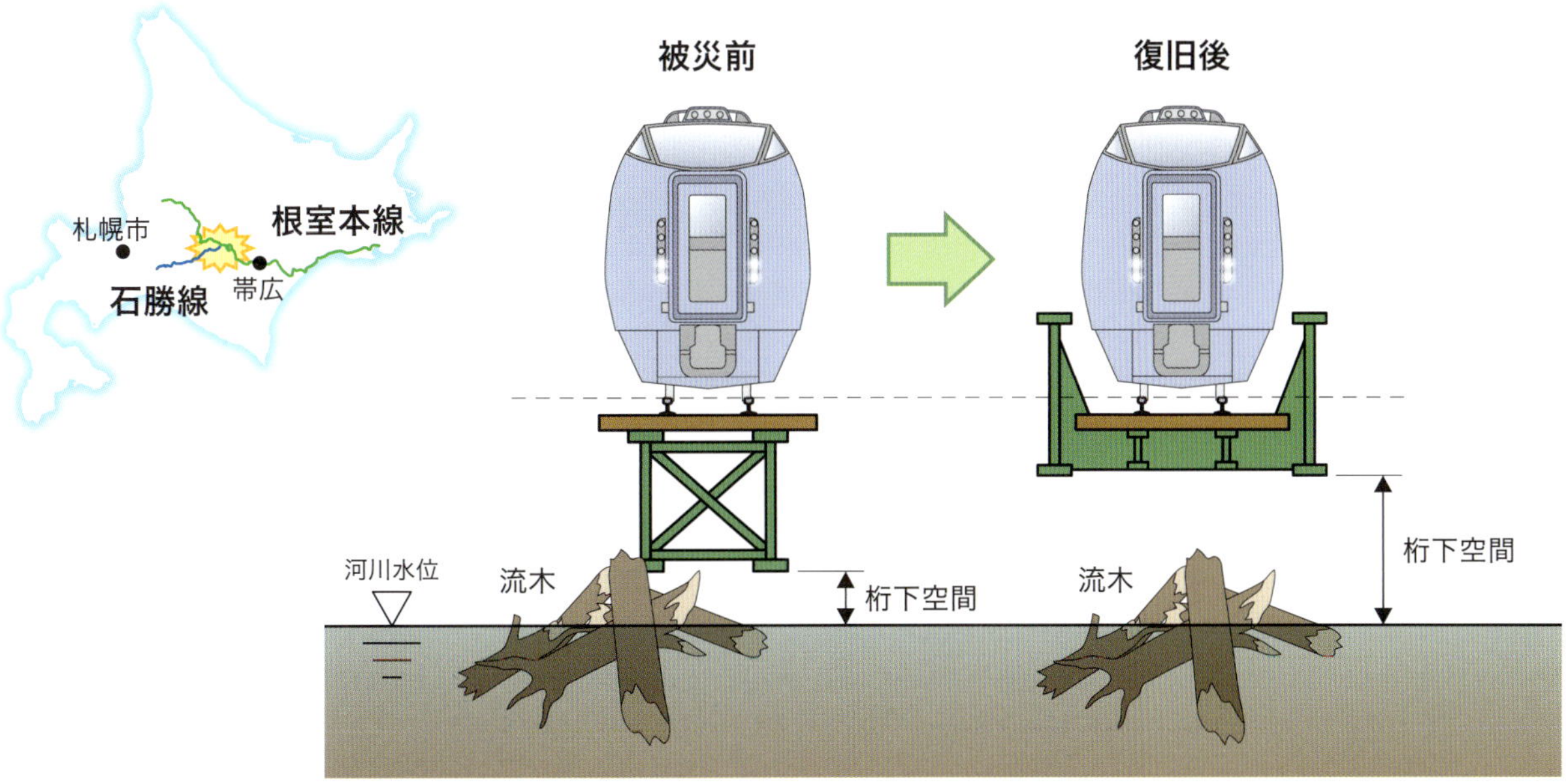

JR北海道の資料をもとに作成

Part 2

水害を乗り越えて

ケース01
兵庫県佐用町《さようちょう》
2009年8月・台風9号
死者・行方不明者20人、
1790棟の住宅被害をもたらした水害

泥水などに流され横転した乗用車＝兵庫県佐用町で2009年8月10日午前8時23分、毎日新聞社ヘリから

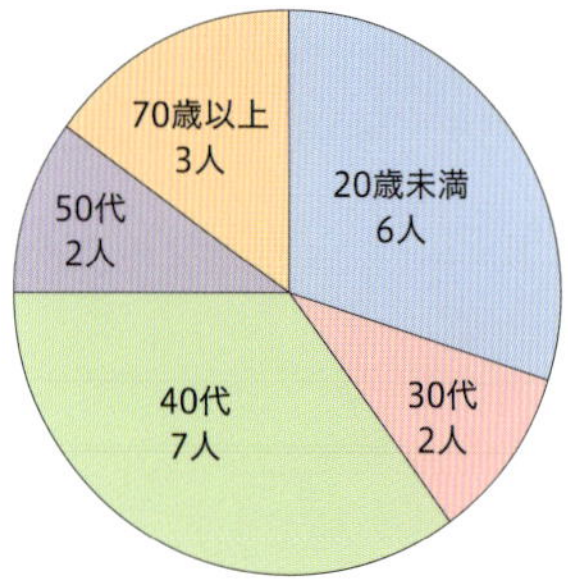

死者・行方不明者の年齢構成

9日夜から10日未明にかけて高さ約1mまで浸水し、泥まみれになった佐用町役場の1階＝兵庫県佐用町で2009年8月10日午前7時48分

「逃げない避難」（垂直避難 2階への避難）へ目を向けるきっかけに

日曜日の夜、豪雨の中、避難所の小学校に向かう途中で濁流が……。

2009年8月9日の夜、台風9号による豪雨により兵庫県佐用町では佐用川、千種川といった主要な河川はもとより、中小の河川で氾濫が起こり、人的・物的にも甚大な被害をもたらした。特に、この水害では避難のあり方について問題提起された。

住民が農業用水路（左端中央T字路）に流された町営幕山住宅（手前）。右奥の建物が幕山小学校（2015年に廃校）。8月9日の夜は、佐用川の支川、幕山川からあふれた水で一帯が浸水していた＝佐用町本郷で2009年8月11日午前7時32分、毎日新聞社ヘリから

徒歩で避難中に3家族11人が濁流に流され、うち9人が犠牲に

この水害では、避難所となっている小学校への移動中に、農業用水路等に流され、3家族9人が死亡、うち5人が子供という悲劇が起こった。

町営住宅から、付近の小学校へ避難を始めた時には、既に周囲は浸水しており、暗闇の中、家族は手をつなぎ避難をしたが、道路にあふれた濁流にのみ込まれ、農業用水路へ流された。町営住宅は床下浸水であり、結果論ではあるが「2階への避難」で被災しなかったはずである。

避難所への避難のあり方、避難経路、「逃げない避難（垂直避難、2階への避難）」といった問題を提起した。2013年に災害対策基本法に「屋内避難（垂直避難含む）」が位置付けられたきっかけとなっている。

自動車で移動中に8人が犠牲に

この水害では、8人が自動車で移動中に濁流に巻き込まれて犠牲になったこともクローズアップされた。うち4人は佐用町外の居住者である。佐用町の水害では水位は急速に上昇し、かつ浸水域は広範囲に及んでいることから、迂回路を設定し通行止めを行うことは実質不可能であった。一方、自動車で移動中は浸水により危険な地域となっていることを知るよしがない。通常20センチ程度の浸水深で自動車の機関が停止し、さらに浸水すると水圧でドアが開かなくなる。水害時における自動車での移動が危険であることを広く知らしめた。

通常の水害では、自宅に留まって被災する例が多いが、佐用町の水害では避難中・移動中の被災がほとんどであり、かつ壮青年層の被災が多いという特徴があり、避難等のあり方の議論を巻き起こした。

1時間に80ミリもの猛烈な雨になるとは予測できず

ケース01

兵庫県佐用町
▼
2009年8月・台風9号

水害の翌年、県立佐用高校で行われた「ぼうさい甲子園」で、生徒たちは復興を願って町を象徴する花、ヒマワリを描いた＝兵庫県佐用町の県立佐用高校で2010年6月2日

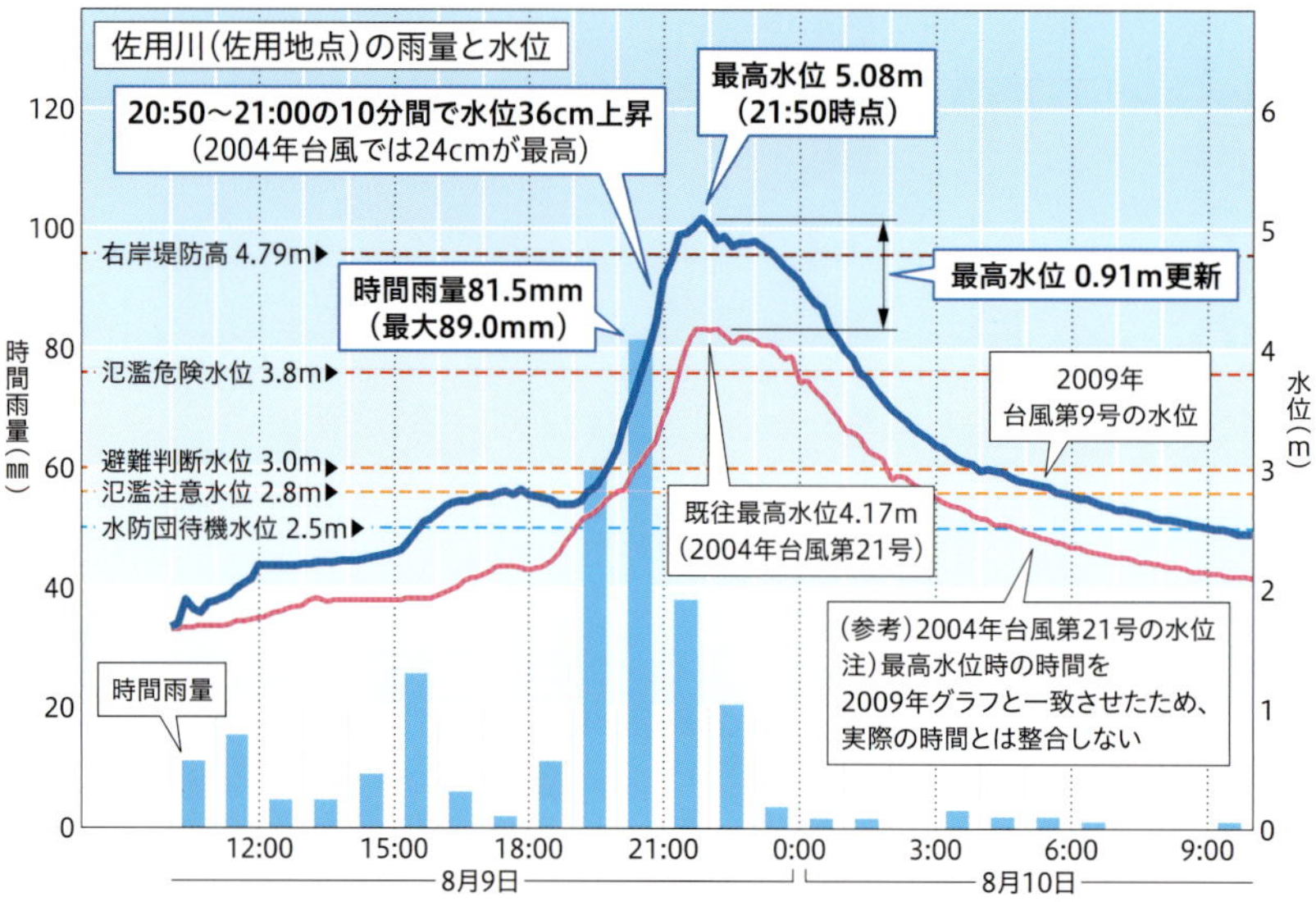

5年前の過去最大の水害の経験が未曾有の災害への対応を鈍らせる

この水害については、佐用町担当課が「台風第9号災害検証報告として水害対応を検証し、今後の提言を取りまとめている。この中では、再三、「町における過去最大の災害（平成16年9月の台風第21号災害）の経験をもとに対応しようとしていた」と記述がある。

また、町長にインタビューした際にも、最初に「5年前の水害の経験をもとに対応しようとしたことが混乱を招いた」とこのことに触れた。

5年前の2004（平成16）年には住家被害800棟に及ぶ水害が発生したが、2009年の水害と同様に夕刻後から浸水が始まり、避難勧告の発令も日没後となったが、人的被害がなく、日没後の避難の危険性を関係者が認識していなかった。

まず、避難勧告は、避難判断水位到達後、1時間22分後に発令されているが、これは河川の水位だけではなく、被災の連絡を受けて発令したものである。2004年も同様で、避難判断水位到達後1時間15分後に、同じく現場からの報告に基づいて発令しており、河川の水位だけではなく、現場からの報告を重視している傾向が継続していることがわかる。

また、今回は庁舎が水没し、非常用発電機も1階に設置していたため水没し、庁舎が停電する事態に陥っている。さらには、職員の参集も、当初担当課と管理職による対応となっていたことから、その指示も遅れ、水位がピークを迎えた時に職員の参集状況は約57％であった。この他、災害用の電話と一般向けの電話が同じであり、既に町民から電話が殺到しており、気象台等の外部機関からの電話が通じない状況になっていたなど、5年前には大丈夫であったことをベースに対応を行っており、結果として、対応が後手後手になった。

未経験の最悪の事態を考え、大きく構えることが重要

佐用町の過去と2009年を比較すれば、1.5～1.75倍程度の降雨があったことがわかる。気象台も、播磨地方北部に1時間50ミリ、60ミリといった激しい雨は予測して

●兵庫県佐用町 DATA
【面積】 307.44km²
【人口】 1万7479人
(2017年6月)

「8・9を忘れない」佐用町の取り組み

佐用町では、第三者からなる「佐用町台風第9号災害検証委員会（委員長　室崎益輝関西学院大学災害復興制度研究所長／当時）」を設置し、災害時の対応を詳細に検証し、90の提言をまとめている。

この検証は、事実をありのまま明らかにする姿勢で行われており、問題点をできるだけ具体的に明らかにして、実践的な提言に結びつけている。中には、すぐに実施できるもの、中長期的に取り組むものが混在しているが、佐用町ではこの提言をもとに災害対応体制の強化を図りつつある。

◆災害対策本部機能の強化

庁舎が水没し、かつ、災害対応を行う部署が複数階に分散していたことから、災害対策本部室のレイアウトを見直し、大型モニターとホワイトボードによる情報の共有化と、各端末の集約により情報の一元化を図っている。また、組織も、意思決定を行う統括部と情報集約を行う総務対策部に分けている。

◆町民を災害モニターとして活用

町内に災害モニターを設置し、町役場から必要に応じて、モニターの自宅から見える河川の状況の問い合わせを行っている。水位計が設置されていない中小河川の情報を得ており、実際にモニターの情報をもとに避難勧告の発令を行った例もある。

◆切迫感のある映像をケーブルテレビで提供

災害後、町の13カ所に河川監視カメラを設置している。佐用町内ではほとんどの住民がケーブルテレビに加入しており、監視カメラの映像を流すことで、住民が一目で河川の水位の状況を把握し、いつ避難すればよいか判断する材料としている。なお、夜間においても暗視可能な状況となっている。

◆自動車移動者への情報提供

2009年の災害では、高速道路が閉鎖され一般道を移動中の車の被災もあったことから、高速道路を閉鎖する場合、ETCレーンは封鎖し、一般出口で災害情報を伝えるとともに、IC付近に一時待機場所を確保している。

このように提言をもとに具体的な取り組みが始まっている。他の自治体でも参考になるものであり、防災担当者は一読することを薦める。

http://www.town.sayo.lg.jp/cms-sypher/open_imgs/info/0000002342.pdf

町役場の災害対策本部には大型モニターを設置、「地域防災マップ」を作成するなどの取り組みを進めた

いたが、1時間に80ミリもの猛烈な雨に厳重な警戒を呼びかけたのは、降雨のピークを過ぎてからである。雨量の予測が困難な事例としている。

過去最大の洪水を超える洪水が起こらないということはない。未経験の最悪の事態を考えることも必要だ。

Message

防災担当者は気象情報を「読む力」も必要

兵庫県佐用町長 庵逧《あんざこ》 典章さん

災害後に一番力を入れたのは、地域の皆さんの手で「地域防災マップ」を作っていただくことでした。佐用町は300平方キロと広く、細い谷に133の集落が点在、急傾斜地や河川の近くなど状況もさまざまです。危険を避けるための場所をどう選定するかは、それぞれの地形と関わってくるからです。

今の気象レーダーはほぼリアルタイムで情報を出してくれますが、防災担当者にはそれを「読む力」も必要だと思います。平成16年が100年に一度、平成21年が600年に一度の雨だそうで、たまたま佐用町には短い期間で大きな水害が起きました。どこの自治体にとっても「数十年に一度の水害」に初めて対応するのは大変なこと。私たちの経験を活かしてほしいと思います。

ケース02

新潟県 **信濃川下流域**

▼

2004年・2011年　新潟・福島豪雨

前回（7年前）の水害の教訓を生かして

刈谷田川の堤防が決壊、濁流が町の中を流れる中之島町（当時）一帯＝同町中之島で2004年7月13日午後4時8分、毎日新聞社ヘリから岩本準一撮影

2004年7月、刈谷田川破堤後の状況。寺や家屋が流出した

決壊前

「平成16年7月新潟・福島豪雨」で水の引かない市街地からボートで救出される人たち＝2004年7月14日

平成16年新潟・福島豪雨

「7.13《ナナテンイチサン》」を上回る記録的な雨に効果があったハード＆ソフト対策とは

2004年と2011年、新潟県信濃川下流域は大きな水害にみまわれた。「平成16年新潟・福島豪雨」の後、さまざまなハード対策、ソフト対策を行ったことから、7年後の「平成23年新潟・福島豪雨」では被害をおさえることができた。その具体的な対策を紹介する。

新潟県に死者15人、約1万4000棟の住家被害をもたらした平成16年7月新潟・福島豪雨

２００４（平成16）年7月、前線の活動により新潟県の信濃川下流域の栃尾市、見附市、三条市を中心とした地域が３００ミリを超える豪雨に襲われ、信濃川の支川の五十嵐《いからし》川、刈《かり》谷田《やた》川において破堤や越水により氾濫が発生した。

家・寺院が跡形もなくぶっ飛ぶ威力、氾濫流の脅威

この洪水の特徴は、洪水による全半壊が５７２８棟に上り、氾濫流の威力が明らかになった。特に破堤地点近くの住家への影響が大きいことがわかる。まさに破堤地点にあった寺院は、氾濫流の直撃を受けて、跡形もなく消し去られており、氾濫流の威力をまざまざと見せつけられた。

死者の多くは高齢者 要配慮者の支援がクローズアップ

同県内15人の死者のうち、13人が氾濫で死亡、うち10人が70歳以上の高齢者であり、特に三条市では、死者9人のうち7人が高齢者であった。高齢者が逃げ遅れたことが原因とされている。要配慮者の避難の支援という課題が明らかになった。

総雨量1・6倍の豪雨に対して被害は9割も減少した

２０１１（平成23）年7月、再び前線性の豪雨が新潟を襲う。新潟県中部、北部の中越地方、下越地方の広い範囲で降水量は３００ミリを超え、多いところでは、１０００ミリを超える降雨を観測した。信濃川河口近くの帝石橋観測所では、観測史上最大となる３４００立方メートル（毎秒）の流量となるなど、各観測所で最高水位を記録した。総雨量は平成16年の1・6倍であったが、建物被害、死者・行方不明者数ともに9割減少している。平成16年の洪水を踏まえたハード対策、ソフト対策が功を奏した。

ケース02

新潟県 **信濃川下流域**

▼

2004年・2011年　新潟・福島豪雨

約1・6倍の1000ミリ強の豪雨が襲った平成23年7月洪水、降雨量、水位等が過去最大でも被害は減少

（ハード対策）により被害を軽減

2011年の雨は、2004年を大きく上回る規模であったが、2004年の水害以降、国が管理する信濃川本川、新潟県が管理する五十嵐川、刈谷田川等で河川整備を進めており、主な事業は7月洪水の数カ月前に完成したばかりであった。早速効果を発揮し、五十嵐川の中流部での一部の被害にとどまった。

①五十嵐川では300戸以上の移転を伴う河道拡幅を実施、被害8割減少

浸水家屋数7581戸、死者9人の被害を生じた五十嵐川では、300戸以上もの移転を伴う河道拡幅、橋梁の架け替えを実施し、2011年では、堤防満杯となる洪水であったが、下流部は破堤せず、被害も８割減の浸水家屋数134戸、死者１人と急減している。

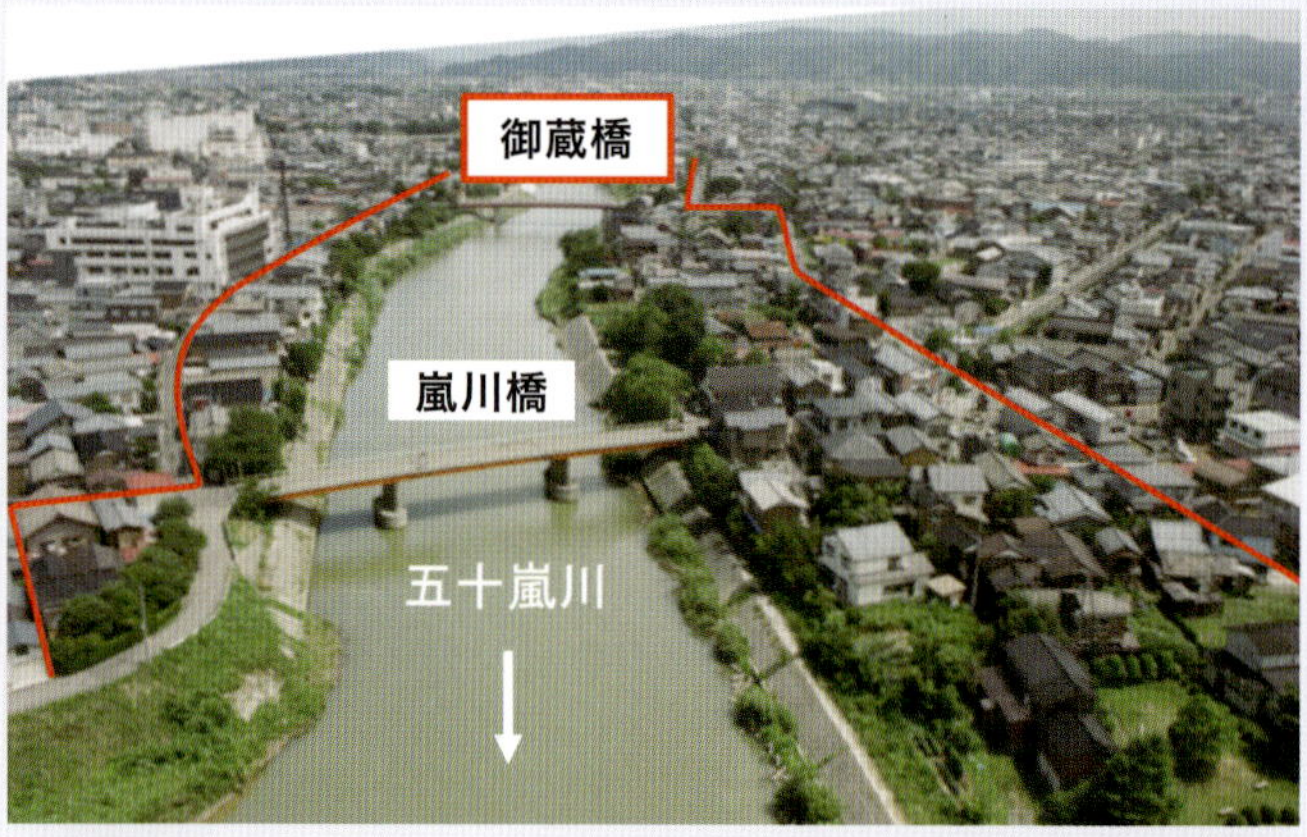

2005年8月撮影

五十嵐川災害復旧助成事業（新潟県）により
川幅を約70mから100mに拡大

五十嵐川で実施した対策の事業範囲　2010年12月撮影

大雨で冠水した市街地＝新潟県三条市で2011年7月30日午前11時4分

1. 水害の直前に完了した河川整備

③信濃川下流域を嵩上げ
もし事業がなければ大災害に

上流が改修されれば、氾濫しなくなった分の洪水が下流に流出してくる。これが下流部で氾濫を起こす要因となってくる。信濃川下流域も上流からの洪水を受けきるため、延長約34kmにわたり、堤防を約1.5m嵩上げする事業を行った。信濃川下流は、整備前の堤防高を越える最高水位を観測している。もし事業がなければ堤防から水が溢れ決壊するなど甚大な被害が発生する恐れがあった。

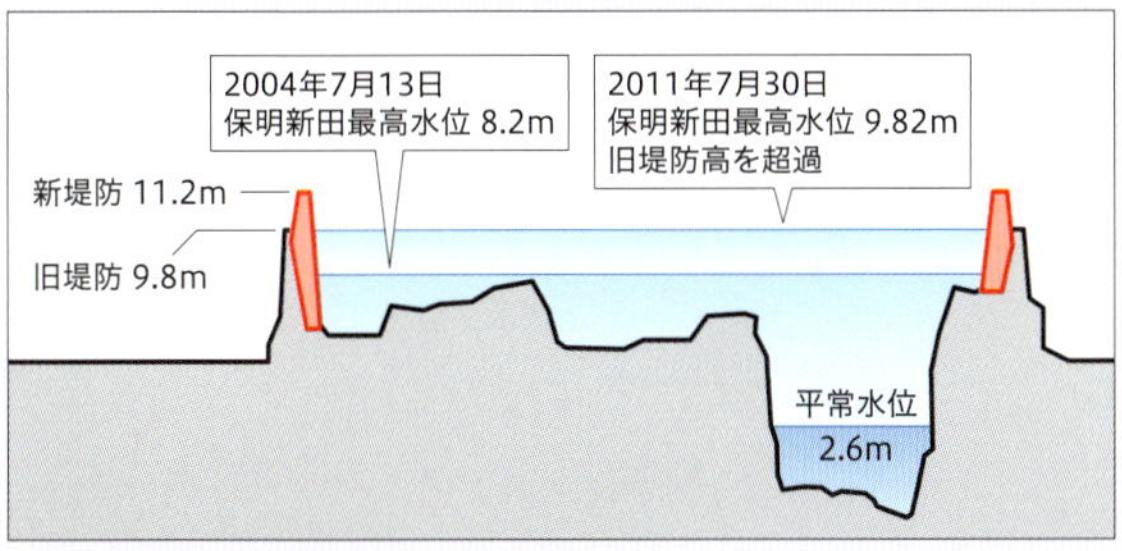

保明新田水位観測所付近の横断面図

④懸命の水防活動により被害を免れた

事業は完了していたが、降雨の規模は大きく、五十嵐川で堤防満杯の状態が続き、河川水があちこちで堤防を越えていた。その拡大を食い止めるべく、約350人の水防団等により懸命に土のう積みが行われた。地域の人々の懸命の水防活動により堤防の決壊を防いだ。

土のうが積まれた五十嵐川

写真は国土交通省

五十嵐川・刈谷田川流域における事業の効果

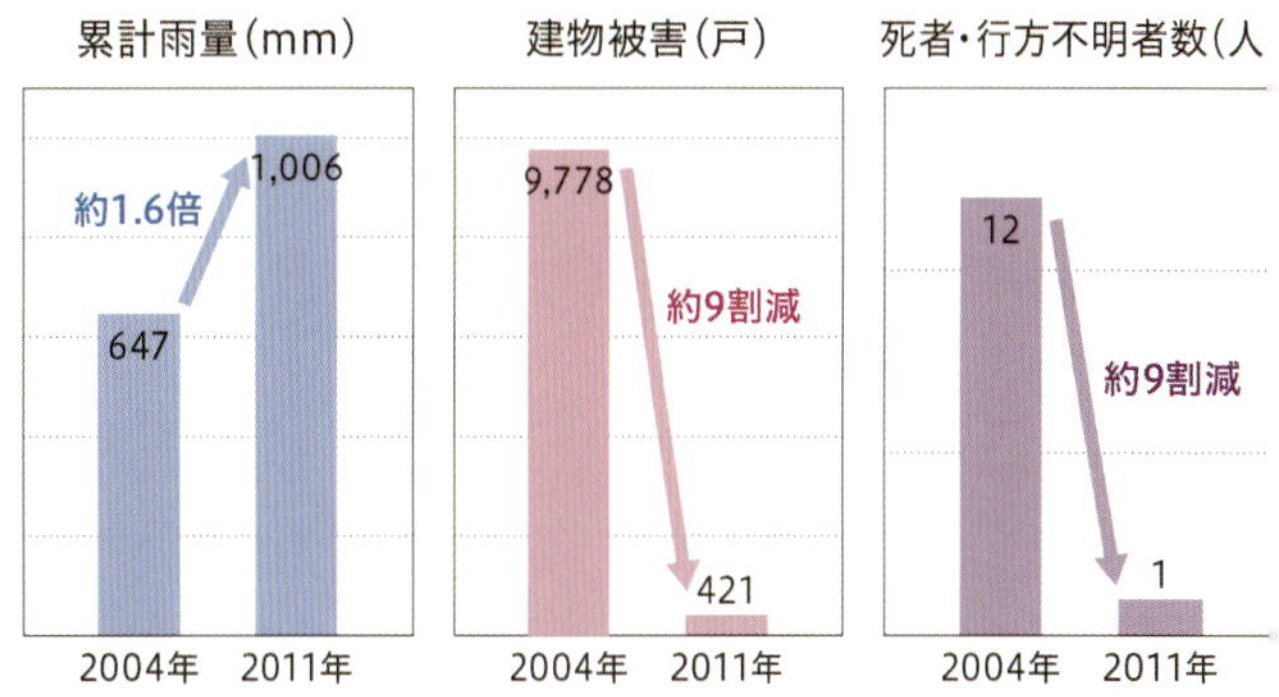

(笠堀観測所)　2回の豪雨（2004年と2011年）の被害の比較

②刈谷田川では、流域で貯める施設
（遊水地等）が効果を発揮

刈谷田川ではディズニーランド約2個分の広大な面積の遊水地を整備した。刈谷田川の遊水地は、通常は水田として利用され、洪水時に河川水を一時的に流入させて貯める施設で、これにより下流部の水位を低下させる。この他、屈曲部のショートカット（直線化）や堤防のかさ上げを行った。被害も浸水家屋数2197（2004年）から287（2011年）へと急減している。

刈谷田川の遊水池

2. 確実に進展したソフト対策

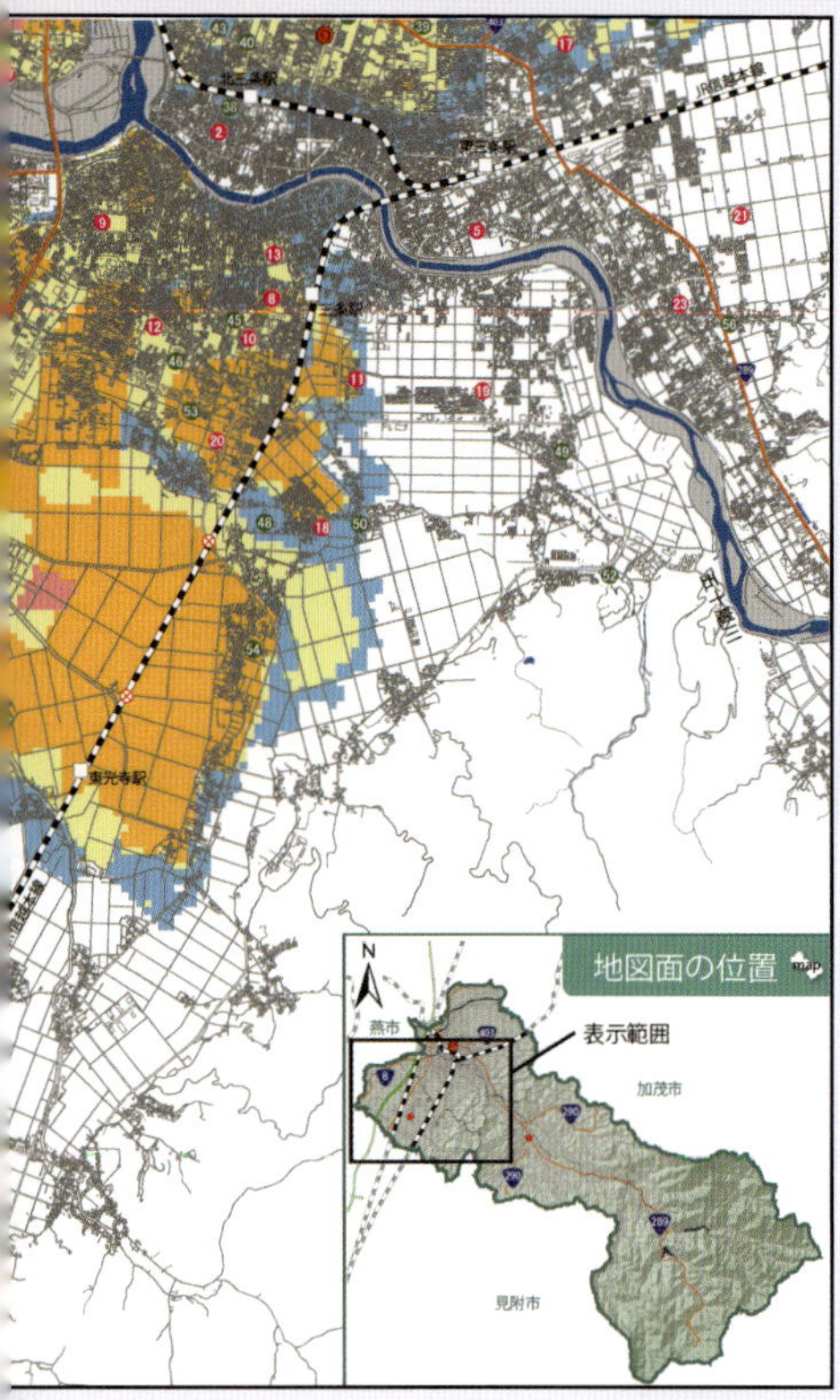

逃げどきマップ

河川整備によるハード対策により、被害は大幅に減少したが、この間のソフト対策の充実も図られた。

①複数の伝達手段の確保により避難情報が確実に届くようになった

2004（平成16）年洪水で死者9人の甚大な被害が生じた三条市では、避難勧告等の情報が確実に市民に伝わるように防災行政無線（スピーカー）の整備、緊急告知FMラジオ、ケーブルテレビ、携帯エリアメールなどを導入した。

2004年の水害時には市の発令した避難情報を得ることができたのは、約20%に留まっていたが、2011（平成23）年の水害時には、93%に急増している。市民の意識の向上と市の取り組みの相乗効果が発揮された。特に、防災無線から情報を得たと65%が答えており、有効であったことがわかる（三条市全世帯アンケートから）。

緊急告知FMラジオ

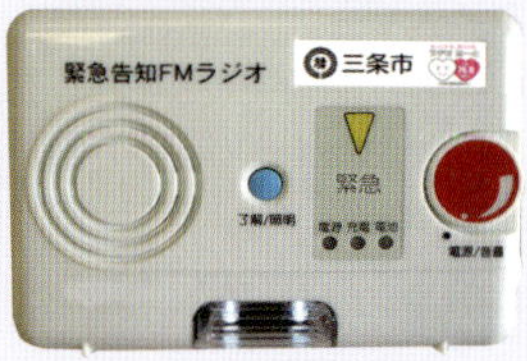

「燕三条FM」緊急割込放送システムを活用

市が発令した避難情報を市民は得ることができたか?

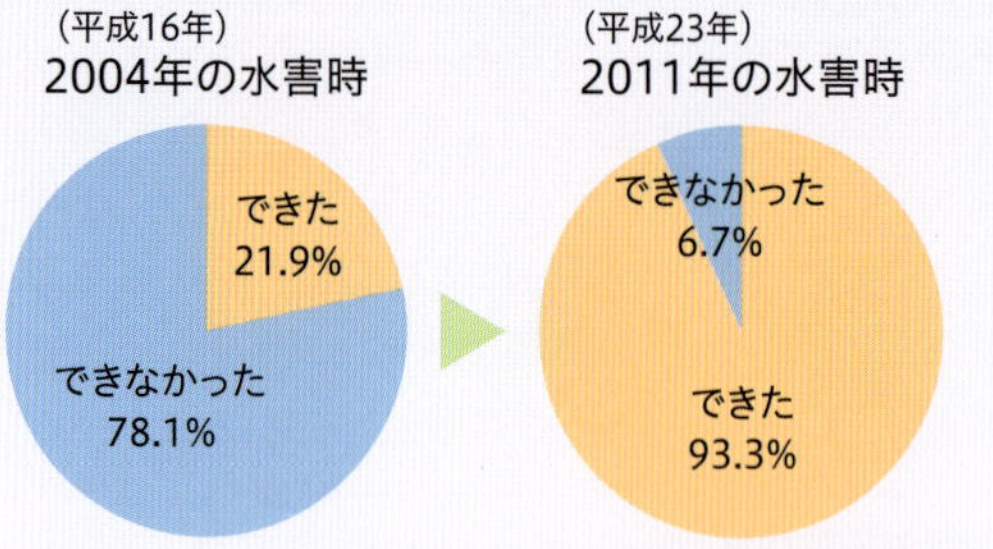

平成23年7月新潟・福島豪雨災害（7.29水害）検証「全世帯アンケート調査」より

2011（平成23）年の水害時には、大半の住民が避難情報を取得

②地域の自主防災組織の結成も進む

2004年洪水で死者4人の被害が生じた長岡市では、住民同士が助け合って災害に備え、災害を乗り越えることができるよう活動する組織、自主防災会の結成を推進している。2004年時点では、結成率は31%であったが、活動報償金の支給、アドバイザーの派遣、防災活動事例発表会等の支援を行い2011年時点では88%、現在92%に上昇している。

③災害時要援護者を対象とした名簿の作成

高齢者の逃げ遅れがクローズアップされたが、高齢者等の災害時要援護者を支援するためには、あらかじめ対象者を記載した名簿を作成することが必要である。しかし、個人情報を載せることに不安を感じて躊躇する人も多く、三条市では約75%の記載率であった。人の命を守ることはプライバシーにも勝るとの考えのもと、どうしても名簿に記載したくないという人に手を上げてもらう方式に変更したところ、名簿への記載率が95%に、この名簿を活用し避難準備情報発令時点で支援を行っている。

④ハザードマップの充実

各市が工夫したハザードマップを製作、配布、同じ災害でも住んでいる地域や建物によって想定される被害と取るべき行動が異なることから、複数種類のマップを作成している市町村もある。

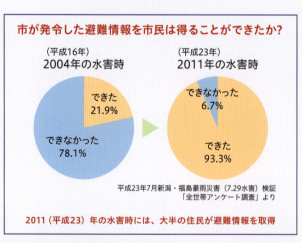

Message

ホットラインは人間関係の積み重ねが大切

三条市長 **國定 勇人**さん

災害時には、平常時のいいことも悪いこともすべてがぎゅっと凝縮されます。つまり、日常の積み重ねがとても大事です。最近、災害が起きていない自治体は、首長・職員ともに災害対策本部をどこにどう作るか、どう運営するかもわからない。平時からの切り替えが即座にできないのです。その点、飯田市（長野県）の災対本部の立ち上げ方のノウハウは参考になると思います。

「7・29」の災害（2011年）で全市に避難指示を出す時、河川事務所の所長に電話で相談しました。川の水位はモニターを見ればわかりますが、それが何を意味するかは付加的な情報があって初めて生きてくる。普段からのお付き合いがある相手だからこそ、信頼して意見を聞くことができます。ホットラインがあれば安心というわけではなく、そこにたどりつくまでの人間関係を普段からどう築くかが大事です。

市長や町長になったら、自分の自治体の防災計画をきちんと読むべきですし、首長も職員も災害対策のトレーニングを重ねる必要があると思います。

避難情報を誰にもわかりやすく

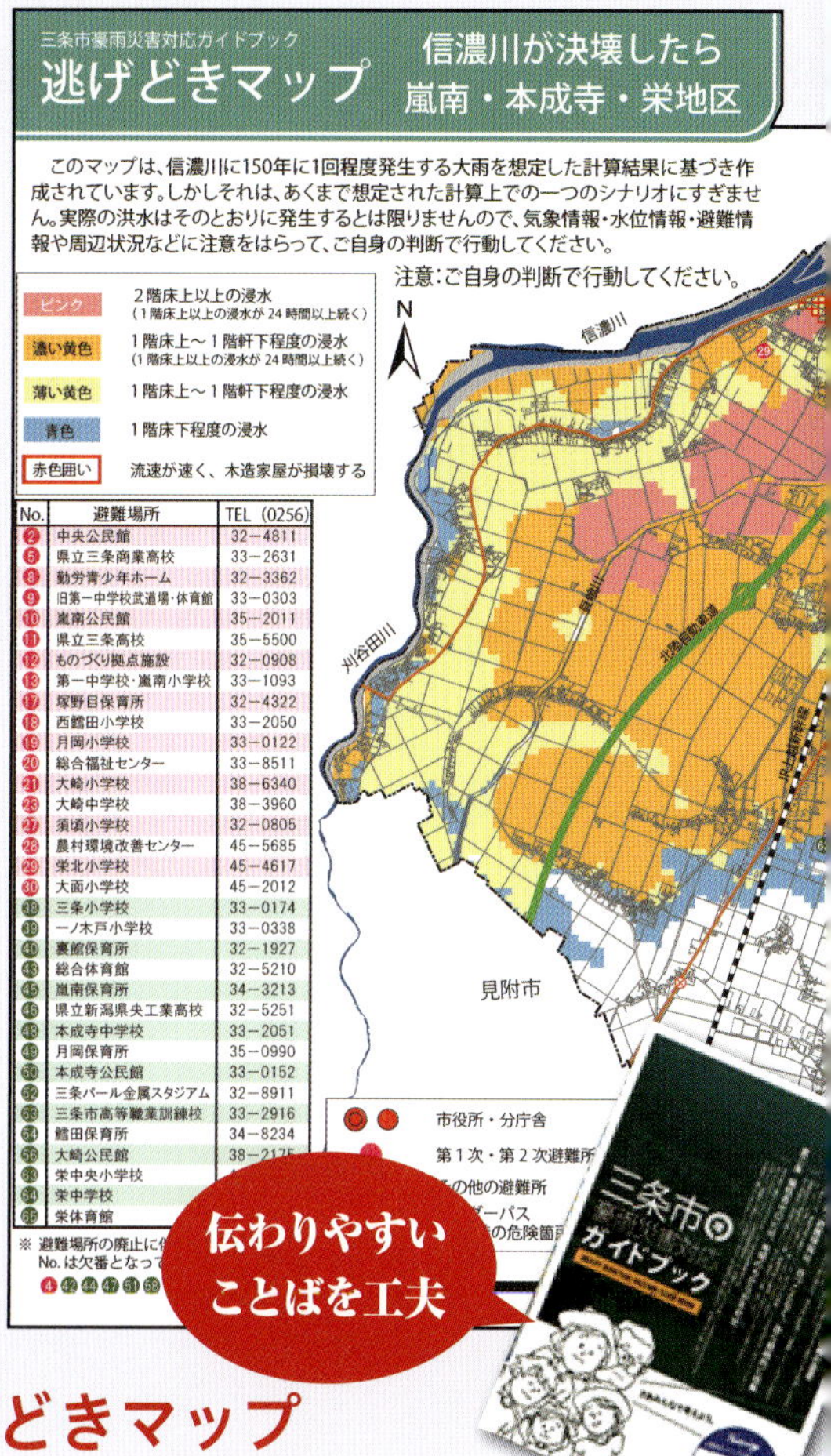

逃げどきマップ

「三条市豪雨災害対応ガイドブック」

4種類のハザードマップと防災に関する情報を掲載。①気づきマップ（信濃川、五十嵐川、刈谷田川が決壊した場合に市内にどのような浸水が生じるかをひとつの地図で示したもの）　②逃げどきマップ（自宅の場所や構造によりどのような備えや行動をとるべきかを信濃川、五十嵐川、刈谷田川ごとに地図で示したもの）　③浸水想定区域図（100～150年に1回程度発生する確率の大雨によってどの程度の浸水が予想されるかを地図に示したもの）　④土砂災害危険個所図（土石流やがけ崩れ等の土砂災害が発生する可能性のある場所を地図上に示したもの）

まるごとまちごとハザードマップ

電柱に想定浸水深を表示。
常日頃から洪水を意識して、安全でスピーディーな避難行動につなげる。

ケース03

平成23年 紀伊半島大水害
▼
2011年9月・台風12号

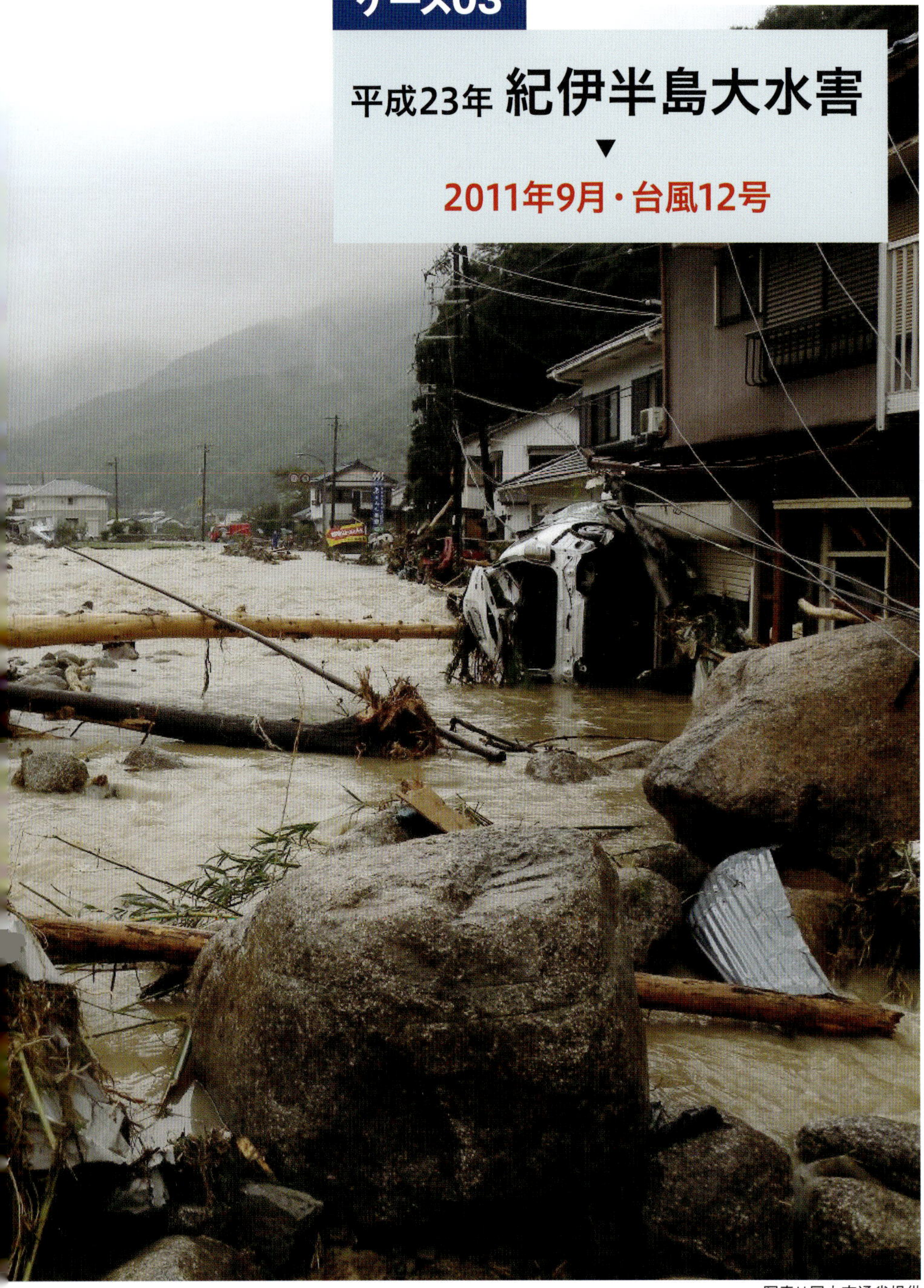

写真は国土交通省提供

日本の平均降雨量の

1年分以上の雨が紀伊半島に一度に降った!!

土砂と洪水の複合水災害で、奈良・和歌山・三重の3県で大きな被害が発生

2011（平成23）年の台風第12号は、紀伊半島の一部地域で2000㍉を超える記録的豪雨をもたらした。日本の年平均降雨量が1700㍉なので、1年分以上が降ったことになる。上北山村（奈良県）アメダス観測所では、72時間雨量1652・5㍉を記録したが、これは統計開始以降国内最大値であった1322㍉（宮崎県神門）を300㍉以上も上回った。この大雨により奈良・和歌山・三重の3県の死者・行方不明者は88人にのぼり、深層崩壊による河道閉塞などが発生した。

平成23年紀伊半島大水害では、深層崩壊と呼ばれる大規模な土砂崩れが発生した。この深層崩壊により、〝天然ダム〟と称された河道閉塞が奈良県で13カ所、和歌山県で4カ所発生した。この河道閉塞が

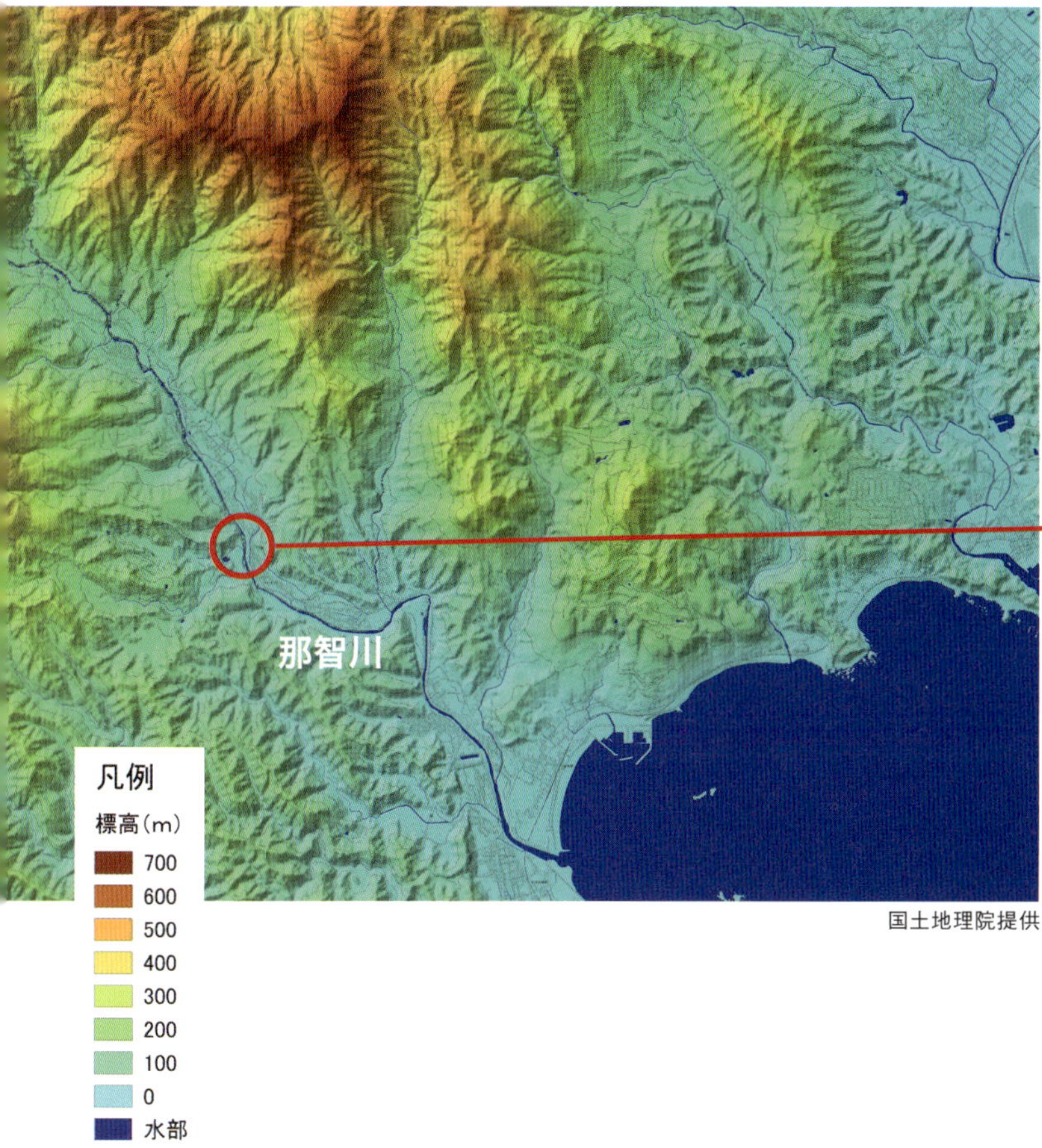

国土地理院提供

那智川中流部では土石流が発生
＝2011年9月4日昼ごろ

崩壊すると、貯めていた水・土砂が一挙に下流に流れ出し、大きな被害をもたらす可能性があったことから、再び降雨により雨が貯まっても安全に流すことができる仮水路などの整備が急ピッチで行われた。

犠牲者の多くは和歌山県
那智川では2時間続けて100ミリを超える豪雨
土砂と洪水の複合水災害により23人が犠牲に

この水害による3県の犠牲者88人のうち、和歌山県が約7割を占め、特に那智川流域での犠牲は23人にものぼった。9月2日から降り続いた雨は終盤の4日深夜には、時間雨量100ミリが2時間を超えたことが観測され、この豪雨の最中に大きな被害が生じた。

那智川中流部のいたるところで土石流が発生し、多量の土砂・流木が流出して、那智川本川の河道を埋塞《まいそく》し、氾濫流と土石流が一緒にあふれ出す複合水災害により、大きな被害が生じた。那智川は山間部を流れる谷底河川である。川と谷に挟まれたわずかな低地全体が浸水し、那智川流域で全壊・半壊550棟、床上浸水221棟、JR紀勢線、県道の橋梁が流出した。浸水棟数を大きく上回る全壊・半壊棟数が示すように、土砂と洪水が一体となって襲った。

復旧後の橋

ケース03

平成23年 紀伊半島大水害

▼

2011年9月・台風12号

深夜に襲った１００ミリを超える豪雨。防災無線・携帯電話も不通の中で

那智川に架かるJRの橋が崩落＝2011年9月4日

指定避難所だった井関保育所も浸水＝2011年9月4日

「いつもどおりの雨だろう」の思い過ごしが悲劇を招いたか

那智川沿いでは、記録の残っている明治時代以降、このような大規模な土石流や洪水が発生したのは初めてである。加えて紀伊半島は台風の常襲地帯であり、多くの住民が、「いつもどおりの雨だろう」という意識を持っていた。こういった中で住民にとっては想定外の災害が発生し、過去に取ってきた避難行動では手に負えないほどの状況に見舞われたのが実際ではないか。

特に、豪雨は深夜12時頃から本格化し、59ミリ（12時台）、58ミリ（1時台）、１２３ミリ（2時台）、１０１ミリ（3時台）と、すさまじい雨に見舞われるが、この一連の降雨の直前の23時50分には、「暴風警報」が解除されている。洪水警報、大雨警報は継続しているが、少し油断も生じたのかもしれない。台風常襲地帯の慣れ、また、近年大きな被害が生じていないことへの認識をひっくりかえす事態が、夜中に突如として襲ったといえる。

三重県紀宝町では2割の世帯が被災 防災無線、固定電話、携帯も不通に

三重県の新宮川の支川相野谷川では、計画高水位４・６メートルを大きく超える１０・５２メートルを観測、その後、観測機器が水没した。痕跡からは14メートルまで水位が上昇したと考えられる。全川において堤防越水が生じ、山と川の間がほぼ全て水没する大きな浸水が発生した。輪中堤が倒壊する他、排水機場や水位観測所等の施設が水没する等の被害が発生した。

紀宝町では、相野谷川を中心に、全世帯の18％にあたる１００４世帯が被災した。防災無線、固定電話、携帯電話も不通となり、連絡が取れない状況となり、孤立したり、自宅2階までも水没し、屋根裏で一晩過ごす人などが発生した。

避難所から避難所へ 豪雨の中で二次避難が必要に

紀伊半島大水害では、最初に避難した場所が危険な状況になり、豪雨の最中に危険を感じながらより高台の避難所へ二次避難

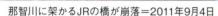

護岸工事、砂防ダム、タイムラインの作成などの対策が進む

熊野川と相野谷川を締め切る鮒田水門と排水機場（左奥）、いずれも水没

写真は国土交通省提供

河川監視用カメラ（柱頭部）を大きく超える氾濫が発生した

新宮市街地へあふれ出した熊野川の洪水

する例が相次いだ。

那智川では、指定避難所であった保育園が1階建てであり、那智川の状況から消防団員が危険と判断し、まさに、100ミリ程度の豪雨の最中、自主的に再避難を行った。その後、保育園は3メートル程度の浸水に見舞われている。

紀宝町でも、自宅背後の高台の指定避難所に避難したが、危険になり、土砂災害の危険性におびえながら山中の小屋に、二次避難、さらにもっと高い小屋に三次避難した例もある。この水害では、指定避難所の適性も課題としてクローズアップされた。

水位計・監視カメラが水没、破壊 状況把握が困難に

河川に設置した水位計や監視カメラが、相次いで水没したり、土石流等で流されたことで、状況の把握も困難となっていた。洪水時に現場の状況を把握し、対応していくためには、水位計等各種観測機器が命といえ、これらが機能しなければ状況把握ができない。観測機器については、想定を超える事態を考え、確実に観測が可能となるよう設置する必要がある。

紀伊半島大水害を踏まえ 日本初のタイムラインの策定へ

紀宝町では、紀伊半島大水害後、2012年のハリケーン「サンディ」来襲時に、アメリカのニュージャージー州で試行された事前防災行動計画（タイムライン）に着目し、我が国初のタイムラインの作成に舵をきった。2014年2月には検討部会を設置し、7月の台風8号で実際に試行している。この試行結果を踏まえ、2015年には、「紀宝町における台風等風水害に備えた事前防災行動計画（タイムライン）の連携に関する協定」が紀宝町、国土交通省、気象台で締結され、取り組みが本格化している。

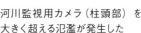

ケース04

平成24年 九州北部豪雨

▼

2012年7月・梅雨前線

周辺がすっかり冠水し、孤立したホテル＝熊本県阿蘇市で2012年7月12日午後1時14分、毎日新聞社ヘリから加古信志撮影

2012（平成24）年7月3日から14日にかけて、九州北部各地で豪雨災害が発生した。熊本市では白川が氾濫、龍田陳内地区の住民がヘリコプターで救助された。

白川流域における降雨状況

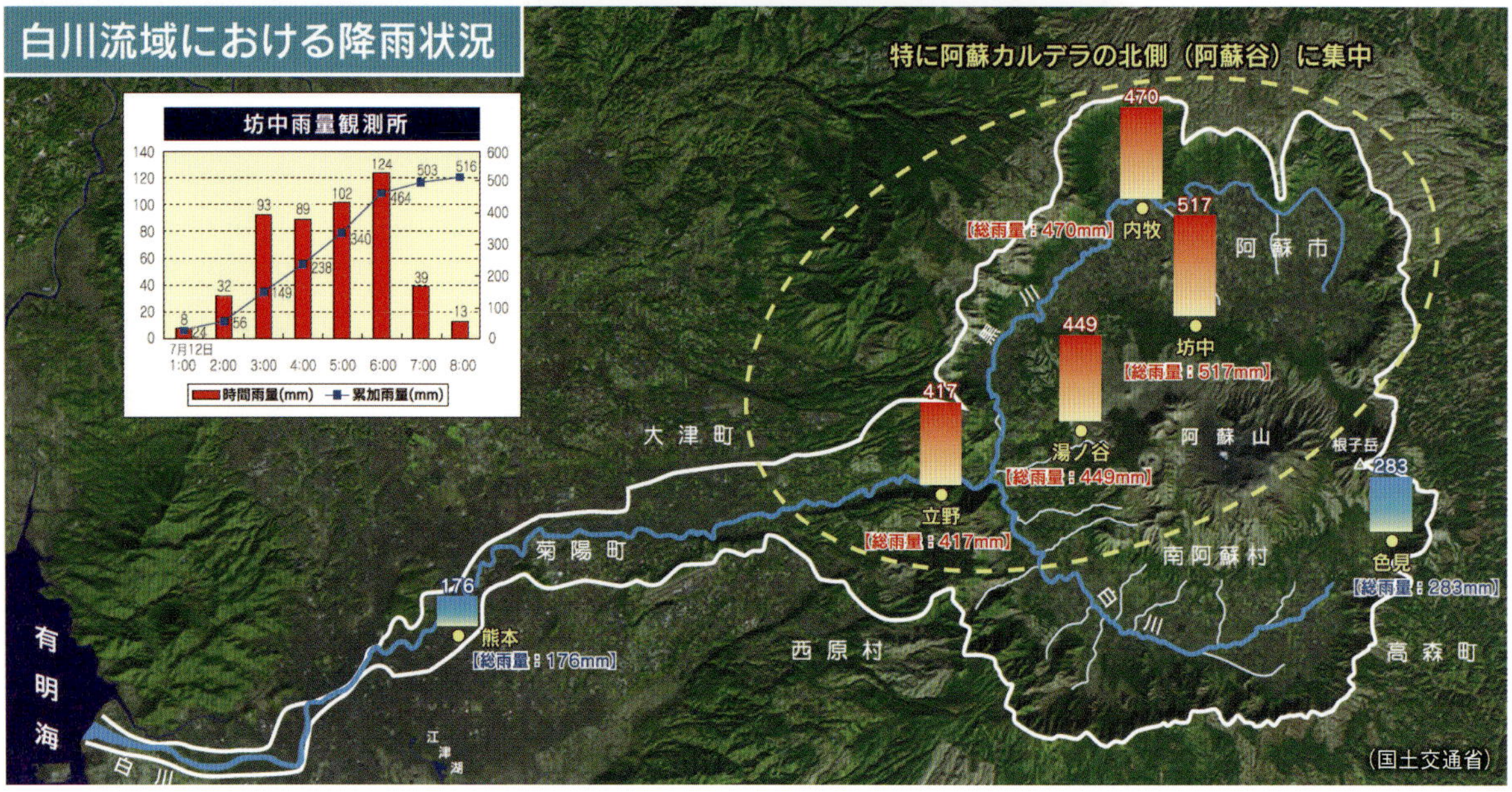

——熊本市では

初の「これまでに経験したことのないような大雨」発表

人口70万人超を擁する県都熊本市の中心街を流れる一級河川白川の上流部には、流域面積の約8割を占める阿蘇カルデラが広がっている。広大なカルデラ内に降った雨は白川、黒川に集まり、カルデラの切れ目である立野付近で黒川が白川に合流し、ここから約2～3時間で一気に熊本市街部まで流れ下る。

「平成24年7月九州北部豪雨」（2012年）では、7月12日5時から6時までの1時間に、124ミリの降水量が阿蘇カルデラ内の坊中雨量観測所で記録された。この年の6月より、気象庁は、大雨により重大な災害が差し迫っていると考えられるときに、短文で警戒を呼びかける「記録的な大雨に関する情報」の発表を行うこととしていたが、この熊本県阿蘇地方を中心とする大雨に対して、初めてこの情報を「これまでに経験したことのないような大雨」との表現で発表し、最大限の警戒を呼びかけた。

阿蘇カルデラ内で「これまでに経験したことのないような大雨」が降っていた頃、

阿蘇カルデラに降った大雨が短時間で熊本市街地へ

白川の氾濫で浸水した民家から陸上自衛隊ヘリで救出される住人＝熊本市北区で2012年7月12日午前10時36分、毎日新聞社ヘリから加古信志撮影

熊本市内ではほとんど雨が降っていなかったが、市内中心部を流れる白川の水位（代継橋地点）は、7月12日の4時から6時までの間に約4メートル上昇、6時10分、氾濫危険水位を越え、10時30分には観測開始（昭和31年）以降最高水位を記録。中心市街地にほど近い熊本市水道町地区では、堤防から洪水があふれるまで30センチに迫った。

一方、そこから約6キロ上流に位置する熊本市北区の龍田陳内地区では、白川があふれ、家屋被害が発生。龍田陳内地区の住民が自衛隊や熊本県のヘリコプターで救出される事態となった。

重要な情報が埋もれた反省から「情報トリアージ」を構築

このとき、熊本市役所の災害対策本部には、関係機関や市民から様々な情報が集まってきた。しかし、多くの情報が集まってきたものの、限られた職員でそれを処理することができなくなり、重要な情報が放置されるなど集まった情報に対して必ずしも十分な対応ができなかった面があった。

熊本市では、このときの経験を生かして災害時の「情報トリアージ」の仕組みを構築した。

トリアージとは、本来、災害や事故などで多数の傷病者が発生した際に、患者の重症度に基づいて、治療の優先度を決定して「選別」を行い、限られた医療資源を有効に活用するための仕組みである。「情報トリアージ」とは、災害対策本部などに集まってくる膨大な量の情報を重要度に応じてランク付けし、優先度を明確にして対応することで的確な災害対応を行おうとするものである。災害対策本部長である市長を含め、意思決定に関わる者は、トリアージされた重要度の高い情報を基にして最善の対応を取るべく判断を下すこととなる。

災害時、多くの情報が寄せられる中で重要な情報が見落とされた。重大な災害が発生した際、適切な対応が取られたかどうかの検証で、度々耳にする反省事項である。同じような失敗が繰り返されないよう「情報トリアージ」のノウハウを熊本市から全国の自治体に広めてもらいたい。

ケース04

平成24年 九州北部豪雨

▼

2012年7月・梅雨前線

河川事務所と連携して対応

熊本市では、多くの情報が処理しきれない状況となったが、国土交通省熊本河川国道事務所（以下「熊本河川国道事務所」）から熊本市への「ホットライン」により、熊本市街部の白川の状況は把握できていた。幸山政史・熊本市長（当時）は東京に出張中であったが、熊本河川国道事務所副所長から熊本市危機管理防災総室長に白川の状況が随時伝えられ、出張中の市長をはじめ、災害対策本部内にも共有された。そのため、熊本市街部に対しては、河川の状況に応じて適切に避難指示等が発令された。ホットラインを活用してスムーズな情報共有がなされた背景には、災害発生に常に備え、熊本河川国道事務所と熊本市の間で、毎年、出水期前に連絡体制の確認を含めた防災情報の共有を行っていたことがあげられる。

（国土交通省）

災害発生に備えた日頃からの準備が功を奏した一例である。

一方、龍田陣内地区など白川の中流部については、河川管理者から河川の情報が熊本市の災害対策本部に伝えられることはなく、結果として、避難勧告等の発令が遅れるなど対照的な状況となった。

なぜ、熊本市街部ではホットラインによる情報共有が可能であったのに、中流部では同じような対応ができなかったのか。熊本市街部については、水害に対して危険であることが関係者間で共有されていたが、中流部については、河川管理者、熊本市ともその危険性を十分に認識できていなかった面があったようである。

災害時の情報共有は、災害が発生した時だけのものではなく、日頃から発生しうる災害について様々な面で関係者が情報共有しておくことが重要である。

Message

トップ同士はもちろん、何層にもホットラインを

前・熊本市長 **幸山 政史**さん

1本の河川が市街地で国と県の管理に分かれているのは珍しいケースではないでしょうか。昭和28年の白川大水害を契機に小磧橋から下流が国の整備になったようです。被害が最も大きかった龍田地区は県の管理区間で、リアルタイムの状況を把握できませんでした。やはり一元管理が望ましいと思います。

この時、私は東京へ出張中で、夜中の3時頃に連絡が入り、翌朝熊本に戻るまで電話のやりとりを続けました。ホットラインは絶対に必要です。トップ同士だけでなく、何層にもあった方がいい。いまだ導入していない自治体があるとは驚きです。私たちがうまくできなかった部分を知っていただき、態勢強化につなげてほしい。2016年熊本地震の後の大雨被害では、県内で150ミリも降った地点があり、想定できないことがますます増えています。

災害情報トリアージ

熊本市の取り組み

九州北部豪雨の時は、7月12日の明るくなった頃から、水防本部（危機管理防災総室）の電話は鳴りっぱなしに。あちこちから「浸水したので土のうを持ってきてほしい」「避難勧告が出ているが、避難しなければいけないか?」「○○地区の現状は? これからどうしたらよいか?」など多くの問い合わせや要請があり、職員は応対に追われた。

水害後は情報トリアージで、重要案件を確認できるようシステムを改修。水防本部に集まった情報は、優先度に応じて、「Aランク　人命の危険や河川の氾濫等＝赤」「Bランク　道路の損壊や冠水等＝黄色」「Cランク　比較的軽い被害等＝白」の3種類に区分され、システムに入力される。色と音で重要案件の情報を共有する体制が整った。

豪雨による白川の氾濫で、泥だらけになった道路を歩いて避難する住民たち＝熊本市北区で2012年7月12日午後1時20分、三村政司撮影

（国土交通省）

▲◀白川が氾濫した熊本市北区龍田陳内地区

山国川の氾濫（大分県中津市本耶馬渓町曽木地区）

堤防が決壊した矢部川（福岡県柳川市大和町六合地区）

ケース04

平成24年 九州北部豪雨
▼
2012年7月・梅雨前線

堤防決壊の予測が難しいパイピング現象

――大分県・福岡県では

平成24年7月九州北部豪雨災害とは、2012（平成24）年7月3日から14日に九州北部各地で発生した豪雨災害である。

2週間で2回の大氾濫 ～花月川・山国川（大分県）

大分県日田市を流れる花月川・有田川、中津市を流れる山国川では、7月3日に記録的な豪雨により氾濫が発生し、甚大な浸水被害等を生じた。11日後の7月14日には、再びこの地域を記録的な豪雨が襲い、ほぼ同じような氾濫被害が発生した。

花月川・有田川では、7月3日の豪雨により堤防決壊が生じた。その後、直ちに応急対策工事に着手し、7月14日前に完了させていたことで、二度目の豪雨の際には堤防決壊を食い止め、被害を最小限に抑えることができた。豪雨により堤防決壊等河川管理施設に被害が生じた場合、河川管理者は、地域の建設会社の協力も得て、直ちに次の洪水に備えて応急対策工事を行う。花月川・有田川の事例は、このような緊急の対策工事が功を奏した事例である。

このように短期間で応急対策工事を完了させるためには、河川管理者と地域の建設会社の連携、日頃からの災害に備えた準備が必須である。全国で河川管理者と地域の建設会社は災害に備えて準備を怠らないでいる。

堤防からあふれることなく堤防決壊 ～矢部川（福岡県）

福岡県南部を流れる矢部川では、7月14日未明から昼頃にかけて大雨となった。この雨で矢部川の水位はこれまでの最高水位を約2メートル上回る観測史上最高水位を記録し、氾濫を防ぐ堤防は長時間にわたって洪水の力を受け続けた。

矢部川の水位がピークを越えて下がり始めた7月14日13時20分頃、柳川市の矢部川の堤防が50メートルにわたって決壊した。この決壊では堤防から洪水はあふれていなかったにもかかわらず、堤防決壊に至った。このため堤防決壊の原因究明が、河川工学や地盤工学の学識者らによって行われた。

調査の結果、堤防直下の地盤に水が浸透しやすい砂の層があり、これが、堤防を横断するように連続していたことから、この層を通って洪水が浸透し、砂が流出することで堤防下に空隙《くうげき》が生じ、堤防が沈下・陥没したものと推察された。このような現象を「パイピング」と呼ぶ。

パイピングによる堤防決壊は、堤防から洪水があふれることなく生じることから、堤防決壊の予測が困難であり、避難が難しい面がある。もちろん、パイピングの前兆を見逃さないよう巡視が行われており、堤防近くから水が噴き出すなどの現象が見られた際には避難勧告等が発令されるが、前兆現象が捕らえられない場合もあり得る。

大雨で河川の水位が高くなっているときには、河川管理者や自治体だけでなく、川の近くに住む住民も「いつ堤防が決壊してもおかしくない」という意識で警戒を怠らないことが必要である。

九州豪雨では多くの流木で家屋などが被害を受けた＝福岡市朝倉市で2017年7月7日午前9時28分、長谷川直亮撮影

2017年7月 九州北部に豪雨再び

2017年7月5日、積乱雲の連なり（線状降水帯）による局地的な豪雨が福岡、大分両県を襲った。福岡県朝倉市、東峰村、大分県日田市では15日午後11時現在、死者32人、不明10人の甚大な被害が出ており、捜索が進められている。

朝倉市・東峰村ともに流木が川をせきとめ氾濫

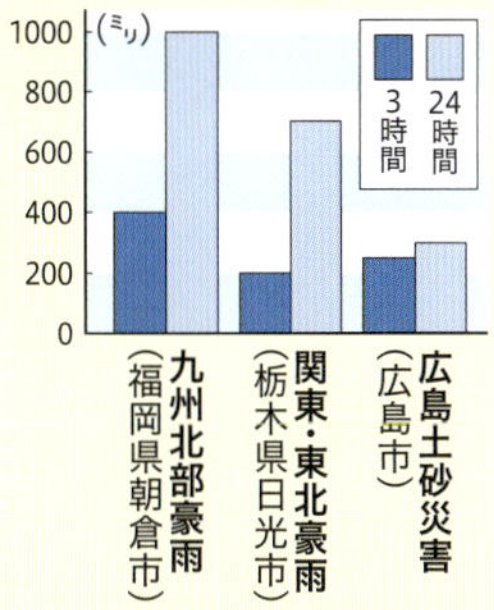

豪雨災害被災地の解析雨量

福岡県朝倉市付近の24時間雨量は約1000ミリに達していた
2017年7月15日毎日新聞記事より

記録的な豪雨で泥水に浸かった朝倉市内＝福岡県朝倉市で2017年7月5日午後6時30分、毎日新聞社ヘリから上入来尚撮影

子供に伝える増水の危険性

上流の六甲山（奥）から河口までの距離が短い都賀川＝神戸市灘区で2008年8月15日、毎日新聞社ヘリから

ケース05

都賀川《とがかわ》水難事故（兵庫県神戸市）

▼

2008年7月・集中豪雨による急激な増水

2008（平成20）年7月28日午後、突発的に生じた集中豪雨で都賀川（兵庫県神戸市）の水位が急激に上昇、川辺で遊んだりくつろいでいた市民・学童5人が亡くなるという痛ましい水難事故が発生した。

都賀川は、都市の中の貴重な水辺として多くの市民の憩いの場となっている。かつては「死の川」といわれていた時期もあったが、住民の清掃活動や都賀川河川公園整備により、アユなども生息できるようになった。全長1790メートルと短い河川であるが、河岸両側には遊歩道が整備され、スロープ4カ所、階段13カ所と至る所から河岸に下り、水辺に親しめるようになっている。阪神・淡路大震災の時には、消火活動に役立ったほか、水道が復旧するまでの約2～3カ月間、洗濯や食器洗い等の水としても利用された。まさに、都市に潤いと安らぎ、安心をもたらすシンボル的な河川である。

橋の下で雨宿りをしていた学童保育所の児童ら5人が犠牲に

その日、神戸市では午後2時には最高気温33度に達し、水辺に涼を求め多くの人が集まっていた。都賀川甲橋《かぶとばし》に設置された監視カメラの映像では、同36分に地面が濡れ始め、38分には大粒の雨、その2分後の40分には前が見にくいほどの雨になり、その4分後の44分には、河岸の遊歩道に濁流が押し寄せた。雨が降り始めてから約10分間の出来事である。

甲橋から一つ下流の篠原橋付近では、児童16人と指導員2人が遊んでいた。雷が鳴り出したため篠原橋で雨宿りをしていたが、40分過ぎに、猛スピードの濁流が流れてきたことから、70メートル上流側の階段に向け全員が走った。階段近くで水位が急上昇、身長150センチの指導員は肩まで水に浸かりながら児童を手当たり次第に護岸に押し上げたが、指導員1人と学童2人が濁流に流された。指導員は下流で別のグループの男児（7）を救助しつつ、自力で這い上がったが、児童2人（12、10）が犠牲になった。

保育園帰りの園児と叔母が都賀野橋で護岸にもたれて雨宿りしている姿が2時40分頃目撃されている。その10分前に保育園を出て対岸の自宅に帰る途中だったとみられる。また、JR東海道線橋梁下では、男性がバッグを枕に横になっていたのが目撃されている。いずれも河口付近で遺体が発見された。このように5人が犠牲になった。

都賀川に設置された増水時に危険を知らせる電光掲示板（兵庫県神戸土木事務所提供）

「危ないよ」の声かけで自力脱出 ロープなどによる救出も相次ぐ

一方で、救助活動により救出された市民、

14時20分 暗くなる → 14時38分 大粒の雨 → 14時42分 増水 → 14時44分 遊歩道に濁流流れる → 14時50分 10分で1.34m水位が上昇

学童保育の職員らが流された現場の上流の甲橋。一気に増水した様子がわかる　出店：神戸市河川モニタリングカメラ映像

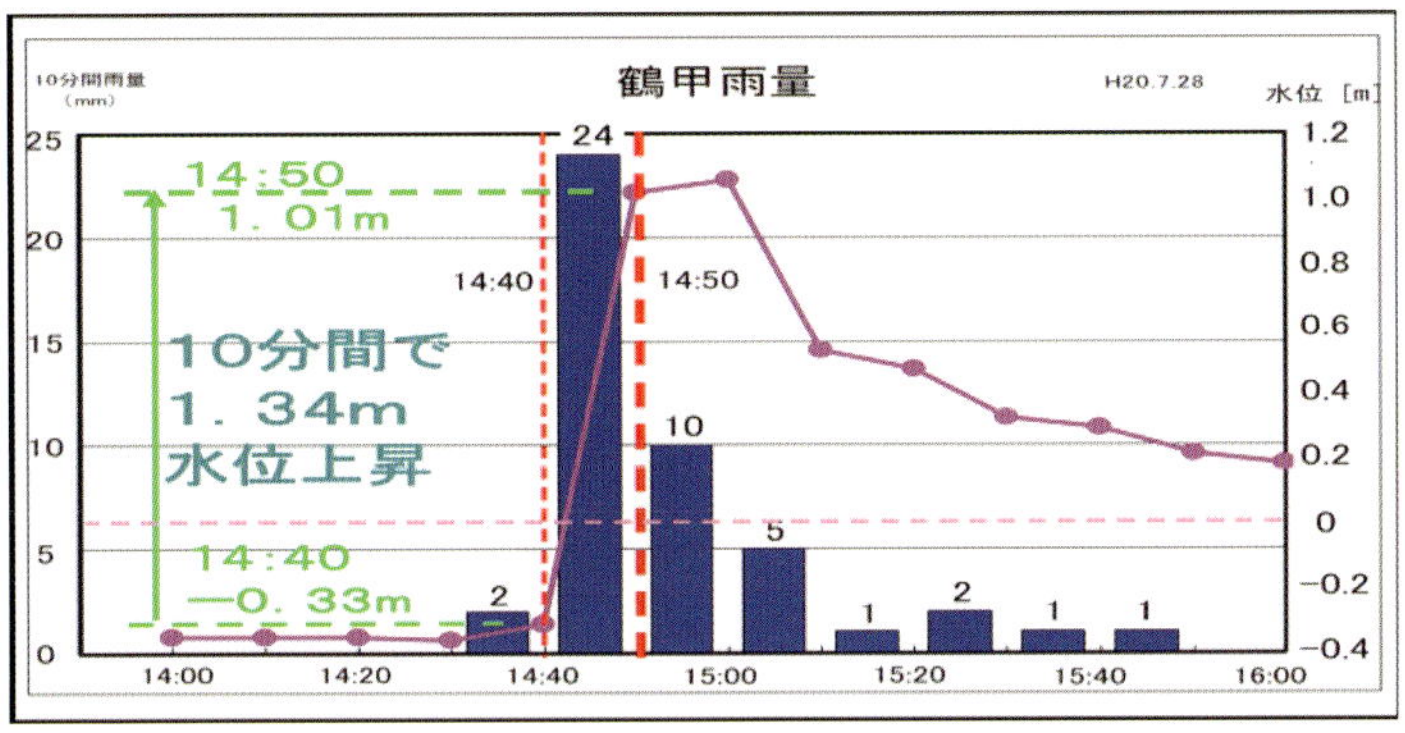

子供用パネル

都賀川の事故について、子供にわかりやすく伝える移動展示（ゲリラ豪雨展）のパネル（P88参照）

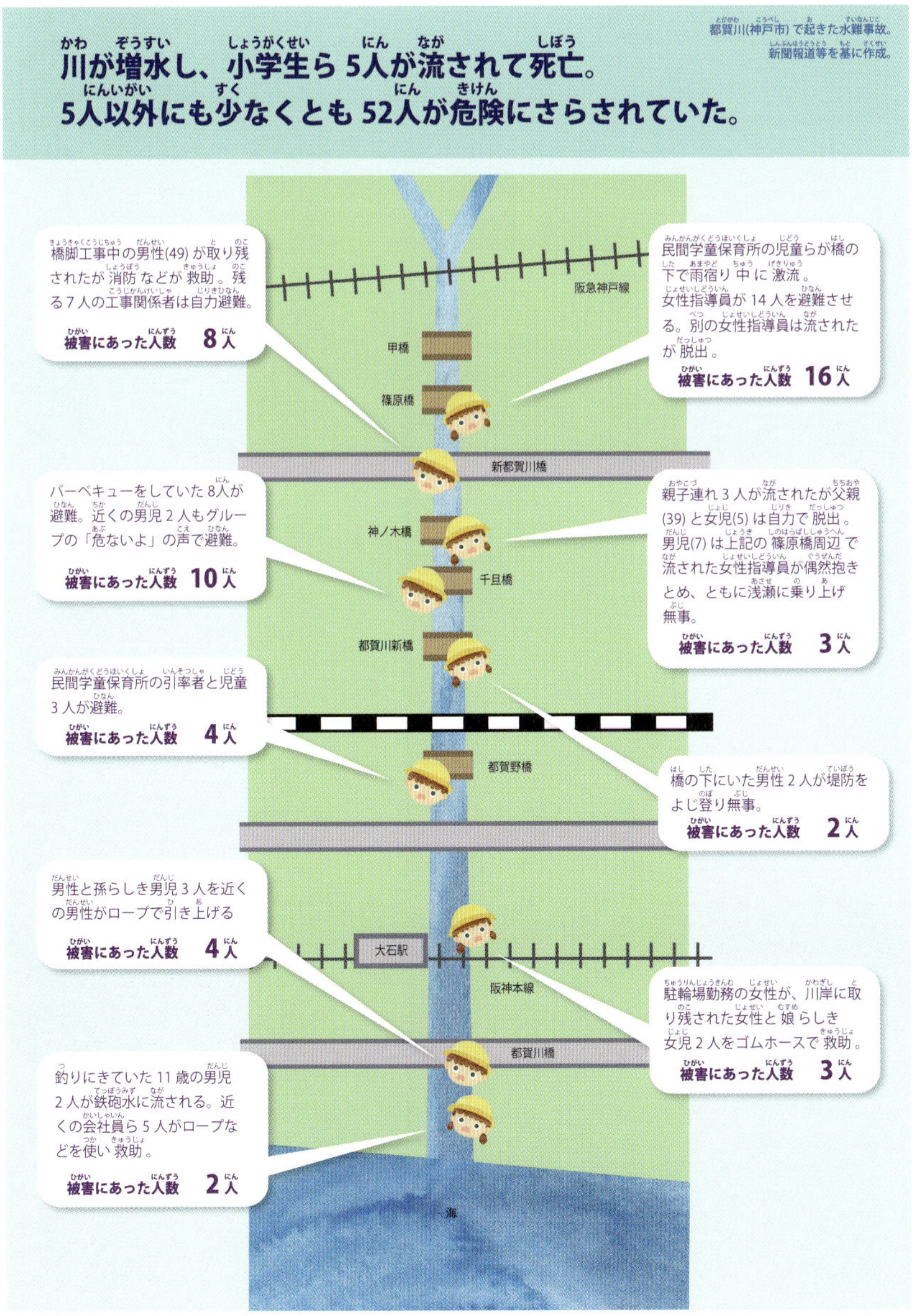

児童も多い。橋の下でバーベキューを行っていた8人グループは、近くの児童に「危ないよ」と声をかけ、自力で脱出した。また、地元人から、川から上がるように注意を受けた学童もいる。また、濁流に流されたり、取り残されたりした9人は、地域住民がロープやゴムホースにより救出した。このように助け合いも相次いだ。

「川は雨が降れば危ない場所」親水性と危険性を伝えることの重要性

地元住民から都賀川は「暴れ川」「暴走川」と呼ばれており、川から上がるように注意した地元住民もいた。しかし、皆が皆、こういったことを理解しているわけではない。

雨の降り始めから、たった10分という時間に、危険性を認識し、川から上がるといった行動をとることは、一般市民には容易ではない。この水難事故の9年前には、神奈川県の玄倉川の河原でキャンプを行っていたグループが取り残され、13人が死亡するという痛ましい事故もあり、以降、利用者の多い河川では、その河川の特性を踏まえた注意喚起看板、サイレンによる警報の実施を行っているが、まずは、雨が降れば、川の中は危険であるとの認識をもつべきである。

いま、県の防災システムはどうなっているのか？

風水害の特徴は、地震等とは違い、被災原因となる現象（降雨）から被災までの間にリードタイムがあり、これをどのように活用できるのかが、最も重要である。リードタイムが数時間規模の大河川から、都賀川（神戸市・P58）のように10分程度の河川まで、千差万別ではあるが、行政、住民、報道機関等多様な主体がこのリードタイムを活用するため、何がどうなっているのかを迅速かつ的確に共有することが大切だ。

被災を防ぐ

FAX＋電話の情報伝達から、総合防災情報システムやWEBによる情報共有へ

かつては（現在でも一部の自治体では）、さまざまな情報をFAXで関係機関に伝達し、伝わったかどうかを電話で担当者に確認する方法により情報伝達を行っていた。FAX方式は順番に電話をかけていくことから、回線数が少ないと伝達までに時間がかかってしまう。このため、十数台のFAXがずらりと並び、かつ、伝達時には十数人の職員が一斉に関係機関に電話を行っていた。

また、庁内の情報共有も不十分で、危機管理部局で把握している避難勧告の発令状況等が河川管理部局で直ちには確認できないといった状況も生じていた。

ずらりと並ぶFAX

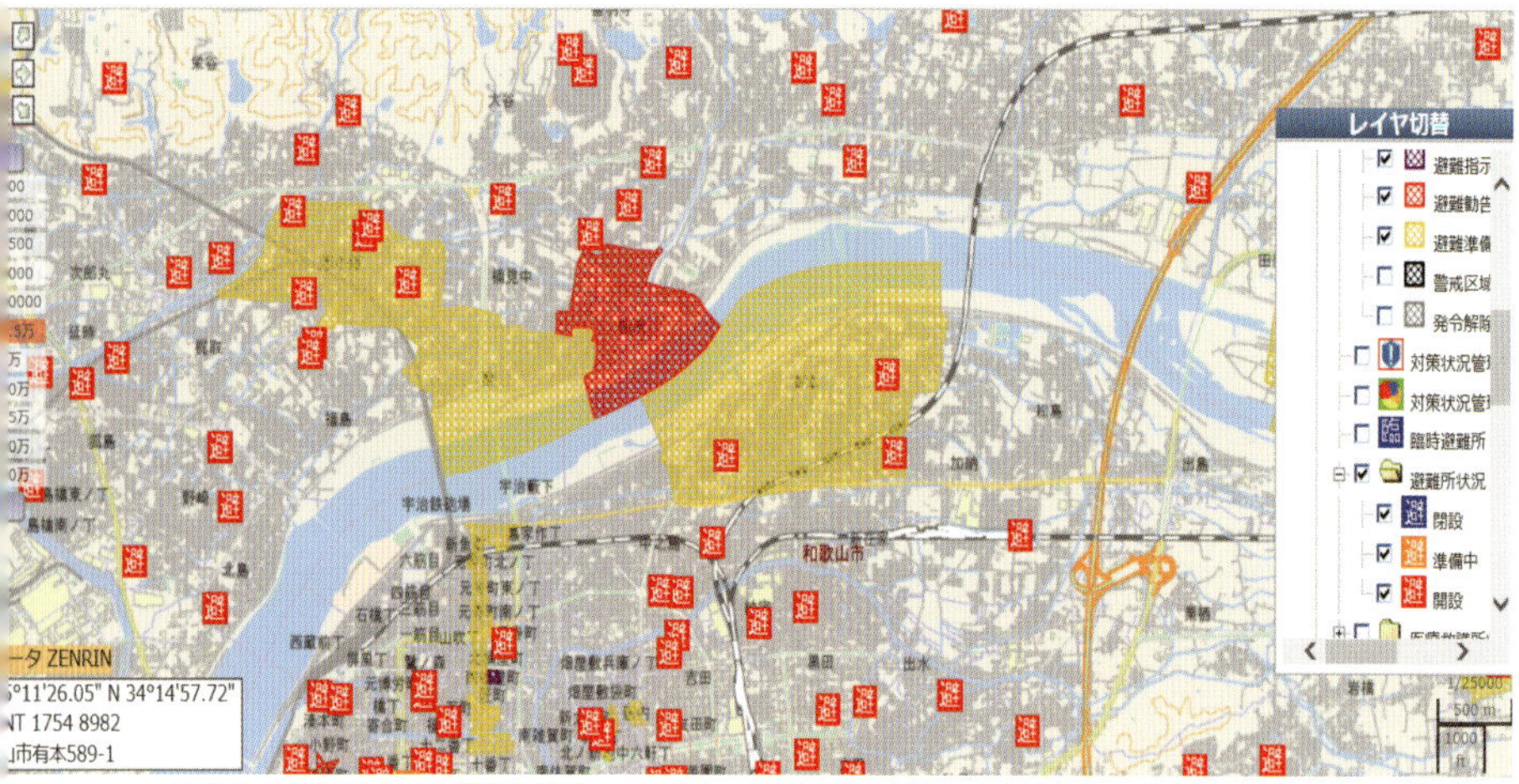

和歌山県総合防災情報システムのWEB画面　（和歌山県資料、画像はサンプル）

和歌山県は平成19年度より、総合防災情報システムを運用してきたが、紀伊半島大水害、東日本大震災を踏まえ、平成27年度より、WEBGIS化した新システムの運用を開始している。WEBGISとはWEB上の地図に様々な情報を重ね合わせて集約する技術で、例えば避難勧告等が発令された範囲が地図上で示されると共に、開設されている避難所の位置も表示される。これらは関係機関に共有されるとともに、住民に対してHPやメール配信で提供され、また避難先検索アプリで、GPSにより避難先までのルート検索も可能となっている。

和歌山県独自のものとして、最大51時間先の降雨予測を行う気象予測システムの整備や津波解析ソフトによる津波の被害想定の提供等も行っている。

◇兵庫県フェニックス防災システム

情報集約だけでなく、災害対策本部の意思決定の支援を目標に

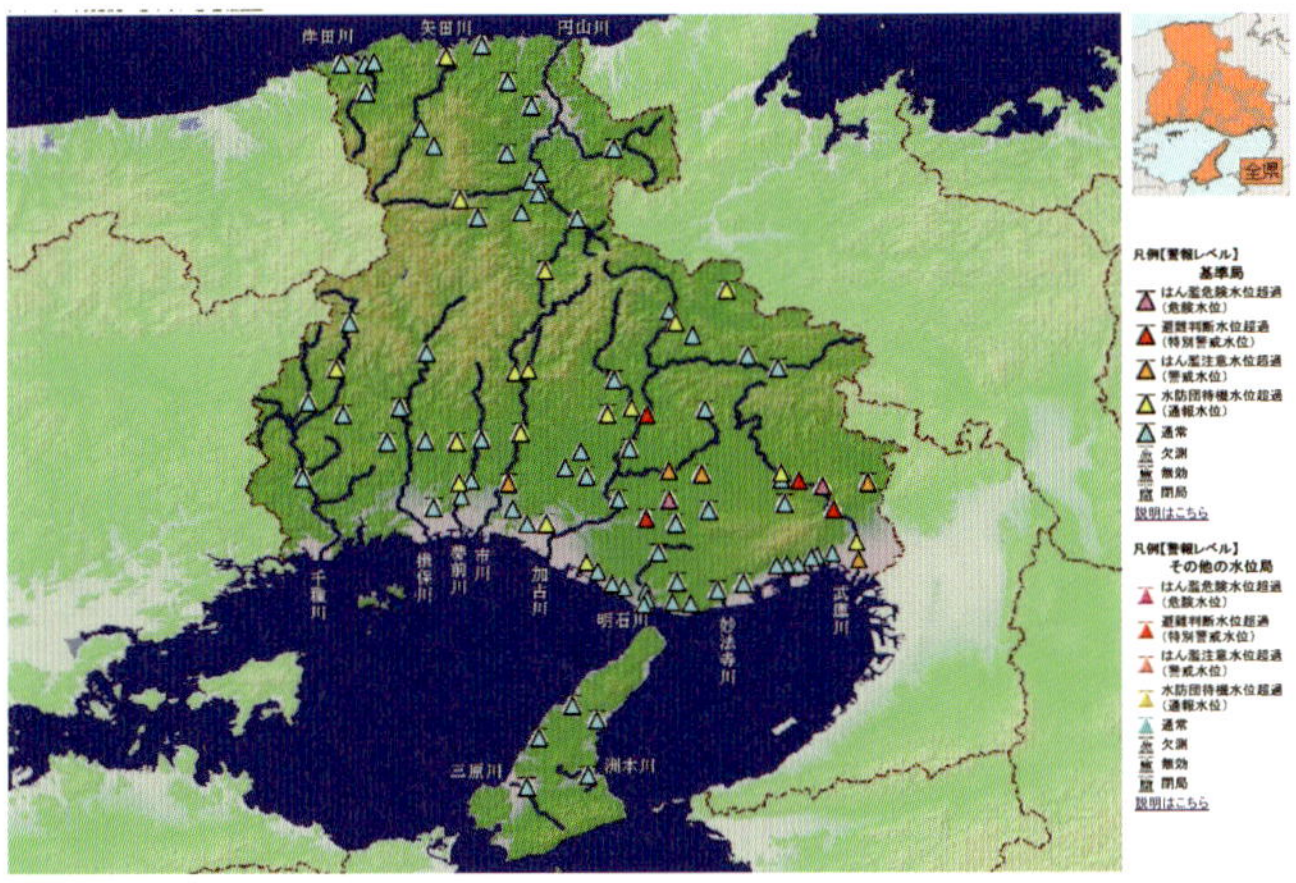

兵庫県フェニックス防災システム水位状況図　（兵庫県資料）

阪神・淡路大震災の教訓を踏まえ、地震だけでなくあらゆる災害に迅速に対応できるように整備したのが、兵庫県のフェニックス防災システム（兵庫県災害対応総合情報ネットワークシステム）である。県と市町、防災関係機関を専用回線で結び、災害情報や気象観測情報を収集・提供するだけでなく、地震については250㍍メッシュの人口等の情報をもとに、被害予測を計算し、その対応に必要な防災物資、要員等の必要な応援の内容を分析する。このように災害対策本部の意思決定を支援する仕組みも有している。

県内すべての河川の水位を予測、氾濫の危険性を市町へ通知

河川については、人口・資産の集積している区間の水位を予測し、危機管理対応、市町村等の避難判断に役立てているが、中小河川では行われていない場合が多い。兵庫県では、県が管理している680河川すべてについて、独自に予測モデルを構築し、3時間先までの水位を予測し、氾濫のおそれの有無を一定区間毎（数㌔㍍）に市町に通知し、市町の避難勧告の発令の支援を行っている。

情報の共有化が

現在は、各都道府県等において、これらの情報を一元的に扱うとともに、報道機関、住民、防災関係機関等とも連携したシステムの構築が進められている。自然的、社会的条件を踏まえたシステムの運用、改良を進めているケースも多い。

これらの情報は公的機関のHPだけでなく、例えば河川水位、河川監視カメラ画像等は民間ポータルサイトを経由した提供も進んでいる。サイトが輻輳化した場合でも、同じ情報を他のサイトで入手することも可能となってきている。

◇和歌山県総合防災情報システム

WEBGISを採用し、防災情報を地図上に集約 住民には最寄りの避難所までナビで案内

避難勧告等の発令基準を策定 防災システムを活用した確実な発令へ

さらに、紀伊半島大水害を踏まえ、現場の状況のみで判断を行うことでは、適切かつ迅速な避難勧告等の発令が期待できないとし、独自のマニュアルを作成し、市町村に発令基準の策定を促進している。この運用を支えているのが、総合防災情報システムである。

水害レポートを振り返って

1
共通しているのは、「まさか！」「想定しなかったことが起こった！」

Ⅰ章では、「パート1」で2015（平成27）年・2016（同28）年の洪水について、「パート2」では、多数の死者・行方不明者が生じた水害を取り上げた。いずれの水害にも共通することは、予期せぬこと、想定外のことが起こったとされていることである。

しかしながら、例えば、都賀川（兵庫県神戸市）の水難事故では、古くからの住民は急激に水位が上がることを知っていたように、**ヒントとなる経験、ノウハウ、前兆現象**はあったかもしれないが、それを活かすことができなかった。

2
過去の水害対応経験が、想定外への対応を鈍らせる

直近に過去最大クラスの水害があり、この経験がバイアスとして作用し、対応が後手に回った事例も多かった。

佐用町（兵庫県）では、5年前の既往最大の洪水でも役場が浸水せず、役場が浸水することは想定されていなかった。また、那智勝浦町（和歌山県）では、過去浸水実績の多い水系を注視しており、那智川で大きな被害が生じるとの認識はなかった。さらに常総市（茨城県）では、前回水害では国道で氾濫流が止まったため、今回も同様に国道で止まると考えがちであった。

雨の降り方次第では、過去経験がないことが生じる。過去の経験が無意識のうちにバイアスとして作用することを理解し、予断なく、**観測データなどから状況を把握し、過去の経験にとらわれずに判断**することも重要である。

3
リードタイムを使い切れないまま、情報に振り回され、時間が過ぎていく

水害の特徴は、時間の長短はあるが事前に避難を行うことにより、確実に命を守ることができる点である。しかし、いずれの事例も、自治体が殺到する住民からの電話対応等に忙殺されるなど、目の前のことの処理に追われ、リードタイムを活かしきれていない。避難勧告等が発令されていなかった等はその典型といえる。**個別事案対応をせずに、全体を俯瞰し、指示**する司令塔・参謀とそのための環境をつくることが重要である。

4
災害対策本部のスペース、配置といった機能面の不備からくるガバナンスの欠如

大水害に見舞われた多くの自治体においては、事後の検証で災害対策本部が機能不全に陥ったことが指摘されている。その原因としては、災害対策本部の役割、レイアウト等を検討せずに、漫然と日頃から使っている幹部用会議室等をそのまま活用しており、情報の集約・共有をはじめとして、ガバナンスがきかない状況に陥っている。三条市（新潟県）、佐用町、常総市等では、水害後、大会議室を活用し、災害対策本部と各事務局が同一または隣接するように変更を行っている。実際のオペレーションを考え、**まずは器を準備**することも重要である。

年度	災害名	エリア	死者・行方不明者数	主な教訓	主な対応
2016年 （平成28年）8月	小本川水害	岩手県 岩泉町	21人 うち9人が グループホーム入居者	**避難勧告の発令がないまま被災（水位情報が首長に伝わらず）** 高齢者施設の管理者が「避難準備情報」の意味を理解していなかった 水害に対する避難マニュアルがなかった。訓練もなかった 浸水想定区域図が公表されていなかった	高齢者施設等避難計画、訓練義務化 （平成29年 水防法改正） 避難準備情報等名称変更 （平成28年 ガイドライン改定）
2016年 （平成28年）8月	北海道豪雨	道東地方	6人	連続台風による流出量の増加 深刻な農業被害（畑は浸水すれば被害が深刻） 橋梁等の流出	
2015年 （平成27年）9月	関東・東北豪雨 （常総水害）	茨城県 常総市	2人 4258人が救助	避難勧告の発令漏れ、遅れ **災害対策本部のガバナンスのあり方**	市の防災計画の見直し
2009年 （平成21年）8月	佐用町水害	兵庫県 佐用町	20人（佐用町内） 親子世代（40代以下） が75%	**死者の多くが子供、壮年層** 屋外避難中に被災（9人犠牲） ※垂直（2階）避難で被災回避 自動車で移動中に被災（8人犠牲） 5年前の既往最大洪水の経験が対応を鈍らせる	屋内（垂直）避難の導入 （平成24年 災対法改正） 町の防災体制の強化
2004年 （平成16年）7月	新潟・福島豪雨	新潟県	15人（新潟県分） 70歳以上が3分の2	**死者の多くが高齢者（高齢者の逃げ遅れ）** 避難勧告発令の遅れ	避難準備情報の導入 （平成17年 災対法改正） ハザードマップ作成義務化 （平成17年 水防法改正）
2011年 （平成23年）9月	紀伊半島 大水害	奈良県 和歌山県 三重県	88人 うち61人が和歌山県 うち29人が那智勝浦町 （那智川流域23人）	**土石流と洪水の複合水災害** 深夜かつ豪雨中の避難の困難さ 想定を超える規模の災害	想定最大規模の浸水を想定 （平成27年 水防法改正） タイムラインの導入
2008年 （平成20年）7月	都賀川 水難事故	兵庫県 都賀川内	5人 （うち3人が子供）	**子供など河川利用者への増水の危険性の伝達** 降雨後短時間（約10分）での急激な水位上昇	サイレン・電光掲示板の設置

I章でとりあげた水害から　　※死者数等は当該エリアの数値

5 避難勧告が遅れる理由に、「現場の状況重視」と「避難の意味の取り違え」があった

2004（平成16）年には観測史上最多となる10個の台風が上陸し、大きな被害が生じたことから、政府は「避難勧告等の判断・伝達マニュアル作成ガイドライン」を策定し、避難勧告等の発令を判断する明確な基準を設けることを規定した。河川の水位等を判断材料としているが、これによらず現場からの報告を重視し、結果として避難勧告の発令が遅れている事例もある。

また、避難勧告・指示の発令の前提として避難所を開設し受入準備が完了していることを条件としている自治体も多く、かつ、総合防災システムも避難所の開設個所を入力後に避難勧告が入力できるような仕様となっている例もある（避難所の開設をパスすることもできるようになっている）。この手順を踏むことにこだわりタイミングが遅れた例もある。

地震の避難所は、自宅に住めなくなった住民に生活の場を提供する**シェルターとしての機能**が主体であるが、**水害の場合は、まずは危険な場所から住民等を退避させることがそもそもの目的**である。生活環境が整っている必要はない。手続きもあるが、避難勧告等の発令は躊躇なく行う必要がある。

Part 3

激甚化する世界の洪水

ケース01

台風ハイエン（30号）

▼

2013年11月・フィリピン中部

台風30号の暴風雨の傷跡が残るギアンの町並み＝フィリピン・サマール島のギアンで2013年11月18日、武市公孝撮影

フィリピンを襲った「スーパー台風」

死者・行方不明者8000人近くの巨大被害

逃げる間もなく

ケース01

台風ハイエン（30号）

▼

2013年11月・フィリピン中部

台風ハイエンは、2013年11月にフィリピン中部のビサヤ諸島に観測史上まれに見る勢力で上陸した台風である。上陸時の中心気圧は895ヘクトパスカル、中心付近の最大瞬間風速は約90メートルに達したともいわれており、台風の目が通過した地域を中心に暴風や高潮による甚大な被害が発生し、死者・行方不明者は8000人近くに及んだ。

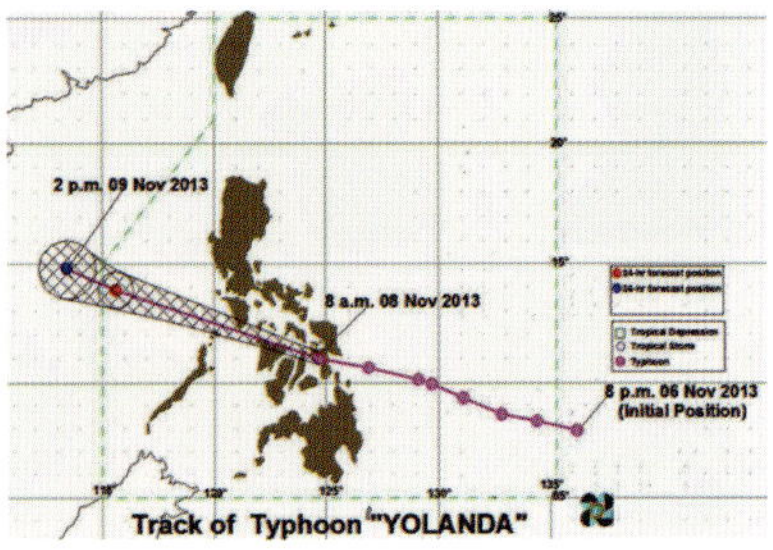

台風ハイエン（フィリピン名ヨランダ）の進路（予測）フィリピン気象庁（PAGESA）

フィリピンは台風の常襲地域であるが、被災地のビサヤ諸島はフィリピンの中南部に位置するために、強い勢力の台風をあまり経験しておらず、災害に脆弱な地域であるといえる。今回被害が集中したレイテ島では1991年にも8000人近くが亡くなる台風被害が発生している。

「高潮」を指す現地語がなく伝わりにくかった危険性

台風の接近に際しフィリピン気象庁は、台風が観測区域外にあるときから警戒を呼びかけるなど厳戒態勢で臨み、進路等の予報も比較的正確であった。しかし、台風の勢力があまりにも大きかったことに加え、台風が時速30～40キロという速度で接近したことが影響し被害を未然に防止することができなかった。

さらに、近年フィリピンで大きな高潮被害が発生していなかったことに加え、現地語で高潮を指す言葉がないため英語のStorm Surgeを使わざるを得ず、住民にその危険性が十分に伝わらなかったことが指摘されている。

台風による海水の吹き寄せや吸い上げにより、レイテ島とサマール島に挟まれたサンペドロ湾で発生した高潮は最大8メートルの高さで押し寄せ、レイテ州の州都タクロバンをはじめとする各地に甚大な被害を及ぼした。暴風による被害も深刻で、台風上陸地点の東サマール州ギワンなどを中心に広域で建物や電力線・通信線への被害が多発した。

新たに設置された居住禁止区域とそこに建築中の家屋＝東サマール州バセイ町、2014年7月22日

（国土交通省）

高潮が発生する直前は風雨が強く避難は困難

フィリピンでは、2010年に制定した災害リスク管理法に基づき国家災害リスク管理委員会を設立するなど、防災に対する取り組みを強化してきている。避難を例にとると、マヨン火山を擁するアルバイ州では、火山噴火時に児童が乗車する学生バスの割り当てをあらかじめ決めておくなどの先進事例があり、全国的にもジプニー（乗合自動車）を用いた住民避難が円滑に行われてきた。これは、普段から普通乗用車に乗り合わせる文化があまりない現代日本でも災害時に見習うべき方策の一つといえる。

残念ながら、台風ハイエンの際は住民の事前避難が十分に行われなかった。原因の一つは台風の接近があまりにも急であったことであるが、被災地では高潮が発生する前から風雨が強まっており、背後に高台があるタクロバンでも高潮発生直前の避難は実質的に困難であったことがもう一つの大きな要因であろう。一般的に高潮襲来時にはすでに風雨が強まっている可能性が高く、

タクロバン市内＝2013年11月14日

（国土交通省）

最大8メートルで押し寄せる高潮に

高潮からの事前避難は十分な時間的余裕を確保して実施すべきであるといえる。

台風上陸地点に日本のＯＤＡで建てられていたギワンの気象レーダー観測所もこの台風で被災しており、台風ハイエンのような暴風に耐えることのできる避難所等の建築物確保は日本にとっても課題といえるのではないか。

伊勢湾台風の最低気圧はハイエンと同じ 日本でも沿岸地域で一層の対策を

日本における高潮災害といえば伊勢湾台風による災害が有名である。奇しくも伊勢湾台風の最低気圧は台風ハイエンと同じ895ヘクトパスカルといわれているが、不幸中の幸いか伊勢湾台風の日本上陸は最低気圧を記録したよりも後であった。

しかしながら、台風の大きさを比較してみると、台風ハイエンは勢力の割にはコンパクトな台風であったのに対し、伊勢湾台風は超大型の台風であった。

このことから、日本でも伊勢湾台風並みの台風が最大勢力で上陸する最悪のシナリオが発生することも想定できる。三大湾をはじめとする沿岸地域で、今後一層の高潮災害対策強化が望まれる。

ケース02

ハリケーン・サンディへの災害対策に学ぶ

▼

2012年10月 アメリカ・ニューヨーク

ニューヨーク都市圏での激甚な水害と迅速な都市機能の回復

ハリケーン・サンディは、２０１２年10月にニューヨーク都市圏を襲い、「歴史上はじめて先進国の大都市に激甚な被害をもたらした水害」となった。世界の社会・経済の中枢であるニューヨーク都市圏を麻痺させ、ニューヨーク証券取引所の2日間の閉鎖という象徴的な被害をもたらし、ＮＹ都市圏の地下鉄、道路等は、浸水・閉鎖等の壊滅的な被害を受けた。特に、平日の利用者数が約７４５万人に上るイーストリバーを渡る8つの地下鉄トンネルと8つの駅は甚大な被害を被った。

このような被害にもかかわらず、中枢機能や水没した地下鉄等の都市機能の回復は驚くほど迅速であり、これを可能にした災害対策から、日本の防災・減災の強化に向け学ぶべき事項を、ハリケーン・サンディ調査団の報告書[*1]を基にまとめる。

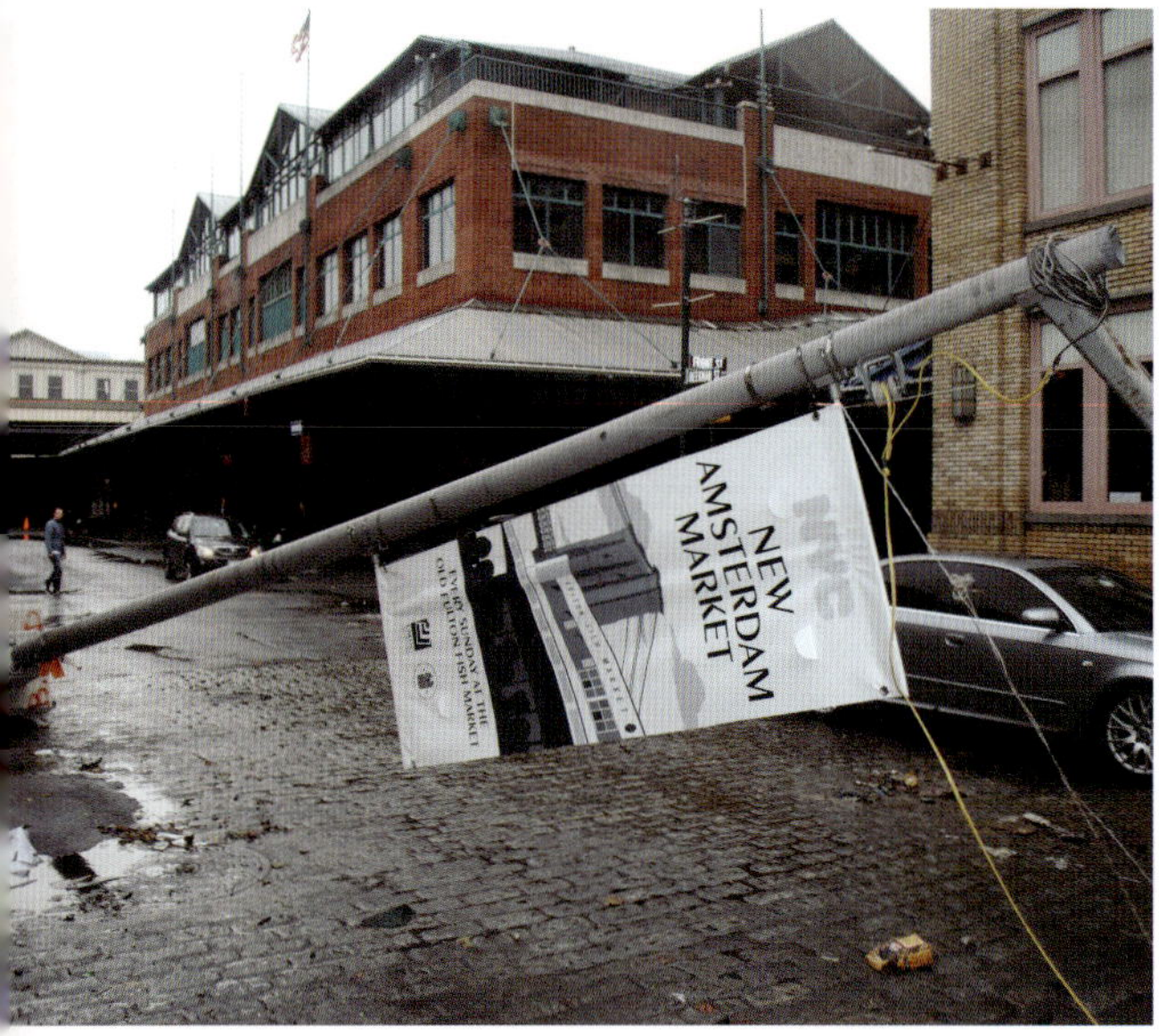

ハリケーン「サンディ」の洪水被害を受けたサウス・ストリート・シーポート＝米ニューヨーク市マンハッタンで2012年10月30日、草野和彦撮影

ハリケーン・サンディによる被害で浸水した地下鉄の駅(NY市マンハッタン島の最南端、サウスフェリー)

2005年「カトリーナ」災害を検証

米国では、災害の経験や課題を次の災害に生かすべく、検証（ＡＡＲ）が行われている。連邦政府は毎年の検証が義務づけられ、州、市等でも行われている。これらの検証は、失敗の責任追及ではなく次の災害に教訓を生かす制度として、大きな役割を担ってきた。特に、２００５年８月にニューオーリンズを襲ったハリケーン・カトリーナ災害への連邦、州、市等の後手に回った対応に関する徹底した検証により、制度等を含め多くの改善がなされた。この改善は、ハリケーン・サンディ災害での、迅速かつ効率的な被災状況の情報の収集・集約、対策の意思決定、体制の構築等に繋がった。

１９９５年に公表されたＮＹ都市圏のハリケーンのリスク評価を基に、ＮＹ市やＭＴＡ[*2]等が災害の発生を前提にリスク評価を行い、準備を進めていた。ここではＭＴＡの例を紹介する。ＭＴＡは、高潮

階段から地下鉄のホームへ水が流れ落ちている（NY市マンハッタン、サウスフェリー）

被害等を検証し、FEMA、陸軍工兵隊等*3と連携し地下鉄の浸水のリスク評価を行い、バスによる代替輸送計画、排気口や出入り口のかさ上げとともに、乗客避難、列車退避、浸水したトンネル排水等の所要時間等の検討を行い、排水計画や排水ポンプ列車の準備をしていた。

災害リスク評価を基に上陸1週間前から準備

ハリケーン・サンディの上陸1週間前から災害の発生を想定した準備を始め、上陸の1日前には、市民避難のバスを提供したうえで地下鉄の運行停止、車両の浸水被害のない高台への退避、設備や転轍機のモータを外して浸水に対して安全な場所に移動等の浸水を前提とした対策が迅速に取られた。この結果、被災7時間後にはバス運行の再開による地下鉄の代替輸送の開始、1週間後には57%、9日後には97%で運行が再開された。

このような、事前のリスク評価や災害発生を前提とした準備と対応は、激甚な被害にもかかわらず、早期の運行再開を可能にし、都市機能の強靭化に繋がっている。

トップが迅速に決断し被害を軽減

ハリケーン・サンディ上陸前のNY都市圏で被害が発生しておらず、いわゆる空振りの可能性がある中で、州、NY市、MTA等のトップにより災害の状況に対応した意思決定と対策の実行がなされ、被害の軽減と迅速な機能回復に繋がった。災害に備えた事前のリスク評価と災害応急対策で必要となる事項の社会的な共有と、関係組織間での責任・役割分担を明らかにした準備が、このような意思決定を可能にしたと考える。

また、ニュージャージー州等で取り組まれ、成果を上げたタイムラインは、最悪の状況を含めたリスク評価とこれに基づく災害発生時に必要な対応項目を整理し、避難等の対策に必要な時間（リードタイム）を考慮したうえで、各機関の役割を時系列で整理し準備するものである。これは災害応急対策の事前の意思決定ともいえ、時間等の厳しい制約条件下での迅速な意思決定を支援する重要な役割を果たす取り組みである。調査団からの提言を契機に、日本においても取り組みが広がっている。

リスク評価を基本に防災・減災

日本においても、リスク評価を基本とした防災・減災の枠組みは順次強化されているが、一般化には至っていない。防災担当部局や担当者ですら身近な災害リスクを知らず災害対応にあたり、結果として想定外の災害を増やしている可能性すらある。今後、最悪の状況を含めたリスク評価とこの評価の社会的な共有をもとにした防災・減災の強化が期待される。また、トップの意思決定、とりわけ災害発生時においては、専門家・専門組織による科学的なリスク評価を通じた意思決定の支援は不可欠であり、支援の強化に向けた専門的・広域的な機能と役割を担う組織の構築が期待される。

（公益財団法人 河川財団・理事長　関克己）

*1：米国ハリケーン・サンディに関する現地調査報告書
*2：ニューヨーク首都圏交通公社
*3：日本の国土交通省水管理・国土保全局に相当

伊勢湾台風

愛知県半田市日の出町では高潮が一瞬のうちに130戸をのみ、死者は200人に及んだ＝1959年9月27日（下）。台風が去った後、ぬれた衣服を屋根の上で乾かす人々＝名古屋市港区南陽通りで同年9月28日（右）

過去の大水害アーカイブ

2017年はカスリーン台風から70周年。過去の災害を次の世代に伝えることは、備えにつながる。日本に大きな被害を与えた台風一覧の中から、昭和に死者・行方不明者が1000人を超えたものを下の表にまとめた。

カスリーン台風

埼玉県栗橋付近で利根川の堤防が決壊、氾濫流が東京まで到達した。水没した街を見つめる人々（上）と陸地が水浸しになった栗橋付近の航空写真＝1947年9月

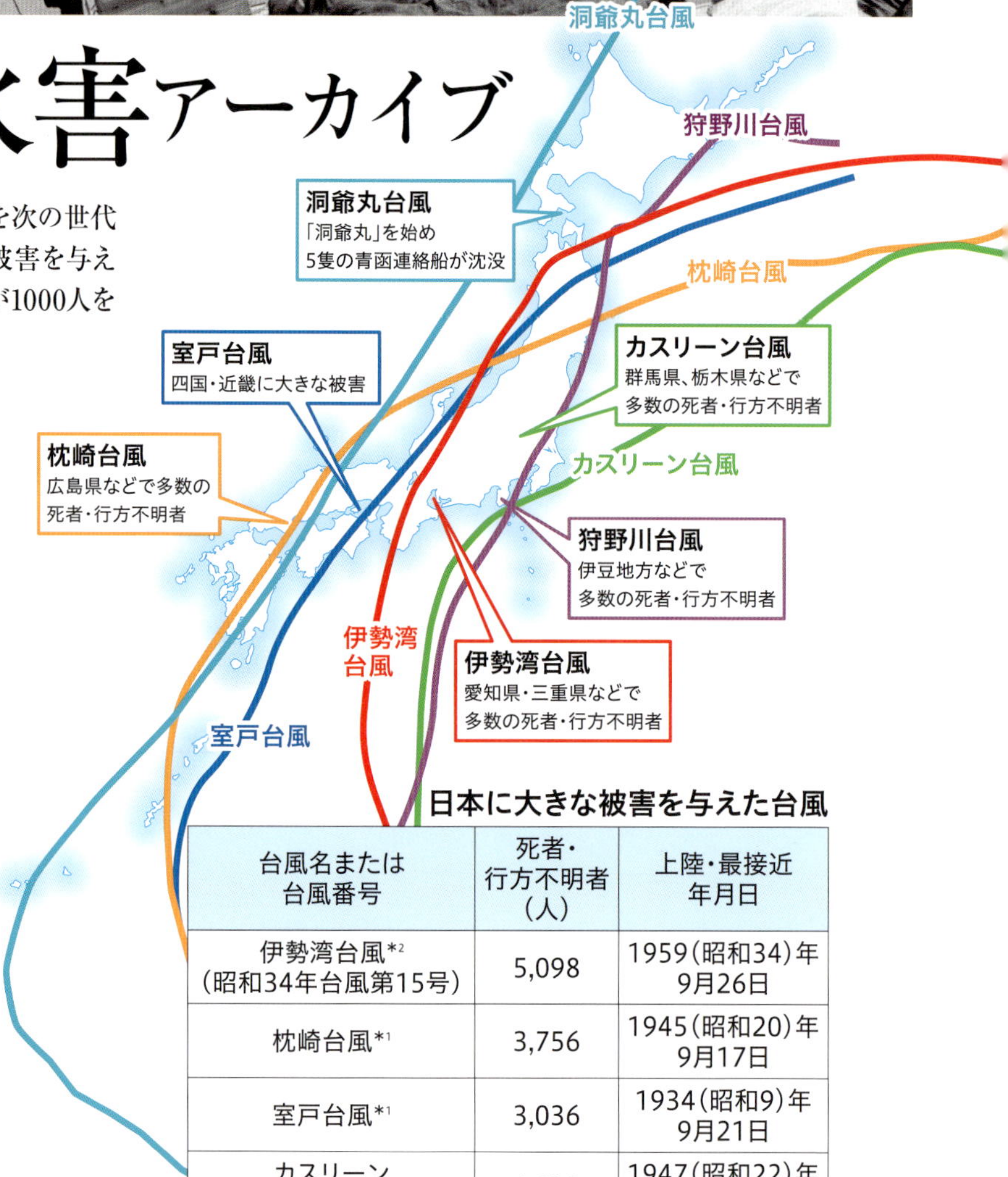

日本に大きな被害を与えた台風

台風名または台風番号	死者・行方不明者（人）	上陸・最接近年月日
伊勢湾台風*2（昭和34年台風第15号）	5,098	1959（昭和34）年9月26日
枕崎台風*1	3,756	1945（昭和20）年9月17日
室戸台風*1	3,036	1934（昭和9）年9月21日
カスリーン台風*1	1,930	1947（昭和22）年9月15日
洞爺丸台風*2（昭和29年台風第15号）	1,761	1954（昭和29）年9月26日
狩野川台風*2（昭和33年台風第22号）	1,269	1958（昭和33）年9月26日

気象庁ウェブサイトより　＊1 理科年表による　＊2 消防白書による

資料◎気象庁
図版◎新井純子、出保輝美
イラスト◎しばざきとしえ

第 II 章

気象の基礎知識

気象庁ホームページより

Part 1 日本の雨の特徴
Part 2 台風を知る
Part 3 近年の気象の特徴
天気予報の素朴な疑問Q&A

Part 1　日本の雨の特徴

前線と低気圧、非常に湿った空気、台風が大雨に

梅雨期から晩秋まで大雨の可能性

日本は周囲を海に囲まれており、南側と東側は広大な太平洋に面している。一方、西側と北側は東シナ海と日本海を挟んで大きなユーラシア大陸が控えている。日本の雨はこの地理的な環境と深く関わっている。

日本にもたらされる雨は、周囲の海洋上から大気の下層に供給される水蒸気がもととなっている。特に南に広がる太平洋は海面水温も高く、冬季を除けば常に大量の水蒸気を大気中に送り込んでいる。

大気の下層に蓄えられた水蒸気を日本付近に送り込む役目を果たしているのが、広大な太平洋とユーラシア大陸の境に位置していることによる大気の流れである。梅雨期は遠く南シナ海や南アジアの海域からも湿った空気が日本付近に流れ込んで、1カ月以上におよぶ雨季をもたらしている。これが梅雨である。

また、北西太平洋では台風など熱帯低気圧の発生が多く、梅雨期から秋季までの間、日本付近に北上、上陸するものもある。太平洋高気圧は盛夏期の暑さとともに、その西縁では高気圧を回るような風の流れによって南海上から非常に湿った空気を日本付近へと送り込むことがある。梅雨や台風だけではなく夏の太平洋高気圧までもが日本に豊富な水資源をもたらす役割を果たしている。

別の視点で見れば日本付近は梅雨期から台風期が終わる晩秋までの間、こうした気圧配置、大気の流れによって大雨のもととなる非常に湿った空気が流れ込みやすい環境にあり、何らかのきっかけがあれば大雨となる潜在的に危険な状況にある。

地球の平均の1・6倍の雨量

北海道や南西諸島など一部の地方を除くと、日本の大部分は**温帯地方**に位置している。日本の気候学的な特徴は、中緯度の偏西風帯に位置して春夏秋冬、四季の変化に富み、水資源にも恵まれている。地球上、熱帯の島嶼部や砂漠地帯を含めて1年間に降る雨の量は平均すると約1000ミリといわれている。日本では北日本などやや少ない地方を含めて平均は約1600ミリと地球上の平均のおよそ1・6倍にも達する。また、欧米の主要都市との比較ではロンドンやベルリンは600ミリ前後、ニューヨークや上海でも1100ミリを超える程度であるのに対して、東京や福岡などでは1500ミリを超えており、日本は温帯地方の中でも多雨地帯といえる。

過去の雨の記録を見ると、例えば日降水量では日本で気象観測が始まって以来約140年の間に日降水量が1000ミリを超える大雨を4回観測している。3回は台風によるもの、1回は梅雨前線と低気圧によるもので、他の温帯地方ではこれほどの大雨を観測したことはなく、温帯地方にもかかわらず日本には熱帯地方並みの大雨が降ることがあり、洪水や浸水などの気象災害の発生につながる原因となっている。

様々な降り方は雲の違いから

雨の降り方はシトシトと降るものから、地面を叩くように激しく降るものまで様々だが、降り方の違いは雨を降らせる雲の違いによる。

下層の空気は風向きや地形などの条件によって上昇することがある。下層の空気が湿っている場合には、上昇していく過程で次第に冷却されて水蒸気が凝結して雲が発生する。上昇する空気がより多くの水蒸気を含んでいる場合には雲中で雲粒より大きい氷晶や雪片に発達、やがて落下を始めて途中で融けて雨として地上に降ってくる。

上昇する下層の空気が非常に湿っており、さらに湿った空気が継続的に下層に流れ込んでくると、上昇気流が強まって雨雲は上空に向かって急速に発達する。このようにしてできる上空まで背の高い発達した雲が積乱雲で、この雲の下では雷や突風、ひょうなどを伴って激しい雨が降る。

ひとつの積乱雲の水平方向の広がりは十数キロメートル程度で、発生から発達、衰弱、消滅までの時間はせいぜい数十分である。夏の午後に現れる夕立も積乱雲によるもので、20分から30分間激しい雨を降らせるが、やがて雨はやんで再び晴れてくることはよく経験するところである。

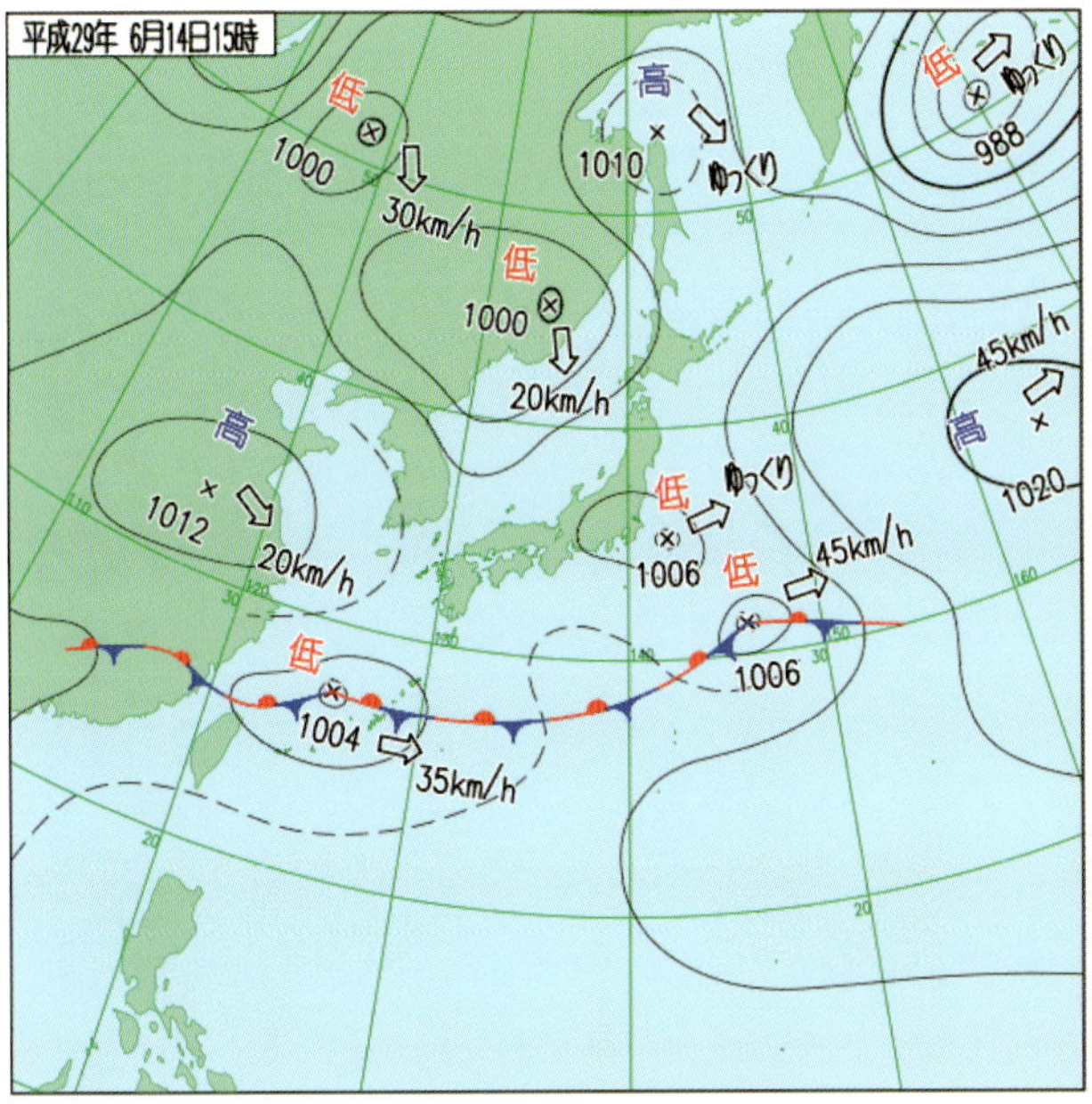

梅雨期の実況天気図（2017年6月14日15時）

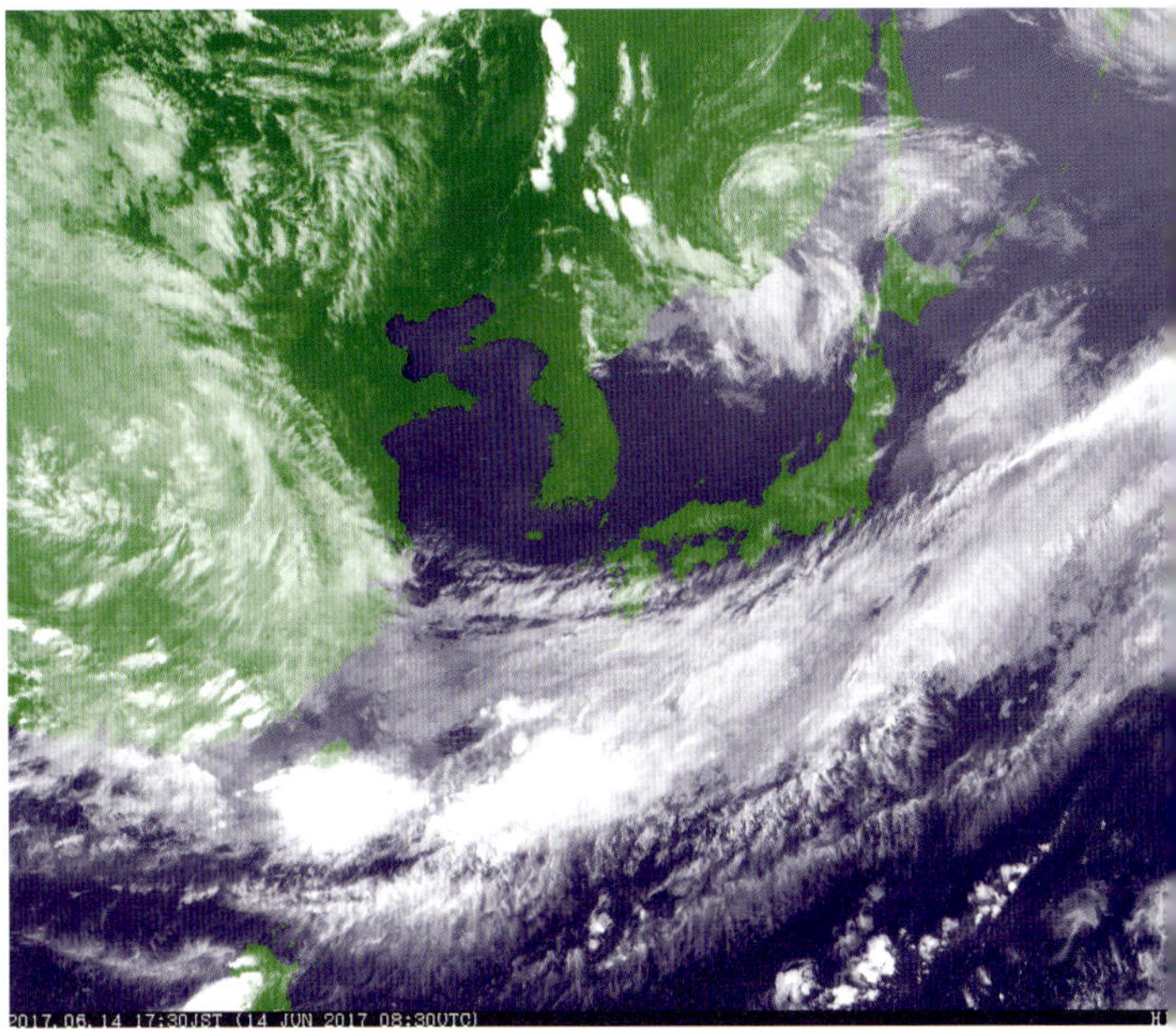

周囲を海に囲まれている日本列島。梅雨期には南シナ海や南アジアの海域からも湿った空気が日本付近に流れ込む（静止気象衛星により観測した雲画像・2017年6月14日17時30分

高解像度降水ナウキャスト（2017年6月14日18時）

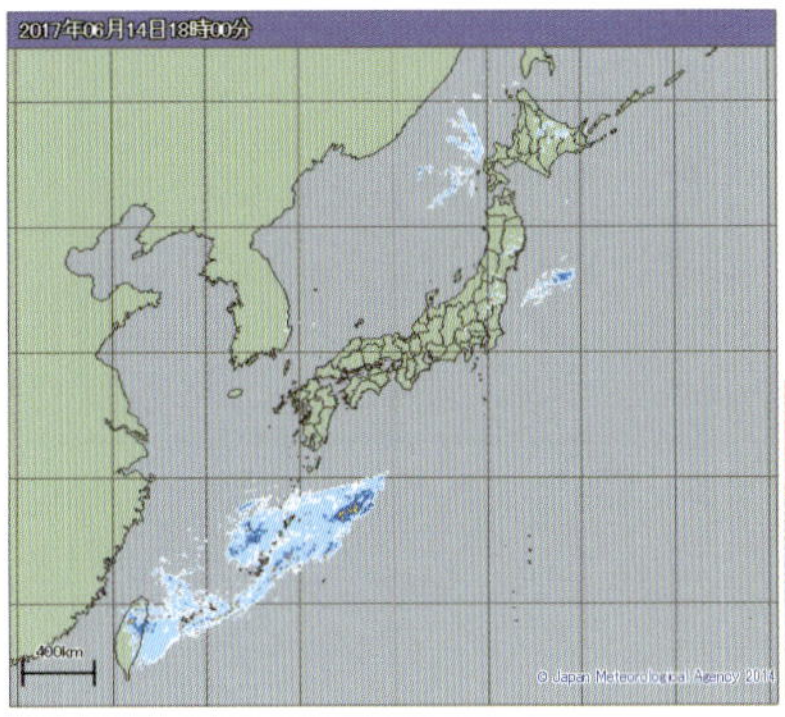

気象庁ホームページから

これに対して、ひとつの積乱雲ではなく、積乱雲が次々に発生、発達を繰り返し、線状や団塊状に組織化するような場合には激しい雨が数時間にわたって続き大雨となる。

集中豪雨など災害に結びつくような大量の雨が降る時には、しばしば組織化した積乱雲が観測される。下層から中層にかけての空気の流れや地形の影響、さらにはもう少し広い範囲の気圧配置の中での特徴などが観測事実として明らかになってきているが、集中豪雨に至る積乱雲の組織化の詳細な過程は十分に解明されていない。

日本の大雨の3パターン

日本で発生する大雨のパターンとしては、主に**①梅雨末期や秋霖期の前線と低気圧によるもの②盛夏期から夏の終わりころ下層に非常に湿った空気が流れ込んで起こるもの**、そして**③台風に伴うもの**の3つが代表的である。

前線や低気圧に伴う大雨は、この南側を覆っている太平洋高気圧の西縁を回るように非常に湿った空気が前線や低気圧の近傍あるいはすぐ南側に流れ込んで発生する。梅雨期に発生する大雨はこのタイプである。前線や低気圧の北側では災害をもたらすほどの激しい雨を降らせることはほとんどないが、前線が南北に移動したり、低気圧の東進に伴うなどして激しい雨を降らせる地域が移動することがあり、場合によっては数日から1週間程度の長期にわたって各地で大雨となることもある。前線や低気圧の微妙な動きで大雨となる地域が変わってくるため予想も難しく、梅雨期に前線や低気圧による大雨が降り始めた場合には広い範囲での警戒と防災対応への備えが必要である。

盛夏期から夏の終わりにかけての時期に起こる大雨は、安定した暑い晴天が続く時期だけに大雨に対する警戒を怠りがちである。また、この時期の大雨は天気図上では日本付近に高気圧があって、大雨のシグナルとなる前線や低気圧、台風などが見られないこともあるため、事前の防災対応は困難な場合が多い。天気図上では高気圧に覆われているように見えていても、下層に非常に湿った空気が流れ込んでくることがあり、さらに不安定を増す要因である上空の寒気の南下など、天気図には現れない形で大雨の危険が高くなることも起こる。この時期の大雨は明瞭な予兆がないことも多いため、防災対応が遅れることのないよう盛夏期であっても防災担当者は気象情報の発表の有無など、日々の確認が必要である。

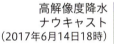

災害をもたらす大雨は予想できるのか？

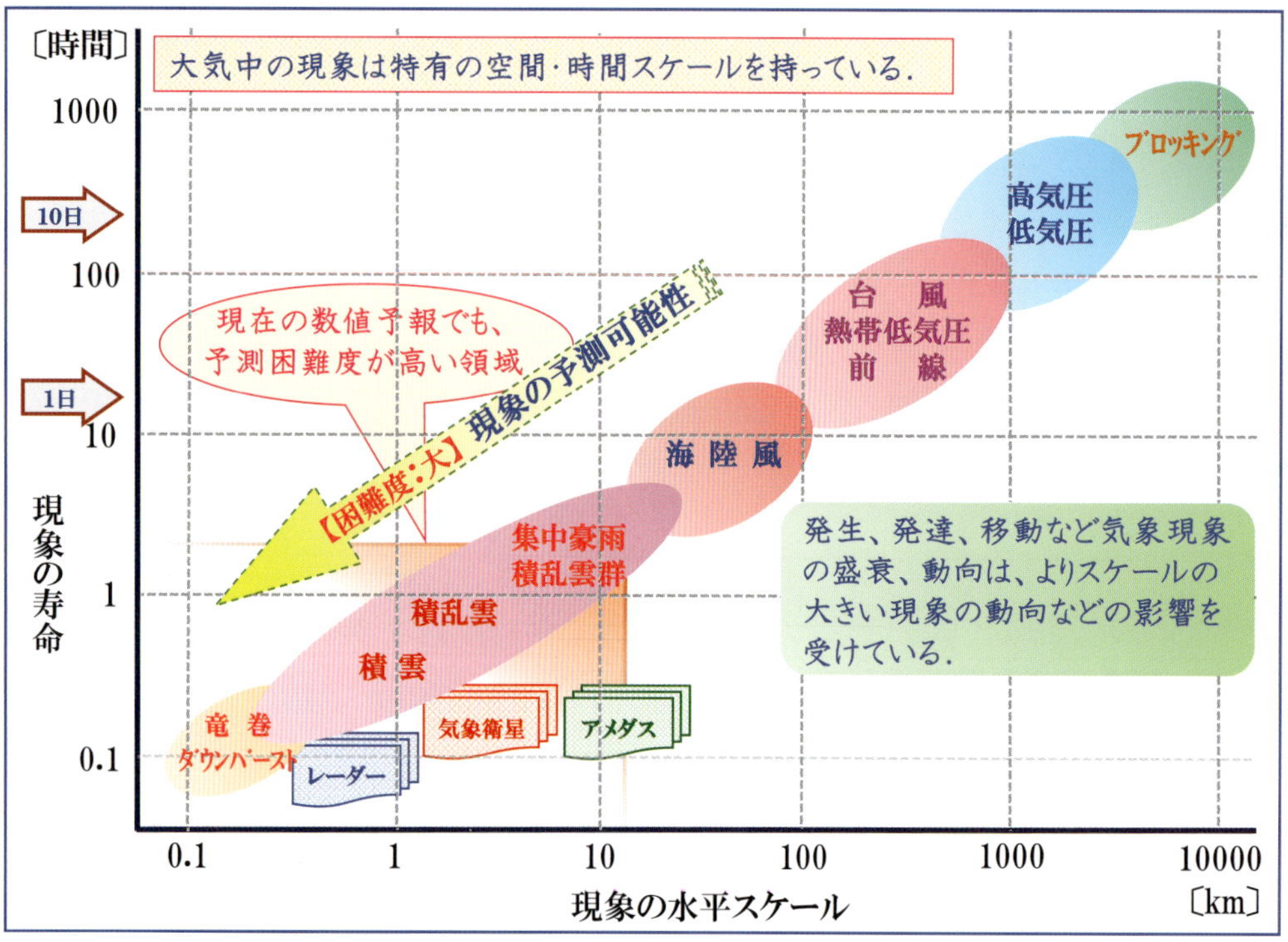

図１　様々な気象現象の水平的な広がりと継続時間

台風や竜巻には「寿命」がある

日本に大雨をもたらすような特徴的なパターンや時期は明らかになっているが、防災の視点からは災害をもたらすようなこうした大雨は予想できるのだろうか。

近年、予報の主役はスーパーコンピューターによる数値予報に変わってきているが、数値予報による現象の予測可能性を理解するために気象現象のスケール、すなわち現象の水平的な広がりと発生から衰弱、消滅までの時間的な〝寿命〟について考える。

人間の場合にも多少の幅はあるものの身長や体重、寿命などはほぼ一定の数値の中に収まっている。同じように、大気中で起こる現象も、現象によって水平的な広がりと継続時間としての〝寿命〟がほぼ決まっている。

図1は、横軸に水平的な広がりを「km（キロメートル）」で、縦軸に継続時間を時間の単位として、様々な現象について水平的な広がりと継続時間を示したものである。図は横軸、縦軸とも10倍ごとの対数の形で表している。例えば、台風は数百キロメートルから千キロメートル程度の水平的な広がりを持ち、発生から消滅までの時間は3日から7日程度である。一方、竜巻の水平的な広がりは数十メートルから数百メートルで、発生から消滅までの時間は数分から十数分である。大気中で起こる現象はそれぞれ特有のスケールを持っており、そのスケールには大きな違いがあることがわかる。

小さいスケールの現象は予測に限界

数値予報は近年のスーパーコンピューターの性能の向上によって著しく精度が高くなってきたが、数値予報のもととなる観測データや物理的な計算手法、条件などの制約によって、実際の大気の状態をピタリと予測することはできない。

数値予報の精度の向上で、例えば台風の進路予報の誤差は確実に小さくなっているが、水平的、時間的に小さい竜巻のような現象は事前に精度良く予測するには至っていない。図1に矢印で示したように水平的、時間的に小さい現象ほど、スーパーコンピューターを用いた予測でも限界がある。

降水現象の予測では、比較的スケールの大きい低気圧や台風に伴う雨や冬季の冬型の気圧配置で降る雪の予測はほぼ予測可能な段階にある。一方、災害をもたらすような集中豪雨などの大雨の予測は、積乱雲の発生や発達、組織化などの動向を精度良く予測する必要があり、現在の予測可能な技術の境界付近である。

集中豪雨などの大雨を「いつ（時間帯）」「どこで（場所）」「どのくらい（降水量）」降るかを事前に詳細に予測することは困難な場合もあるが、詳細な予測に絞り込む前の段階すなわち時間的には1日から数日前、地域的にはいくつかの都府県程度の広がりを対象として、大雨発生の可能性についてはかなりの確度を持って予測することができるようになった。防災体制の立ち上げなど、事前の防災対応のためのトリガーの情報としては十分に利用可能なものである。

2006年 7月	**『平成18年7月豪雨』** 東・西日本の広い範囲で大雨／死者・行方不明33人、家屋の被害約5000棟
2008年 8月	**『平成20年8月末豪雨』** 愛知県などで記録的な短時間の大雨／死者・行方不明2人、浸水家屋2万2000棟超
2009年 7月	**『平成21年7月中国・九州北部豪雨』** 山口県で大きな土砂災害／死者・行方不明35人、1万棟を超す浸水被害
2009年 8月	**下層に流れ込んだ暖湿気による大雨** 兵庫県佐用町で洪水による被害大／死者・行方不明27人、家屋の被害6000棟
2011年 7月	**『平成23年7月新潟・福島豪雨』** 新潟県と福島県会津地方で洪水と土砂災害／死者・行方不明27人、家屋の被害約1万棟
2011年 9月	**台風12号により紀伊半島南部で2000ミリを超える大雨** 洪水と土砂災害多発／死者・行方不明98人、家屋の被害2万5000棟超
2012年 7月	**『平成24年7月九州北部豪雨』** 阿蘇地方で土砂災害、九州北部で多くの浸水害／死者・行方不明32人、家屋の被害約1万5000棟
2013年10月	**台風第26号による大雨** 伊豆大島で記録的な大雨による土砂災害／死者・行方不明43人、家屋の被害6000棟超
2014年 8月	**『平成26年豪雨』** 広島市で大規模な土砂災害／死者・行方不明84人、家屋の被害1万3000棟
2015年 9月	**『平成27年9月関東・東北豪雨』** 鬼怒川、鳴瀬川など17カ所で堤防決壊／死者・行方不明8人、家屋の被害約2万棟
2016年 8月	**台風第10号による大雨** 岩手県や北海道で大きな洪水被害／死者・行方不明27人、家屋の被害約5000棟

表1　最近約10年間の大雨による大きな災害

日本は常に大雨の危険にさらされている

この章では日本の雨の特徴とともに、日本が温帯地方に位置していながら常に大雨の危険にさらされていることを述べてきた。水害や暴風などの気象災害について、古くは今から約1500年も前から記録が残されており、先人達は様々な形で災害から身を守る方法を学び、対策を講じてきた。昭和20年代から30年代前半にかけては台風による大きな災害が相次ぎ、多くの人的被害を出した。その後、堤防の強化、砂防堰堤の整備など水害への対策が進められ、一方で気象予測技術の進歩や防災気象情報の改善、情報伝達技術の向上など防災を取り巻く環境は飛躍的に改善された。こうした背景から、気象災害は確実に減少に向かっていると思われがちであるが、大きな水害は依然として毎年のように繰り返されている。

表1に最近約10年の大雨による大きな災害を整理した。いずれの災害でも家屋の浸水や流失、損壊に加えて、多くの人的な被害が出ている。

国土交通省の統計によれば、太平洋戦争後の国土の荒廃期に相次いだ台風による災害以降、年々の変動はあるものの水害による被害額は確実に減少している。ハード面、ソフト面での様々な防災対策の成果が表れたものである。

これに対して、人的被害も20世紀末にかけては同じように減少傾向が見られたものの、最近20年程度の期間を見るとはっきりした減少傾向が見られなくなり、表1にも示したとおり被害が繰り返されている。防災対策の中でも最も重要な人的被害の防止について、喫緊の課題として対策の検討と実践的な取り組みが急がれる。

Part 2　台風を知る

台風は熱帯、亜熱帯の海からやってくる

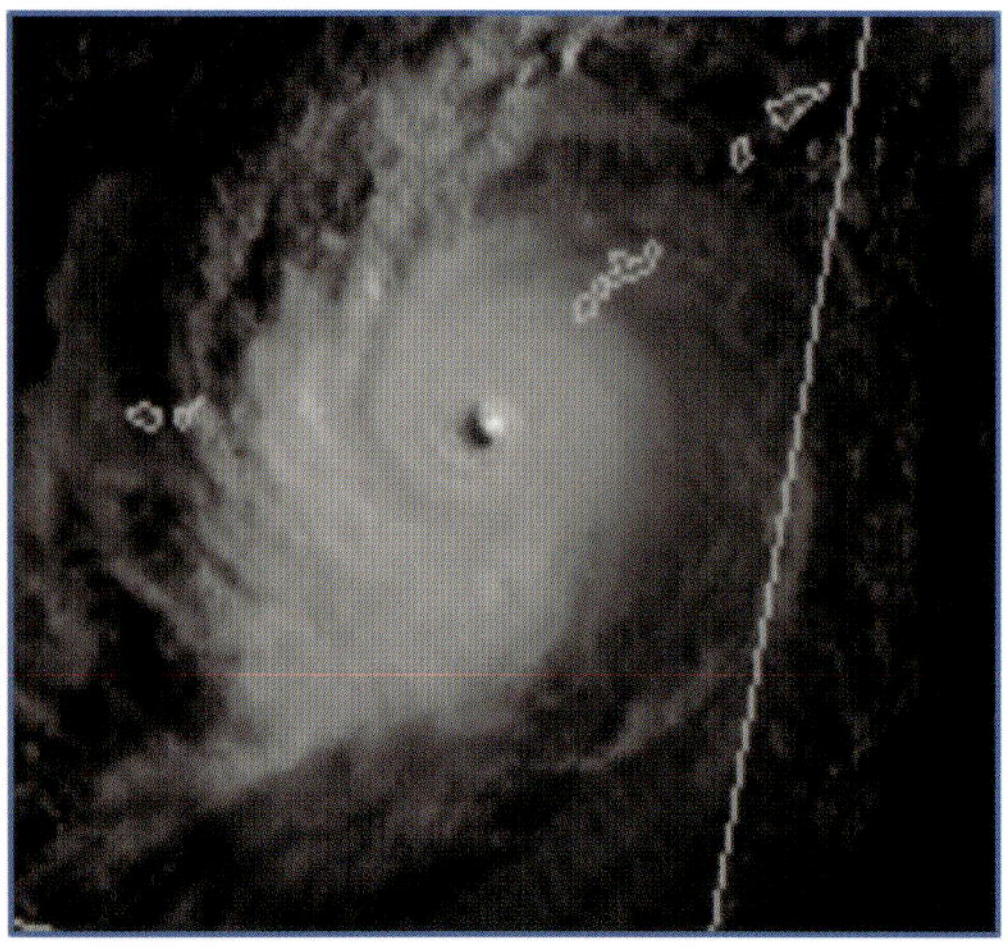

沖縄本島に近づく
「猛烈な」台風第18号
中心気圧915hPa、
最大風速55m/s
2016年10月3日15時

巨大な積乱雲の塊

台風は**北西太平洋の熱帯、亜熱帯の海洋上で発生する熱帯低気圧**である。カリブ海や太平洋東部、インド洋、南太平洋の熱帯あるいは亜熱帯の海洋上で発生する熱帯低気圧も台風と同じ仲間である。これらの海域で発生する熱帯低気圧は1年で70個程度であるが、そのうちの約40％が日本の周辺の北西太平洋で発生する台風である。

台風は海洋上の高温で非常に湿った空気が上昇して発生、発達した積乱雲が組織化したもので、巨大な積乱雲の塊とみなすこともできる。暖かい海洋上で発生した台風は、海面から補給される非常に湿った空気によって発達し、中心付近では気圧が急激に下降して風が強まるとともに、中心から半径数百キロメートル程度の台風の域内で強い風を伴うようになる。最大風速は時として50メートル毎秒を超えるものもある。

台風の発生から衰弱、消滅までの寿命は平均で約5日だが、日本付近に接近、上陸する台風の寿命は1週間を超えるものもある。北西太平洋で発生する台風の多くは発生後、西寄りに進みながら2日目から3日目ころにかけて発達して勢力を強める。日本のはるか南の海上で発生した台風が西寄りにフィリピンや南シナ海方面に進む場合には、日本への直接的な影響はないが、進路を北寄りに変えて北緯20度線を越えて北上してくる場合には、日本に接近、上陸など直接的な影響を与えることがある。

太平洋高気圧と上空の強い西風が進路に影響

台風の進路に大きな影響を与えるのが太平洋の高気圧と上空を流れる強い西風である。太平洋高気圧のように勢力の強い高気圧は台風にとって〝壁〟のような存在で、高気圧の域内に進むことはできず、その周辺を進むことになる。盛夏期、日本付近が勢力の強い太平洋高気圧に覆われている時には、台風が日本付近まで北上してくるケースは少ないが、太平洋高気圧も勢力の消長があるため、盛夏期でも高気圧の勢力が後退した時には台風の北上、接近に注意しなければならない。

台風が北上してくると、上空に吹いている強い西寄りの風の影響を受けて、進路を次第に東寄りに変えて、速度を速めることになる。台風の経路が放物線を描くように、日本付近で東寄りにカーブするのは上空の強い西風によるものである。太平洋高気圧が勢力を徐々に後退させて、季節が夏から秋に進むと、上空の西寄りの風が日本付近まで南下してくるようになり、台風の進路に影響を及ぼすようになる。（図1参照）

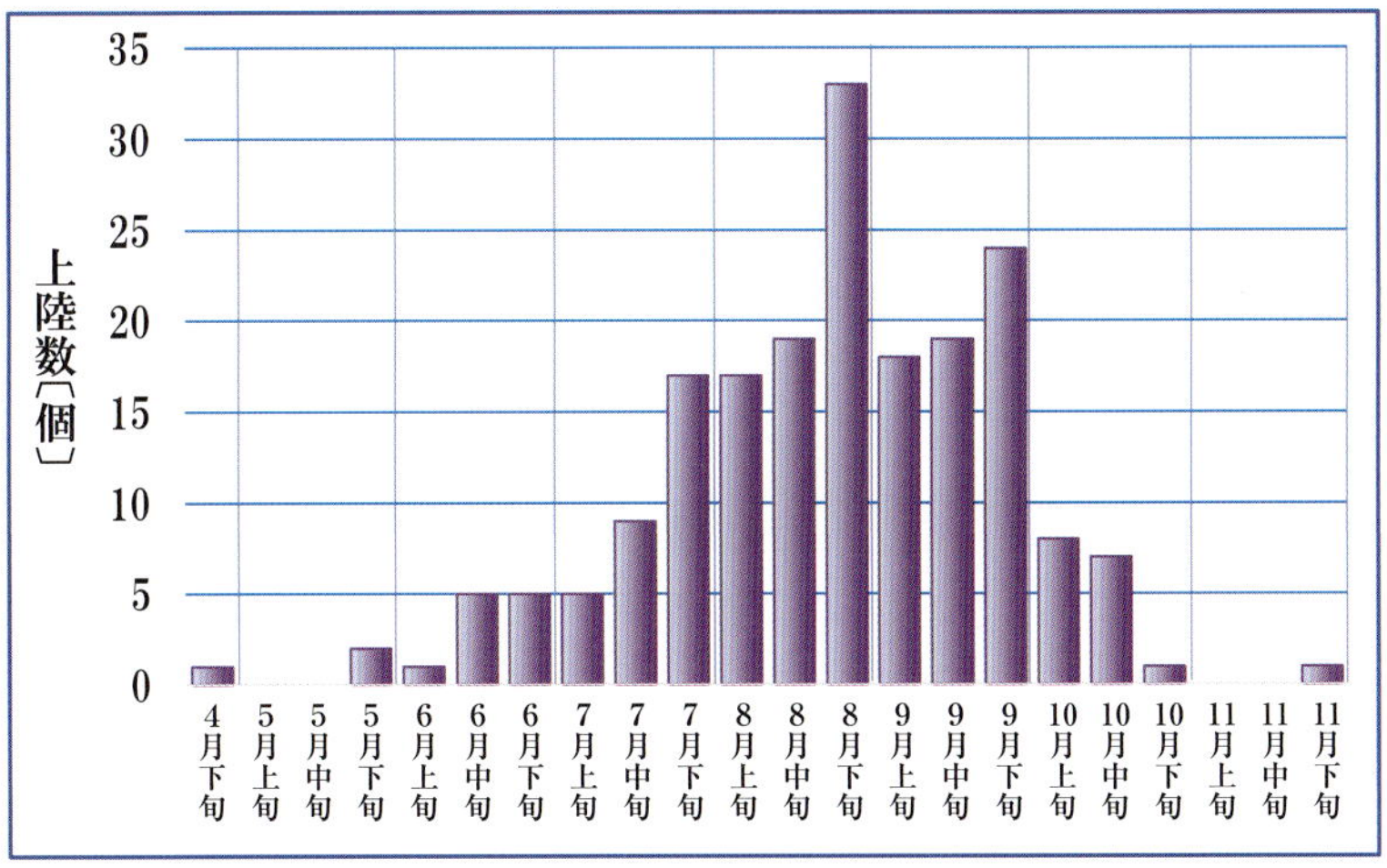

図2　台風の旬別上陸数（1951年から2016年まで：上陸数192個）

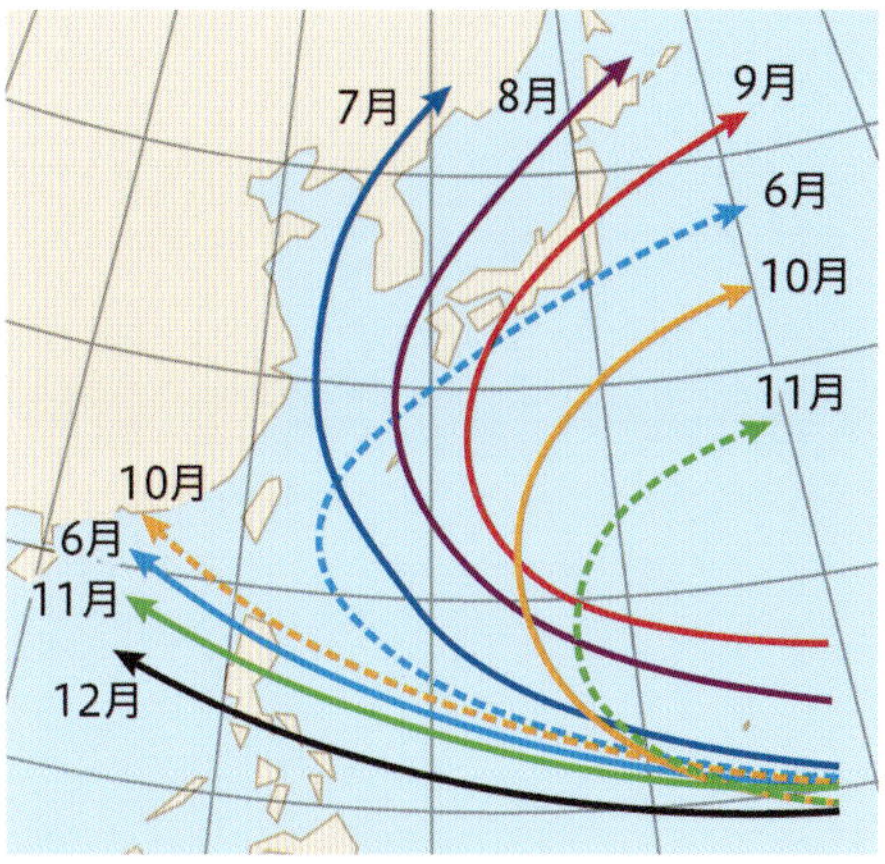

図1　台風の月別の主な経路
〔実践は主な経路、破線はそれに準ずる経路〕
気象庁ホームページから

接近・上陸は8月下旬がピーク

気象庁では1951年以降、台風についての資料を整理し正式な統計として公表しているが、1年間の発生数の平年値は25・6個、接近数は11・4個、上陸数は2・7個である（**表2**）。接近数とは南西諸島を含めて台風が気象官署から300キロメートル以内に近づいた数で、上陸した台風も含まれている。

表を見ると、発生のピークは8月で、7月から10月の4カ月間で1年の約70％の台風が発生する。日本付近が真冬の時期でもはるか南の海上では台風が発生することもある。

1951年以降、2016年までの66年間に日本に上陸した台風は192個あるが、上陸した時期を旬別に表したのが**図2**である。梅雨が明ける7月下旬から9月下旬まで15個から20個程度で推移している中で、8月の下旬と9月下旬に2回のピークが見られる。『二百十日〔9月1日頃〕、二百二十日は厄日』などと台風への警鐘として日本各地に数多くの俚諺が残されているが、統計的に見ると少しずれたその前後にピークがあり、台風シーズンは9月ではなく、太平洋高気圧が勢力を後退させ始める8月下旬に始まっている。8月下旬には2年に1回程度の割合で台風が上陸している。

台風の勢力の強さや大きさは、風の強さとその広がりを基準に**表3**のように分類されている。台風に伴う風の強さは台風の勢力〔強さ〕と関連しており、一般に強い台風ほど強い風が吹き、台風が大きいほど広範囲で強い風が吹く。防災上、台風に伴う暴風への対策としては、台風の「強さ」と「大きさ」が重要な目安となる。一方、表3から分かるように台風の「強さ」や「大きさ」は風速によって分類されていることから、台風に伴う雨の量を表3から想定することは難しい。

	1月	2月	3月	4月	5月	6月	7月	8月	9月	10月	11月	12月	年
発生数	0.3	0.1	0.3	0.6	1.1	1.7	3.6	5.9	4.8	3.6	2.3	1.2	25.6
接近数				0.2	0.6	0.8	2.1	3.4	2.9	1.5	0.6	0.1	11.4
上陸数					0.0	0.2	0.5	0.9	0.8	0.2	0.0		2.7

表2　台風の平年の発生数、接近数、上陸数
（1981年から2010年までの平均）

強さ	10分間の最大風速
（表現しない）	33m／毎秒未満
強い	34m／毎秒以上　44m／毎秒未満
非常に強い	44m／毎秒以上　54m／毎秒未満
猛烈な	54m／毎秒以上

大きさ	風速15m／毎秒以上の平均半径
（表現しない）	500km未満
大型	500km以上　800km未満
超大型	800km以上

表3　台風の強さと大きさの分類

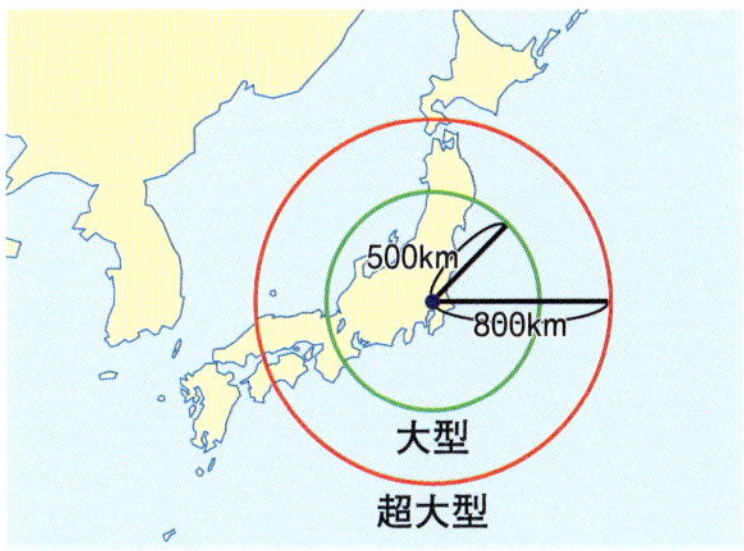

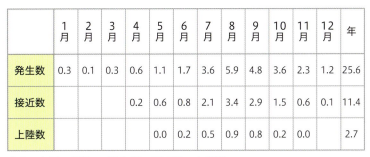

台風に伴う大雨 注意したい5つのポイント

台風に伴う大雨は、前線や低気圧に伴う大雨や盛夏期の不安定による大雨とは異なった特徴がある。台風に伴う大雨への対応の前提として、以下のような点に留意しておくとよい。

1 雨の量は台風の〝強さ〟や〝大きさ〟など勢力とは関係ない

台風に伴う雨は台風の強さや大きさと直接の関係はなく、強い台風、大きい台風ほど多くの雨を降らせるといった思い込みは防災対策においては危険である。台風による雨は、たとえ台風の勢力が弱くても、あるいは台風の強度にまでならない熱帯低気圧の場合でも、南海上から非常に湿った空気を運び込んで大雨をもたらすことがある。

平成27年関東・東北豪雨をもたらした台風第18号は、台風としての勢力は弱く、愛知県の知多半島に上陸、北上して能登半島沖に抜けた時には衰えて温帯低気圧に変わった。台風の中心が通過した愛知県や岐阜県などでも風による被害はほとんどなかったが、関東地方の北部や宮城県など東北地方の太平洋側の地方に大雨を降らせ、各地で河川が氾濫するなどの大きな被害を出した。台風や熱帯低気圧が日本の南海上から日本に近づくような予想がある場合には、その勢力にかかわらず事前の防災対策として気象情報を入手して、大雨への備えをしておくことが重要である。

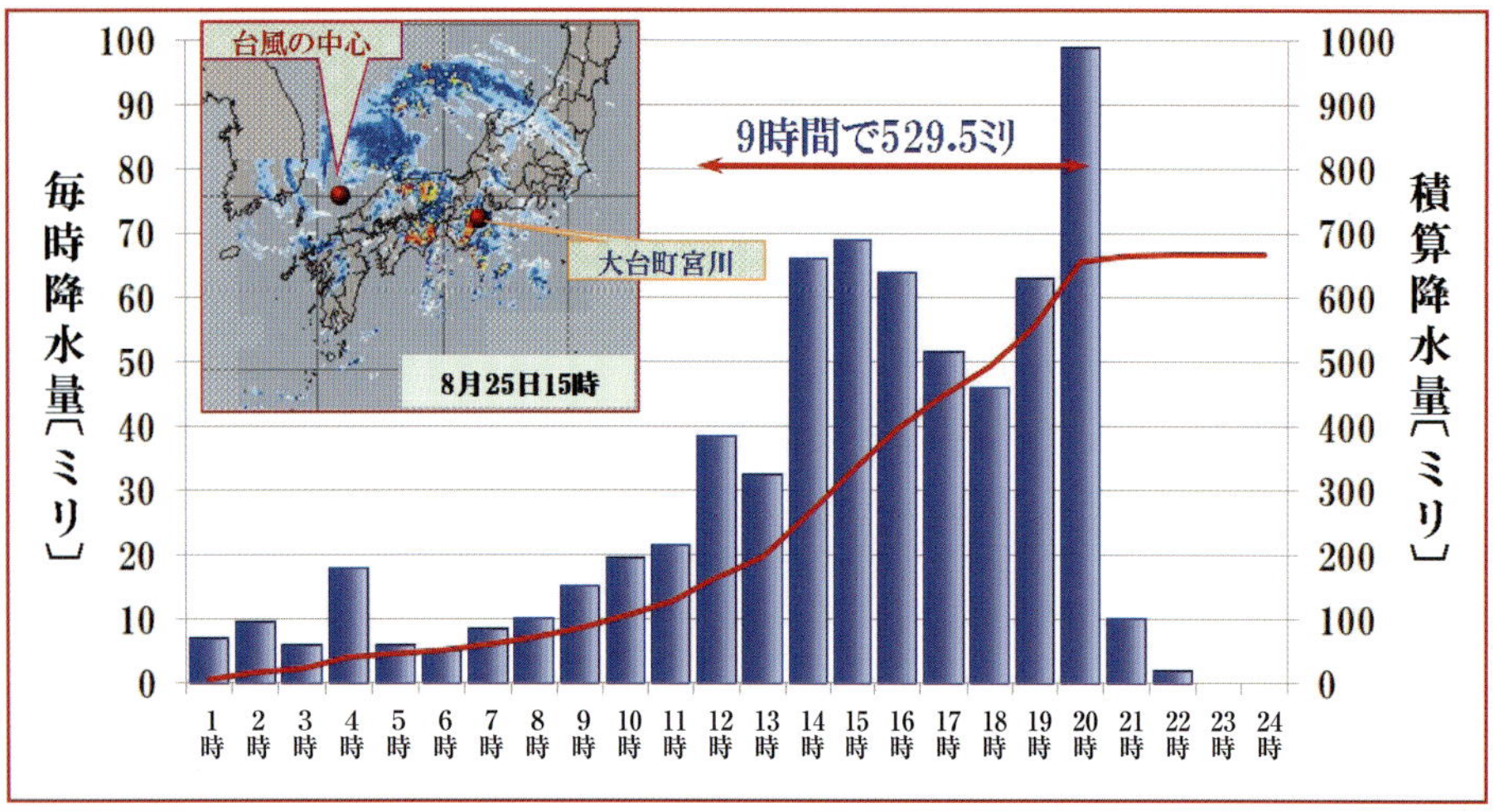

宮川（三重県）の降水量：8月25日

2 台風の中心に近い場所だけではなく、遠く離れた所でも大雨が降る

気象衛星からの雲の画像を見るとはっきりとわかるように台風は大きな空気の渦巻きであり、北半球では反時計回り、左回りに回転している。

台風が日本付近に近づいてくると、台風の東側では南よりの風によって非常に湿った空気が送り込まれる。大雨をもたらすような非常に湿った空気の流れは、台風の中心とその周辺にとどまらず、台風の中心からかなり離れた場所にも流れ込んでくることがある。台風の場合には中心やその周辺部だけではなく、台風の進路の東側では離れた場所でも大雨への警戒を怠ってはならない。

平成27年の台風第15号は、九州の西岸を北上して熊本県の北部に上陸した。台風の中心付近が通過した長崎県島原半島の雲仙では1時間に130ミリを超える猛烈な雨を観測、積算の降水量も300ミリ近くに達したが、台風からはるか500キロメートル以上も東に離れた三重県大台町宮川では9時間で529・5ミリ、日降水量667・5ミリもの大雨となった。

平成27年関東・東北豪雨も台風の中心からは数百キロメートルも離れた所で記録的な大雨となったもので、こうした事例は頻繁に起こっている。

3 長い時間、強い雨が続くことがある

平成26年の台風第18号は静岡県の浜松市付近に上陸し、その後も東北東に進んで関東地方の南部を通過した。三重県や静岡県、神奈川県では400ミリから500ミリの大雨となった。この台風による雨の特徴は、関東から東海地方の南海上に前線が停滞していたため、台風の中心がはるかに離れた奄美大島の東海上にある頃から強い雨が降りだし、台風が浜松市付近に上陸するまで丸1日にわたって1時間に10ミリから15ミリ前後の雨が続き、台風の中心が接近、通過する前にすでに200ミリを超える大雨となっていた。台風の通過に伴って数時間のうちにさらに100ミリから150ミリの激しい雨が加わったため、横浜市では気象台開設以来の日降水量となり、市内では土砂災害などによって犠牲者も出た。

台風の前面の北側から東側にかけては、南から非常に湿った空気が送り込まれ続けるために、台風がまだ遠く離れている段階から長時間強い雨が続くことがある。特に南海上に前線が停滞しているような場合や台風の進行速度が遅い場合などには数日にわたって雨が続くこともある。台風の接近前から浸水や洪水などの災害への警戒が必要となる。

台風第18号のレーダーエコー：2014年10月3日15時

4 通過した後に大雨となることもある

台風については、現在5日先までの進路予報と3日先までの強度の予報が発表されている。台風が日本をうかがうような状況になると進路の予想や接近、上陸のタイミングなどが伝えられ防災体制も整えられるが、台風の通過後あるいは台風が衰弱した後では安心感や油断から防災対応が遅れ、思わぬ災害につながることもある。

台風に伴う雨は台風の周辺以外にも注意、警戒が必要なことはすでに述べたが、台風が通過した後も南からの非常に湿った空気が流れ込む状況が続く場合があり、台風の中心が過ぎ去ったあとでも雨に対する警戒を怠るようなことがあってはならない。

台風が北東あるいは東北東に進んで、東日本や北日本から東の海上に去って行く場合には大雨の可能性は低くなるものの、西日本や東日本を通過して日本海を北寄りに進むような時には、南からの湿った空気の流れ込みが続いて台風が通過した後も大雨が続くことがある。

平成16年の台風第10号では徳島県の上那賀町（現・那賀町）海川で1317ミリという日降水量としては日本での気象観測史上第1位の雨を観測した。台風第10号は高知県の西部に上陸したあと北西に進み、山口県を通過して日本海の西部を北上した。海川の日降水量は台風が高知県を通過して日本海に抜ける前後、徳島県からは台風がどんどん遠ざかるころから降り始めた猛烈な雨によって観測されたものである。

5 降水量が極めて多くなる

平成23年の台風第12号では紀伊半島の南部で記録的な大雨となった。台風第12号は日本の南海上をゆっくりと北北西に進み、9月3日10時過ぎに高知県東部に上陸、4日未明に日本海に抜けた。東日本から西日本では台風が日本の南海上をゆっくり北上している8月30日夕方頃から雨が降り始め、9月5日まで降り続いた。特に紀伊半島では長時間激しい雨が降り続き、この7日間の降水量は奈良県吉野郡上北山村で1814・5ミリ、三重県多気郡大台町宮川で1630・0ミリとなった。また、気象庁の解析雨量では紀伊半島南部の三重県と奈良県の県境付近の山沿いでは2000ミリを超えたところがあった。

この台風第12号や平成16年の台風第10号の例のように、台風による雨は時として記録的な降水量をもたらすことがある。台風による大雨が予想されるような時には、台風の進路や進行速度などの状況によっては降水量が極めて多くなることも想定して対策を講じておくべきである。

Part 3　近年の気象の特徴

短時間の激しい雨、極端な大雨が増えている

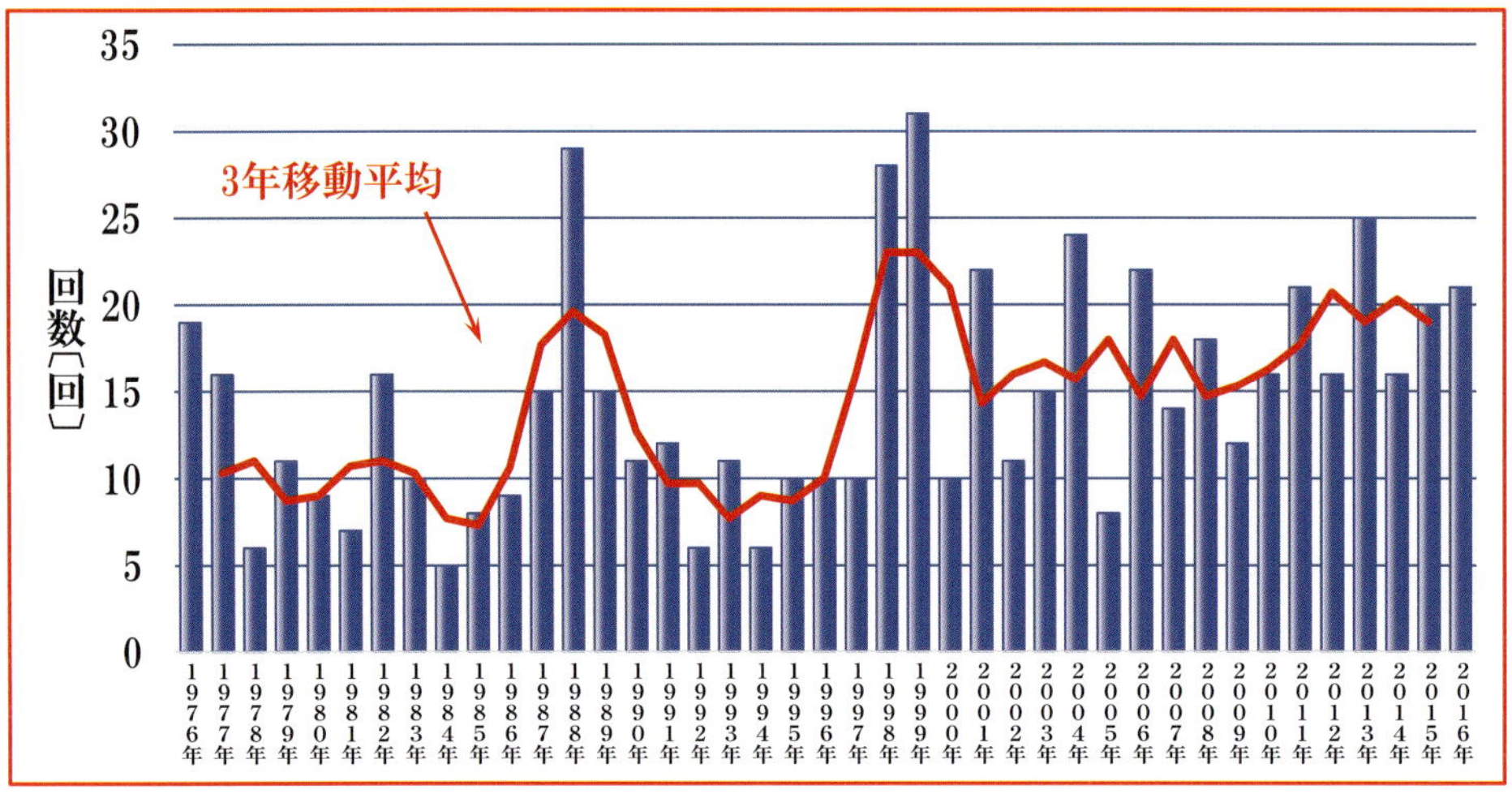

図1　1時間降水量80ミリ以上の年ごとの観測回数
（1976年～2016年：アメダス1000カ所あたり）

曖昧になりつつある「異常気象」の意味

「異常気象」という言葉をよく耳にする。異常気象というのは、過去に経験した現象から大きく外れた現象あるいは状態を指し、気象庁では「ある場所（地域）・ある時期（週、月、季節等）において30年間に1回以下の出現率で発生する現象」としている。本来、異常気象は1時間降水量や日最高気温などのように時間や日単位で出現する現象ではなく、時間的にはそれより長い、持続性のある現象についての〝異常〟を表す言葉であったが、近年は短時間の大雨などにも頻繁に使われるようになって、本来の意味が曖昧になりつつある。

最近の気象にピッタリなのは「極端気象」という言葉

「異常気象」に対して、最近使われるようになってきた言葉に**「極端気象」**がある。1時間降水量や日降水量、日最高気温など過去の記録を大幅に更新するような値を観測したり、異常な値の出現頻度の増加などについて**「30年間に1回以下の出現率」**といった尺度の異常気象では表現できないような極端な現象を指している。

異常気象の本来の意味を考えつつ、近年の気象の特徴を端的に表すとすれば「極端気象」という言葉はピッタリと当てはまる。

「猛烈な雨」の出現回数が増え日降水量400ミリ以上の回数も増加

このところ短時間の激しい雨が多くなっているという指摘がある。気象庁では1時間の降水量が10ミリ以上20ミリ未満の「やや強い雨」から80ミリ以上の「猛烈な雨」まで雨の強さと降り方を5つの階級に分類して気象情報などで使用している。このうち、1時間に80ミリ以上の「猛烈な雨」を観測したアメダスの観測地点

「これまでになかった」災害が「これまでになかった」場所で起こる

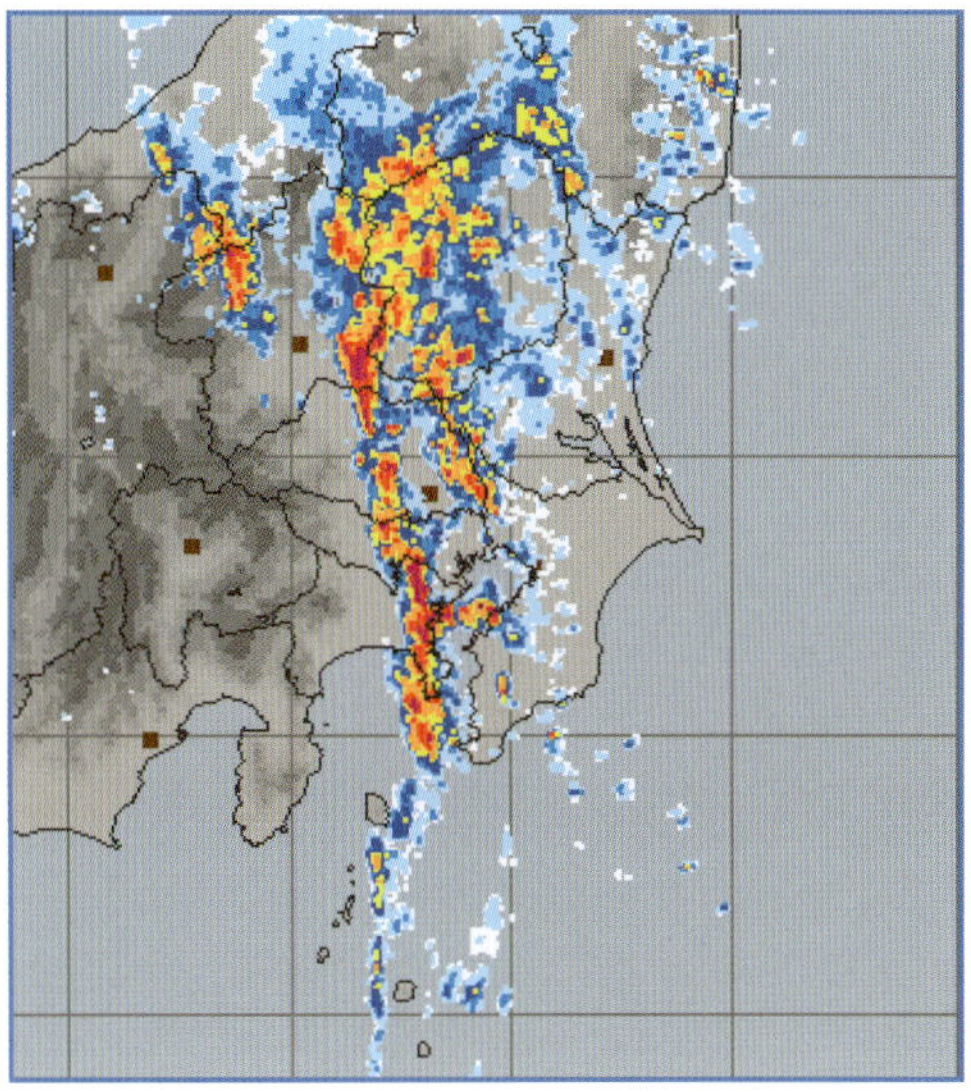

「平成27年9月関東・東北豪雨」では、帯状の積乱雲の集まりが関東・東北地方に記録的な大雨を降らせた
（レーダーエコー：2015年9月9日15時）

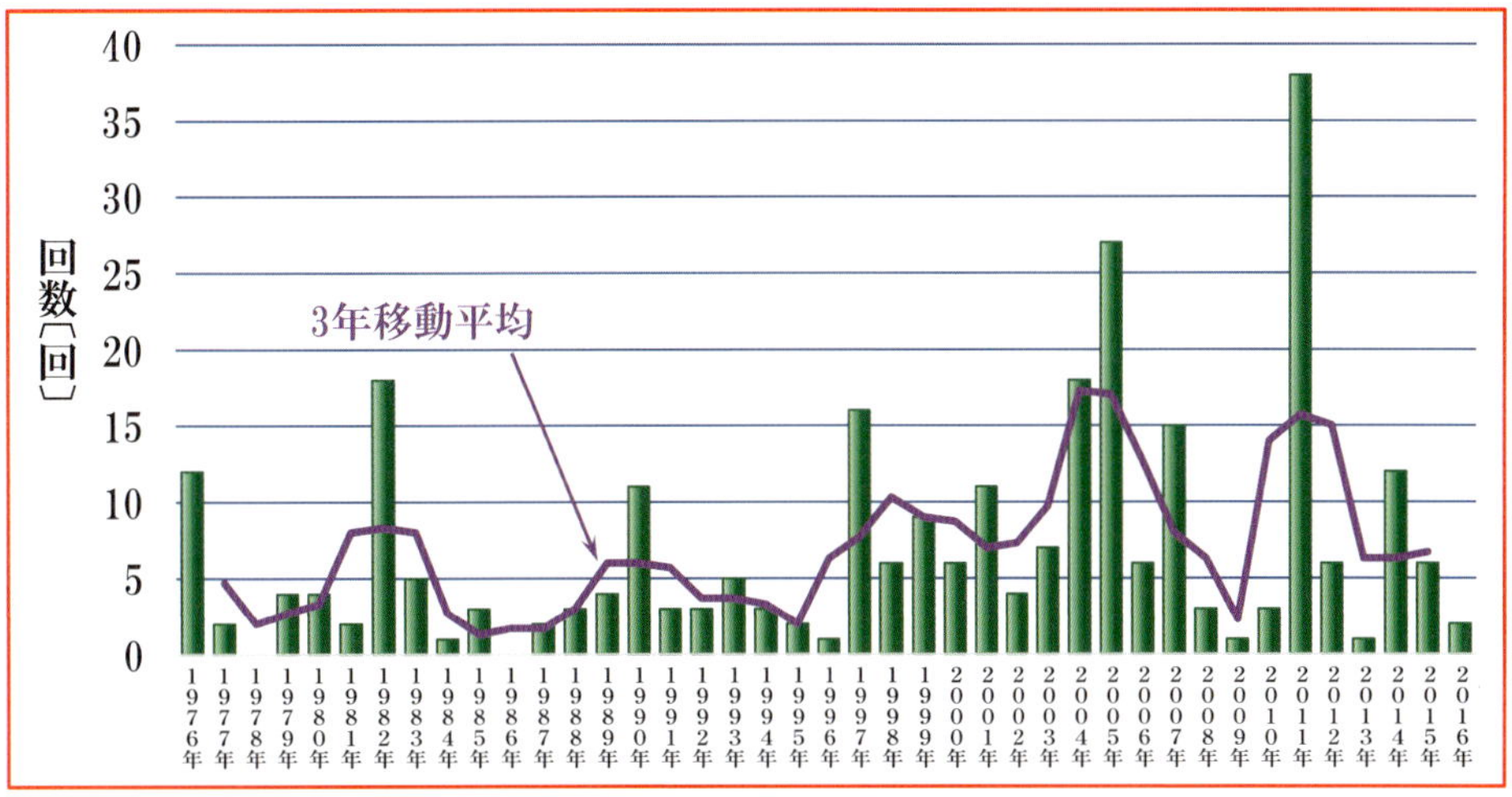

図2　日降水量400ミリ以上の年ごとの観測回数
（1976年～2016年：アメダス1000カ所あたり）

の数を年ごとにまとめたものが**図1**である。１時間に80ミリ以上の雨というのは、それだけで浸水が発生することもある災害につながる危険な雨である。図はアメダスが設置された1976年以降の約40年間のデータで、年ごとのバラツキはあるものの図の右側、近年になるにつれて出現回数が増加している。

また、**図2**は日降水量が400ミリ以上の同じくアメダスでの観測回数である。こちらも年ごとのバラツキが大きいものの近年増加している傾向が読み取れる。日降水量400ミリ以上の雨は河川の氾濫、低地の浸水、土砂災害など大きな災害につながるような降水量である。

こうした極端な大雨の出現度数の増加は地球温暖化と関連して指摘されることもあるが、アメダスの観測データはまだ40年程度しかなく明確に関連づけすることは難しい。気象庁ではさらにデータを蓄積していく必要があるとして、地球温暖化との関係については明確な判断を示していない。

1時間80ミリ以上の雨などの極端気象は直ちに災害に直結

１時間80ミリ以上の雨や日降水量400ミリ以上の雨の出現頻度の増加は、大雨による災害の増加につながる可能性が大きく、今後の防災対策の検討には極めて重要な問題である。短時間の猛烈な雨は現象の発現から災害の発生に至る時間が極めて短く、防災対応が遅れるおそれがある。特に都市部においては洪水対策としての河川改修にも限界があり、1、2時間の猛烈な雨によって多くの家屋が浸水するという事態も起こっている。さらに、浸水に対して極めて脆弱な地下街は地方の都市にも広がっているが、十分な浸水対策がとられているとは言えない状況にある。ひとたび大雨に襲われた時には大きな被害が生じる懸念もある。

また、日降水量が400ミリを超えるような雨では災害が広域化、激甚化するおそれがあり、現在の市町村単位での防災対応では多くの困難が生じてくることが考えられる。

雨についての近年の気象の特徴からは、極端気象が直ちに災害に直結する状況が明らかになっている。「これまでになかった」災害が「これまでになかった」場所で起こることを想定した対策も早急に検討していく必要がある。

2016年の台風により流出した
北海道・沙流川の千呂露橋

（国土交通省）

台風の北海道上陸は特異なケースといえるのか

北海道・東北地方も台風で記録的な大雨

近年の気象の特徴としてもうひとつ話題になるのが台風である。

２０１６年は再上陸１個を含めて北海道に３個の台風が上陸した。これまで北海道に上陸した台風は日本海を北東に進んで日本海側に上陸したものだけであったが、２０１６年はいずれも太平洋側に上陸した。また、台風第10号は日本の南海上まで西進してきたあと一旦南下して勢力を増してＵターン、関東地方の東海上を北上してその後岩手県に上陸した。気象庁が１９５１年に台風の統計を開始して以来、台風が東北地方の太平洋側に上陸したのは初めてのことであった。

北海道では相次いだ台風によって繰り返し大雨となり、十勝地方では24時間降水量が解析雨量で４００ミリを超え、８月の後半だけで８００ミリに達する記録的な大雨となった所もあった。岩手県でも台風第10号による大雨で小本川が氾濫して、多くの犠牲者が出た。（Ⅰ章参照）

２０１６年の一連の台風災害のあと、台風の経路や上陸地点の特異性、北日本での記録的な大雨が大きな話題となった。同時に、北日本での台風やそれに伴う大雨に対する低い警戒感、大雨への防災対応の遅れなども明らかになった。

２０１６年の台風による大雨災害については、台風の経路の特異性や記録的な降水量がクローズアップされた。防災対策を考える上では、特異性や記録的な面だけに着目するのではなく、北日本でも西日本や東日本と同様に台風による大雨での洪水や浸水、土砂災害に対して十分な警戒が必要であること、また決して稀な現象ではないことといった視点から、今後の防災対策を改めて検討していくことが重要であろう。

地球温暖化に伴い台風の強度が強まるという報告も

最近では地球温暖化と関連して今後の台風の傾向が議論されることがある。高性能のコンピューターを使ったシミュレーションでは、**温暖化に伴って今世紀末には台風の発生数そのものはやや減少するが、個々の台風の強度が強まる傾向が見られるとの報告もある**。近年、台風による災害は確実に減少しているが、台風の強度の強まりが想定されるとすれば、今後は暴風や高潮、高波などへの長期的な防災対策が求められることになる。

地球温暖化に関連した台風のシミュレーションとは別に、１９５１年以降気象庁が整理している台風の統計から発生数や強度について整理したものが図３と図４である。

毎年の台風の発生数を示した図が図３である。年々の変動が大きく、この間の推移からは発生数の増加や減少の傾向ははっきり見られない。図４は発生した台風のうち中心付近の最大風速が毎秒33メートル以上の「強い台風」より強い勢力となった台風の数とその年に発生した台風に対する割合を示している。これも年々変動が大きく、増加などの一定の傾向は読み取れない。「強い台風」以上の勢力の強い台風の、発生数に対する割合も50％から60％程度で推移しており、近年強い台風の数が多くなっている傾向も見られない。

東日本・北日本も危険度は高い

台風による災害について人的被害から見ると、昭和30年代前半までは台風によって数百人を超える犠牲者が出ることも度々であったが、堤防や砂防堰堤などハードの整備や予測

東日本・北日本も台風に警戒を!

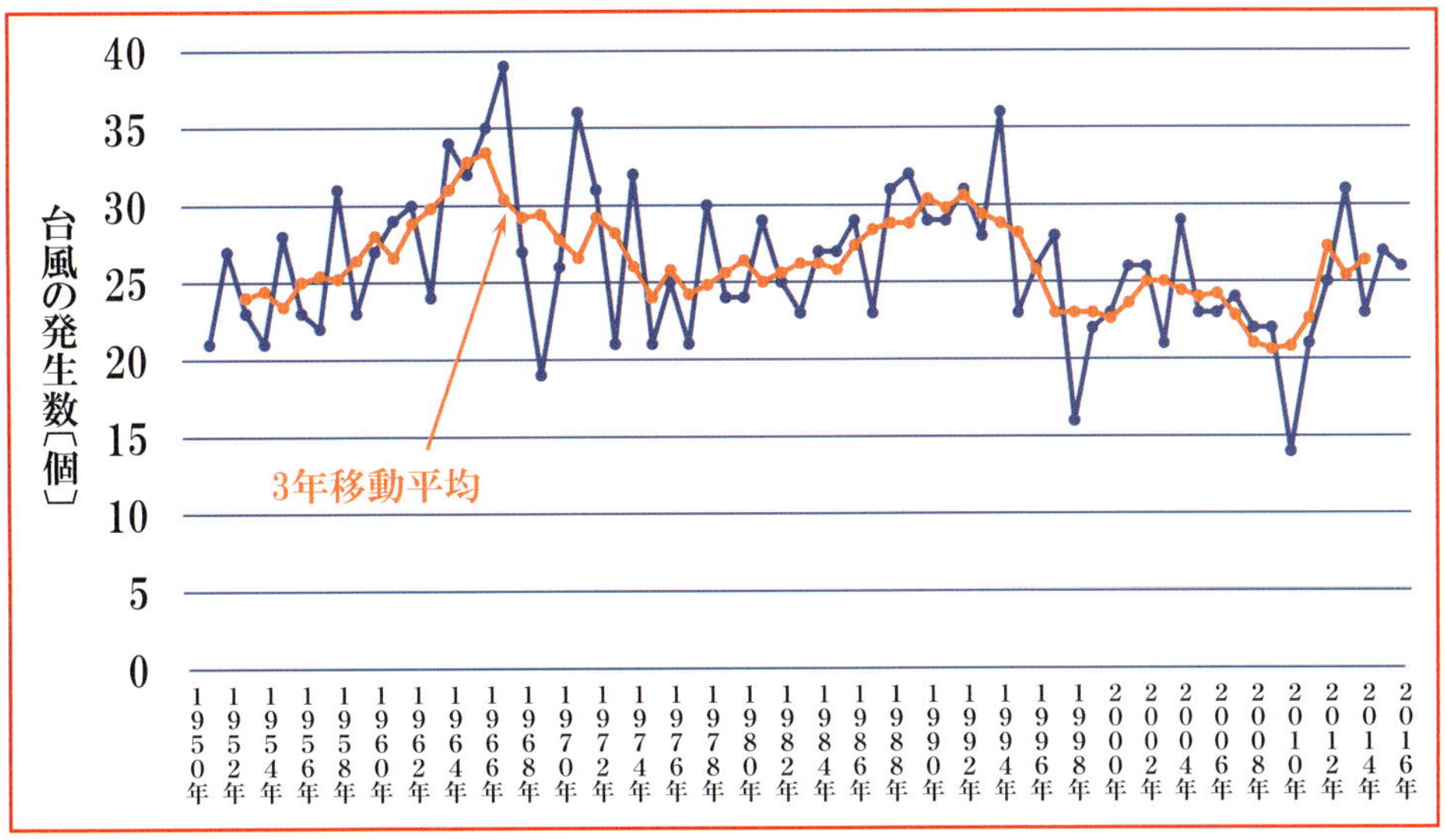

図3　台風の年ごとの発生数と3年移動平均

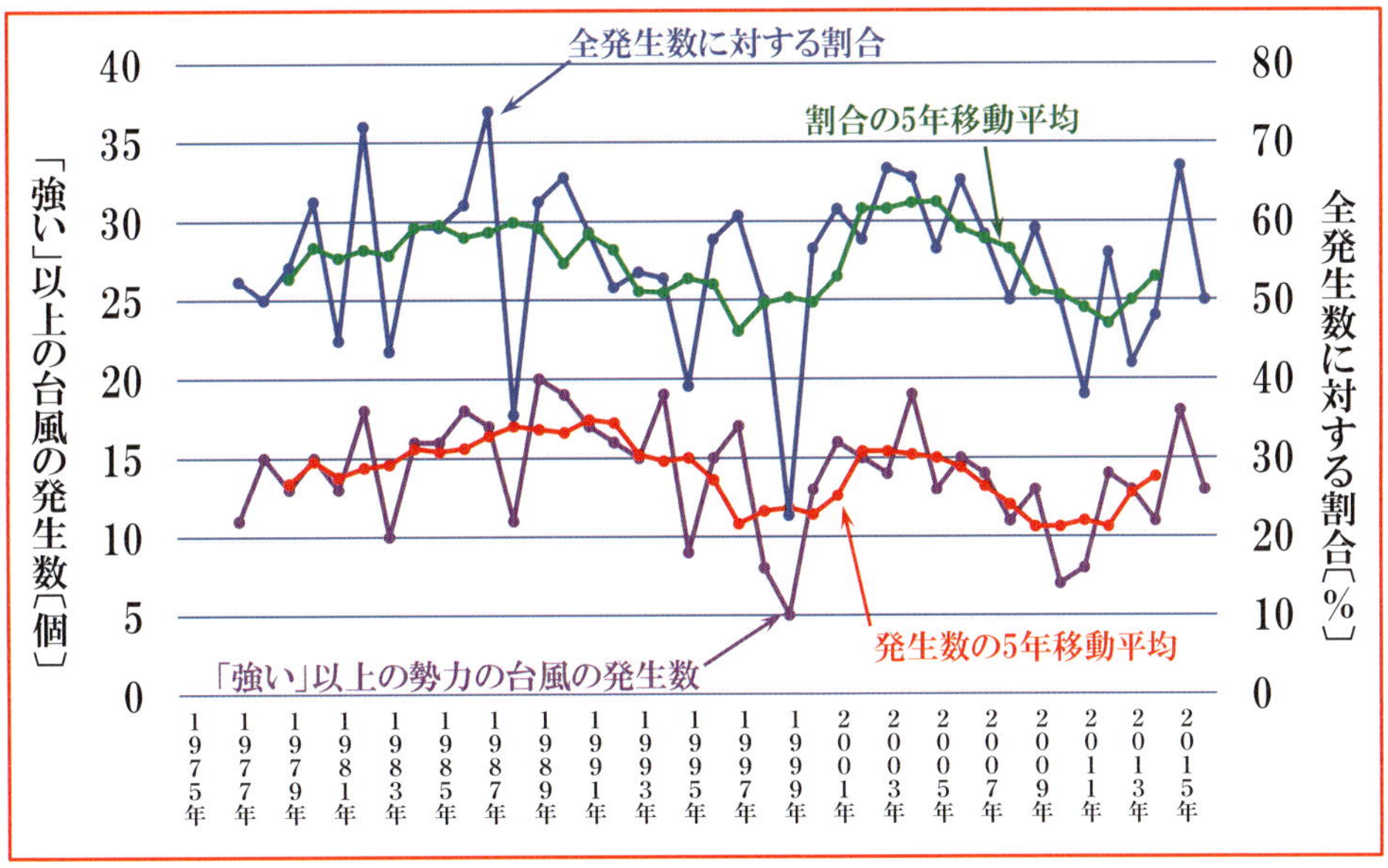

図4　「強い」以上の勢力となった台風の年ごとの数と全発生数に対する割合および5年移動平均

技術の向上、防災気象情報の改善などの施策によって水害による被害額と同様に確実に減少している。1979年の台風第20号以来、ひとつの台風による犠牲者が100人を超えることはなくなった。

台風による犠牲者数が減少しているとはいえ、2011年の台風第12号に伴う紀伊半島での豪雨や2013年の台風第26号に伴う伊豆大島の豪雨、2015年の台風第18号に伴う関東地方や東北地方での豪雨、2016年の台風第10号などによる北海道や岩手県での豪雨など台風による大雨が相次いでいる。

紀伊半島や四国、九州などのようにこれまでにもたびたび大雨に見舞われている地方でも1000ミリを超えるような豪雨に対しては洪水や土砂災害などを抑えることは困難である。さらに、表1(P75)に整理した最近約10年間の大きな大雨災害11例のうち、台風による大雨で東日本や北日本で大きな被害を受けた事例が3例も含まれており、東日本や北日本でも台風による大雨災害の危険度が高いことを示している。

台風による大雨災害に対して改めて対策を強化すべきであろう。

天気予報の素朴な疑問

Q&A

Q 雨の量はなぜ「㎜（ミリ）」なの？

教えてくれたのは

岩谷 忠幸さん
NPO法人
気象キャスターネットワーク事務局長
気象予報士・防災士

A 雨を重さでイメージしてみてください

Q　天気予報でよく「何ミリの雨」と言っていますが、なかなかイメージがつかめません。50ミリだと5㎝で、そんなに多くない気がしてしまうのですが…。

A　「雨量」というと、何リットルなどと体積をイメージするかもしれませんが、実際には「ミリ（㎜）」という水の深さ（水位）で表します。体積ですと、面積によって変動してしまうからです。雨量を測る簡単な方法としては、幅が一定のコップに貯まった水の深さを測れば、その時間に降った雨量がわかります。気象庁の雨量計は、2つの「ます」がシーソーの構造になっていて、0.5ミリに相当する雨がたまると、水の重さで、ますが転倒しカウントします。

1時間に50ミリの雨とは、1時間に降った雨で、水の深さが5センチになったことを表します。数字からは大した量に感じないかもしれませんが、面積が1㎡の大きな傘に50ミリの雨が降り、それが流れずにすべて貯まったと仮定すると、水の重さはなんと50kg。水は想像以上に重たいものなのです。冠水した車のドアを開けるのは困難ですし、ひざ上まで水に浸かると歩行も困難になります。

気象庁では、1時間あたりの雨量が30ミリ以上で「激しい雨」、50ミリ以上で「非常に激しい雨」、80ミリ以上で「猛烈な雨」などと、雨の強さの表現を定めています。非常に激しい雨が降ると、排水が間に合わず、冠水する所が出てきますし、猛烈な雨が降ると、中小河川が氾濫することもあります。

このくらいの降り方で30～50ミリぐらいの雨

視界が悪くなるぐらいだと50ミリ以上

Ⓐ この言葉が出たら要注意です

- ☑ 大気の状態が非常に不安定
- ☑ 台風＋梅雨前線（秋雨前線）
- ☑ 記録的短時間大雨情報
- ☑ 観測史上1位の大雨
  これまでにないような大雨
- ☑ 大雨特別警報

Ⓠ 天気予報を見る時のキーワードは？

Q　大雨に備えるためには、天気予報のどんな言葉に気をつけたらいいですか。キーワードを教えてください。

A　大雨が降る時に使われる天気予報のキーワードがいくつかあります。その一つが積乱雲の発達の可能性を示す**「大気の状態が非常に不安定」**。局地的に発達する積乱雲を、前日から正確に予想することは難しいのですが、下層に暖かく湿った空気が入ったり、上空に寒気が入ったりすると、上昇気流が強まり、積乱雲が発達しやすくなるため、大気の状態が不安定という表現を使います。

また、**「台風＋梅雨前線（秋雨前線）」**は典型的な大雨のパターンです。台風の進路は、数日前からかなり精度高く予想することができます。前線との位置関係から、大雨が降る地域がある程度、予想できます。災害が発生するような1時間に100ミリ前後の猛烈な雨が降ると予想される場合には**「記録的短時間大雨情報」**が発表されます。気象レーダーから推定しているため、すでに大雨になっている場合があり、緊急的な情報になります。

「観測史上1位の大雨」や**「これまでにないような大雨」**という表現も、災害が発生する可能性が高いといえます。最大級の警戒を呼びかける**「大雨特別警報」**もありますが、この情報は広範囲で、数十年に一度の大雨になっている場合に発表するため、すでに甚大な災害が発生していると思って下さい。すなわち、特別警報を聞いてから、避難所へ避難しようとするのは遅すぎるのです。

雨の強さ（気象庁資料による）

1時間雨量（mm）	雨の強さ（予報用語）イメージ	影響
10～20未満	やや強い雨 ザーザー	 地面からの跳ね返りで足元がぬれる
20～30未満	強い雨 土砂降り	 地面一面に水たまりができる  ワイパーを速くしても見づらい
30～50未満	激しい雨 バケツをひっくり返したよう	 寝ている人の半数が雨に気づく
50～80未満	非常に激しい雨 滝のように（ゴーゴーと降り続く）	 道路が川のようになる  水しぶきで一面が白くなり、視界が悪くなる
80～	猛烈な雨 息苦しくなるような圧迫感。恐怖を感じる	 雨による大規模災害のおそれ

イラスト：気象庁提供

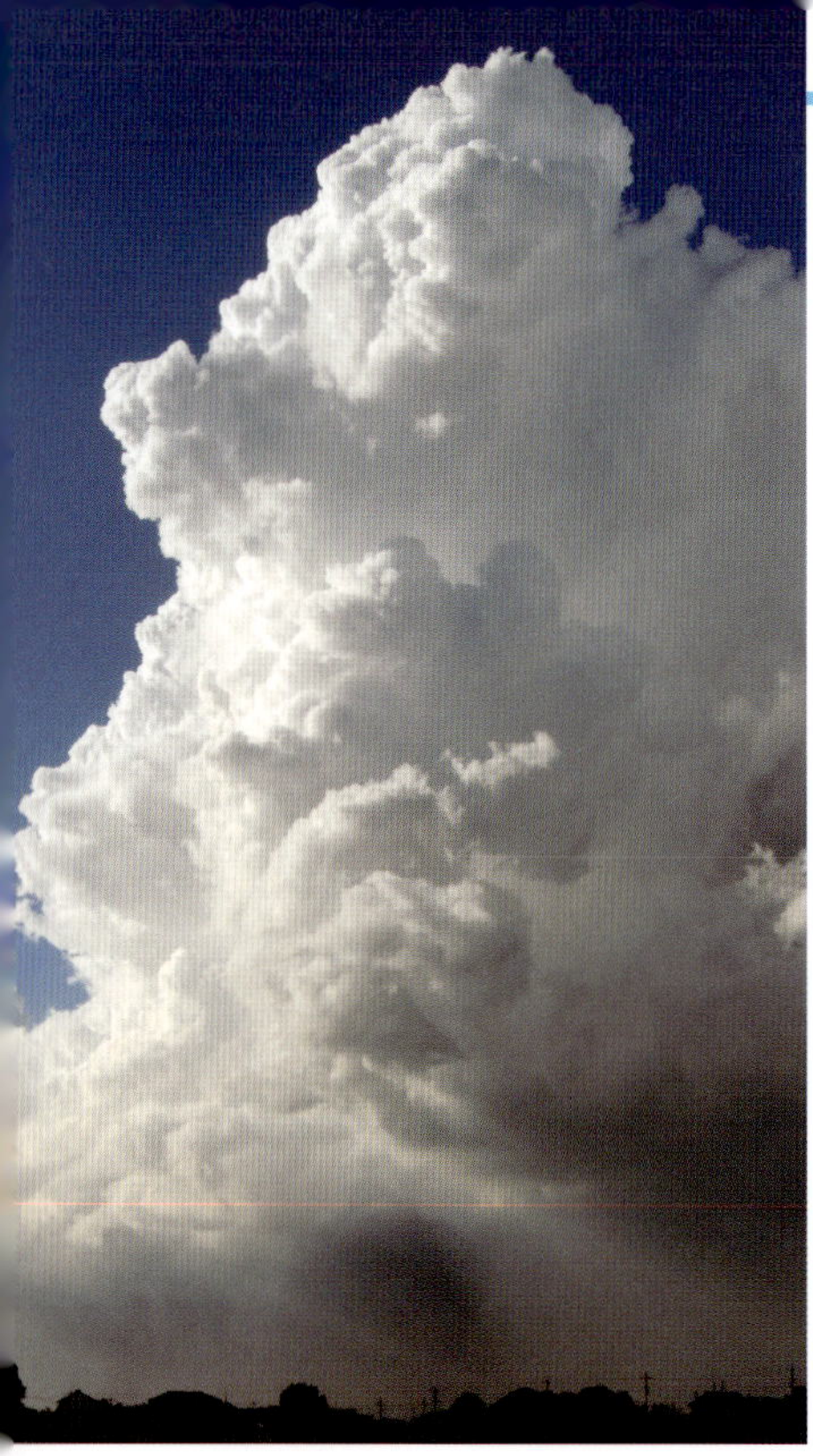

Q 最近、よく聞く「ゲリラ豪雨」の正体は？

A 集中豪雨をもたらすのは積乱雲

Q　最近、都市部に「ゲリラ豪雨」が多くなったような気がします。「ゲリラ豪雨」と「集中豪雨」は何が違うのでしょう。また「ゲリラ豪雨」と「夏の夕立」はどう違うのですか？

A　**「ゲリラ豪雨」**は正式な気象用語ではなく、気象庁は「局地的大雨」と表現していますが、マスコミが頻繁に使用しているため、多くの国民が認識しており、2008年には流行語大賞のトップテンにも選ばれています。気象用語でないので、言葉の定義はなく、人によって、まちまちの認識で、積乱雲は山沿いから移動してきて、1時間に20～30ミリ程度の雨が降る、夏の夕立を含める方もいますが、「ゲリラ」には予測不可能な意味があり、「豪雨」には災害をもたらす大雨という意味があることを鑑みると、急発生、急発達した積乱雲によって、数十分から1時間で100ミリ程度の猛烈な雨が降るような場合があてはまると私は考えています。2010年7月に板橋区で1時間に107ミリの雨が降った事例がこれに当てはまります。

一方、**「集中豪雨」**は同じ場所で、数時間にわたって激しい雨が降り続き、100ミリから数百ミリとなる災害を及ぼす大雨のことです。台風や梅雨前線などが要因となり、積乱雲が線状に連なる**「線状降水帯」**が形成されると集中豪雨が起こりやすくなります。2017年7月の九州豪雨や、2015年9月の東北・関東豪雨などは線状降水帯が形成された集中豪雨といえます。

台風も線状降水帯も積乱雲が集まったもの

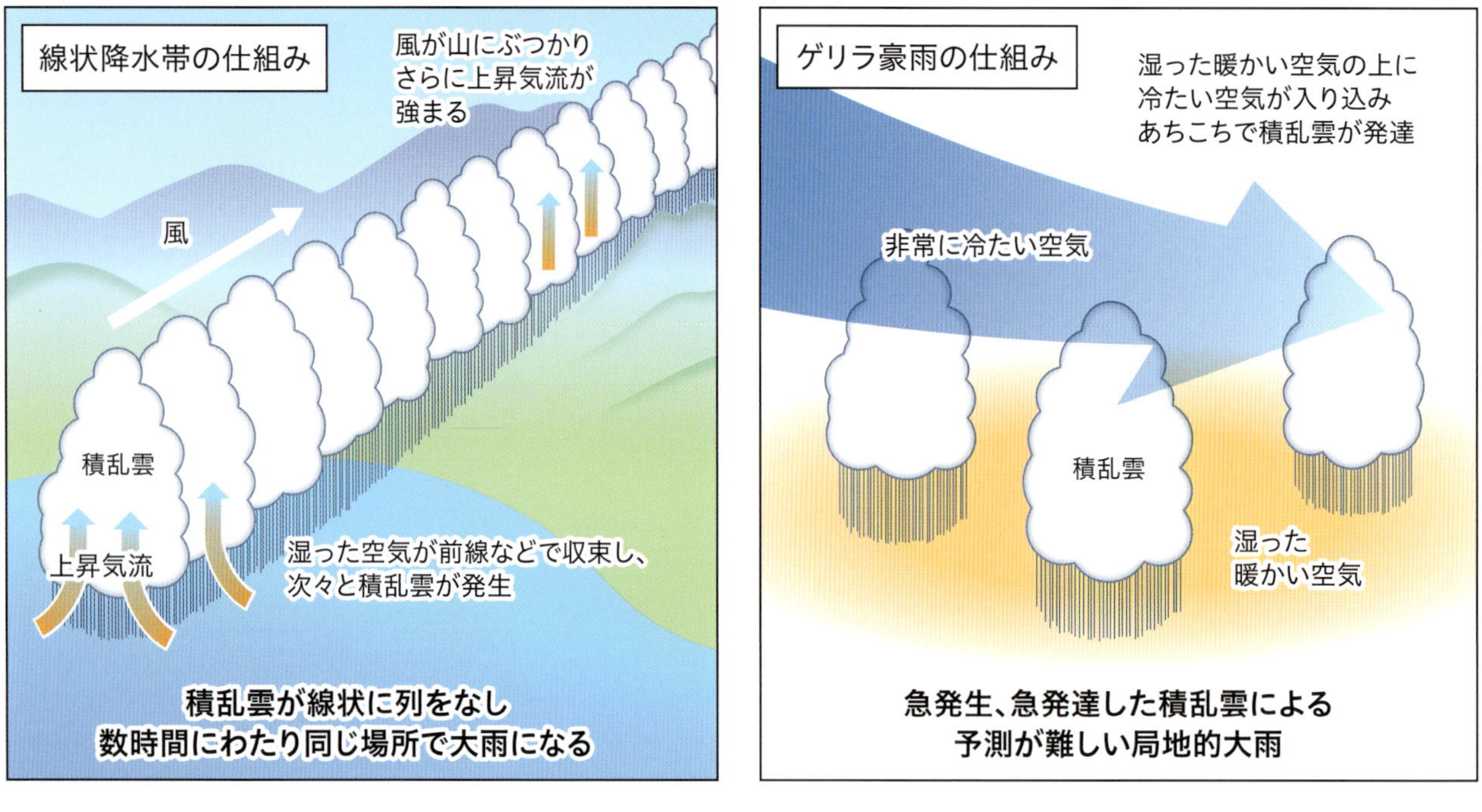
線状降水帯の仕組み
風が山にぶつかり
さらに上昇気流が
強まる
風
積乱雲
上昇気流
湿った空気が前線などで収束し、
次々と積乱雲が発生
積乱雲が線状に列をなし
数時間にわたり同じ場所で大雨になる
ゲリラ豪雨の仕組み
湿った暖かい空気の上に
冷たい空気が入り込み
あちこちで積乱雲が発達
非常に冷たい空気
積乱雲
湿った
暖かい空気
急発生、急発達した積乱雲による
予測が難しい局地的大雨

Q 天気予報の上手な活用法は？

A 日頃から「高解像度ナウキャスト」を見る習慣を

Q 天気予報の上手な活用法を伝える立場から教えてください。

A 天気予報は種類が多いこともあり、正しく理解されていないことが多いのが現状です。誤解が多い情報の一つに降水確率があります。確率が高いほど大雨になると思っている方がいますが、降水確率と雨量は関係がありません。野球でいえば、打率3割のバッターが必ずしもホームランが多いわけではないのと同じです。台風予報円の大きさも台風の強さに関係ありません。台風の中心が予報円に入る確率が約70％であり、予報円が小さいのは勢力が弱いのではなく、予報精度が高いという意味です。コースのほか、通過時間もわかるため、嵐が去ったあとに行動したほうがよい場合もあります。

大雨に関する情報としては、**注意報**、**警報**、**特別警報**のほか、前述した**記録的短時間大雨情報**、その他にも重要な情報として、「**土砂災害警戒情報**」と「**河川の氾濫危険情報**」などがあり、これらは市町村が発表する避難勧告や自主避難につながる重要な情報となります。土砂災害警戒情報は、過去の土砂災害発生時の土壌雨量指数などを元に、危険度が増したときに発表され、大雨警報よりも危険度が高い情報となります。地図によるメッシュ情報をみると、危険な場所を詳しく知ることができます。また、氾濫危険情報は、いつ川が氾濫してもおかしくない状態になった時に発表され、危機が迫っていることを示しています。

気象庁は平成29年から新たに「**警報級の可能性**」を始めました。警報が発表されるほどの現象があるかどうかを5日先まで予想していますので、特に防災担当者の備えに役立つ情報だと思います。日頃から、スマートフォン等を活用し、「**高解像度降水ナウキャスト（雨雲レーダーの一種）**」を見る習慣をつけておくこともお勧めします。市町村レベルの細かい地図で、5分おきの雨雲を見ることができるため、ゲリラ豪雨や線状降水帯など急発達する積乱雲を監視することができます。

災害は地域によって違いますので、様々な情報を駆使して、避難行動に役立ててほしいと思います。

積乱雲ができる仕組み

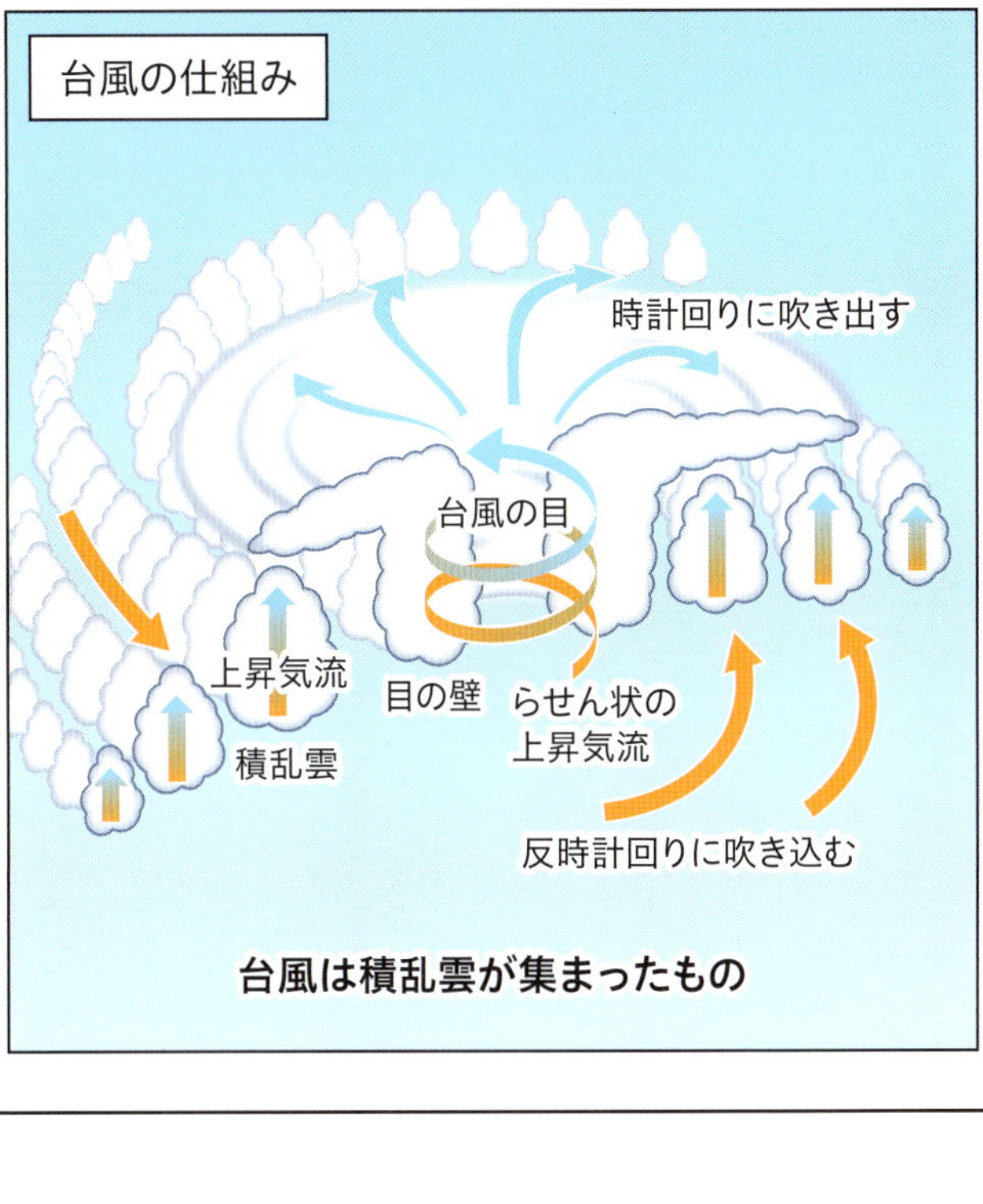

台風は積乱雲が集まったもの

Column

「雨といきもの展」。日本の雨の特徴、雨に関する研究成果などのパネルや、雨といきものに関する絵本展示やクイズ、雨音の楽器などの体験展示

「ゲリラ豪雨展」「雨といきもの展」

子供たちが楽しんで「雨」を学べる展示を目指して

水害に対しては、知識が身に着くほど適切な対応が可能となる。しかし、子供たちにその機会はあるだろうか？　そこで、巡回型の展示を開発して各地方に貸し出すことを目的に、大学生、教員、研究員、気象キャスター、展示プランナー、河川管理者等の有志からなる「水の巡回展ネットワーク」が形成された。

展示は「ゲリラ豪雨展」と「雨といきもの展」の２ユニットあり、それぞれに、「ゲリラン」「あめつぶ楽団」というキャラクター（写真）を介してわかりやすく解説、また「ことばあめ」といった体を動かすインタラクティヴ展示もあり、子供たちが楽しみながら学べるように工夫されている。

これまで北海道から沖縄まで、各地の資料館、博物館、科学館など計80館を巡回。現在は、最新の情報を反映した第3の新ユニット「あらぶる雨とめぐみ雨展」を製作中、龍の子供たちが人間の子供たちを案内する内容になる予定だ。

貸し出しは原則無償、希望があれば講座の開催等も支援

展示ユニットの大部分は、強化段ボールで構成され、簡単に組み立てることができる。メンバーによる現地での組み立て支援もある。貸し出しは無償だが、次回開催地への運搬については負担が必要。希望があれば、気象キャスターによる講座等の開催の支援も行っている。問い合わせはjawanet@a-rr.netまで。

「ゲリラ豪雨展」。小学生が下校中にゲリラ豪雨に遭遇するストーリー展示「ある夏の日」、雨粒発生装置による実験映像「雨粒クイズ」、雷雨の全方向サウンド「聴き雨」、50リットルの水を持ち上げて体感する「30ミリの雨がたたみ一畳に降ったら」などの様々な体験展示がある

インタラクティヴ展示「ことばあめ」展示

第 III 章

豪雨に備える

写真◎毎日新聞社、国土交通省
デジタル段彩図◎国土地理院
図版◎新井純子、出保輝美

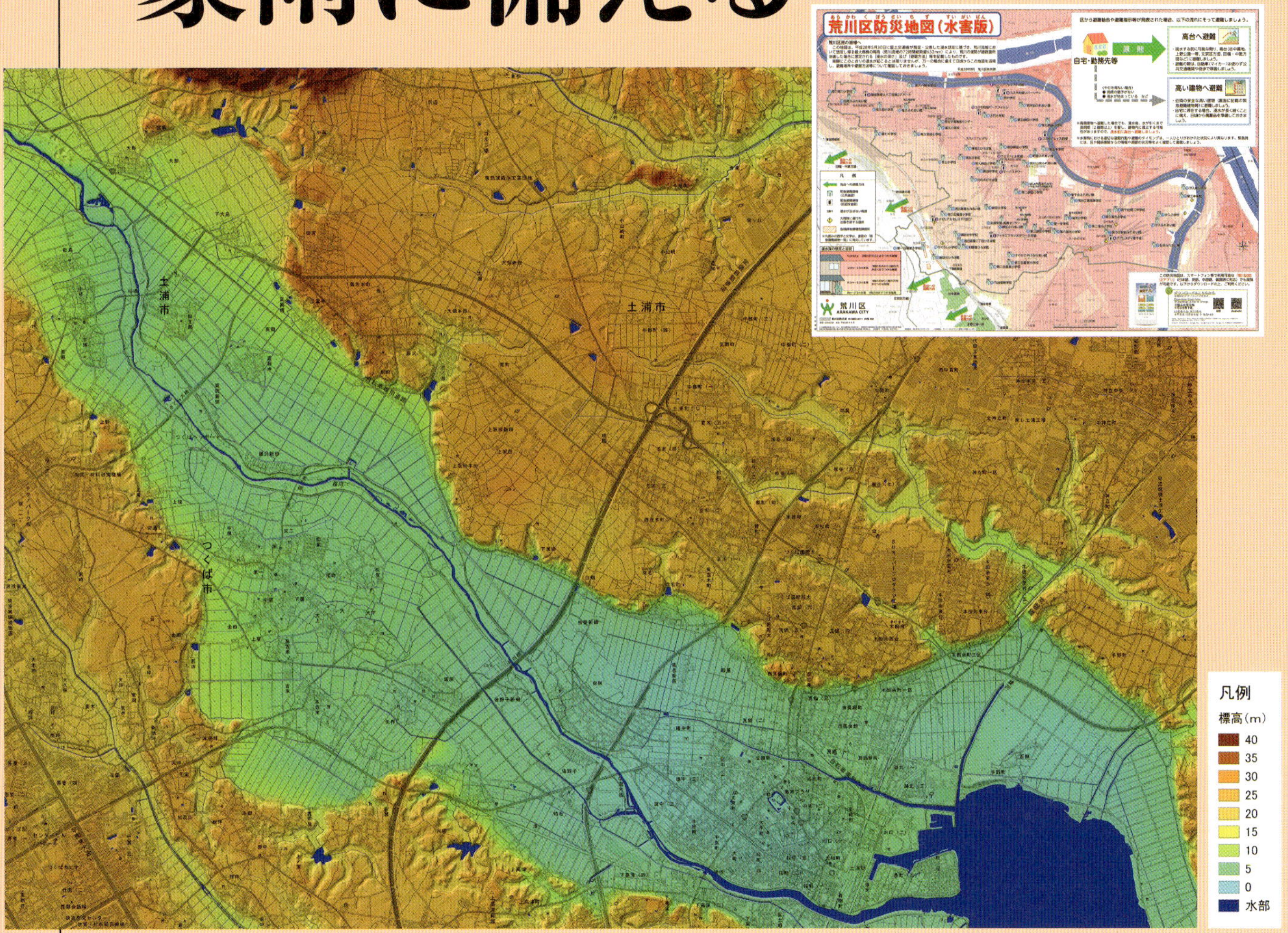

デジタル段彩図（国土地理院提供）
荒川区防災地図（水害版）

Part 1 水害のメカニズム
Part 2 水害シミュレーション
Part 3 洪水ハザードマップ
Part 4 命を守る防災情報

Part 1 水害のメカニズム

一口に水害といっても、その態様、メカニズムは地域ごとに大きく異なる。これは、その河川の大きさ等の地形とその成り立ちが大きく関与している。自らの場所が一体どのような場所で、どのような水害が起こりやすいタイプなのか、把握することが重要である。

氾濫水がどこから来るかで「内水《ないすい》」「外水《がいすい》」の2タイプに区分

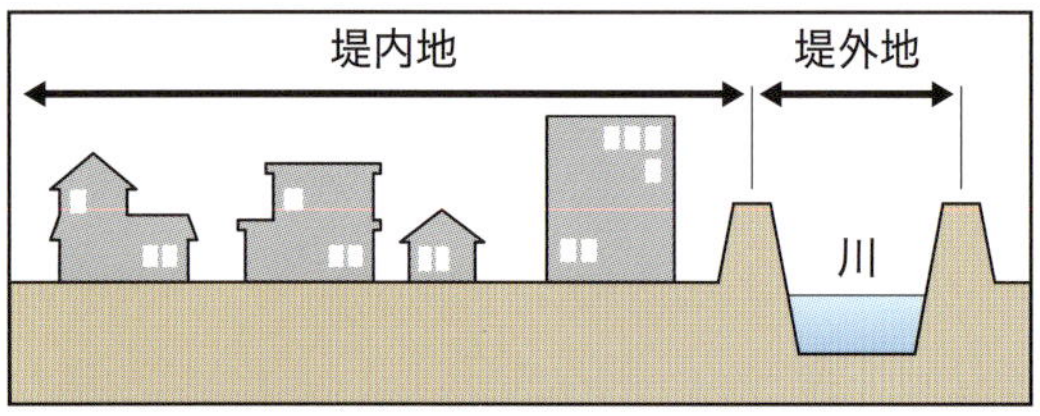

河川は川側を「堤外地」、街側を「堤内地」と呼ぶ

冠水した三条市の市街地

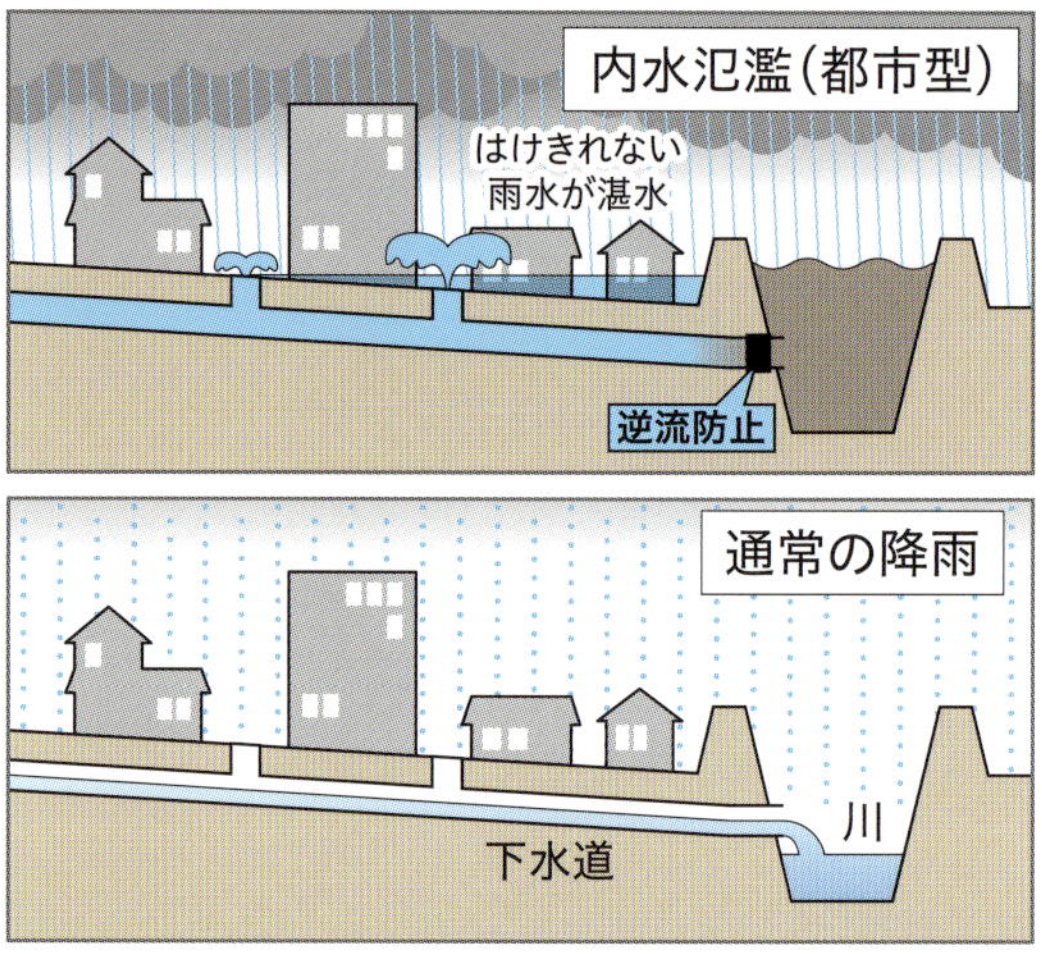

地域に降った雨が川にたどり着く前にあふれる状態が「内水氾濫」

	氾濫水の発生原因	特徴
外水	流域全体の雨を集めた本川の破堤、溢水	土砂を含む(茶色い)
都市型内水	はけきれない雨水が集積し湛水	土砂を含まない場合が多い
地形型内水	山地と堤防の間、川の合流点等凹地に集積・湛水	山由来のものは土砂を含む(茶色い)

内水氾濫と外水氾濫の比較

氾濫水がどこから来るかによって、「内水」「外水」に区分される。河川は川側を**堤外地**、街側を**堤内地**と呼んでいる。守るべき対象がある方が「内」という理解である。流域全体から集まった洪水が流れる本川の堤外地側からあふれた水による氾濫を「**外水氾濫**」、それに対し、雨水がはけきれずに、低い場所に集まり**湛水**（たんすい）する氾濫を「**内水氾濫**」と区分している。

外水は、山地からの洪水を集めており、土砂を大量に含んでいることから茶色く濁っているが、都市部の内水は、比較的土砂を含む場合が少ないことから、無色の場合が多い。

山地型内水氾濫は、堤防等で守られた背後地が山地の低地で、背後の山からの氾濫水が河川の水位が高く、排水ができない場合に発生する。

都市化の進展や豪雨の増加で増える内水氾濫

都市から農地や空き地が減り、アスファルトやコンクリートで被覆されると流出速度が速まるために、同じ程度の雨が降った場合でも、ピークの流量は数倍になる。これにより下水道や小河川からの内水氾濫が増加する。また、近年のゲリラ豪雨の増加がこれに拍車をかけることが懸念されている。

		氾濫パターン	特徴	近年の氾濫	氾濫の特徴	氾濫流の破壊力	リードタイム
外水	拡散型	沖積平野型氾濫	河川水位が地盤より高く、高い堤防	鬼怒川水害(2015年)	氾濫流が広範囲に広がる	破堤地点等で大、広がるにつれて小さく	大きな河川ほど大
外水	突撃型	扇状地型氾濫	天井川の堤防を突き破り、地形に沿って流下	黒部川水害(1969年)	河川から離れた地域でも被災	急速に斜面を下る	短い
外水	閉鎖型	侵食卓越河川氾濫	河岸段丘の低位面、台地部を削った氾濫原等	東京台地部の水害	氾濫が低地全域に広がる可能性	大	短い
外水	閉鎖型	谷底平野型氾濫	山地河川の谷底平野一面を流下	小本川水害(2016年)	谷全面で氾濫、水位上昇が急速	谷全面で強力	短い
外水	閉鎖型	土砂洪水複合氾濫	土石流が河床を上昇させ洪水被害を拡大	那智川(2011年)	土石流が河道に流入	土砂・流木を伴い家屋を破壊	短い
内水		都市型内水氾濫	都市部の凹地に雨水が集中	多数	都市化に伴い激化	場所によってはマンホール蓋を飛ばす威力	短い
内水		地形型内水氾濫	堤防と山地に挟まれた土地河川の合流部付近の低地	多数	集中豪雨で発生	山地からの出口で大	短い

水害発生のメカニズム

鬼怒川の決壊

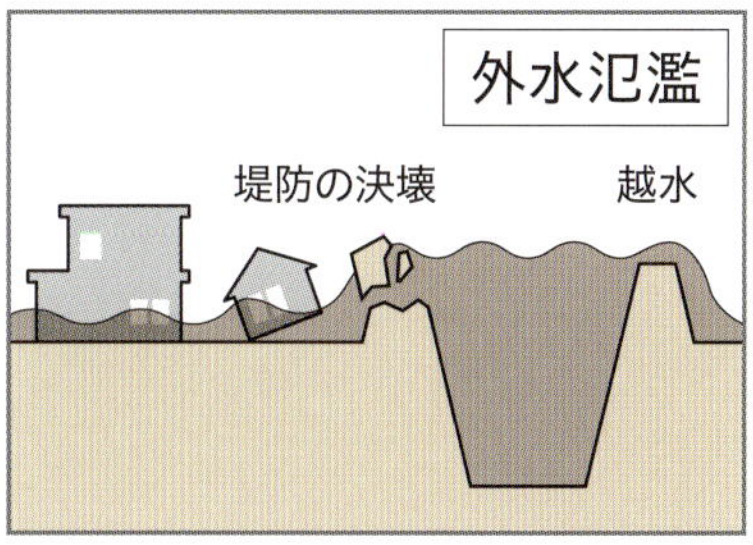

堤防を超えて水があふれたり、堤防が壊れて生じるのが「外水氾濫」

地形によって異なる氾濫メカニズムと水害被害の態様

我が国は地殻運動が盛んであり、概ね隆起している部分には台地が、沈降している部分には平野が形成されている。この地殻運動は現在も進行中である。これに河川の侵食、運搬、堆積の3作用が加わり、多種多様な地形が形作られてきた。それぞれ水害の態様も異なる。

「拡散型氾濫」か「閉鎖型氾濫」で被災は大きく異なる

水位が地盤より高い所を流れる河川において、破堤等が生じた場合は、低い地盤を拡散しながら氾濫が進む。破堤地点では、氾濫水は家屋を破壊させるほどの威力を持っているが、広がるにつれてその威力は小さくなる。このような氾濫を「**拡散型氾濫**」としている。

一方、山間部の谷筋や河岸段丘の底の部分など両側から氾濫エリアに拘束がかかっている場合は「**閉鎖型氾濫**」としている。この場合、氾濫水のエネルギーは拡散せず、家屋等の全壊、半壊の被害も発生しやすい。氾濫流中の家屋が受ける力は、流速の2乗と水深に比例する。すなわち、氾濫流の速度が2倍になれば、家屋にかかる力は4倍に、逆に水深が1／2になれば、かかる力も1／2になる。一般的には、河川の堆積作用が卓越している場合は拡散型、侵食作用が卓越している場合は閉鎖型となる。

土砂・流木が出てくる地形は土砂洪水複合型水害に注意

上流部で、さらに土石流が発生すると、大量の土砂や流木が運搬されてくる。これによりさらに氾濫流の力は増す。この危険性の高い谷底平野などではさらに注意が必要であり、さらに、この氾濫流が、急速に襲ってくることを肝に銘じるべきである。主な地形ごとに、氾濫形態を区分すると上の表の通りである。

地形を知って備える

①沖積平野

【拡散型の氾濫】

堤防が1カ所でも破堤すると都市は水没する

日本の代表的な沖積平野は、関東平野、大阪平野、濃尾平野、新潟平野などである。これらの大部分は現在も地殻変動により沈下が進み、そこに河川が土砂を堆積させ平野を形成している。河川の水位が地盤より高く、高い堤防により守られているのが特徴である。

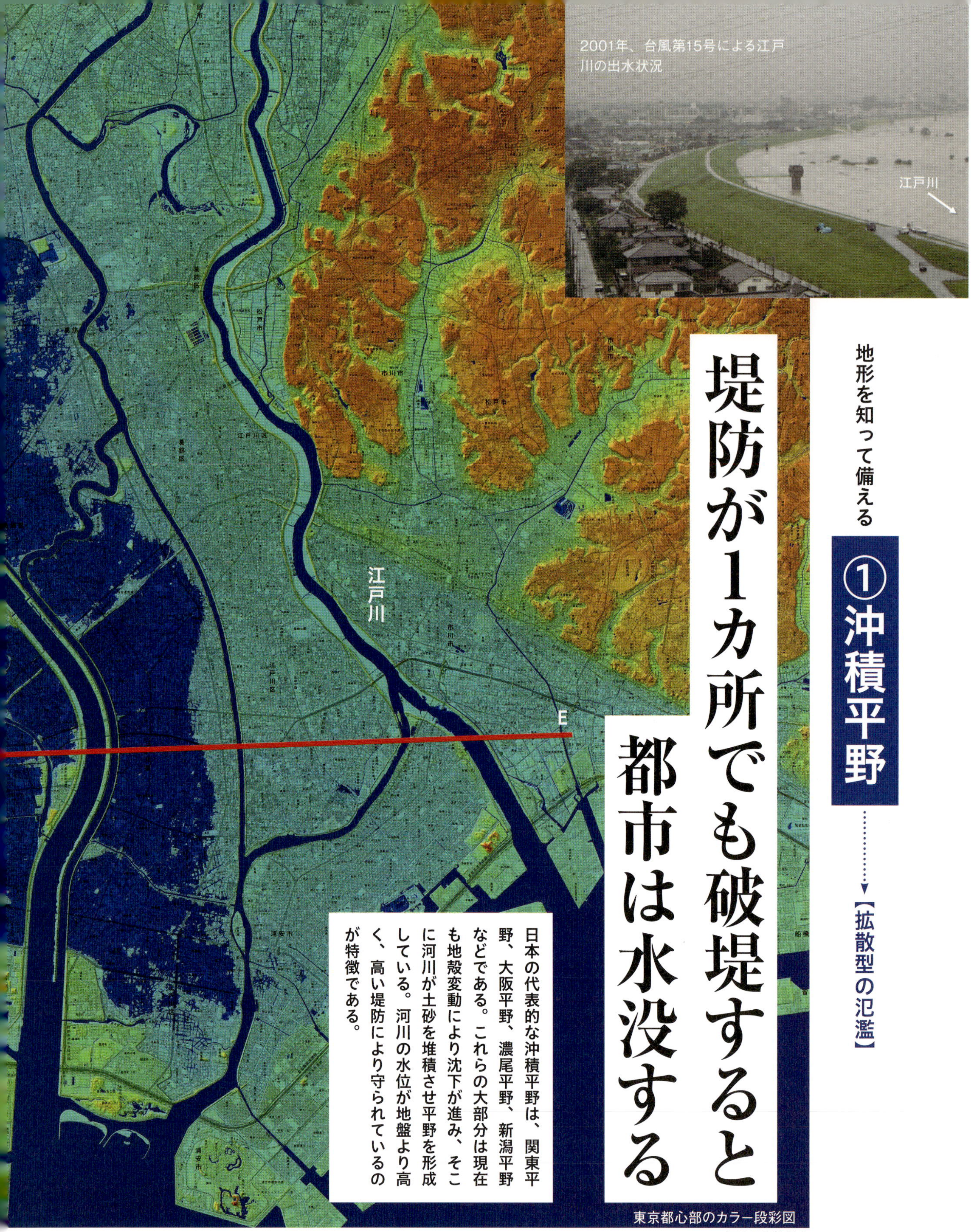

2001年、台風第15号による江戸川の出水状況

東京都心部のカラー段彩図

国土地理院提供

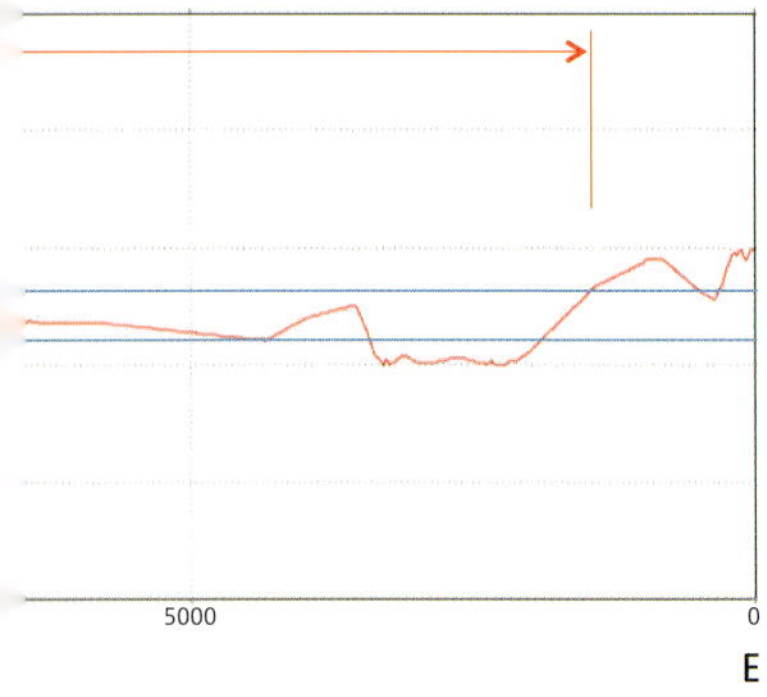

東京の断面図

関東平野～東京

関東平野、大阪平野、新潟平野など日本の大平野は地盤の沈降により形成

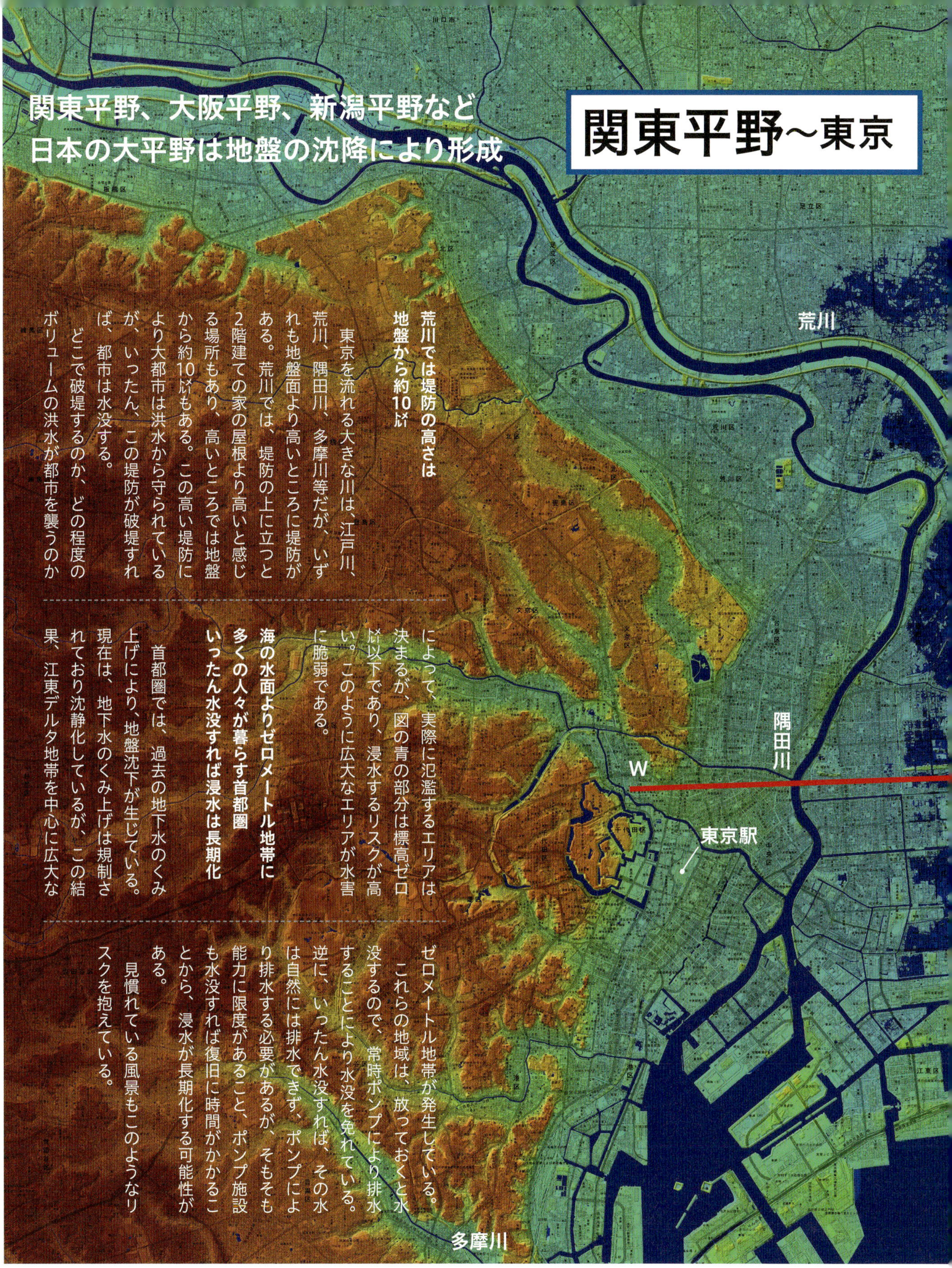

荒川では堤防の高さは地盤から約10㍍

東京を流れる大きな川は、江戸川、荒川、隅田川、多摩川等だが、いずれも地盤面より高いところに堤防がある。荒川では、堤防の上に立つと2階建ての家の屋根より高いと感じる場所もあり、高いところでは地盤から約10㍍もある。この高い堤防により大都市は洪水から守られているが、いったん、この堤防が破堤すれば、都市は水没する。

どこで破堤するのか、どの程度のボリュームの洪水が都市を襲うのかによって、実際に氾濫するエリアは決まるが、図の青の部分は標高ゼロ㍍以下であり、浸水するリスクが高い。このように広大なエリアが水害に脆弱である。

海の水面よりゼロメートル地帯に多くの人々が暮らす首都圏 いったん水没すれば浸水は長期化

首都圏では、過去の地下水のくみ上げにより、地盤沈下が生じている。現在は、地下水のくみ上げは規制されており沈静化しているが、この結果、江東デルタ地帯を中心に広大なゼロメートル地帯が発生している。

これらの地域は、放っておくと水没するので、常時ポンプにより排水することにより水没を免れている。逆に、いったん水没すれば、その水は自然には排水できず、ポンプにより排水する必要があるが、そもそも能力に限度があること、ポンプ施設も水没すれば復旧に時間がかかることから、浸水が長期化する可能性がある。

見慣れている風景もこのようなリスクを抱えている。

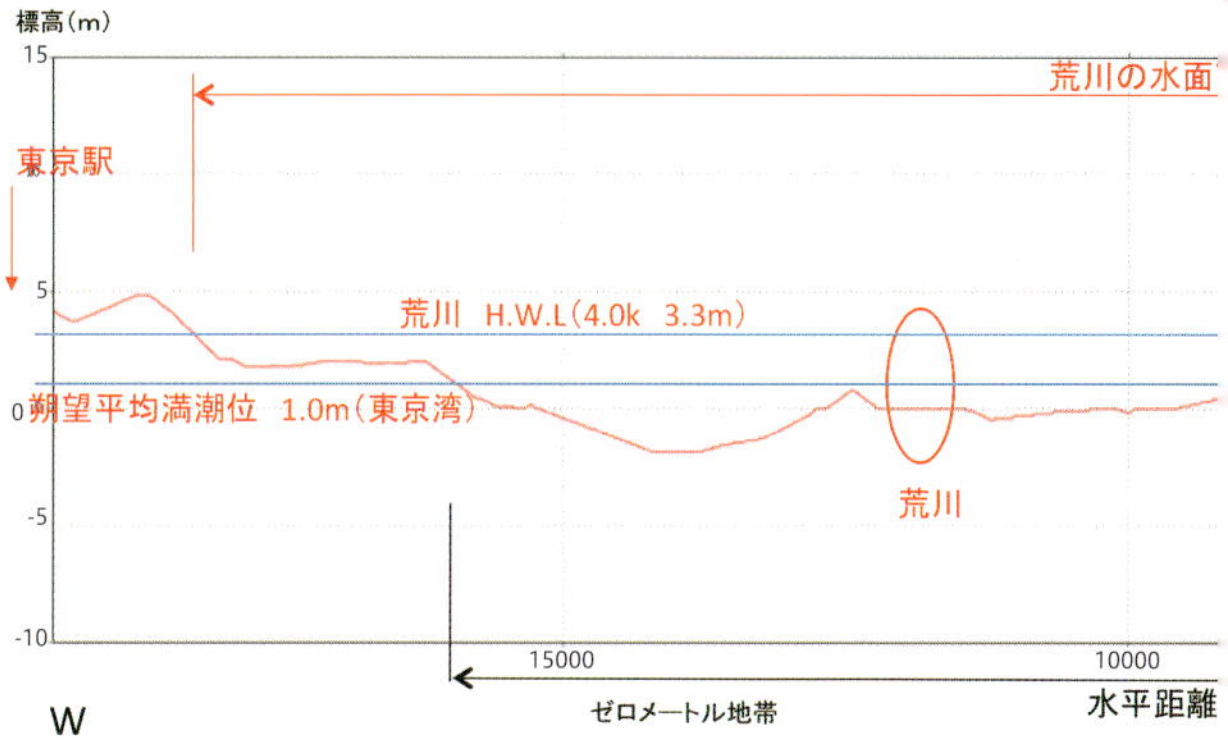

大阪平野〜大阪

かつては水面下 現在もゼロメートル地帯が広がる

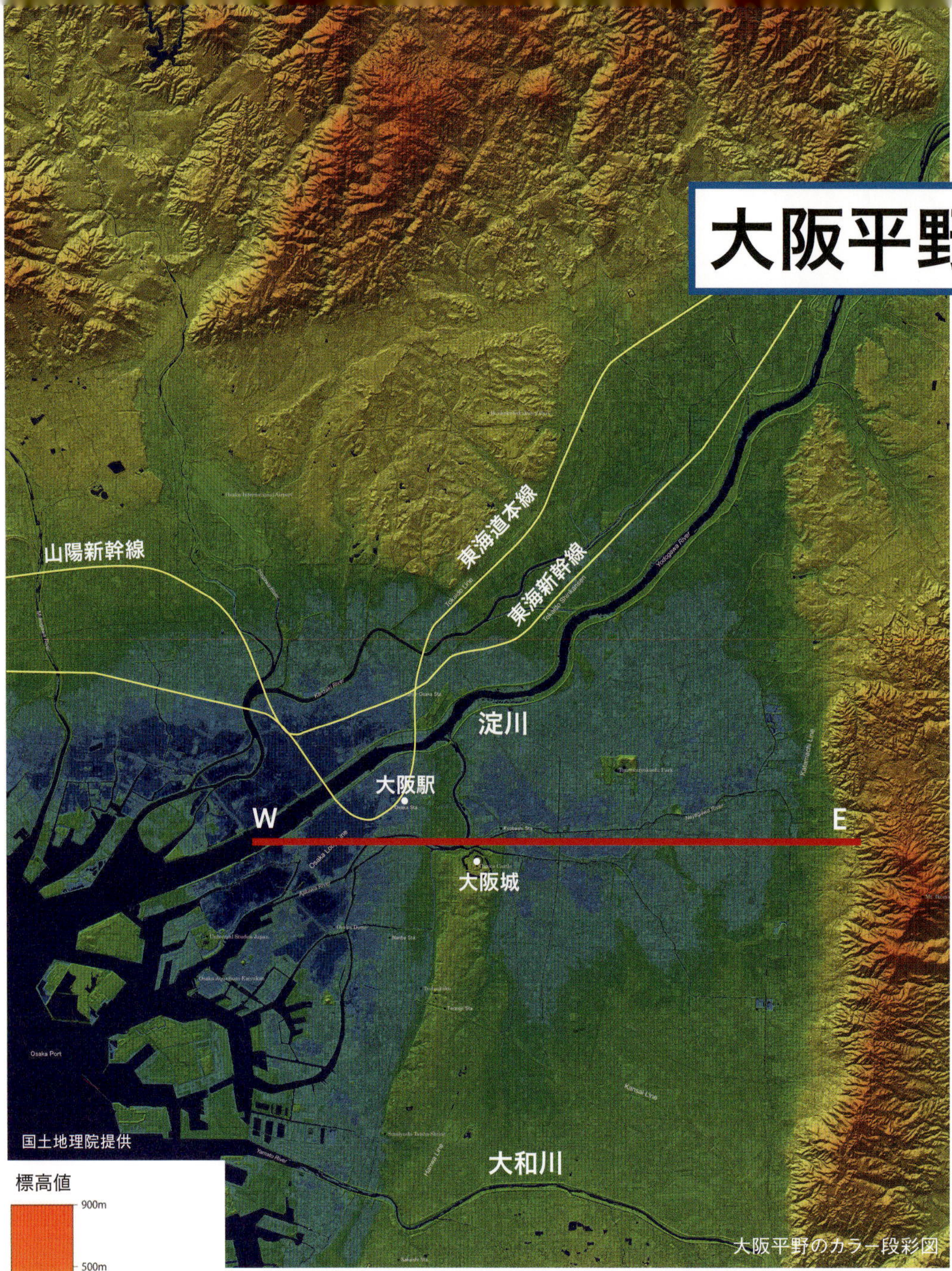

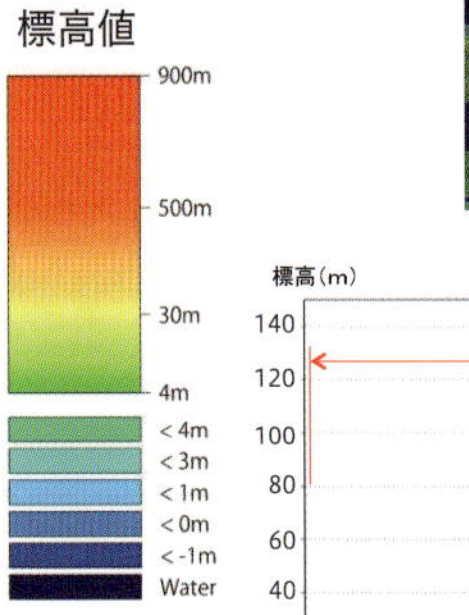

大阪平野のカラー段彩図

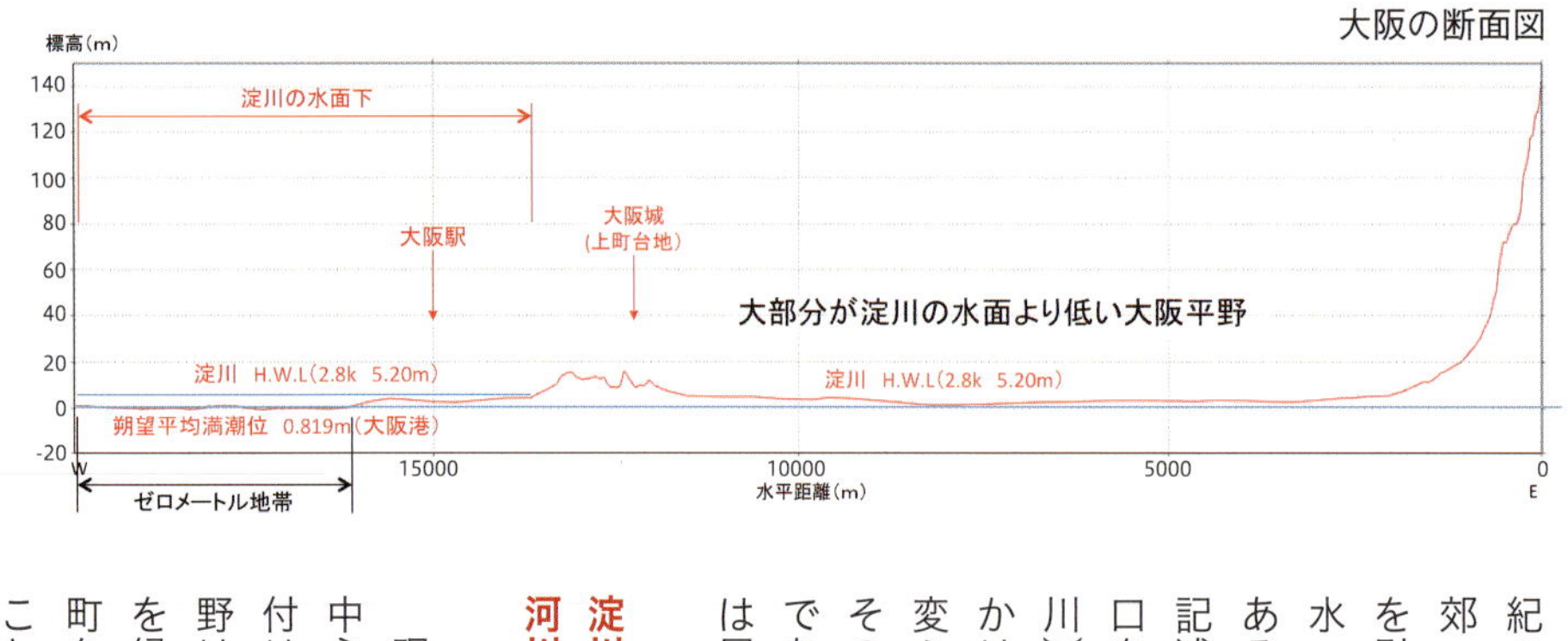

大阪の断面図

大阪平野はかつて、上町台地から北に延びる砂嘴《さし》の東側に河内湖を擁し、多くが水面下であった。日本書紀の仁徳天皇の記事に、「宮の北の郊（の）原を掘りて、南の水（かは）を引きて西の海に入る。因《よ》りて其の水（かは）を号《なづ》けて堀江と曰ふ」とある。いわゆる「なにわの堀江」の記述である。この開削により北に出口を求めていた河内湖（淀川、大和川）が南流し、この流路変更をきっかけに、河内湖は大阪平野へと姿を変え始める。現在の地盤高からも、その痕跡はわかる。かつては海や湖であった場所に、大阪の中心市街地は展開している。

淀川、大和川に挟まれ 河川の水位より低い大阪市街地

現在の淀川も大和川も大阪平野の中心を氾濫していたものを外周部に付け替えた人工河川である。大阪平野は、この外周部に挟まれた2河川を縁にしたスープ皿の真ん中に上本町台地が突き出している構造であることがわかる。淀川、大和川のいずれかが破堤すれば、昔の河内湖が再びその姿を現し、大きな被害を生じる。

濃尾平野～名古屋

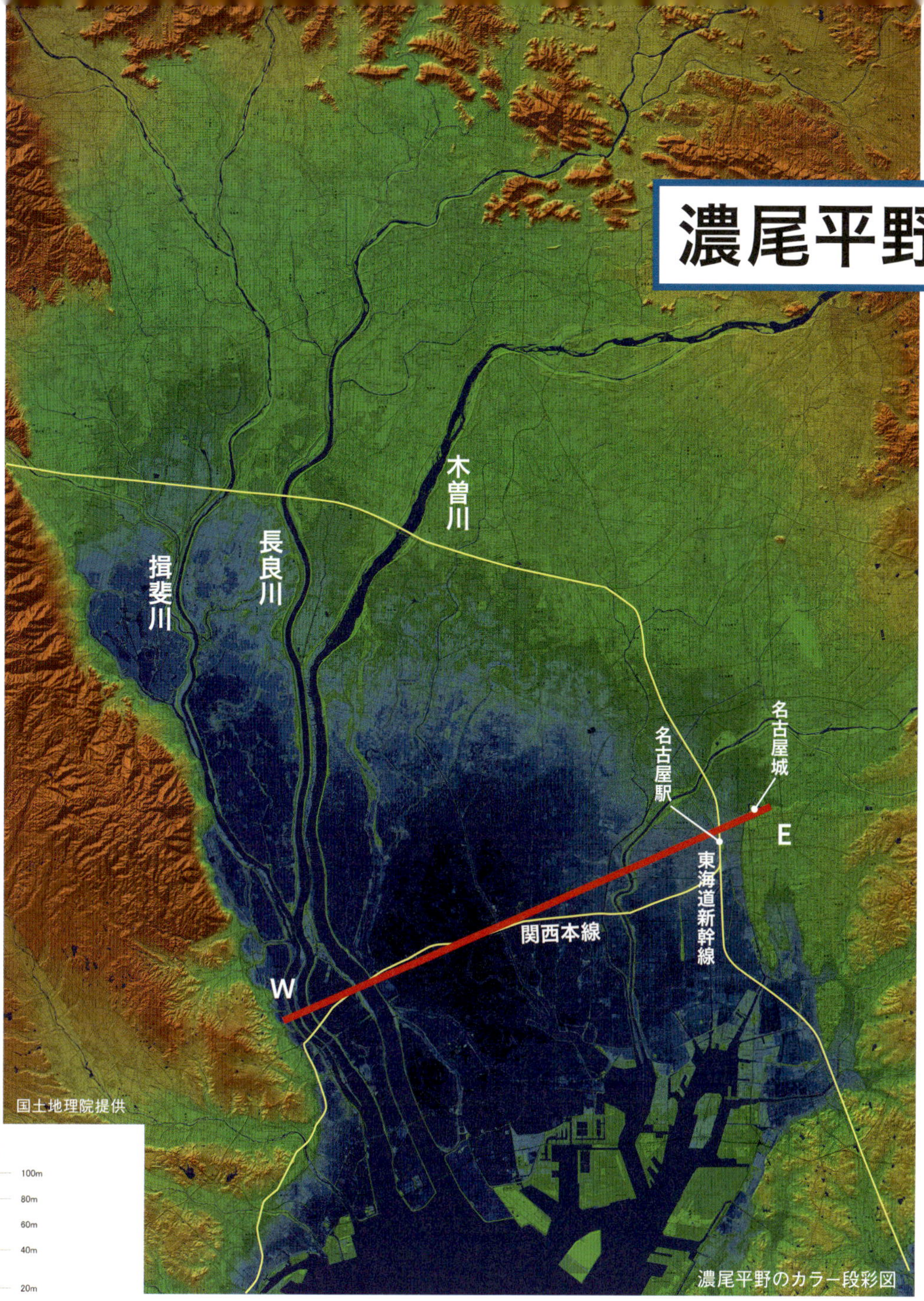

濃尾平野のカラー段彩図

木曽三川の氾濫流で形成

愛知、三重、岐阜の3県にまたがる濃尾平野も低平な土地が広がっている。濃尾平野では、輪中堤と呼ばれる地域単位の堤防や、堀田と呼ばれる水はけの悪い土地ならではの耕作が行われてきた。このようにもとから水害には弱い地域であったが、伊勢湾台風では、平野の大部分が浸水し、死者・行方不明者5000人を超える甚大な被害をもたらし、災害対策基本法制定のきっかけにもなった。

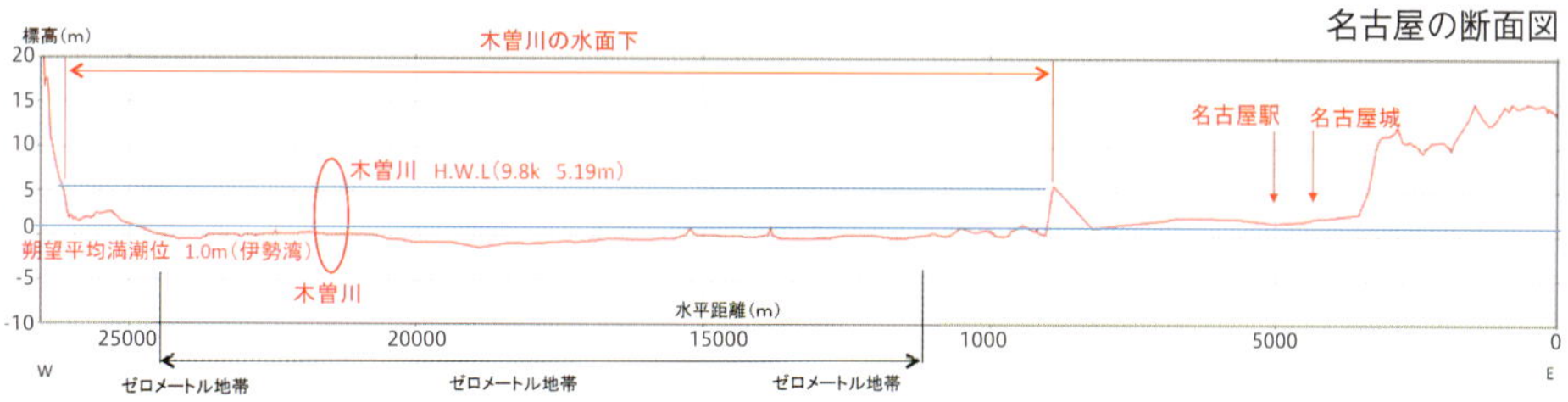

名古屋の断面図

沈み続け、西へ移動する濃尾平野

地殻変動により現在も名古屋から東側は隆起し、西側は沈降している。これを濃尾傾斜運動というが、これにより、木曽川、長良川は西へ流れを変え、濃尾平野の西側に大河川が集中する構造となっている。これに高度成長期の地下水くみ上げによる地盤沈下が拍車をかけて、我が国最大の広大なゼロメートル地帯を形成している。

一方で、治水事業の進展により輪中堤の多くは撤去されており、一カ所でも堤防が切れると氾濫流は、低地全体に広がり甚大な被害をもたらす可能性が高くなっている。

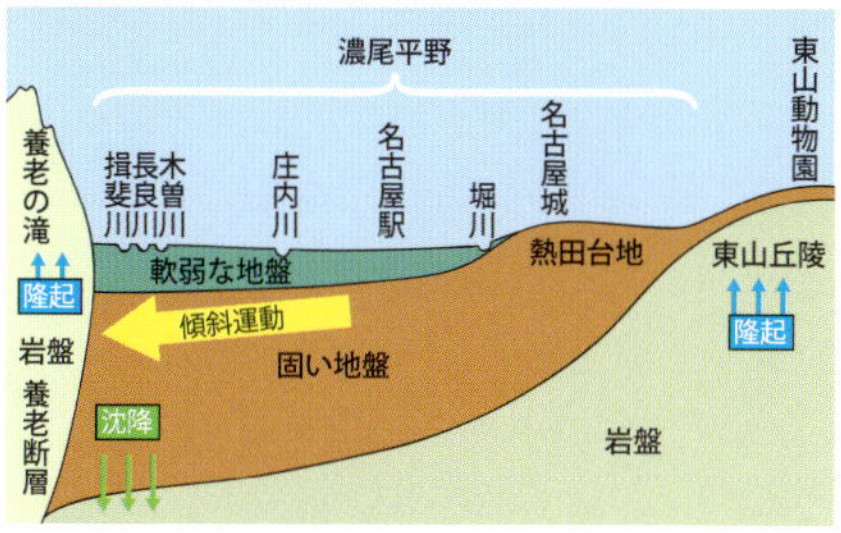

濃尾平野の東西断面模式図

なぜ、河川の水位が地盤より高いのか？
堤防を高く築く繰り返しで「天井川」に

日本の都市の大部分は沖積平野に展開している。大規模な沖積平野が形成されている地域は、現在でも地殻変動により数万年単位ではあるが地盤の沈降が進んでいる。この沈降と河川の堆積作用がバランスして沖積平野が形成されている。

沖積平野では、堤防がない状況では、流域から集まった洪水は平野一帯に氾濫していたはずだが、堤防によりその水を集めて流すため、洪水時には河川の水位が地盤面より高くなる。

また、洪水のたびに流れてくる土砂が河道にとどまり、あふれやすくなったため、さらに高い堤防を築くといった繰り返しにより、平常時から河川の方が高い天井川（てんじょうがわ）が形成される。

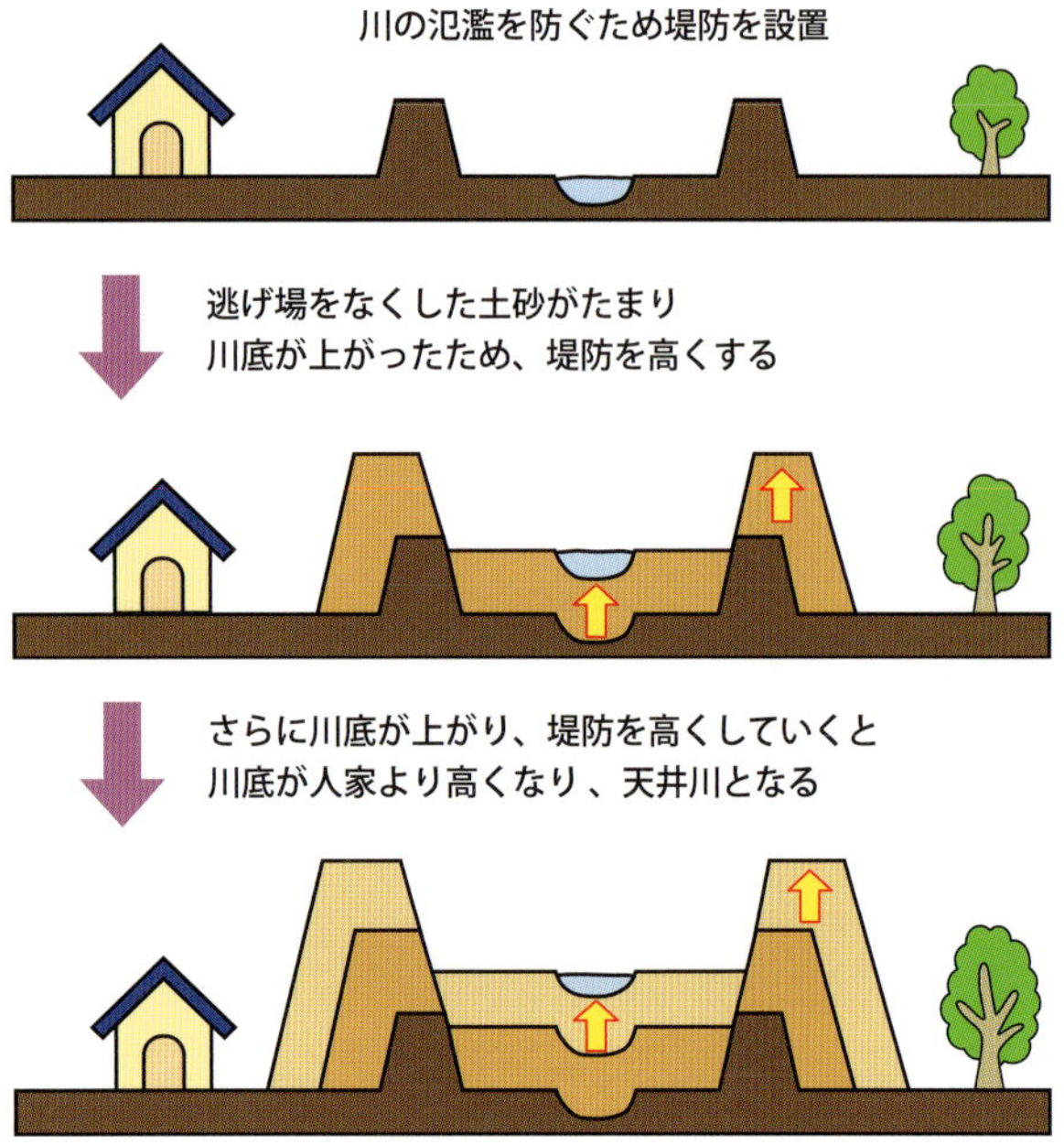
川の氾濫を防ぐため堤防を設置
逃げ場をなくした土砂がたまり
川底が上がったため、堤防を高くする
さらに川底が上がり、堤防を高くしていくと
川底が人家より高くなり、天井川となる

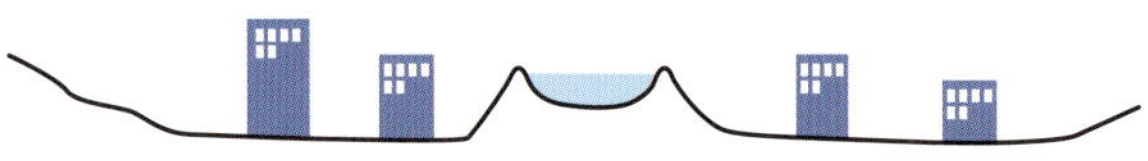

日本の河川は天井川（水位がまわりの地盤よりも高い）外水氾濫では大きな被害
内水が河川に自然排水できない（ポンプ排水）

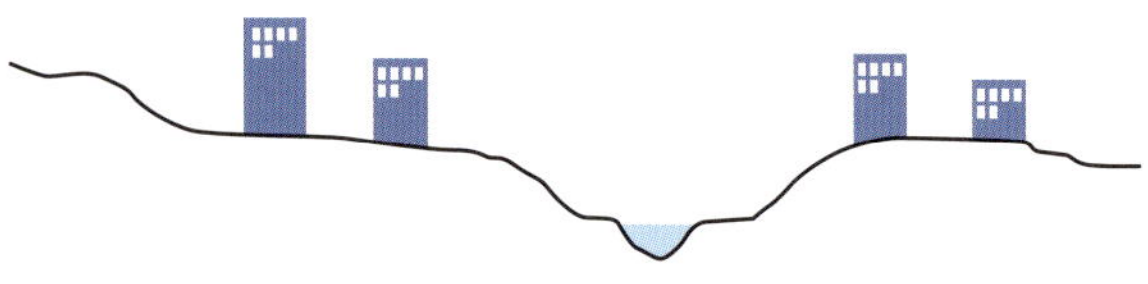

外国の河川の模式図

Column 川の立体交差

甲府盆地の南端で、富士川と笛吹川が合流する「五明の合流地」には、甲府盆地を流れてきた大小8本の河川が集まっている。山地から土砂を運び天井川化した坪川など3河川と、盆地内の低地のみ流れ河床の低い五明川などの5河川だ。これらが一度に合流すると、天井川から河床の低い河川に洪水が逆流し、あたり一面浸水することから、天井川の下をくぐらせ、影響がない下流部で合流させる工夫がなされている。計3カ所の立体交差がある。

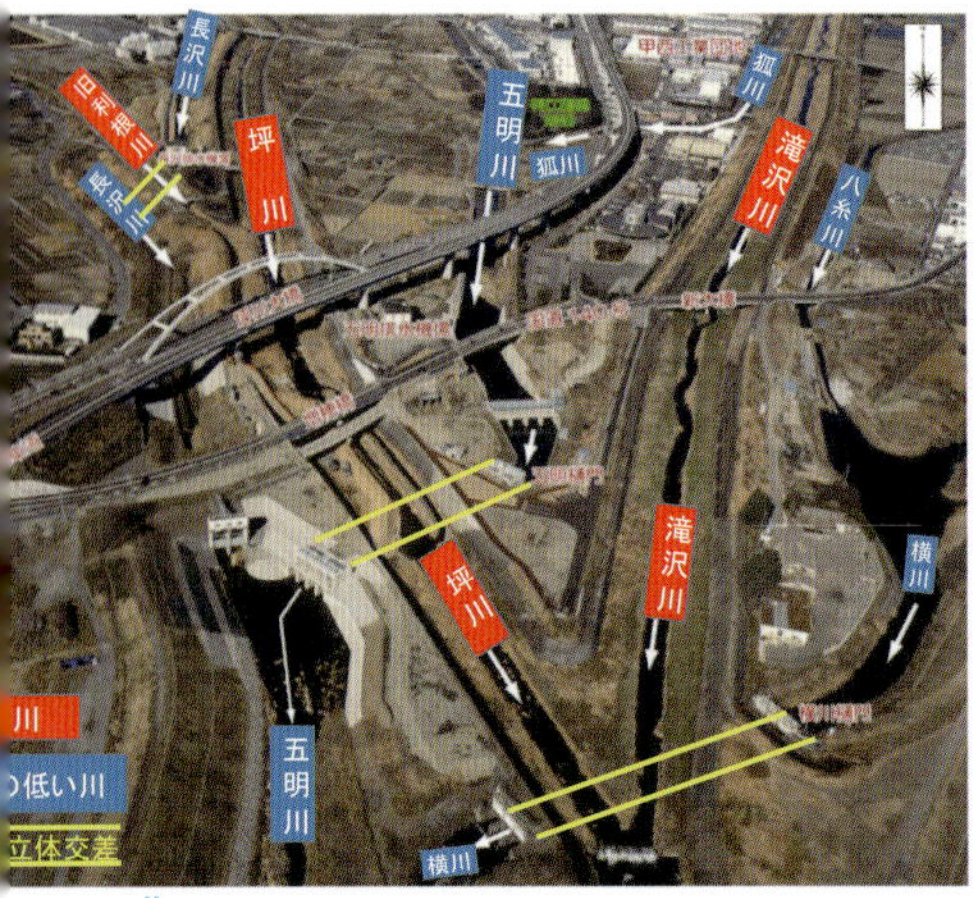
長沢川
坪川
五明川
狐川
滝沢川
横川
低い川
立体交差

川の立体交差

8本の河川が立体交差。甲府盆地の「五明の合流地」

②河岸段丘（侵食型河川氾濫原）

……▶【閉鎖型の氾濫】

台地部は河川の侵食作用により河岸段丘が形成
段丘の上と下で異なる水害リスク

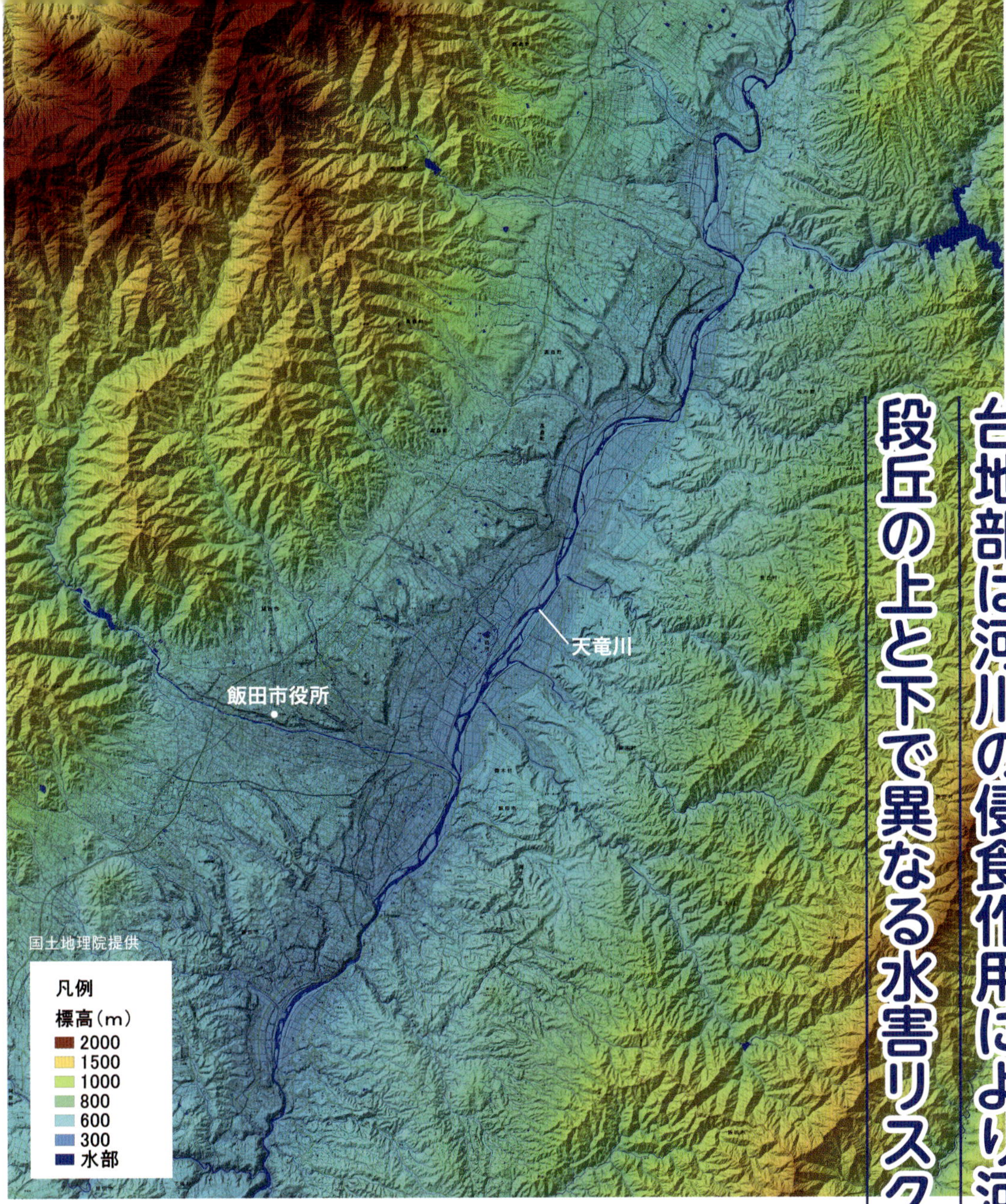

飯田市のカラー断彩図

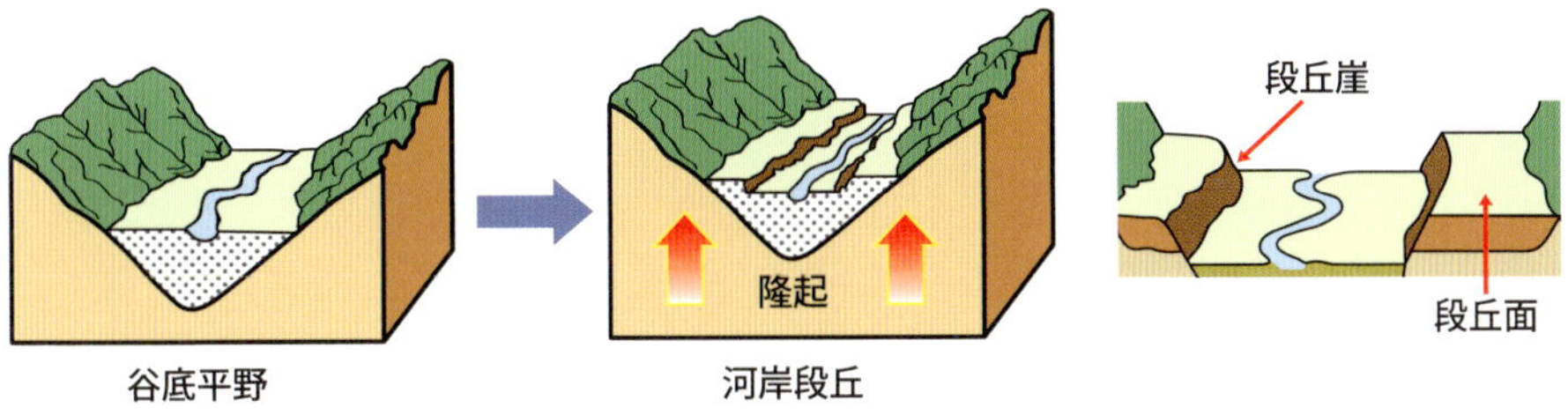

河岸段丘は河川の中流部でよく見られる地形である。かつては河川が位置する一番低い段丘面は農地等に利用し、住居等はそれより高い段丘面に設け、水害を避ける工夫を行ってきた。このような河川も堤防等が整備されたことにより、まとまった開発適地として、低位段丘面にも工場、倉庫、住家等が立地するようになってきている。しかし、もともとは水害リスクの高い土地であることに注意すべきである。旧市街地は高位段丘に広がっている場合が多く、水害の危険性を感じれば旧市街地に出かけることで、避難にもなる。

地形を知って備える

③谷底《こくてい》平野

【閉鎖型の氾濫】

氾濫流の破壊力が大きく 水位上昇も急激なため迅速に避難を

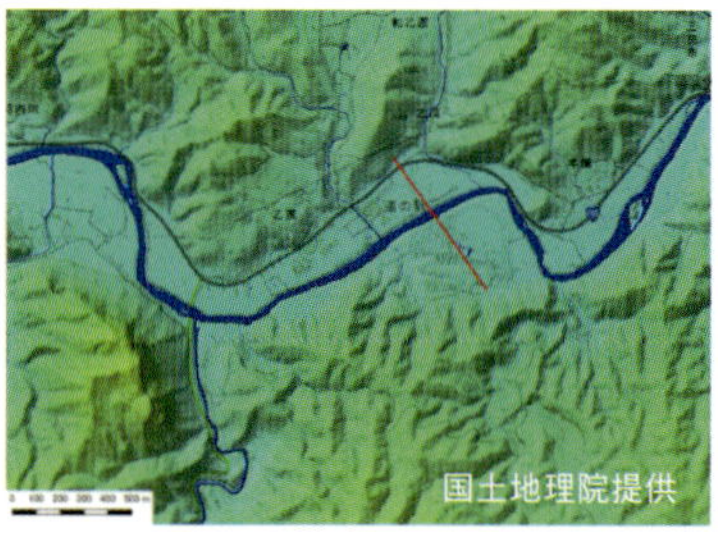

平成28年台風10号に伴う小本川浸水被害周辺の断面図

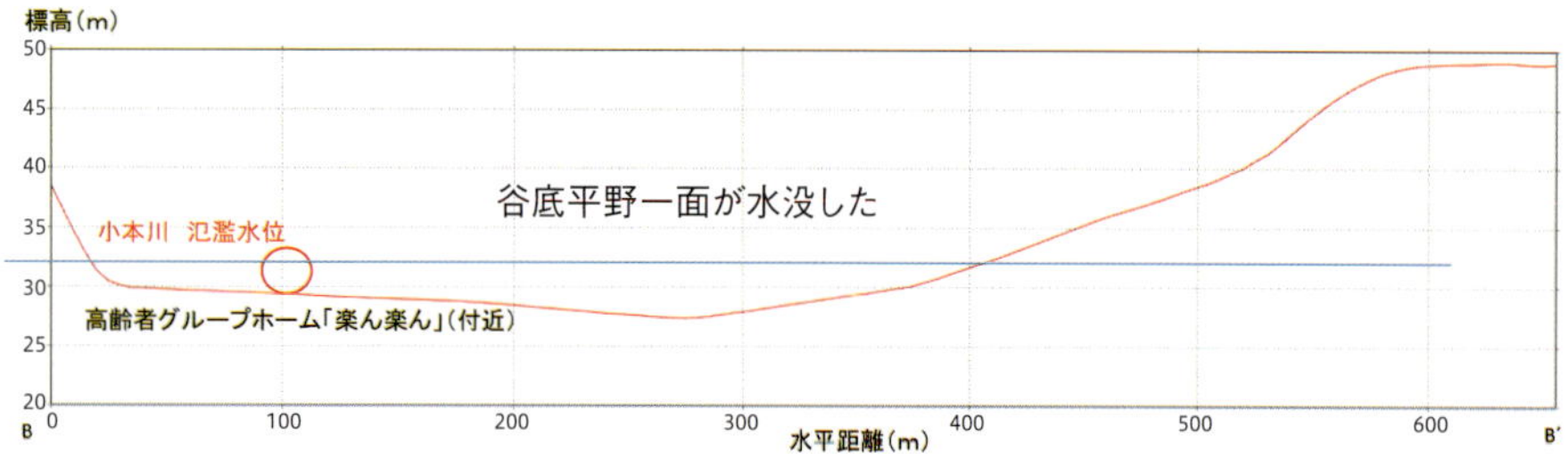

過去の想定を超え 谷底一面に氾濫する可能性

2016（平成28）年の小本川水害など、山間部で大きな被害をもたらしているのは、谷底平野一面を流れるタイプの氾濫流である。日本の山間部の集落は谷底平野に多くが展開しており、このタイプの水害は日本全国で起こっている。

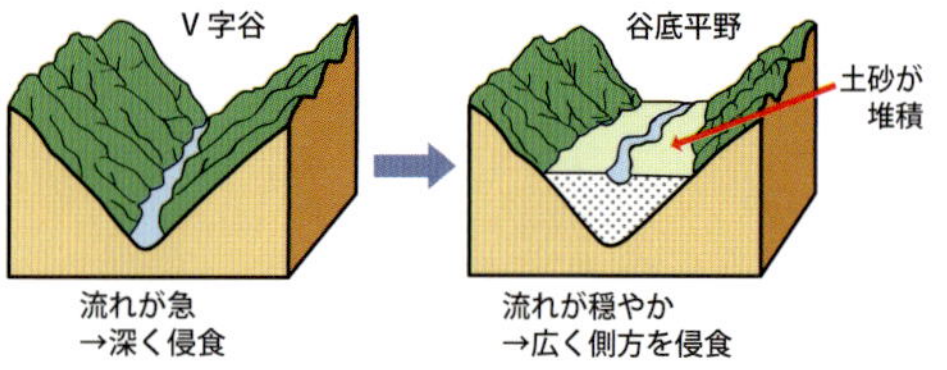

谷底平野の上流域はある程度エリアが限られることから、全体に強い集中豪雨が発生する可能性もある。特に、近年、時間雨量100㍉を超える豪雨の頻度が高まっており、想定しなかった規模の氾濫が発生する可能性が高くなっている。谷底平野は、堤防があったとしても全面的に越流して、谷底全面を浸水させながら、ほぼ地形に沿って氾濫流が流下していく。このタイプは、洪水の水位上昇が急激であり、迅速に避難することがなによりも重要である。特に、大量の土砂や流木も流れ、氾濫流の破壊力も大きく、家屋の流出・全壊を引き起こす。

しかしながら、河岸段丘の段丘面のように避難に適した土地も少なく、このことが避難を難しくしている場合もある。谷底内のRC（鉄筋コンクリート）構造の建築物等も緊急的な避難先として考える必要がある。

Column デジタル標高図

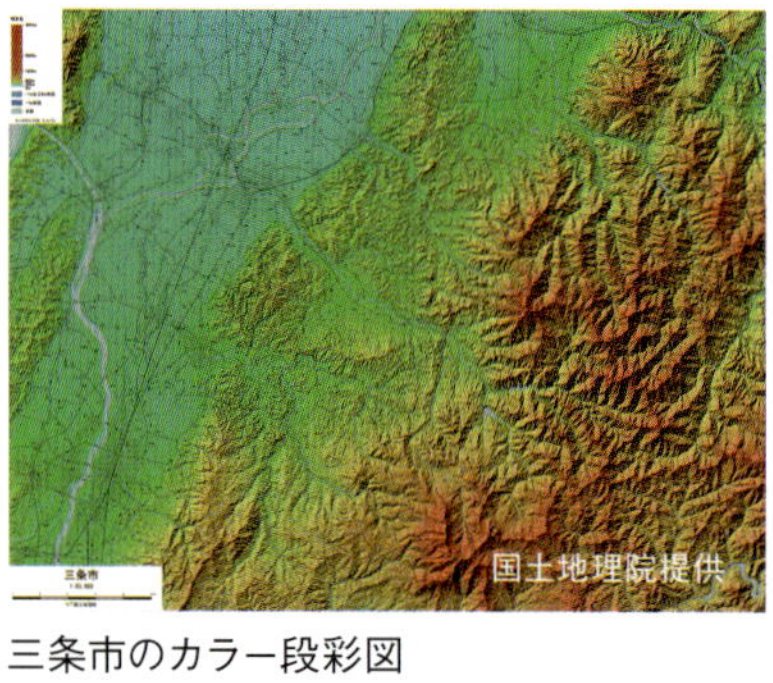

三条市のカラー段彩図

ここ数年で大きく技術が進歩しているのが、上空からの地表面の測量である。特に、航空機からレーザーを照射し、その反射から距離を測定するレーザー航空測量により、5㍍間隔での標高が国土地理院から提供されている。このデータをもとに作成したのが「デジタル標高地形図」である。これを見れば自分の住んでいる土地の特徴を直感的に把握することができる。全国ベースではないが、国土地理院がHPで提供している。

住んでいる地域の水害リスクを可視化

地形を知って備える

④扇状地《せんじょう》

【拡散型の氾濫】

大洪水で流路を変えやすい扇状地の河川　川から遠い場所でも被災の可能性

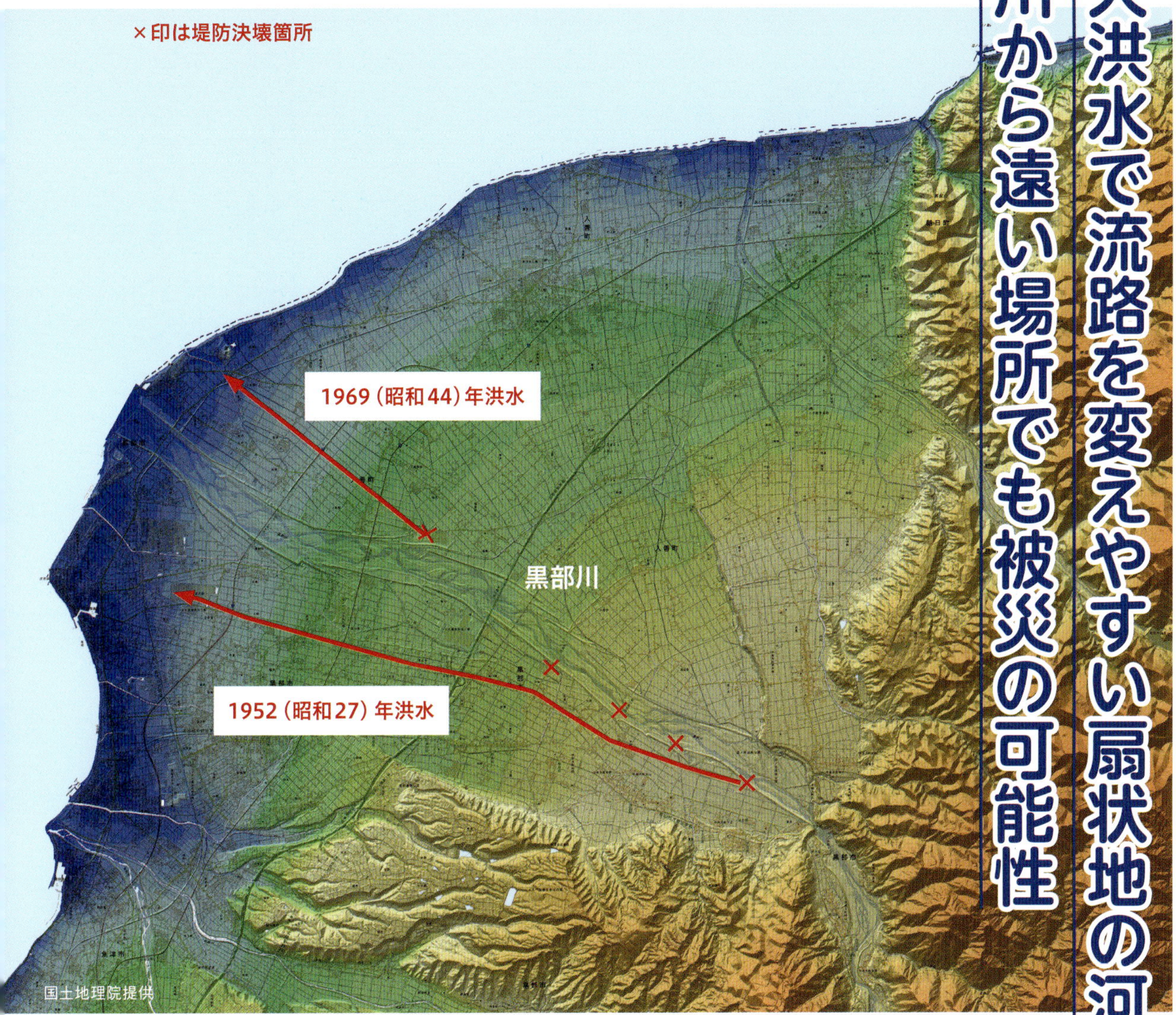

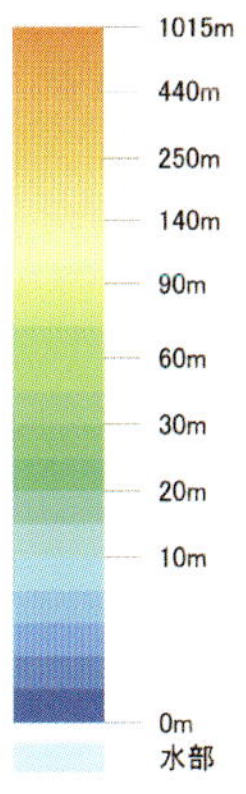

黒部川扇状地（富山県）のカラー段彩図と過去の洪水・決壊箇所

急流で流れも速く　洪水のエネルギーが大きい

扇状地は、河川が山から平坦部に流れ出るところに砂礫が扇状に堆積してできた地形である。すなわち、扇状に頻繁に河川の流路が変わったと想定される。

扇状地の河川は、急流河川であり、洪水の水位上昇は急激であり、かつ流速も速いという特徴がある。洪水にもつエネルギーが多く、また、上流から大量の砂礫を合わせて移動しており、どこが破堤の可能性が高いか特定することは困難である。現在は、流路は1本に固定されているが、どこで破堤が生じるのかわからず、かつ、破堤した場合、かつての流路、すなわち扇状の至る所を流れる可能性がある。そのエネルギーはすさまじく、建築物の倒壊、車の流出など単なる浸水に被害はとどまらない。

このように、扇の上全てに氾濫流が押し寄せる可能性があるのが、扇状地の氾濫の特徴である。川から離れているとしても水害リスクは軽減されない。

コンクリート・アスファルトに覆われた
浸透、保水能力を失った市街地で発生する都市型内水氾濫

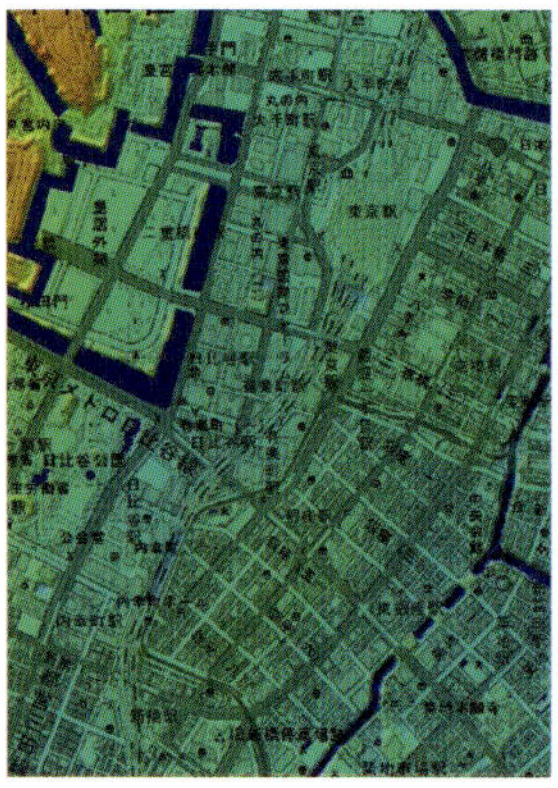

東京駅周辺の内水ハザードマップと標高図
（東京駅では八重洲側の方が標高が高く、ハザードマップもそれを反映している。低い部分は、かつての日比谷入り江）
中央区ホームページより

堤平地では強い雨が降ると、雨水はけきれず地面に湛水する。その湛水が小河川、下水路により集められ凹地となっている堤平地で発生するのが内水氾濫である。

洪水時に外周河川の水位より低い土地では、自然に排水することができず、被害が拡大していく。特に、市街化は、土地の本来もつ浸透・保水能力を奪うことから、降雨が流れ出る割合も、農地では0・5程度であるが、これが0・8〜0・9へと増大する。

さらに、排水路が水を集めることから、同じ雨でも、ピーク時の流量が2〜3倍にも増加する。このようにして発生するのが都市型内水である。

地名からもわかる
内水氾濫が生じやすい地形・場所

内水氾濫は、もともと周辺の土地より低く、降雨時には遊水池として機能していた場所で発生する。このような土地は、旧河道、旧沼沢地、天井川の合流地点の内側、谷戸といった場所であり、それぞれ、特有の地名を有している。

近年増える猛烈な降雨が
都市型内水氾濫に拍車をかける

近年、時間雨量50ミリ、100ミリといった降雨の出現回数は増加している。これにより都市型内水氾濫の発生の危険性はますます増加している。

増えている都市への集中豪雨

低平地地名の一例

読み	意味	地名の例
アイ	川の合流地点	落合
アカ	垢がたまるように土砂が堆積＝低い土地	赤羽
アクツ	圷(悪土)稲作に適さない土地(低湿地)	阿久津、芥川
イケ	池	池尻
ウメ	埋め立て、低湿地	梅田

読み	意味	地名の例
エ	川、堀を意味	江古田
クボ	水がたまる凹地	荻窪、大久保
ケミ	低湿地	検見川
シンデン	湿地を新たに田にした	○○新田
ヤト	谷間や低湿地	○○谷戸
ワセダ	早米の産地＝低湿地	早稲田

堤防決壊のメカニズム

大部分の堤防は、土で構築されている。量が莫大な堤防を整備するのに材料の取得が容易で比較的低廉なこと、材質が劣化しにくいこと、復旧が容易なことから、歴史的にも土堤が採用されている。しかし、土堤は、土でできているがゆえに、洪水によって削られたり、内部に水が浸透して安定性が低下するといった弱点を有しており、決壊にいたる原因となっている。

①越水破堤

洪水が堤防を越え、堤防の下部が削られることで大きく崩れて決壊

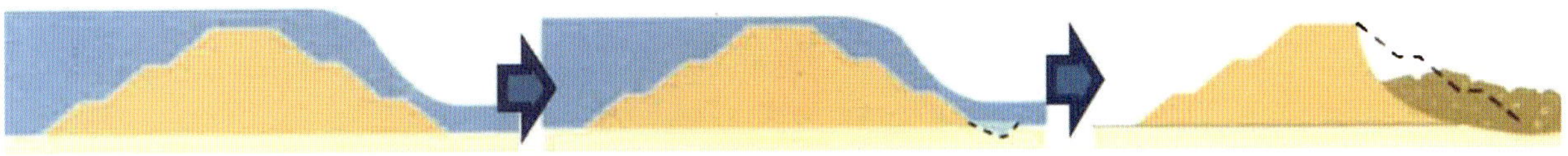

堤防を越えた洪水が、堤防の堤脚部（下部）を削り始め、その範囲が拡大し、最終的には、大きな土塊が崩落し、堤防が決壊する。決壊の多くは、この越水パターンである。

②洗掘破堤

流水が堤防を直接侵食して破堤

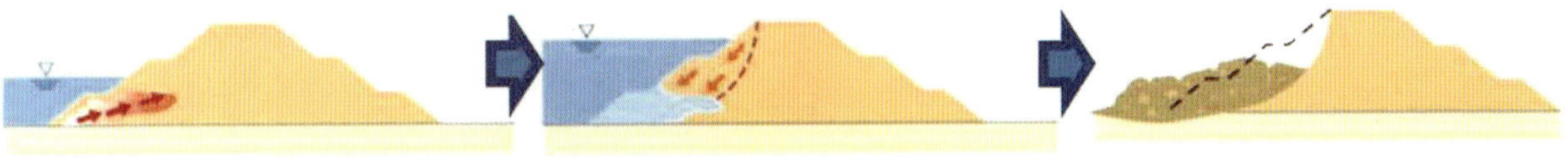

川の流水が直接堤防を侵食し、その結果堤防が細くなり、最終的に決壊にいたるのが洗掘破堤である。流速の速い箇所等で発生しやすい。

③浸透破堤

水が堤防に浸透し、堤防を弱体化させて決壊

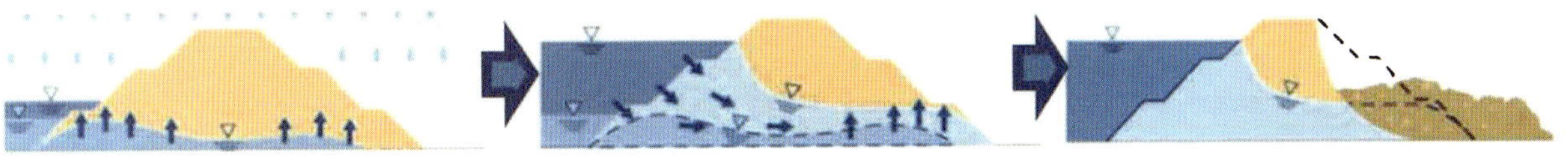

雨水や河川水などが堤防本体に浸透し、土の粒子間の接触を弱めることにより、堤防の強度を弱め、最終的に決壊に至るのが、浸透破堤である。
河川の水位の上昇と共に、堤防内の水面も上昇し、内部から堤防を削ることにより発生する。

④パイピング破堤

堤防の基礎地盤から土砂が抜けて決壊

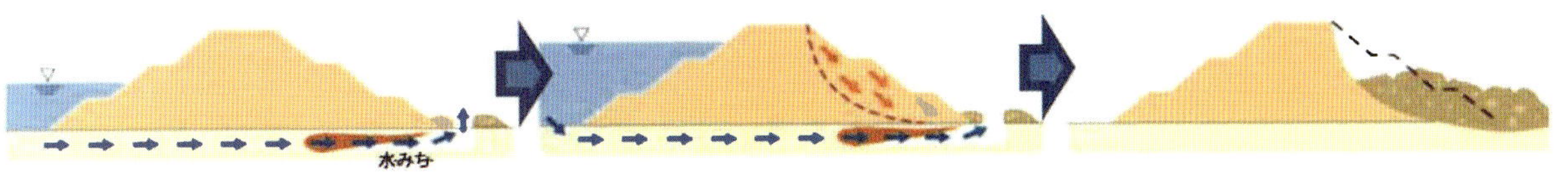

河川の内外の水位差により、河川側から浸透流は発生し、この浸透流が基礎地盤の土砂を流出させ堤防が陥没して決壊に至るのがパイピング破堤である。パイピングによって、ガマと呼ばれる漏水・噴砂が生じるのが特徴である。

国土交通省資料

Part 2 水害シミュレーション

首都水没

荒川氾濫

赤羽付近の堤防の決壊後、半日で首都機能を喪失

決壊発生

決壊発生
堤防より低い位置に架かっているJR京浜東北線付近の堤防から洪水が氾濫し、堤防が決壊

1時間後

決壊後1時間
赤羽駅付近は2m浸水。その後氾濫流は隅田川沿いに南下

6時間後

6時間後
氾濫流は地下鉄町屋駅に到達

7時間後

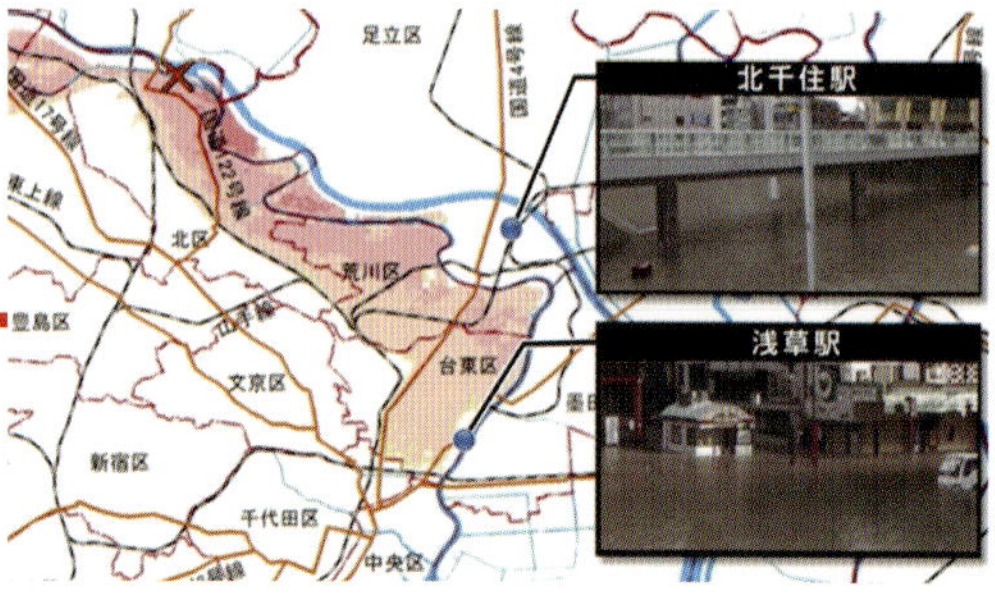

7時間後
氾濫流が北区、板橋区、荒川区、足立区、台東区等に到達

埼玉県秩父地方を源流にもち、埼玉・東京東部を流れ東京湾に流れる「荒川」はまさに字のごとく、荒ぶる川である。荒川が氾濫するとどうなるのか国交省では「荒川氾濫」というビデオをYouTubeで公開している。3日間で500ミリの雨が降り、赤羽付近（JR京浜東北線付近）で荒川から水が溢れ出し、堤防が決壊するというシナリオだ。2015（平成27）年の鬼怒川の水害では、鬼怒川上流部で3日雨量650ミリ（日光市高百）を観測している。500ミリを超える降雨は決してあり得ない雨ではない。

https://www.youtube.com/watch?v=hE4oVRwvMf8

地下鉄
SUBWAY

13時間後

氾濫流が隅田川と台地部に挟まれた低地部南下、都心を走る地下鉄の多くが水没
千代田区、中央区のオフィス街が水没、首都機能の多くを喪失

荒川の弱点、過去の地盤沈下の遺産、堤防より低い京成本線

赤羽地区のJR京浜東北線と同様に堤防より低い位置にあるのが京成本線である。ここで決壊した場合は24時間で図のように氾濫が広がることが想定されている。

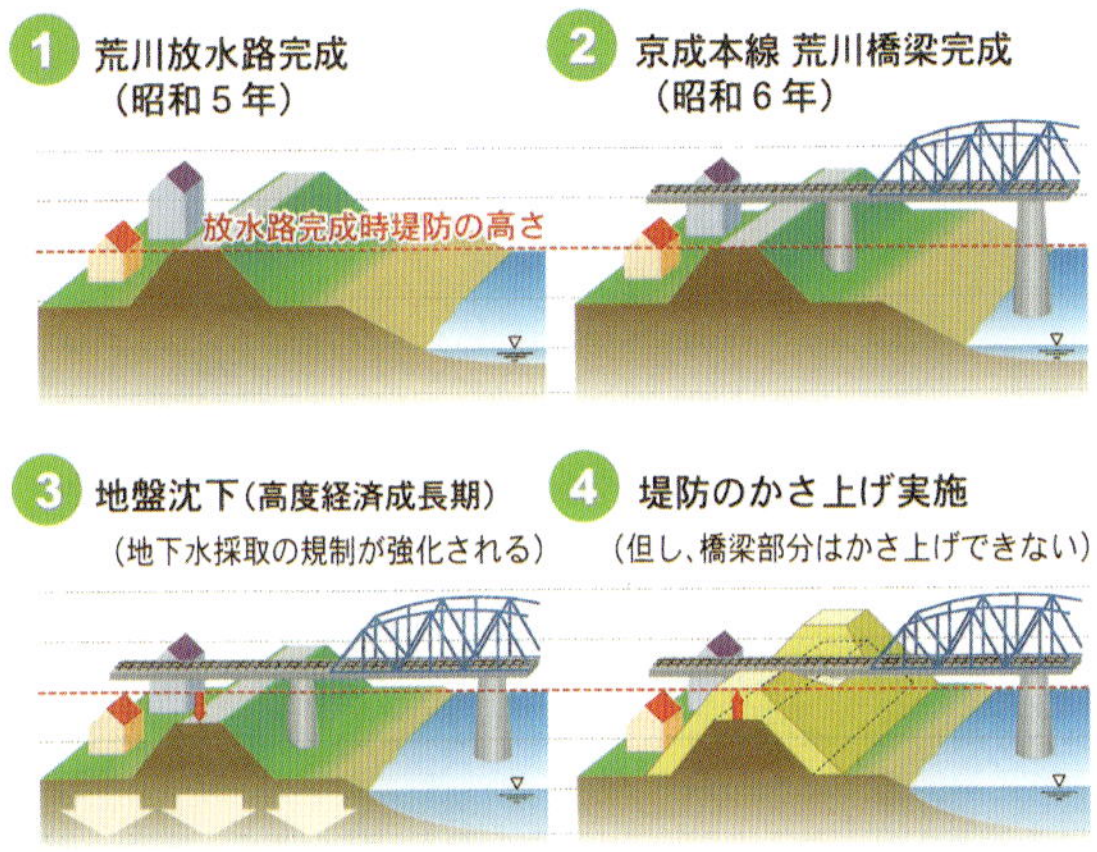
1 荒川放水路完成（昭和５年）
放水路完成時堤防の高さ
2 京成本線 荒川橋梁完成（昭和６年）
3 地盤沈下（高度経済成長期）（地下水採取の規制が強化される）
4 堤防のかさ上げ実施（但し、橋梁部分はかさ上げできない）

水が引くまでに2週間、長い場所は1カ月。復興の着手はその後となる。

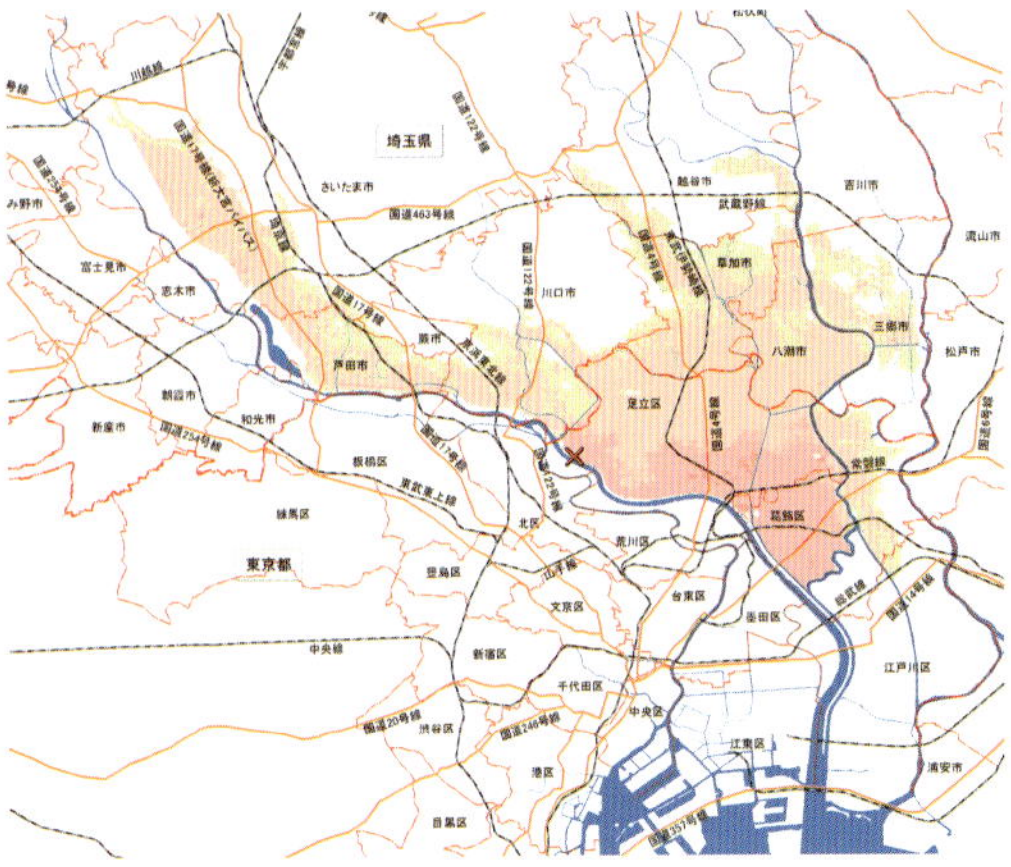

破堤の箇所によって、氾濫エリア、被害は異なる。最大規模の被害が生じるのは、荒川右岸側では河口から13.5km地点の西新井橋（尾竹橋通り）付近、左岸側では河口から18.5km地点の鹿浜橋（環七通り）付近で決壊した場合である。

荒川の決壊に伴い想定される被害

決壊場所	死者数	浸水戸数	孤立者数
赤羽付近（JR京浜東北線）	2300人		約54万人
堀切橋（京成本線）	4100人	約51万戸	約39万人
右岸13.50k　※避難率40%	4400人		
左岸18.50k　※避難率40%		約74万戸	約68万人

↑止水板をはめこむ溝

東京メトロの対策

台風・暴風雨の時の地下鉄の対策は？

写真は東西線茅場町の出入口のひとつ。完全に密閉できる「防水扉」で、側面や天井部分は厚さ2・4㎝の強化ガラスで覆われている。この完全防水型の出入口は2017年4月現在で11カ所に設置、今後はさらに100カ所以上を改良する予定だ。また、各駅のそれぞれの出入り口には止水板をはめこむ溝がある。地下部分には換気口をふさぐ浸水防止機、トンネルをふさぐ防水ゲートなども備えている。

もし地下に浸水の危険がある場合は、防水扉を閉める前に、まず利用者が避難し、地下鉄の運行を止め、車両を基地へ避難させる必要がある。幸い、これまで防水扉を閉める事態に至ったことはないが、東京メトロでは大規模水害を想定した浸水対策工事をさらに進めていく予定だ。

茅場町駅

完全防水型の出入口（茅場町駅）

Part 3 洪水ハザードマップ

ハザードマップ（防災情報マップや災害避難地図などともいう）は、自然災害による被害を予測し、被害の範囲や避難場所・避難経路などの防災情報を表示した地図であり、洪水、内水、高潮、津波、火山などの自然災害ごとに作成されている。ここでは、洪水ハザードマップについて紹介する。

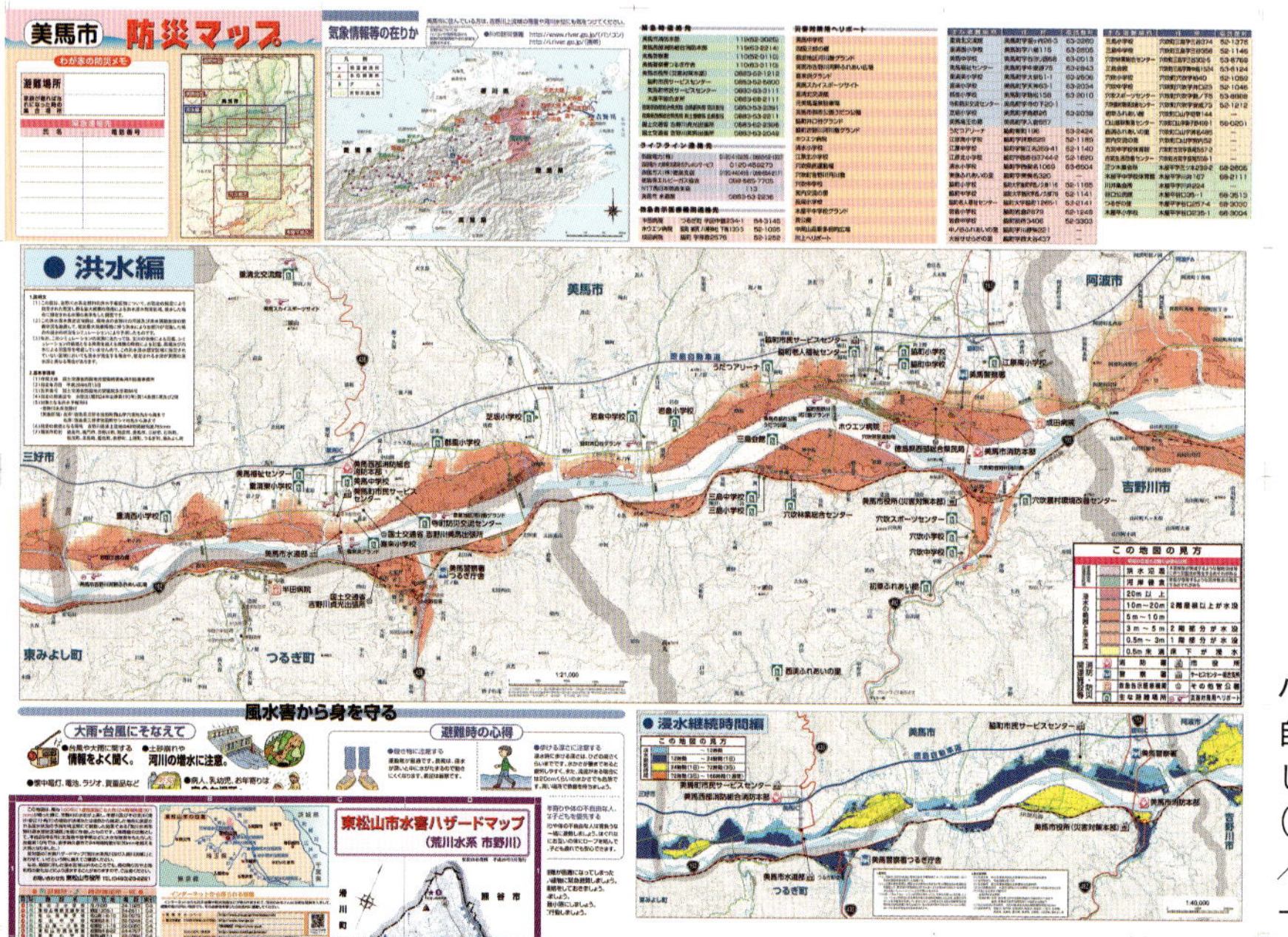

美馬市

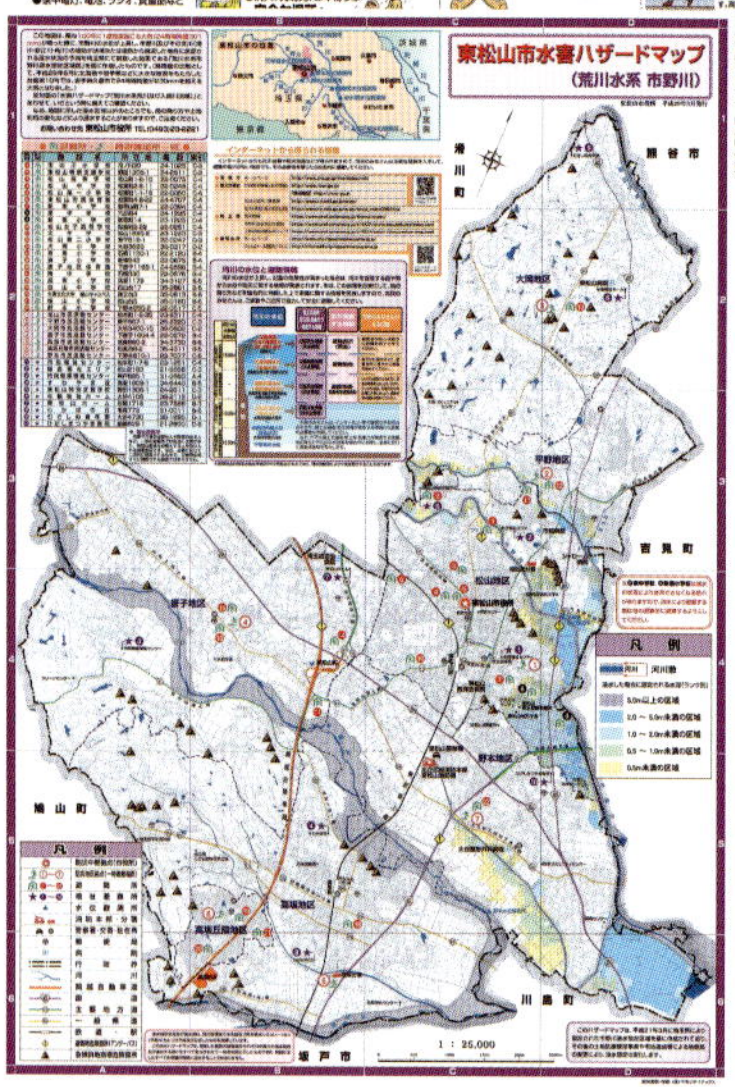

東松山市

ハザードマップの例。各自治体ごとに工夫を凝らして作成されている（上・美馬市防災マップ／左・東松山市水害ハザードマップ）

避難行動に直結するマップ作成に向けて

◆ハザードマップとは？

洪水ハザードマップは、水防法第15条の3項により市町村長が作成することとなっており、洪水浸水想定区域や避難場所、避難経路等の洪水時の円滑かつ迅速な避難に必要な情報を住民等に周知するため、作成した洪水ハザードマップを配布したり、市町村のホームページ等で公表されている。

また、２０１７（平成27）年の水防法改正により、国、都道府県は、想定し得る最大規模の降雨（想定最大規模降雨）に対応した浸水想定区域を指定し、市町村長はこの洪水浸水想定を踏まえた避難方法等を住民に適切に周知するために、これまでに作成した洪水ハザードマップを改訂することが必要となっている。

◆利用者目線に立った洪水ハザードマップの作成

洪水による水害発生の危険性を排除するため、現在も治水施設の整備は進められているが、完成するまでには多大な予算と時間を要することから、住民ひとりひとりの防災意識を高め、自らの命を守る避難行動を行うことが大切である。

洪水ハザードマップの主たる目的は、いわゆる「洪水避難地図」として洪水時の住民避難に活用されることである。しかし、平成27年9月関東・東北豪雨の被災地域における住民調査結果（中央大学河川・水文研究室）によれば、水害発生時にハザードマップを見なかった住民が9割以上を占め、その理由として、「ハザードマップを知らない・見たことがない」との回答が6割も占めたという報告がなされた。

今後、市町村がより避難行動に直結した利用者目線に立った洪水ハ

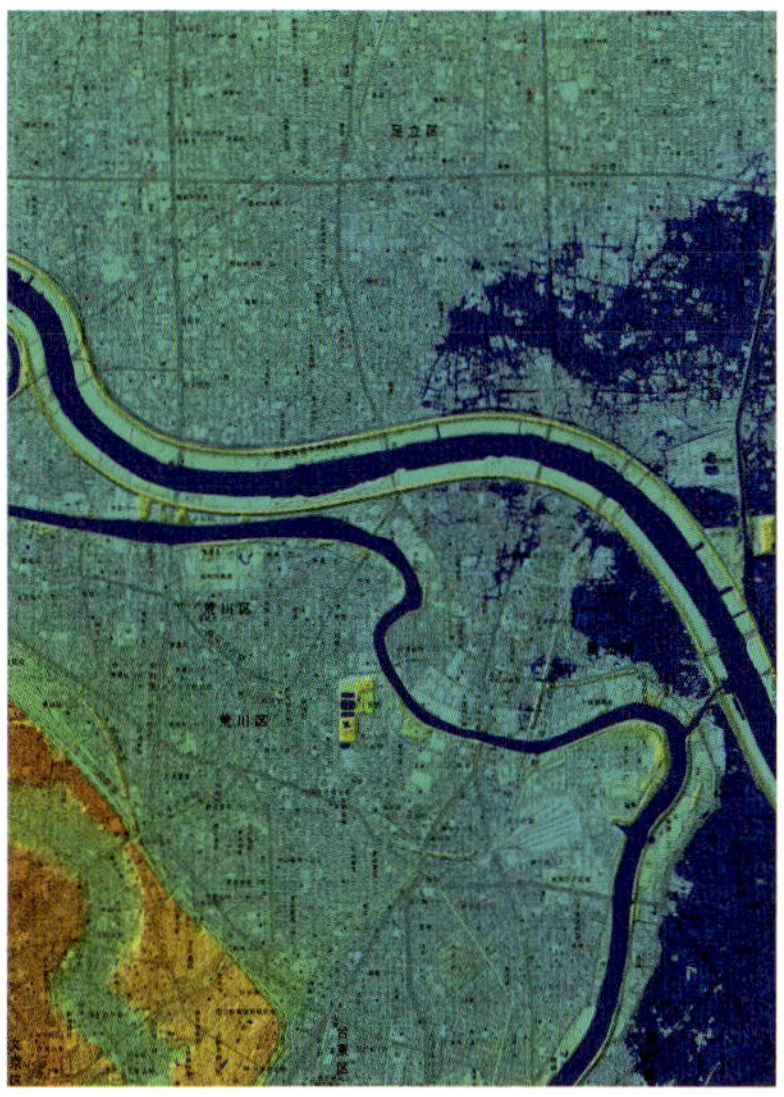

国土交通省ハザードマップポータルサイトの活用法

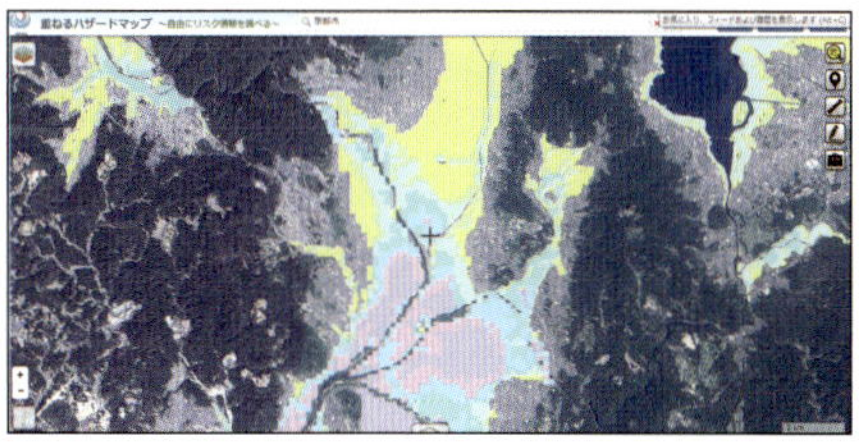

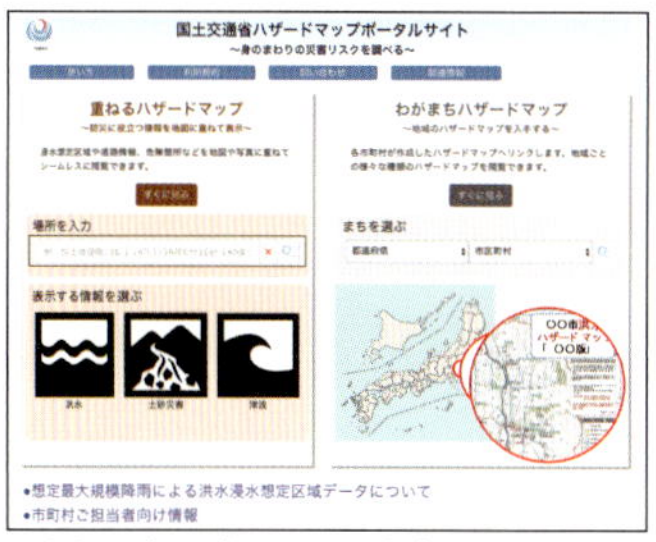

国土交通省ハザードマップポータルサイト
https://disaportal.gsi.go.jp/

サイト内は「重ねるハザードマップ」「わがまちハザードマップ」に区分され、各市町村の洪水（内水）ハザードマップへのリンクはもちろん、さまざまな情報を重ねて土地のリスクを確認することができる。上は京都市の写真に洪水ハザードマップを重ねたもの。目的に応じてさまざまな情報を得ることができる。

東京都港区浸水ハザードマップ

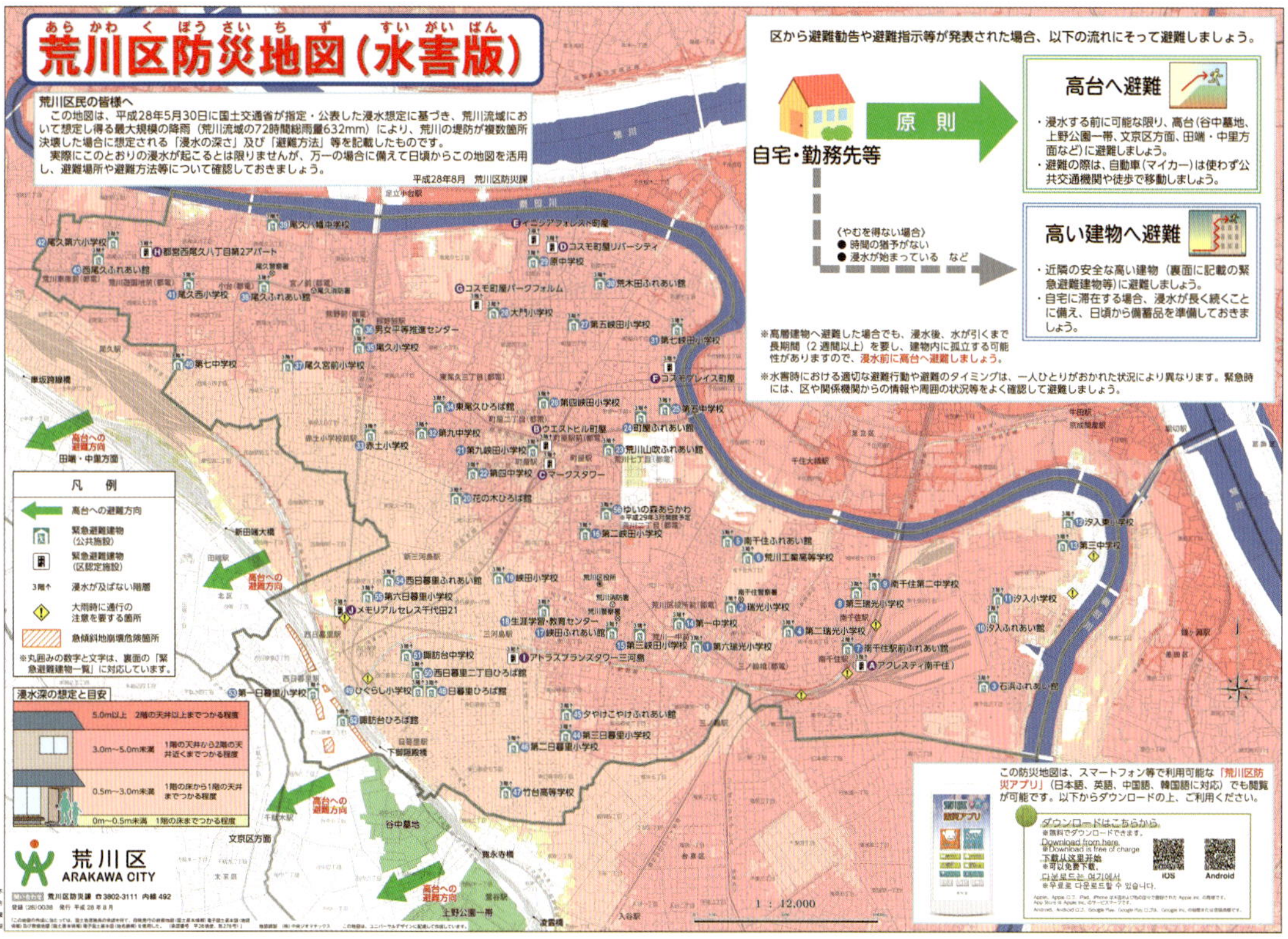

荒川区防災地図(水害版）と荒川区周辺の国土地理院デジタル段彩図。標高の高さが防災地図に反映されているのがわかる

荒川区

ザードマップを作成するため、地域の水害特性・社会特性をしっかり把握・分析するプロセスそのものが重要であり、その結果を住民等にわかりやすく伝わるように反映することが必要である。

また、洪水ハザードマップは、様々な機会を捉えて活用し理解の促進・徹底を図ることが重要であり、時に水害の発生メカニズムや防災に関する基礎知識、地形により氾濫水がどのように拡大していくのかを記載するなど、防災知識を高めるための工夫や、洪水ハザードマップを活用した避難訓練や防災教育などの取組みを推進することも有効である。

なお、想定最大規模の洪水と基本高水の設定の前提となる降雨（計画降雨）による水害で大きく避難行動が異なる場合は、想定最大規模に対応した避難場所や安全に二次避難できるような移行基準等を検討したうえで、まずは発生頻度の高い計画規模等の洪水に対応する避難計画を洪水ハザードマップに反映することも考えられる。

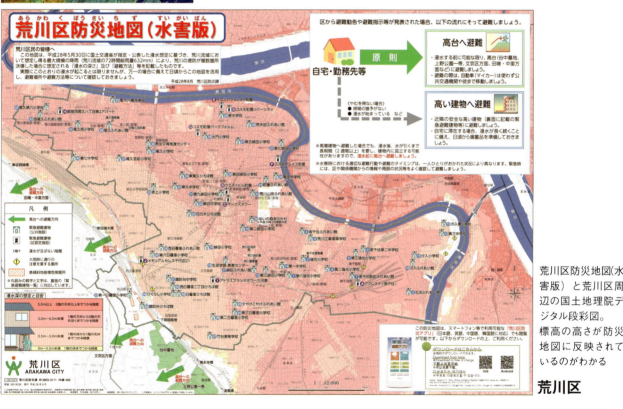

が完成するまで

2

洪水浸水想定区域を作ったよ！

国・県

通知

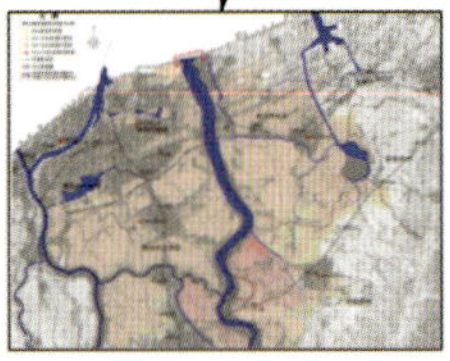

これを基にハザードマップを作成するよ

洪水浸水想定区域の
指定があった市町村

市町村地域防災計画への記載
（市町村防災会議が作成）

洪水浸水想定区域を基に
水害時の避難計画を反映

わかりやすく図面化

洪水ハザードマップを作成・周知
（市町村長が作成）

洪水ハザードマップに記載する情報

地図面

- 想定最大規模降雨による浸水想定区域・水深を示した図面
- 洪水予報等の伝達方法
- 避難施設その他の避難場所及び避難路その他の避難経路に関する事項
- 避難訓練の実施に関する事項
- 浸水想定区域内に存在する地下街等・要配慮者利用施設・大規模工場等の名称・場所
- など

基本的な記載事項は水防法で決められているの

情報・学習編

避難活用情報	・予報・警報等、避難勧告等の伝達方法を表記（プッシュ型の情報）
	・水害時に得られる情報と、その受信や取得の方法の表記（プル型の情報）
	・避難勧告に関する事項（早期に立退き避難が必要な区域の解説・避難勧告等の目安・解説）
	・避難場所等の一覧
	・避難訓練の実施に関する事項
	・水害シナリオ（降雨・外力条件、災害イメージの固定化に関する注意喚起等）
	・他の水害の危険区域や警戒区域に関する事項
	・排水ポンプ場の情報（排水区域、運転調整の条件等）
	・地下街等に関する情報（地下街利用中に浸水が発生した場合の留意事項等）
	・防災関係機関一覧表（名称、電話番号等）
	・防災備蓄倉庫（名称、備品の名目、数量等）
災害学習情報	・避難時の心得（正確な情報収集、動きやすい服装、水害時に起こること、避難の際に注意すべきこと）
	・水害に備えた心構え（被害を抑えるために簡単にできる自衛対策等）
	・水害発生メカニズム、地形と氾濫形態・特性、被害特性
	・気象情報、洪水予報等に関する事項
	・施設の役割、整備状況、整備計画
	・安否確認情報（伝言サービス）

			避難行動
早期の立退き避難が必要な区域	家屋倒壊等氾濫想定区域	氾濫流	堤防決壊等に伴う氾濫流で木造家屋が倒壊するおそれがあることから、早期の立退き避難が必要。
		河岸浸食	河岸浸食で家屋が倒壊するおそれがあることから、早期の立退き避難が必要。
	家屋が水没するおそれのある区域		最上階が浸水するおそれがあることから、早期の立退き避難が必要。
その他の浸水想定区域			床上・床下浸水が想定されることから、立退き避難が望ましい状況を踏まえ、自らの判断により屋内安全確保でも良い。
浸水想定区域外			浸水のおそれはないが、浸水想定区域内の住民等が避難してくるため、避難の手助けを行う。

洪水ハザードマップ

1

洪水予報河川
（国土交通大臣又は知事が指定）

水位周知河川
（国土交通大臣又は知事が指定）

洪水浸水想定区域
（国土交通大臣又は知事が指定）

想定し得る最大規模の降雨により河川が氾濫した場合に浸水が想定される区域を**洪水浸水想定区域**として指定

浸水想定区域図の作成手順

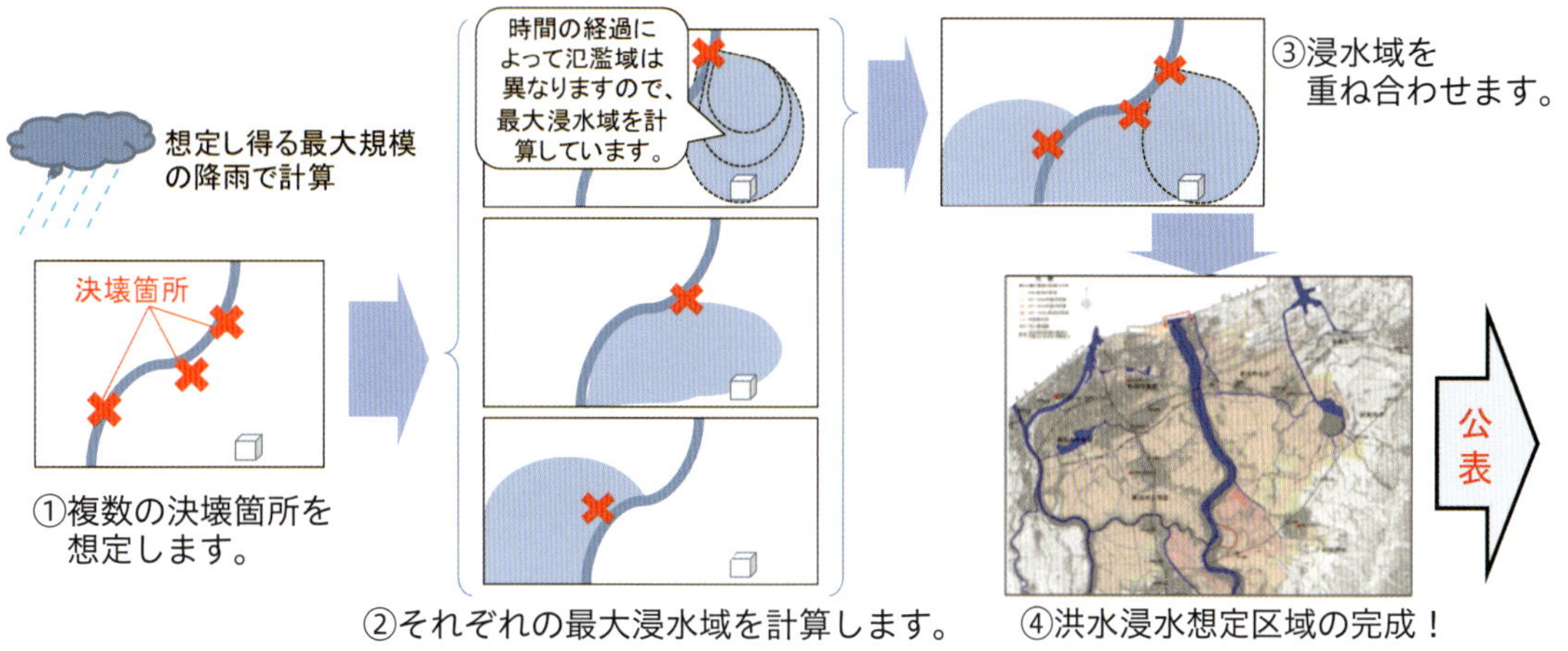

3

水害リスク情報と避難に関する情報を地図面に表示

地図面

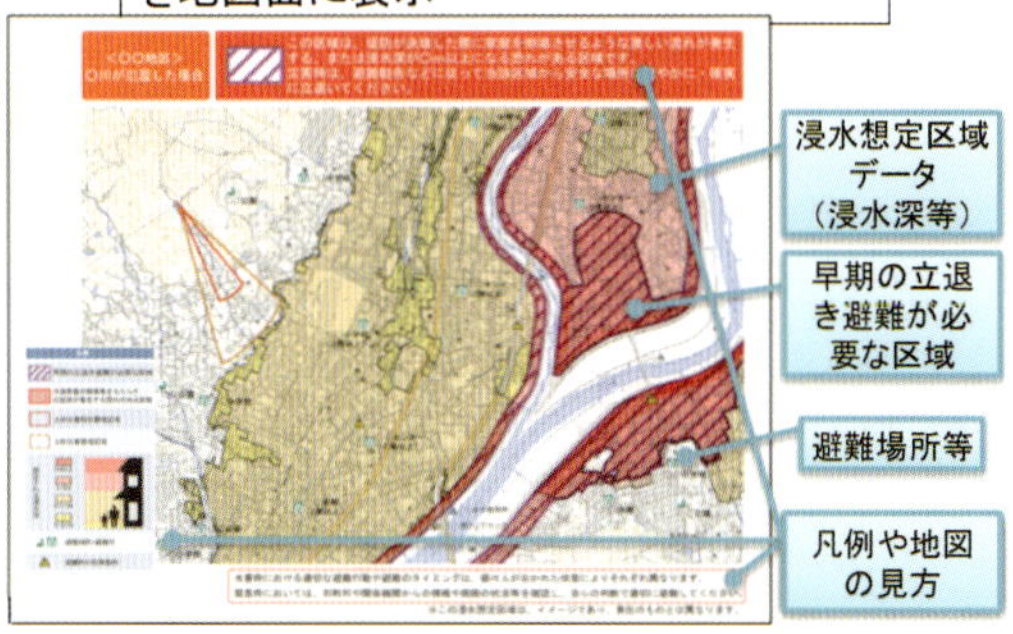

情報・学習編

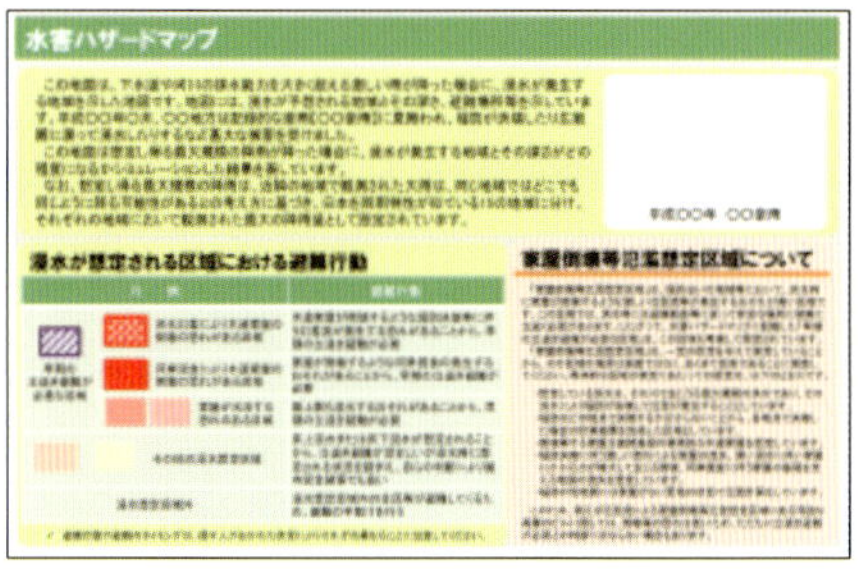

住民等が地域の水害リスクや防災等に関して学習できるように様々な情報を用意

地図上に記載する情報

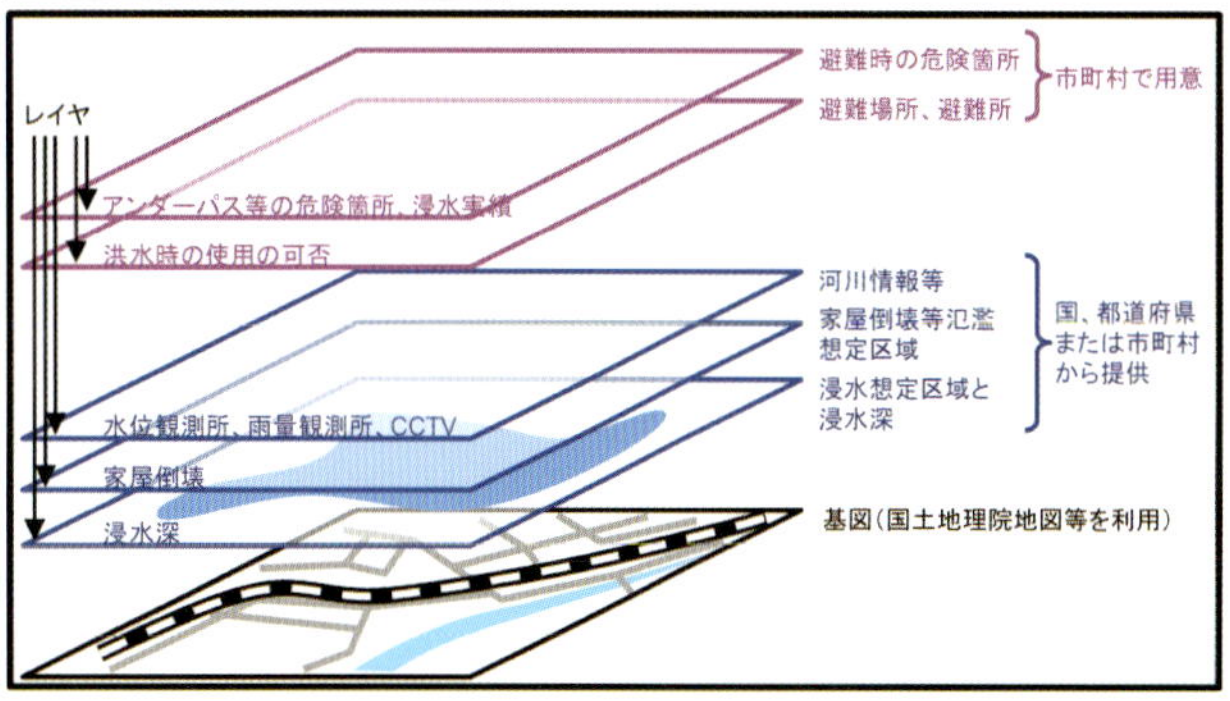

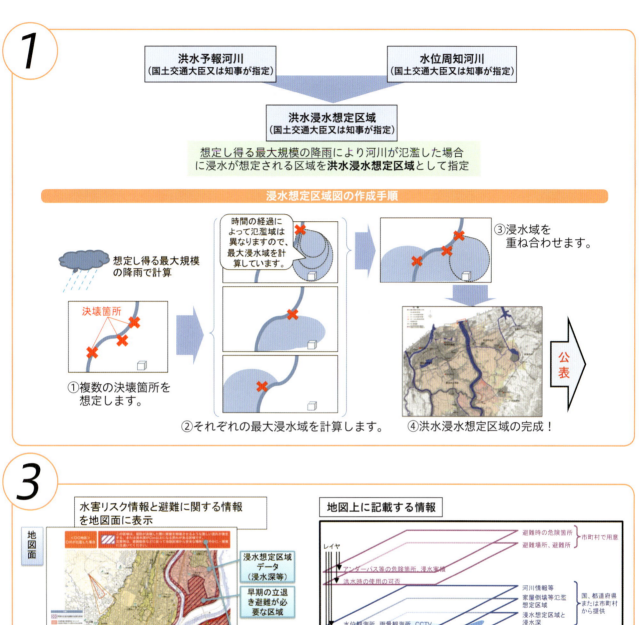

Part 4 命を守る防災情報

早わかり

大雨が降る

← 川が増水する ←

1.防災気象情報

誰が出す？

気象庁

さまざまな注意報・警報がある

雨や雪、風、雷、波などで自然災害が起きるおそれがある時には、気象庁や各地の地方気象台から「注意報」や「警報」が発表される。注意報は災害が起こるおそれがあるとき、警報は災害が重大なものになるおそれがあるとき。さらに警報の発表基準をはるかに超えて数十年に一度しかないような、重大な災害が起こるおそれがいちじるしく大きいときは「特別警報」が出される。

★詳しくは「防災気象情報」（P110 ～ 113）参照

2.川の水位に関する情報

誰が出す？

国土交通省

現況の川のライブ画像

通常時の川の状況

「川の防災情報」（P118 参照）のサイトでは、洪水時の川のライブ画像と、通常時の川の状況画像を比較して見ることができる箇所もある

大雨が降ると川の水位が上がる。「洪水予報河川」と「水位周知河川」に指定されている川は水位が常にチェックされ、ウエブサイトで一般にも公開されている。水位カメラのリアルな映像を見ることもできる。「氾濫注意水位」「避難判断水位」「氾濫危険水位」という目安がある。

★詳しくは「川の水位に関する情報」（P114 ～ 115）参照

この3つの情報をチェックしよう

危険度

大

安全確保を !! ←

3.避難についての情報

誰が出す？

市町村長

命を守る行動は自分で選択

◆この３つの避難についての情報は必ずしもこの順番で出されるとは限りません。
◆発令されていなくても、自分のいる場所で身の危険を感じる場合は、早めに安全な場所へ移動しましょう。

避難指示（緊急）

➡災害が発生するなど状況がさらに悪化し、人的被害の危険性が非常に高まった場合

〔伝達文の例〕
・〇〇川の水位が堤防を越えるおそれがあります。まだ避難していない方は、緊急に避難してください。避難場所への避難が危険な場合は、近くの安全な場所に緊急に避難するか、屋内の高いところに緊急に避難してください。

避難勧告

➡災害による避難が予想され、人的被害が発生する可能性が高まった場合

〔伝達文の例〕
・〇〇川が氾濫するおそれのある水位に達しました。速やかに避難を開始してください。避難場所への避難が危険な場合は、近くの安全な場所に避難するか、屋内の高いところに避難してください。

避難準備・高齢者等避難開始

➡避難勧告や避難指示の発令が予想される場合

〔伝達文の例〕
・〇〇川が氾濫するおそれのある水位に近付いています。次に該当する方は避難を開始してください。お年寄りの方、体の不自由な方、小さな子供がいらっしゃる方など、避難に時間がかかる方と、その避難を支援する方は避難を開始してください。川沿いにお住いの方については避難を開始してください。
・それ以外の方については、避難の準備を整え、気象情報に注意して、危険だと思ったら早めに避難してください。
・避難場所への避難が困難な場合は、近くの安全な場所に避難してください。

避難準備情報
⇒「避難準備・高齢者等避難開始」
避難指示
⇒「避難指示（緊急）」
に変更されました！

災害が発生し、住民に危険がおよぶと考えられるとき、自治体は気象庁や国土交通省のデータにもとづいて、避難情報を出す。「避難準備・高齢者等避難開始」⇒「避難勧告」⇒「避難指示（緊急）」の順に緊急度が高い。

★避難情報については「はじめての避難」（P138 ～ 139）参照

III 豪雨に備える

1 防災気象情報

気象情報や河川の水位情報などは防災対応のトリガーとなる重要な情報である。また、気象庁のホームページで入手できるレーダーによる雨雲の状況、降水ナウキャストなど今後の雨の予想などの資料も情報と同様に防災対応に欠かすことができないものである。ここでは、大雨が予想される時点から現象の発現まで、時間的な経過を追う形で気象台が発表する注意報・警報、気象情報の概要を示す。

5日先までの警報級の可能性を色分け

平成28年8月28日11時00分　盛岡地方気象台発表
岩手県沿岸北部の警報級の可能性
沿岸北部では、29日までの期間内に、大雨警報を発表する可能性がある。

岩手県沿岸北部	警報級の可能性						
種別	28日	29日		30日	31日	1日	2日
	夕方まで	夜～明け方	朝～夜遅く				
	12-18	18-6	6-24				
大雨	—	—	[中]	[高]	[高]	—	—
暴風	—	—	—	[高]	[高]	—	—
波浪	—	—	—	[高]	[高]	—	—

[高]：警報発表中、又は、警報を発表するような現象発生の可能性が高い状況。
[中]：[高]ほど可能性が高くはないが、警報を発表するような現象発生の可能性がある状況。

図１　**5日先までの警報級の可能性を色分けした図表**
（2017年7月から気象庁ホームページで公開）

2017 7月からスタート

◆数日先の「警報級の可能性」

２０１７年の７月から提供が始まった。台風や低気圧、前線などの大きなスケールの現象に伴って発生する大雨などを対象として、数日先の警報級の可能性がある場合に「高」「中」２つのレベルで発表する（図１）。この段階では現象が発生する時間帯や場所、強度などの予測は困難である。したがって、この情報をもって直ちに防災対応に移るものではなく、数日先の警報を想定しつつ防災活動への心構え、事前の準備としてその後発表される台風や大雨に関する気象情報への留意を促すものである。

◆翌日までの「警報級の可能性」

２０１７年の７月から提供が始まった。台風や低気圧、前線などの大きなスケールの現象に伴って発生する大雨などに加えて、積乱雲などスケールの小さい現象に伴って発生する大雨なども対象として、翌日までに警報級の可能性がある場合に「高」「中」２つのレベルで発表する。数日先の「警報級の可能性」に比べて現象の予測の精度が高くなるため、具体的な防災対応を想定した準備が必要となる。対象となる期間が夜間や早朝、休日など即時的な対応が困難となることが予想されるような状況においては、この情報を積極的に利用した判断が求められる。

危険度を色分け、時系列で示した新たなスタイルの注意報・警報

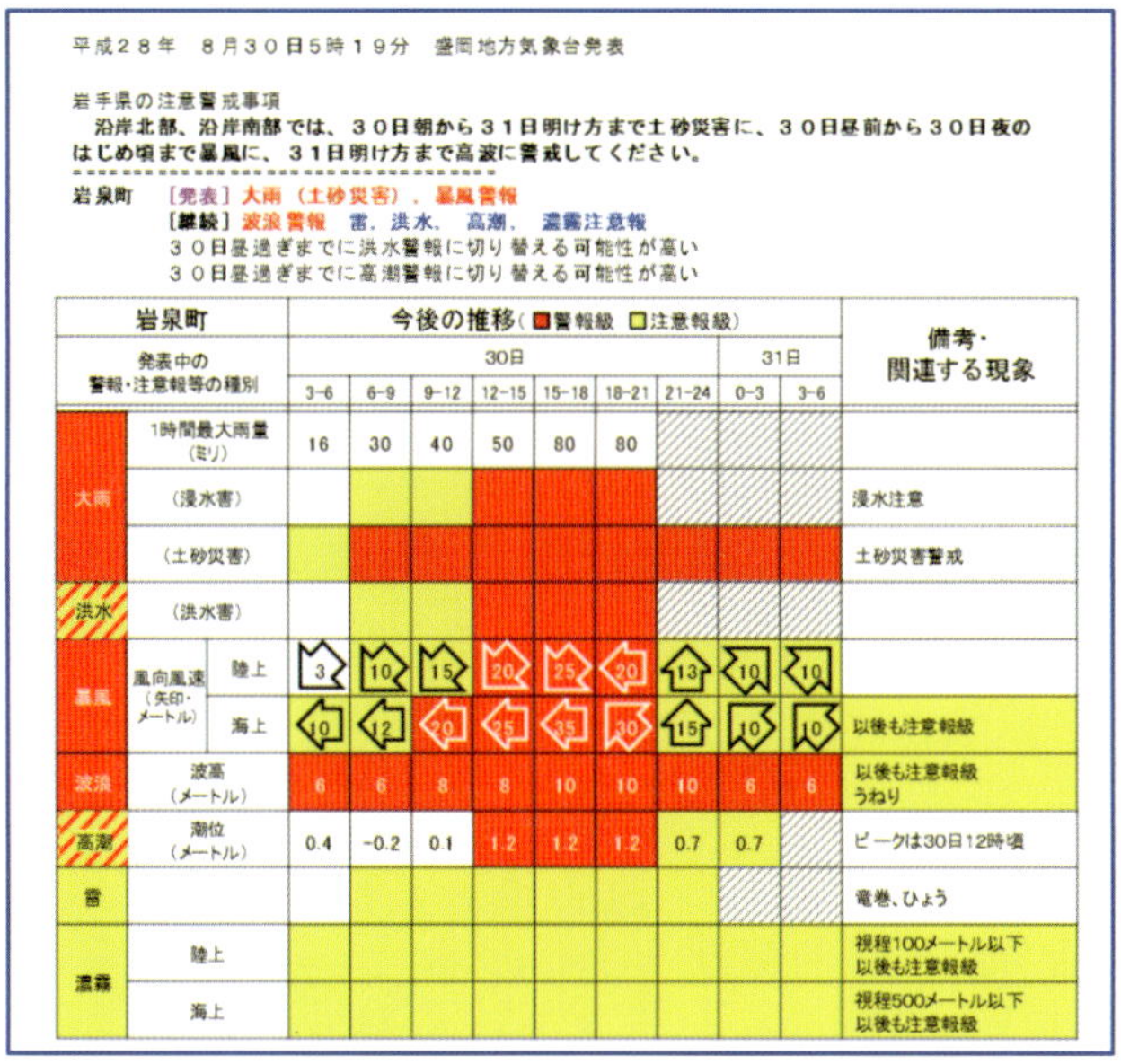

平成２８年　８月３０日５時１９分　盛岡地方気象台発表

岩手県の注意警戒事項
沿岸北部、沿岸南部では、３０日朝から３１日明け方まで土砂災害に、３０日昼前から３０日夜のはじめ頃まで暴風に、３１日明け方まで高波に警戒してください。

岩泉町　［発表］大雨（土砂災害），暴風警報
［継続］波浪警報　雷，洪水，高潮，濃霧注意報
３０日昼過ぎまでに洪水警報に切り替える可能性が高い
３０日昼過ぎまでに高潮警報に切り替える可能性が高い

岩泉町			今後の推移（■警報級　□注意報級）									備考・関連する現象
発表中の警報・注意報等の種別			30日							31日		
			3-6	6-9	9-12	12-15	15-18	18-21	21-24	0-3	3-6	
大雨	1時間最大雨量（ミリ）		16	30	40	50	80	80				
	（浸水害）											浸水注意
	（土砂災害）											土砂災害警戒
洪水	（洪水害）											
暴風	風向風速（矢印・メートル）	陸上	3	10	15	20	25	20	13	10	10	
		海上	10	12	20	25	35	30	15	10	10	以後も注意報級
波浪	波高（メートル）		6	6	8	8	10	10	10	6	6	以後も注意報級 うねり
高潮	潮位（メートル）		0.4	−0.2	0.1	1.2	1.2	1.2	0.7	0.7		ピークは30日12時頃
雷												竜巻、ひょう
濃霧	陸上											視程100メートル以下 以後も注意報級
	海上											視程500メートル以下 以後も注意報級

図２　危険度が高まる時間帯が色分けによって一目で分かる
（本年夏頃から気象庁ホームページで公開）

気象庁ではこれまで提供してきた気象注意報や警報について、現象が起こる時間帯、危険度やその切迫度が一目で分かるように３時間毎の時間帯別に色分け、降水量や風の強さなどは予想の数値を入れた新しいスタイルの注意報・警報を2017年夏頃から提供する（図2）。これによって、注意報や警報で伝える大雨や洪水などの危険度や切迫度を視覚的にとらえることが可能となり、情報としての利用価値が高まるものと思われる。

◆**大雨注意報**
大雨によって災害が起こるおそれがあるときに発表する。

◆**洪水注意報**
（○○川はん濫注意情報）
大雨によって河川が増水し、洪水のおそれがある時に発表する。防災上重要な河川については、水防活動への支援や流域に住む住民の避難行動の参考とするために、水位や雨の状況をもとに河川名を付して氾濫注意情報を発表する。

◆**大雨警報（浸水害・土砂災害）**
大雨によって浸水や土砂災害など重大な災害が起こるおそれがある時に、対象となる災害について「浸水」あるいは「土砂」と明示して発表する。

◆**洪水警報**
（○○川氾濫警戒／危険／発生情報）
大雨によって河川が著しく増水し、洪水によって重大な災害のおそれがある時に発表する。防災上重要な河川については、洪水注意報と同様に河川名を付して情報を発表する。この場合、あらかじめ決められている水位の基準に対応して「氾濫警戒」「氾濫危険」「氾濫発生」の情報として発表する。

◆**台風や大雨に関する気象情報**
各地の気象台が担当している予報区（おおむね都府県に対応）を対象として発表する文章形式あるいは図形式の気象情報。この情報には現象が始まる前に予告的な情報として発表する場合とすでに大雨などの現象が進行しているときに、注意報や警報を補足する形で発表する場合がある。近年、予測技術の向上に伴って、大雨などの現象が始まる半日から2日程度前に注意・警戒を呼びかける予告的な気象情報を発表できる事例が多くなっている。台風や大雨について予測される現象や防災上の注意などを文章形式で具体的に記述している情報で、防災対応の立ち上げのための情報として利用価値の高い情報である。

土砂災害警戒情報

記録的短時間大雨情報

気象庁が発表する情報

警報級の可能性
天気予報の発表地域ごとに発表

大雨注意報
市町村単位で発表

大雨警報
市町村単位で発表

大雨特別警報
市町村単位で発表

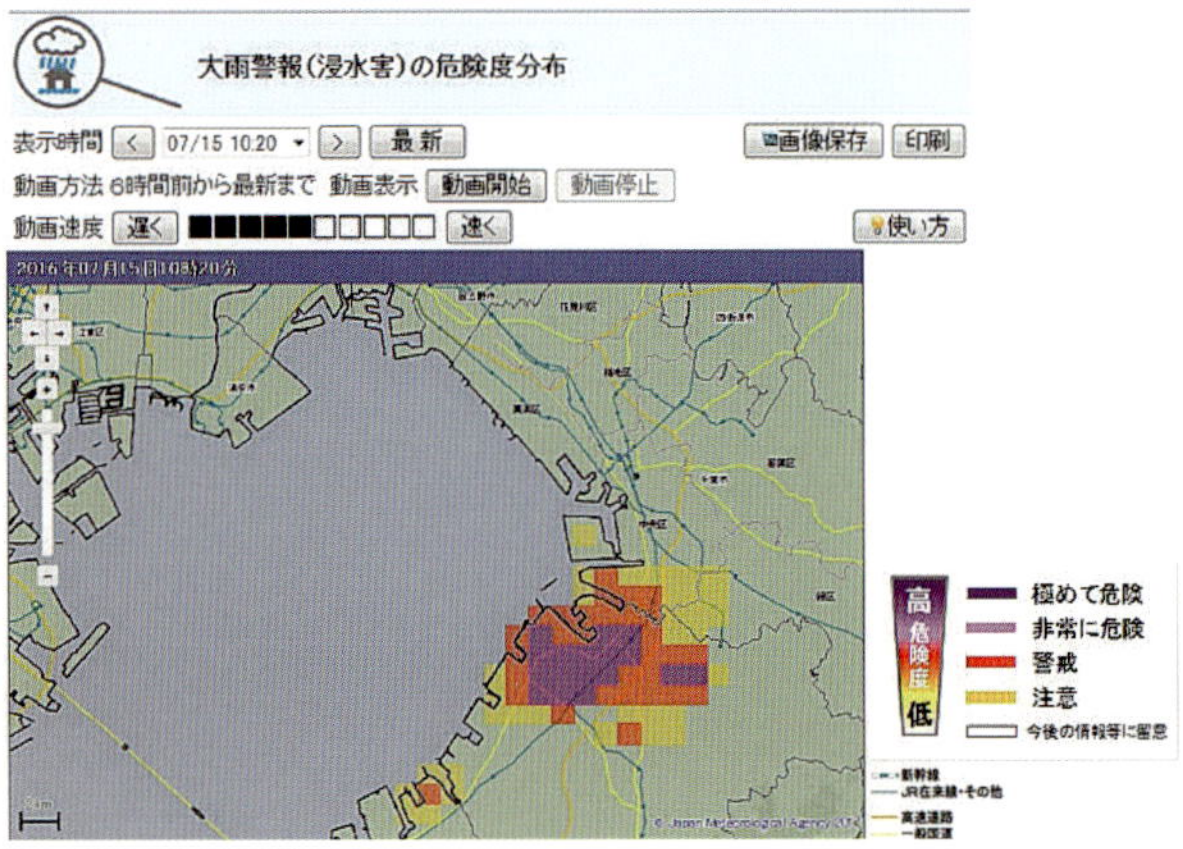

気象庁が7月からホームページで公開。
浸水害の危険度分布の地図のイメージ

大雨や洪水の危険度分布図

大雨や洪水の警報が発表されている時に、地域や河川ごとに危険度を分布図の形式で伝える情報が2017年7月から提供されている。大雨の際の土砂災害の危険度についてはすでに提供されているが、浸水についても土砂災害と同様にメッシュごとの危険度を色分けした形で提供される。また、洪水については全国のほぼすべてに相当する2万を超える河川について、流域ごとに黄色から濃い紫色まで5段階で危険度を表す分布図を提供する。

こうした危険度を示す分布図の提供により、警報の発表時には危険度の変化（切迫度）を把握して素早い避難などの防災対応につなげることが可能となる。危険度を色分け、時系列で提供する注意報や警報、大雨や洪水の危険度分布図など、これまでになく状況の把握が容易で、防災対応へのつながりもわかりやすい情報の提供が始まる。防災の現場においてはこれらの情報を積極的に活用して、防災、減災につなげることが期待される。

記録的短時間大雨情報

大雨警報を発表中に、対象となる都道府県において数年に一度程度しか発生しないような大雨（1時間降水量）を観測あるいは解析した場合に発表する。記録的短時間大雨情報は予報ではなく実況の情報であり、その地方では大雨のためにすでに災害に対して極めて危険な状況にあることを伝える情報である。また、隣接する地域でも同様の大雨が降るおそれがあることを認識して、一層厳重な監視や警戒が必要となる。

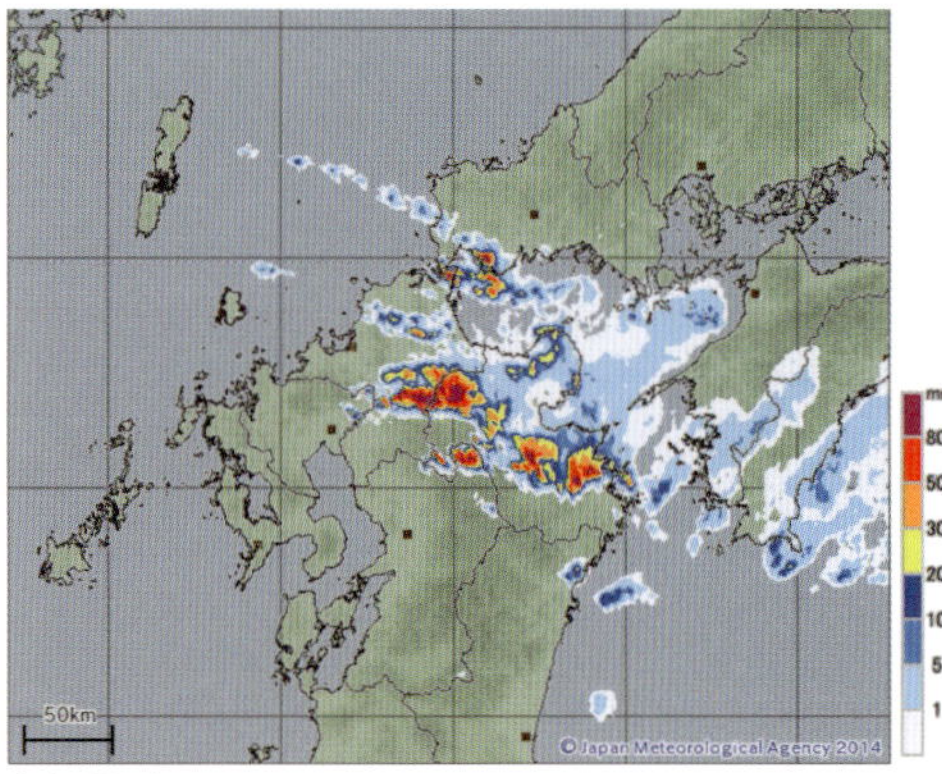

高解像度ナウキャスト
（2017年7月5日17時00分）
福岡県記録的短時間大雨情報時

土砂災害警戒情報

大雨警報（土砂災害）の発表後、土砂災害の危険度がさらに高まった時に、対象となる市町村を特定して警戒を呼びかける情報。

大雨特別警報（浸水害・土砂災害）

大雨によって重大な災害のおこるおそれが著しく大きくなった時に発表する。

分布図形式での情報はこれまでの土砂災害警戒判定メッシュ情報などと同様に気象庁ホームページに掲載され、即時に入手することが可能な情報である。防災対応への積極的な利用を期待している。

高解像度降水ナウキャスト

注意報や警報、気象情報のほかにもうひとつ、大雨の際に防災対応に有効に利用できる資料として、高解像度降水ナウキャストを紹介しておく。

高解像度降水ナウキャストは5分間隔で、5分毎の降水量と降水の強さの分布を30分先までは250㍍四方の細かさで、35分から60分先までは1㌔㍍四方で予測する。

これまでの降水ナウキャストとの比較では予測対象のメッシュを精細化したこと、予測に新しい手法を取り入れたことなど、技術面で大きな違いがあるほか、地図上に河川や鉄道、市町村名などを表示できるなど、利用者の利便性を向上させている。この他、30分後までの強雨が予想される領域を表示したり、竜巻発生確度ナウキャストの発生確度2、雷ナウキャストの活動度4の領域も同時に表示することができ、実況ではアメダスの10分間値の表示も可能である。

大雨など顕著現象が間もなく発現するあるいは発現しつつある時には、1時間先までの雨の予測として利用するには十分な機能を持つ非常に優れた資料である。警報や気象情報などと併せて積極的に利用したい。

なお、高解像度降水ナウキャストはすでに提供されている資料で、気象庁ホームページから入手可能である。詳細については気象庁ホームページを参照願いたい。

台風情報

「進路予報」と「暴風域に入る確率」を併せて活用

台風に関する情報には文章形式の情報と図形式の進路予報などの情報がある。

進路予報は北西太平洋で台風が発生すると台風の実況と24時間先までの予報を3時間ごとに1日8回、72時間先までの予報を6時間おきに1日4回発表する。また、進路の予報に加えて72時間先までは台風の強度についても予報している（図3）。さらに、72時間先にも台風の勢力を持つと予報した台風については、5日先までの進路の予報も行っている。

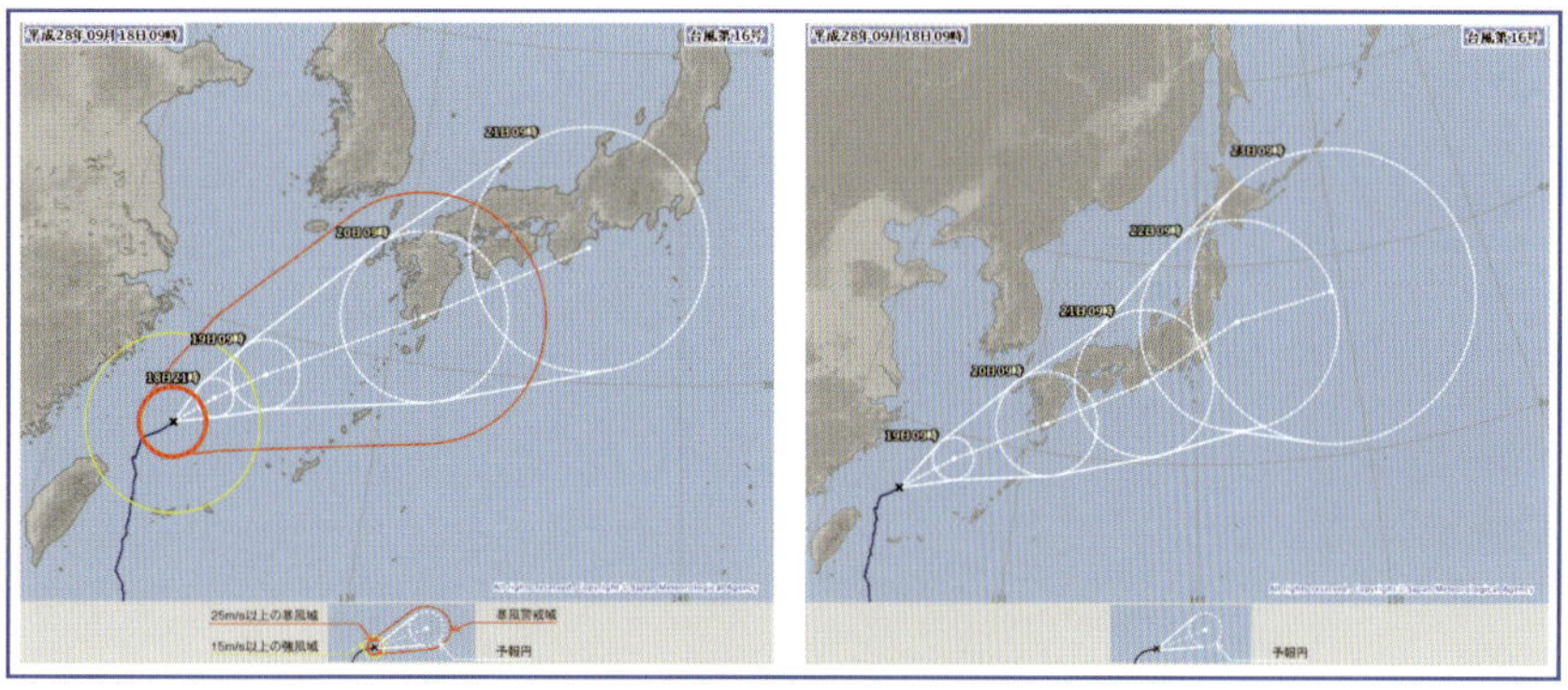

図3　台風の進路予報図
左が72時間先まで、右が5日先まで
［2016年9月18日9時 台風第16号の例］

台風が日本に接近してくる時には、台風進路予報と並んで台風の暴風域に入る確率が図およびグラフの形式で発表される。72時間先までに毎秒25㍍以上の暴風域に入る可能性が0.5％以上ある地方が対象で、グラフでは3時間ごとの確率と24時間ごと、72時間先までの確率が示される（図4）。

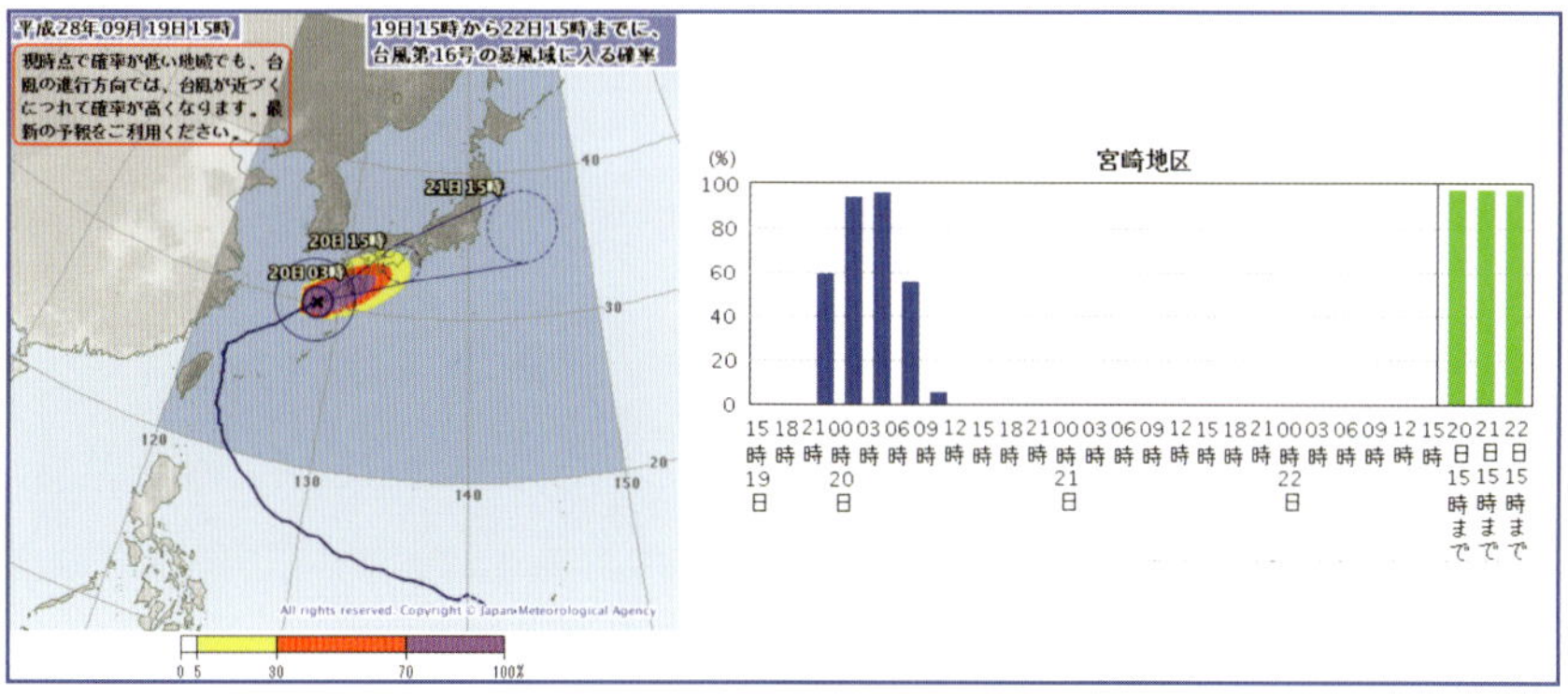

図4　毎秒25㍍以上の台風の暴風域に入る確率
左が分布表示、右が72時間先までの時系列グラフ表示
［2016年9月19日15時 台風第16号の例］

台風の進路予報はテレビの天気予報などでも頻繁に利用されているが、暴風域に入る確率の利用頻度は高いとはいえない状況にある。台風接近時の防災対応では、暴風など風が激しくなる前に済ませておくことが基本である。暴風による危険を回避して、早めに防災対策を進めるためには暴風域に入るタイミングを知ることができる情報として有効である。進路予報と併せて積極的に利用したい。

進路予報とは別に、台風が北緯20度を超えて北上してくるような場合には、台風の位置に関する台風情報が発表される。さらに、台風が日本に接近して雨や風、波など直接的な影響を受ける可能性が出てくると1日に2〜4回、位置の情報に加えて台風による影響を受ける地方や時間帯、影響の程度などを防災上の注意事項とともに発表する。これらはいずれも文章形式のものである。

文章形式の台風情報を利用する際には、雨や風、波など災害につながるおそれのある現象について、注意、警戒すべき時間帯、地域、現象の強さなどに着目する。また、台風の動きや実況の推移によっても予報が変わるため、防災対応の検討には前回発表された台風情報との内容の違いにも留意する。

もっと詳しく

2 川の水位に関する情報

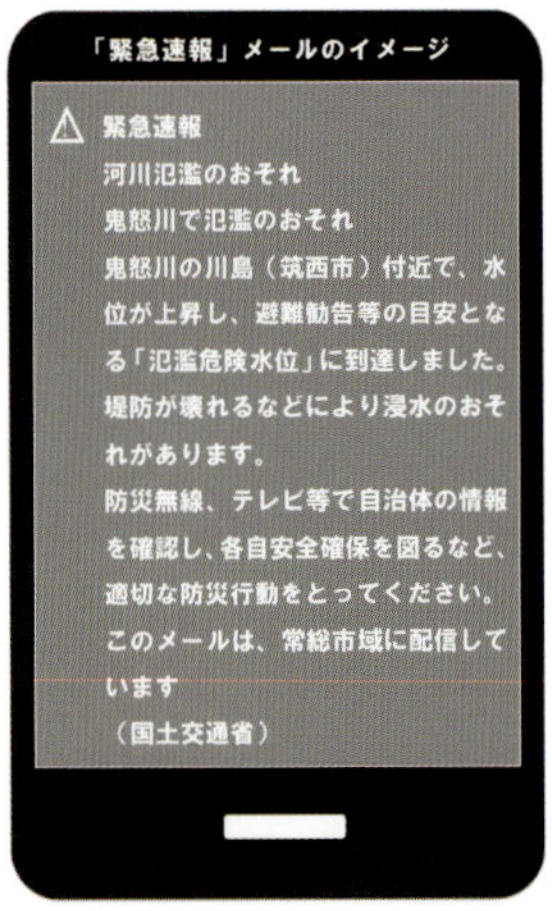
「緊急速報」メールのイメージ
緊急速報
河川氾濫のおそれ
鬼怒川で氾濫のおそれ
鬼怒川の川島（筑西市）付近で、水位が上昇し、避難勧告等の目安となる「氾濫危険水位」に到達しました。
堤防が壊れるなどにより浸水のおそれがあります。
防災無線、テレビ等で自治体の情報を確認し、各自安全確保を図るなど、適切な防災行動をとってください。
このメールは、常総市域に配信しています
（国土交通省）

洪水情報を緊急速報メールで配信

洪水情報のプッシュ型配信

国管理の洪水予報河川において、氾濫危険水位に達したとき、及び、氾濫が発生したときに、氾濫が想定される市長村の住民に対し、携帯事業者が提供する緊急速報メールが配信される。平成 29 年 7 月時点で国管理の 68 水系で運用実施しており、今後、順次エリア拡大していく予定。

◆洪水により重大な災害等が発生するおそれのある河川の指定

国及び都道府県が管理する河川では、洪水が氾濫した場合に重大な災害等が発生するおそれのある河川を「洪水予報河川」や「水位周知河川」に指定し、避難行動等の目安となる水位情報等発表を広く一般に周知することとしている。

◆洪水予報河川とは？

洪水予報河川は、水防法第十条及び第十一条に基づき、水位等の予測が技術的に可能な「流域面積が大きい河川」のうち、洪水により国民経済上重大な損害や相当な損害を生ずるおそれがある河川について、国土交通大臣または都道府県知事が指定した河川のことである。

洪水予報河川に指定した河川では、洪水時の川の水位及び雨量の実績や今後の予測等を記載した洪水予報文を作成し、気象庁長官と共同して発表する。

洪水予報は、洪水時の水位状況等に応じて、「氾濫注意情報」、「氾濫警戒情報」、「氾濫危険情報」、「氾濫発生情報」として発表する。

◆水位周知河川とは？

水位周知河川は、水防法第十三条に基づき、洪水予報河川を除く河川で、洪水により国民経済上重大な損害や相当な損害を生ずるおそれがある河川について、国土交通大臣または都道府県知事が指定した河川のことである。一般的に水位周知河川は、流域面積が小さく、洪水の到達時間が短いなど、水位の予測等を行うことが技術的に困難であるため、氾濫危険水位（特別警戒水位）を設定し、その水位への到達情報を発表する。

◆川の水位の種類とその意味合い

洪水予報河川や水位周知河川では、避難等の目安となる水位として、「氾濫注意水位」、「避難判断水位」、「氾濫危険水位」が設定されており、それぞれの水位が持つ意味合いは、次のとおりである。

○氾濫注意水位

水防団が洪水時の巡視等を適切に行うために出動の目安とする水位である。

○避難判断水位

住民に対し氾濫の発生の危険性について注意喚起を開始する水位であり、市町村長が「避難準備・高齢者等避難開始」の発令を判断するための目安となる水位である。

○氾濫危険水位

洪水が氾濫した場合に相当の家屋浸水等の被害を生ずるおそれがある水位であり、市町村長が「避難勧告」等の発令を判断するための目安とする水位である。

なお、氾濫危険水位は、堤防から水があふれる水位から、避難等に要する時間に相当する水位上昇を考慮した水位である。

◆洪水予報の種類と発表基準の一覧

洪水時に適切な避難行動を行うためには、日頃から各種水位が持つ意味合いや洪水予報等の発表の基準を理解しておくとともに、洪水時の川の水位情報等により避難行動のタイミングを判断することが重要である。

川の水位情報（越水時のイメージ図）

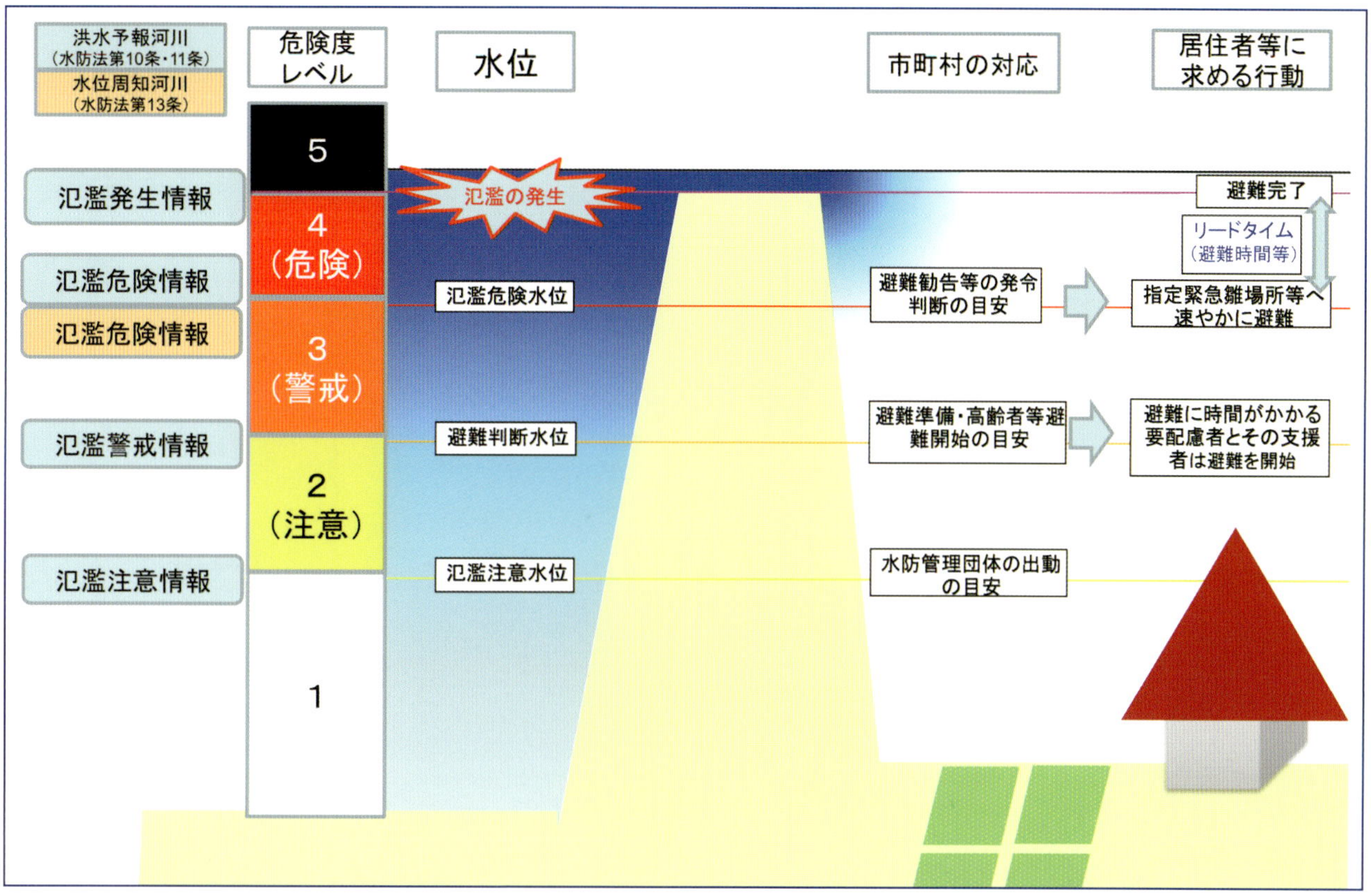

洪水予報の種類等と発表基準

種類	情報名	発表基準
「洪水警報（発表）」又は「洪水警報」	「氾濫発生情報」又は「氾濫発生情報（氾濫水の予報）」	・氾濫が発生したとき ・氾濫が継続しているとき
	「氾濫危険情報」	・氾濫危険水位に到達したとき ・氾濫危険水位以上の状態が継続しているとき
	「氾濫警戒情報」	・氾濫注意水位に到達し、さらに水位の上昇が見込まれるとき ・氾濫注意水位以上で、かつ避難判断水位未満の状態が継続しているとき ・避難判断水位に達したが、水位の上昇が見込まれないとき
「洪水注意報（発表）」又は「洪水注意報」	「氾濫注意情報」	・氾濫注意水位に到達し、さらに水位の上昇が見込まれるとき ・氾濫注意水位以上で、かつ避難判断水位未満の状態が継続しているとき ・避難判断水位に達したが、水位の上昇が見込まれないとき
「洪水注意報（警報解除）」	「氾濫注意情報（警戒情報解除）」	・氾濫危険情報又は氾濫警戒情報を発表中に、避難判断水位を下回った場合（氾濫注意水位を下回った場合を除く） ・氾濫警戒情報発表中に、水位の上昇が見込まれなくなったとき（氾濫危険水位に達した場合を除く）
洪水注意報解除	「氾濫注意情報解除」	・氾濫危険情報、氾濫警戒情報又は氾濫注意情報を発表中に、氾濫注意水位を下回り、氾濫のおそれがなくなったとき

確認しよう

気象編

3 おすすめホームページ&お役立ちアプリ

災害時には、正確な情報をスピーディーに入手したい。いつ、どこで、何が起きているか、今後の予測はどうなのか。ここで紹介するサイトやアプリを日常からチェックしておけば、「いざ大雨!!」「いざ台風!!」という時にもあわてずにすむ。自分にとって見やすいサイトはどれか、余裕がある時に確認しておこう。

日本の気象データはこのサイトが基本

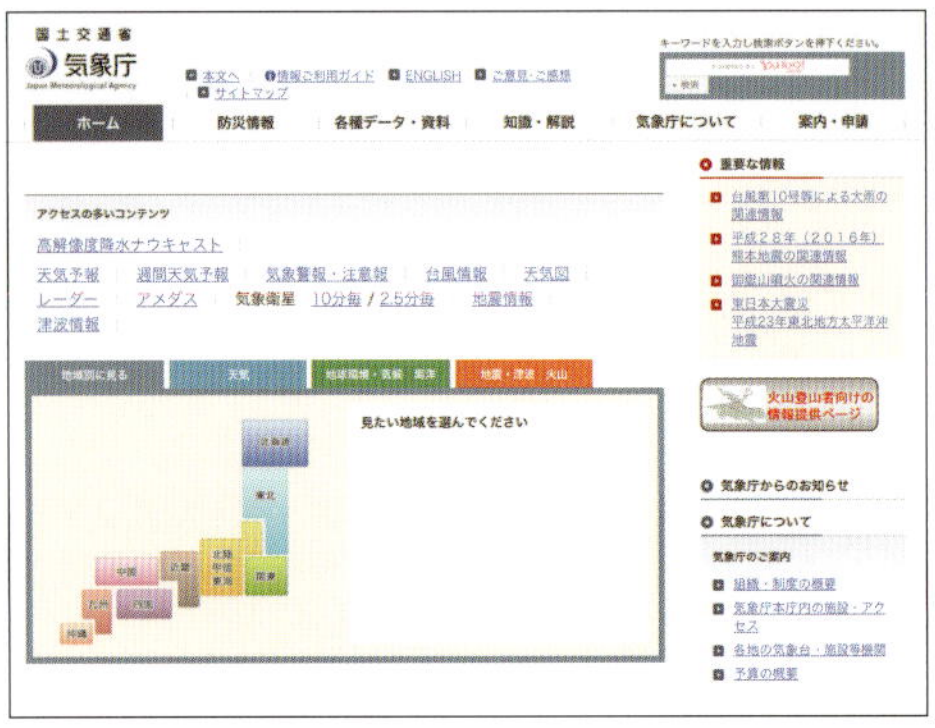

気象庁
Japan Meteorological Agency

国土交通省・気象庁が発表する気象情報、地震・津波情報、データ、火山、気候、環境、海洋情報を掲載。

◆サイトを開いたら、「アメダス」「天気図」「台風情報」「防災情報」のほか、30分先までの5分ごとの降水域の分布を従来の16倍の解像度である250㍍四方の細かさで予測するサービス「高解像度降水ナウキャスト」など各種情報が見られる。

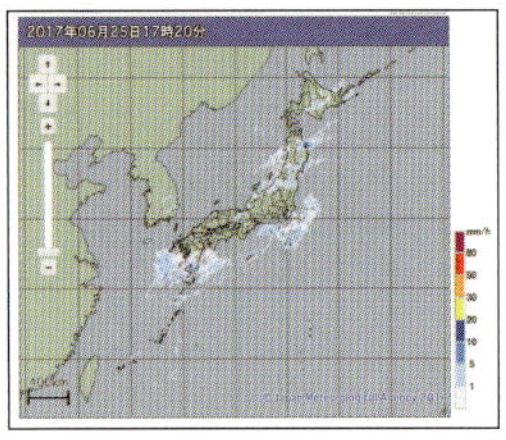
高解像度ナウキャスト

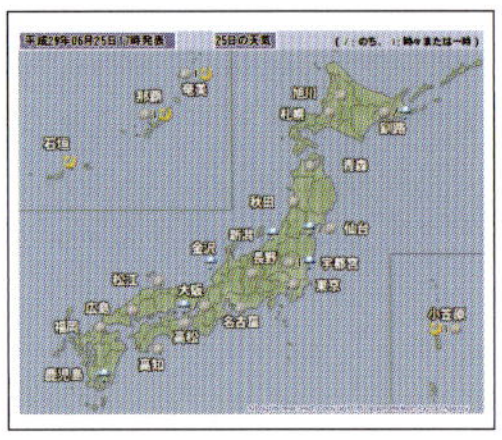
天気図

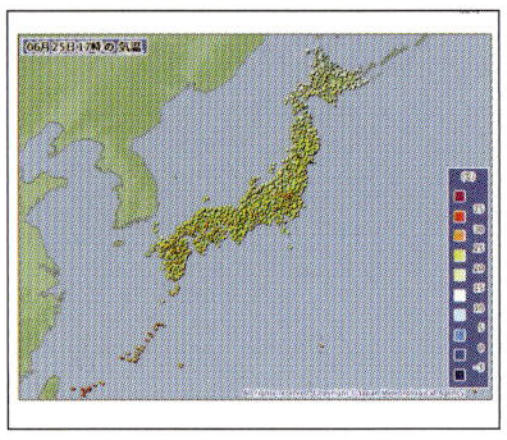
アメダス画像

http://www.jma.go.jp/jma/index.html

気象と災害全般の最新状況がわかる

NHK NEWS WEB
気象・災害情報

地震、津波、台風、大雨など災害の最新情報や、防災・減災に役立つ最新情報を掲載。台風の場合、台風情報が特設される他、インターネットでNHKのニュースをライブ試聴可能。

◆サイトを開いたら、右側の「3時間ごとの天気」「天気図」「台風情報」「防災情報」をクリックすると各種情報が見られる。「NHK そなえる防災」の特設サイトには台風・大雨・台風に関するコラムや「みんなのQ&A」なども充実。

https://www3.nhk.or.jp/weather/

日常からお天気情報を

さらに詳しく知りたい人向き

GPV 気象予報

気象庁や米国海洋大気局等の気象予測モデルをスーパーコンピューターで計算した予測値により、低解像度で長期間の予測をするモデルや高解像度で短期間予測するモデル、波浪を計算するモデル等の様々なモデルの予測を提供。

◆サイトを開いたら、左側のメニューから詳細又は広域のエリア別雨量・雲量、低気圧・台風進路などの情報を見ることができる。

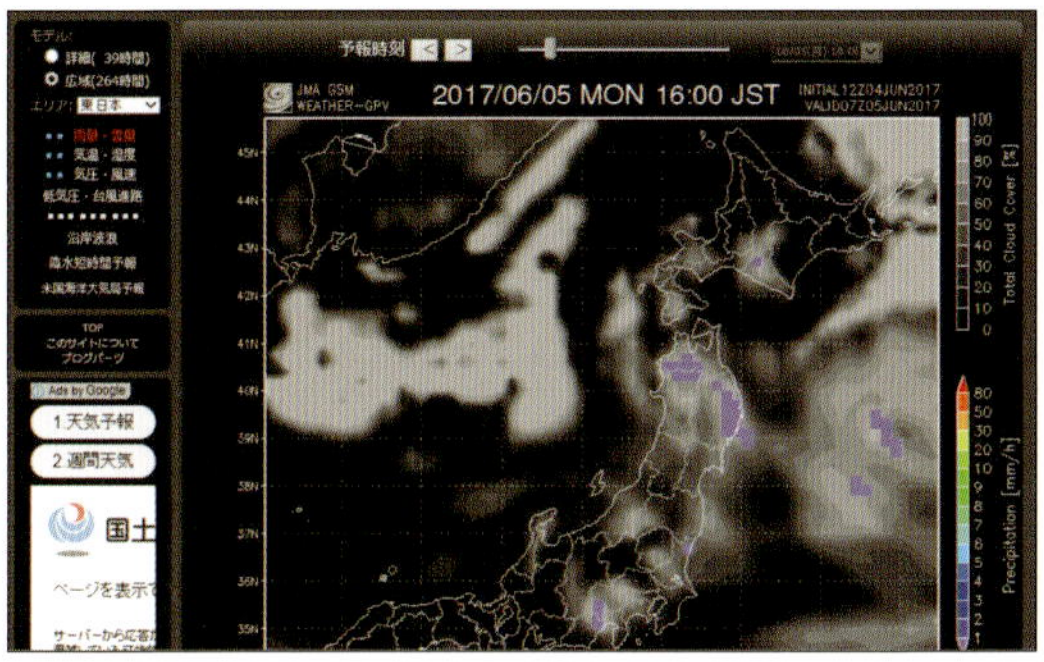

http://weather-gpv.info/

リアルタイムの実況がわかりやすい

ウェザーリポート

全国のウェザーリポーターからのお天気リポートにより、今の天気、自然災害による生活への影響など、即時性・ピンポイント情報を得ることが可能。

◆サイトの右上から「All channel」に切り替えると、「実況天気 Ch.」「雨雲レーダー Ch.」「衛星 Ch.」「天気図 Ch.」「台風 Ch.」など各種の実況チャンネルを確認できる。

http://weathernews.jp/

台風シーズンには、この2つの海外サイトも参考に

台風発生時にはコース予測も

ヨーロッパ中期予報センター（ECMWF）

中期気象予報のための数値解析手法の開発などを目的として設立された国際組織で、当日から10日間の天気予報をエリア別に掲載。英語。

◆①ヨーロッパ中期予報センター「ECMWF」のトップページのメニューバーから【Forecasts】-【Charts】をクリック-【Medium range】をクリック→（台風発生時）【High resolution forecast】の画像をクリック-【Area】-【Asia】をクリック。

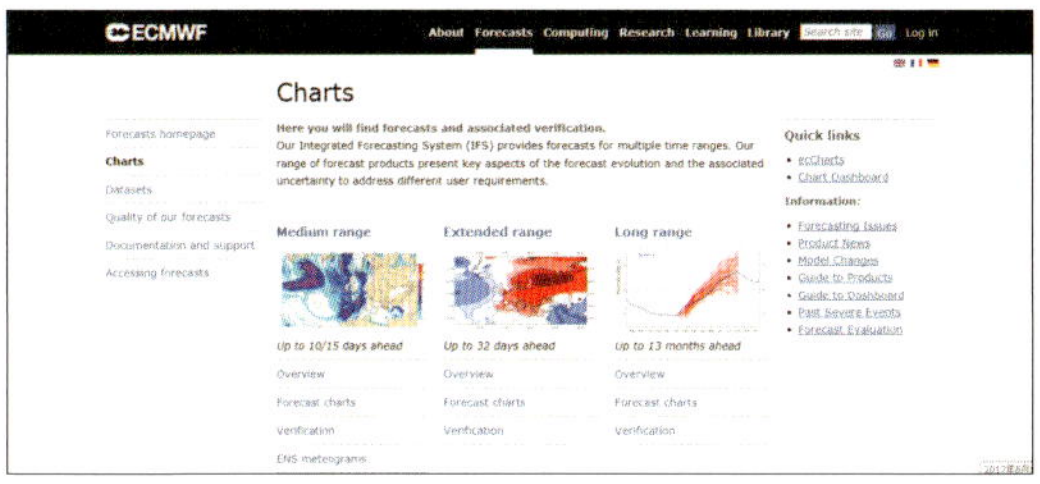

https://www.ecmwf.int/

米軍が発信する台風の進路予測

合同台風警報センター（JTWC）

主にアメリカ、ハワイにあるJTWC（米軍合同台風警報センター）が発表する台風情報の進路予想図。英語。

◆サイトを開いたら、（台風発生時）TC Warning Graphic をクリックすると予想経路図が見られる。

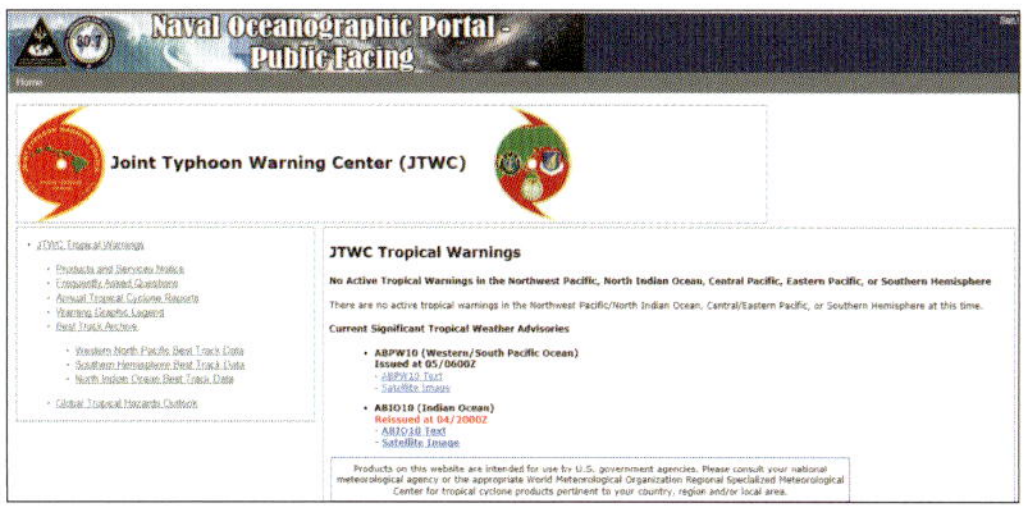

https://metoc.ndbc.noaa.gov/JTWC/

川の情報編

大雨時の川の氾濫の危機性を知らせる

川の防災情報

国土交通省が提供する川の防災情報。全国の河川・観測所の水位雨量や洪水予報の情報をリアルタイムで提供。

◆「雨の状況」「川の水位と氾濫の危険性」「川のライブ画像」「洪水の浸水想定区域図」がわかる。「河川の予警報」をクリックし、見たいエリアを選ぶと、川の表示の色で予警報が発表されたかどうかがわかる。

http://www.river.go.jp/

トップ画面

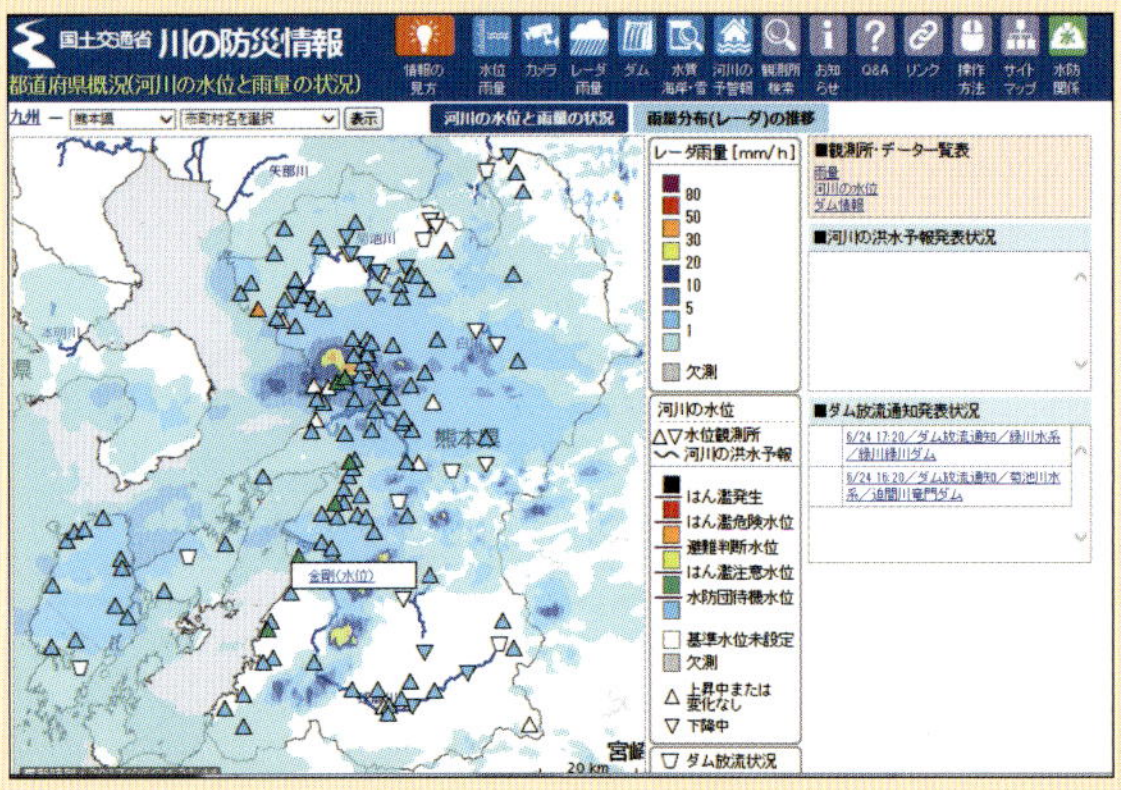

トップ画面から見たいエリアをクリック、例えば九州を選び、さらに熊本県を選択した画面。雨量とともに、川の水位観測所が三角形で表示される。ここから「金剛」地点をクリック

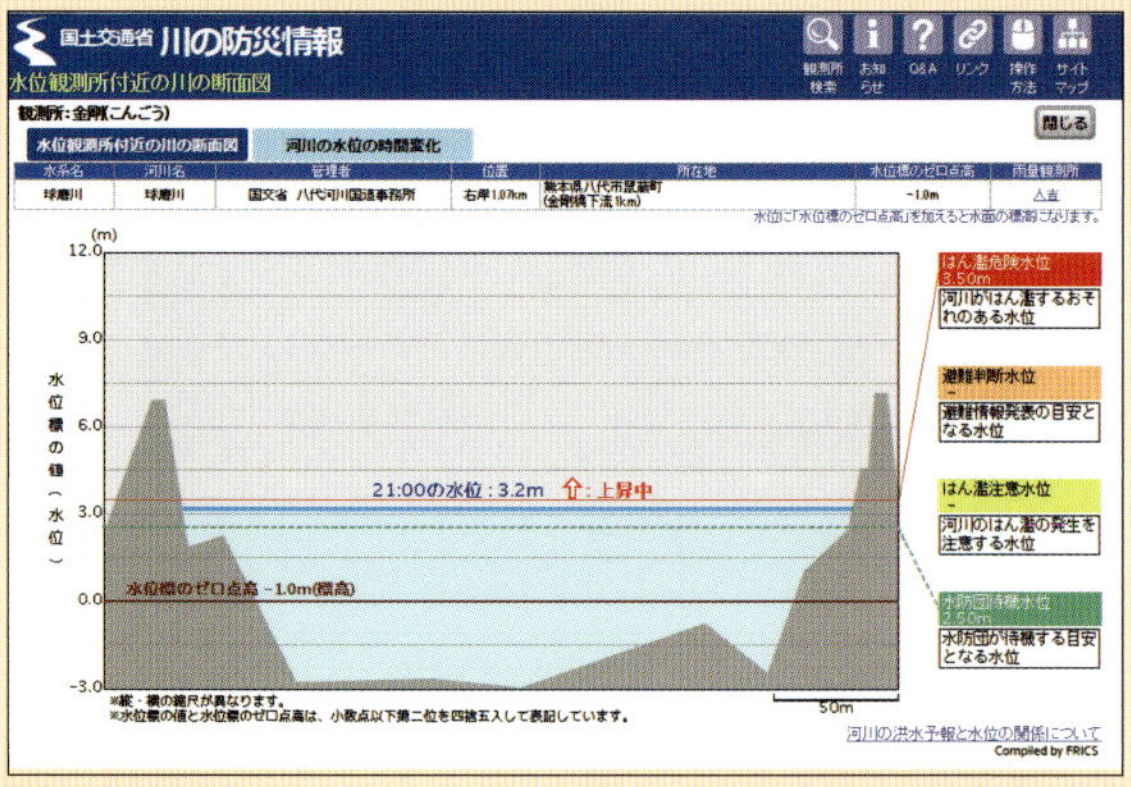

赤い上向きの矢印と「上昇中」の文字で、球磨川の水位が上昇中とわかる

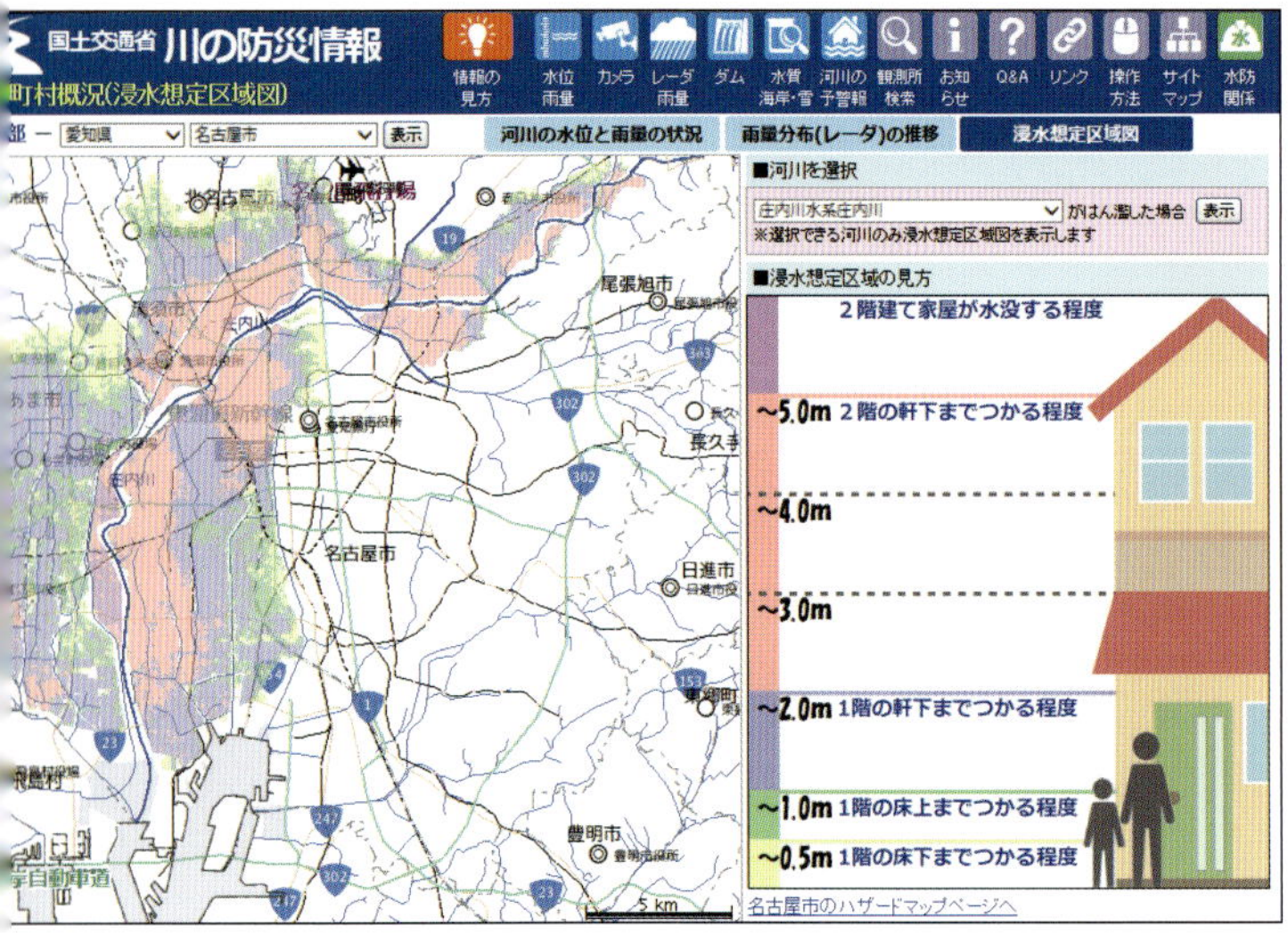

浸水想定区域図は「市町村概況」から自治体を選び、「浸水想定区域図」をクリックする（画像は愛知県名古屋市）

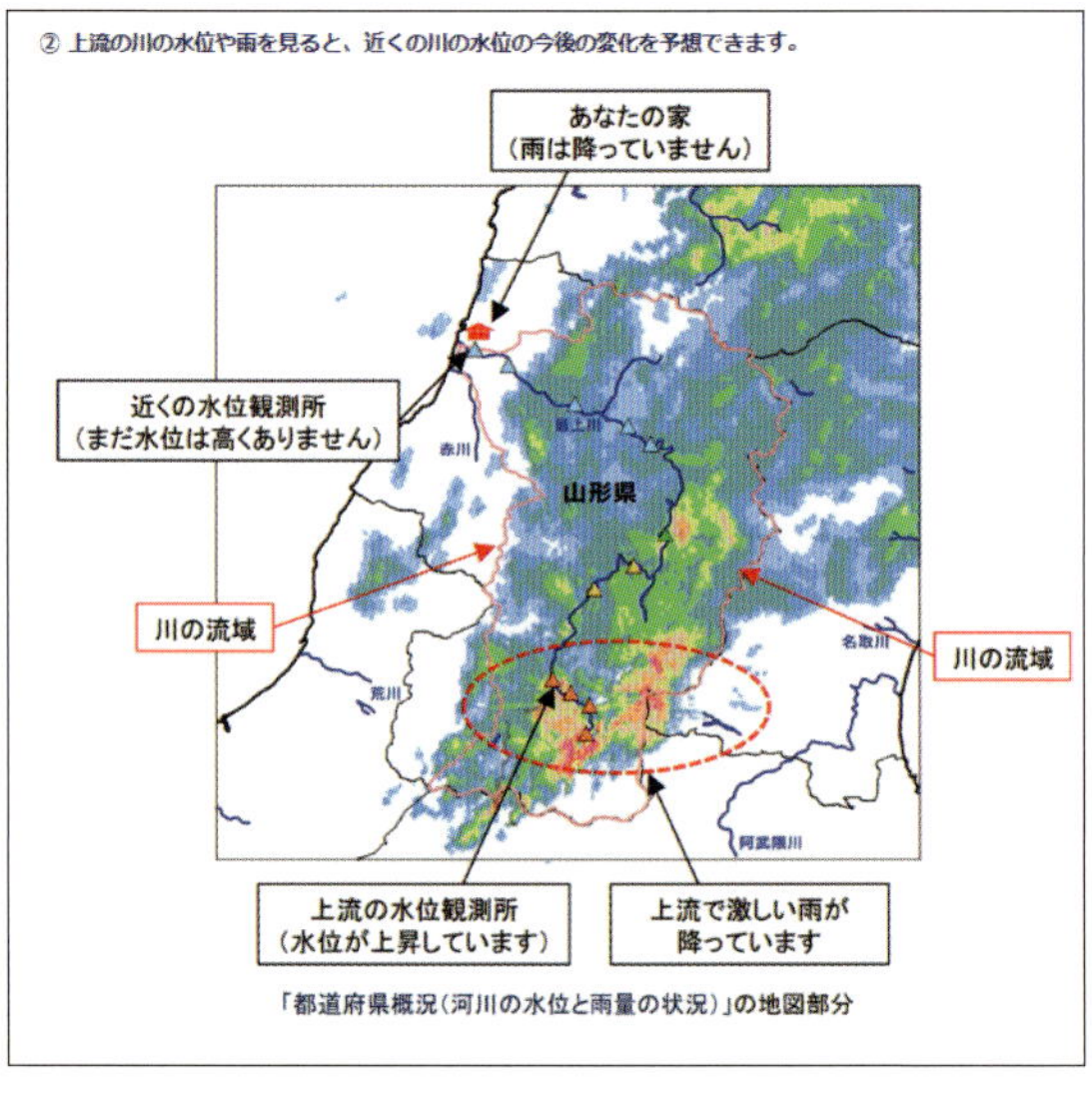

まず、上のアイコンの中から「情報の見方」を見ておくと活用法がわかりやすい

避難情報編

自治体が出した避難情報を確認

Yahoo! 避難情報

自治体から提供を受けた、避難情報(警戒区域、避難指示、避難勧告、避難準備、避難解除)を掲載

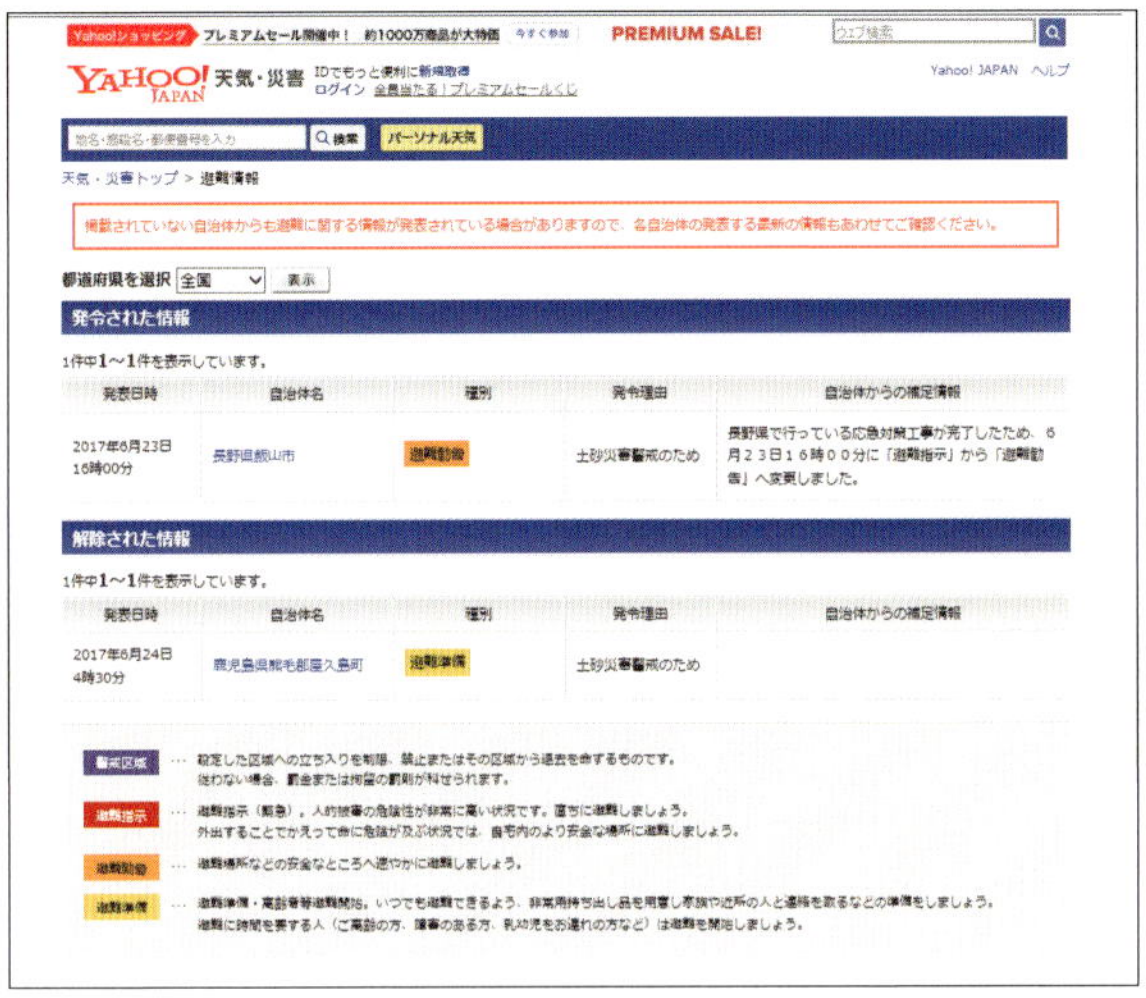

https://crisis.yahoo.co.jp/evacuation/

各都道府県の河川情報サイトが一覧に

River Net 水防災情報のポータルサイト

「River Net」は一般財団法人 河川情報センターの公式サイト。この中に、各都道府県の河川・防災情報のポータルサイトへのリンク先一覧がある。

◆トップページからは、「河川情報等へのリンク」を開き、さらに「都道府県の河川情報サイト」をクリックする。

http://www.river.or.jp/02pref/

GPS機能で最短の避難所、避難場所へ

アプリ

防災情報　全国避難所ガイド

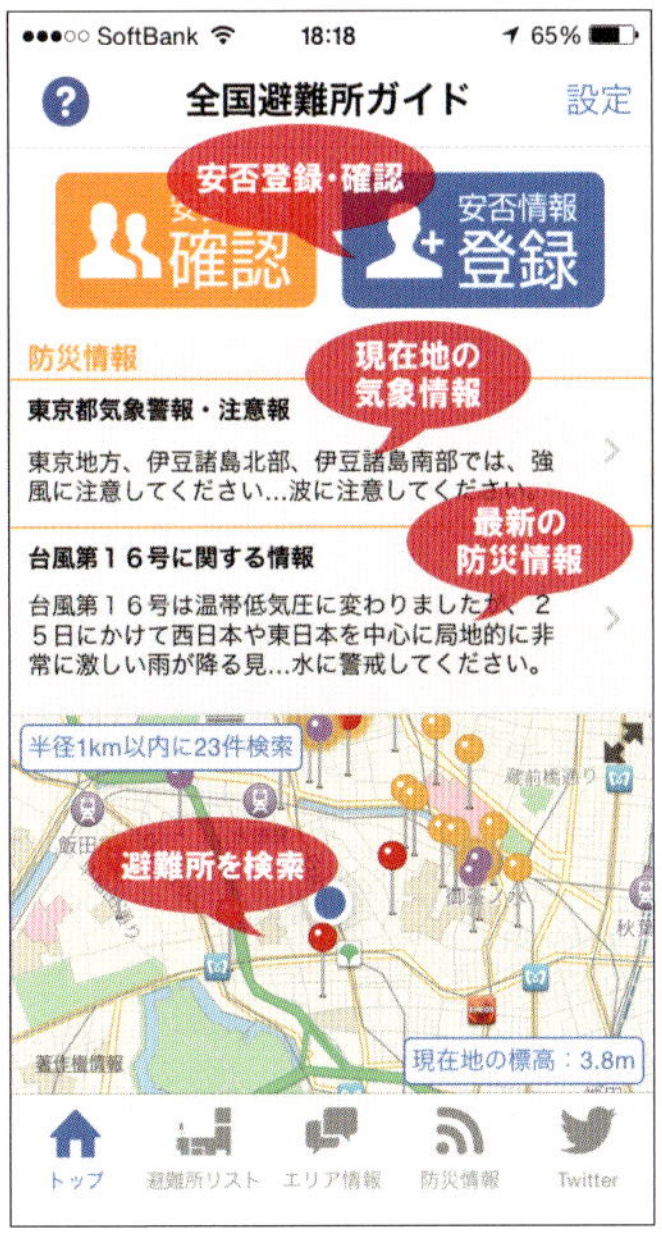

全国の自治体が定めた災害時の避難所や避難場所を収録し、現在地周辺の避難所を検索して、道順をルート案内する災害ナビゲーションアプリ。

http://www.hinanjyo.jp/

◆スマートフォン版も便利

http://www.river.go.jp/s/

GPS 機能で自分がいる場所の状況を表示できる

Yahoo! 天気・災害「河川水位情報」活用術

https://typhoon.yahoo.co.jp/weather/river

トップページには河川流域図（全国の直轄河川、都道府県の河川管理）、指定河川洪水予報、氾濫注意水位以上の基準観測所、雨雲レーダー、浸水想定区域図、河川ライブカメラ映像などを掲載

地図に示された河川は、氾濫の危険度に応じて段階別に色で表示される

観測所ごとに水位を表示

いま、どの川の水位が上がっているのか。全国の川のリアルタイムでの水位の変化がひとめでわかる便利なサイトが、Yahoo!天気・災害「河川水位情報」だ。河川流域図がグラフィックで見やすいうえ、ライブカメラ映像と観測所ごとの水位が矢印で示され、直感的に知りたい川の状況を把握することができる。気象庁や国土交通省などの基本データを見やすく提示する工夫が凝らされており、スマホのホーム画面に設定しておくと便利だ。

天気防災

過去の水害がひと目でわかる
Yahoo!天気・災害「災害カレンダー」

https://typhoon.yahoo.co.jp/weather/calendar/

「災害カレンダー」は「過去の教訓を未来につなぐ」というコンセプトで、ウェブ上に展開されている災害アーカイブだ。過去の災害をカレンダー形式でまとめることで、災害を身近に感じて備えにつなげるという狙いがある。カレンダー画面に記された災害名をクリックすると詳しい過去記事や写真を通して過去の災害を知ることができる。画面は9月10日「平成27年関東・東北豪雨の鬼怒川決壊」。

画像提供・編集協力
ヤフー株式会社

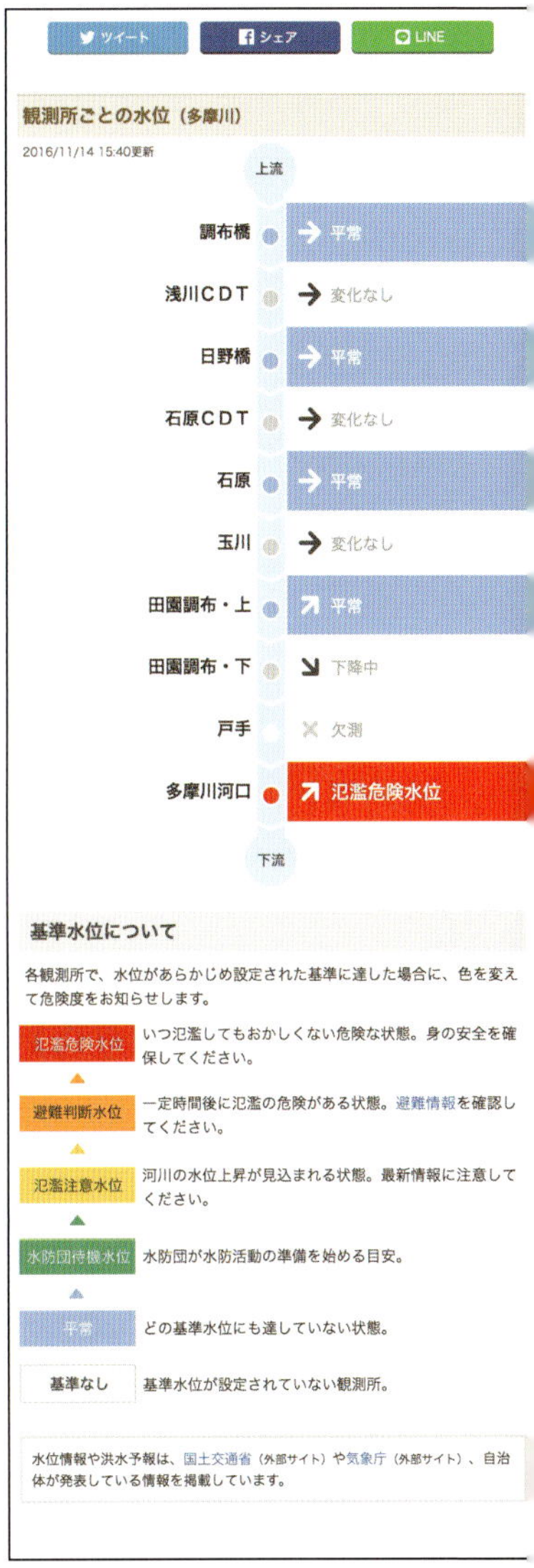

河川詳細ページでは、指定河川洪水予報観測所の水位グラフなどを掲載。観測所ごとに矢印で水位の上昇・下降が示される

Column

水位計

河川によって異なる 河川水位計と監視カメラの配置状況

国が管理する大河川約１万kmには、水位計約2000カ所、河川監視カメラ約2000カ所設置されており、一定レベルのモニタリング体制が構築されているが、都道府県が管理する河川は約11万kmにおよび、モニタリング体制も様々である。

例えば、2016（平成28）年において死者21人という大きな被害が生じた小本川（岩手県岩泉町）では、その下流側に水位計が１つ設置されているのに対して、同じ流域面積をもつ和歌山県の日高川では、水位計５カ所、河川監視カメラ８カ所（うち２カ所は日高町が独自に設置）あり、豪雨時には、CATVによりリアルタイムの画像が各家庭に配信されている。このように格差があるのが現実である。

IoT技術を活用した新型水位計を開発、モニタリング体制の充実を目指す

水位計を増設するネックは、設置コストと通信コストであるが、最新のセンサー技術、Iot技術を活用した新型水位計の開発が進められている。このプロジェクトには、21社が参画、12チームにより15種類の水位計の開発が進められている。大幅にコストダウンし、使い勝手も向上した水位計による中小河川のモニタリング体制の充実が期待される。

小本川（流域面積 731km²、幹川流路延長 65km）

日高川（流域面積 651.8km²、幹川流路延長 127km）

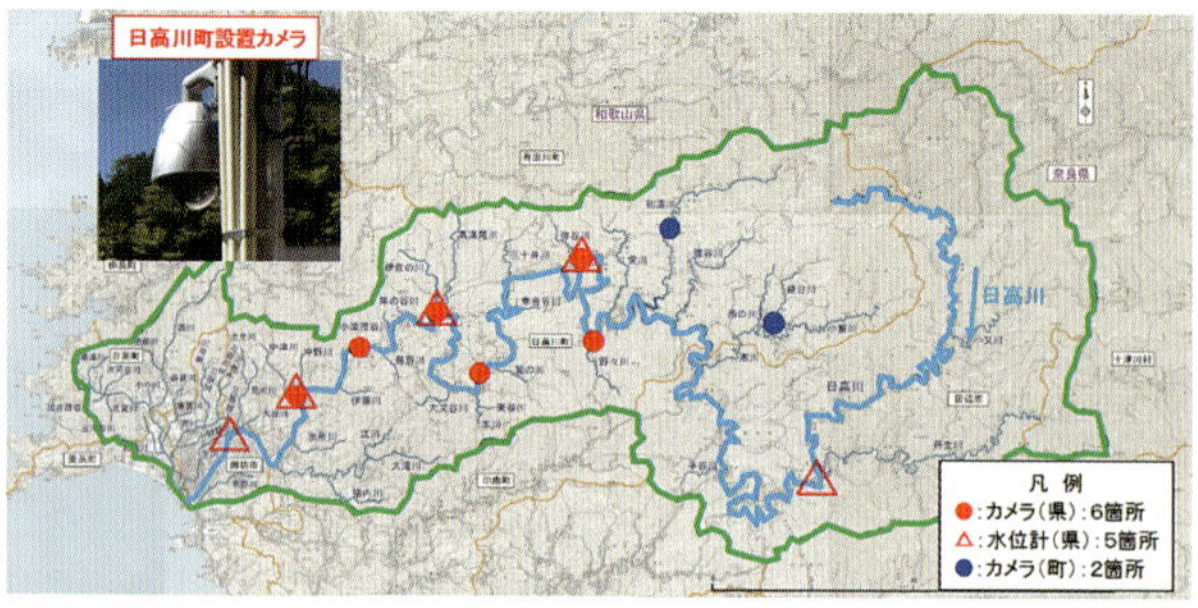

小本川（岩手県）と日高川（和歌山県）の水位計等の設置状況

第 Ⅳ 章

はじめての避難

写真◎毎日新聞社、国土交通省
イラスト◎松本剛、しばざきとしえ
図版◎新井純子

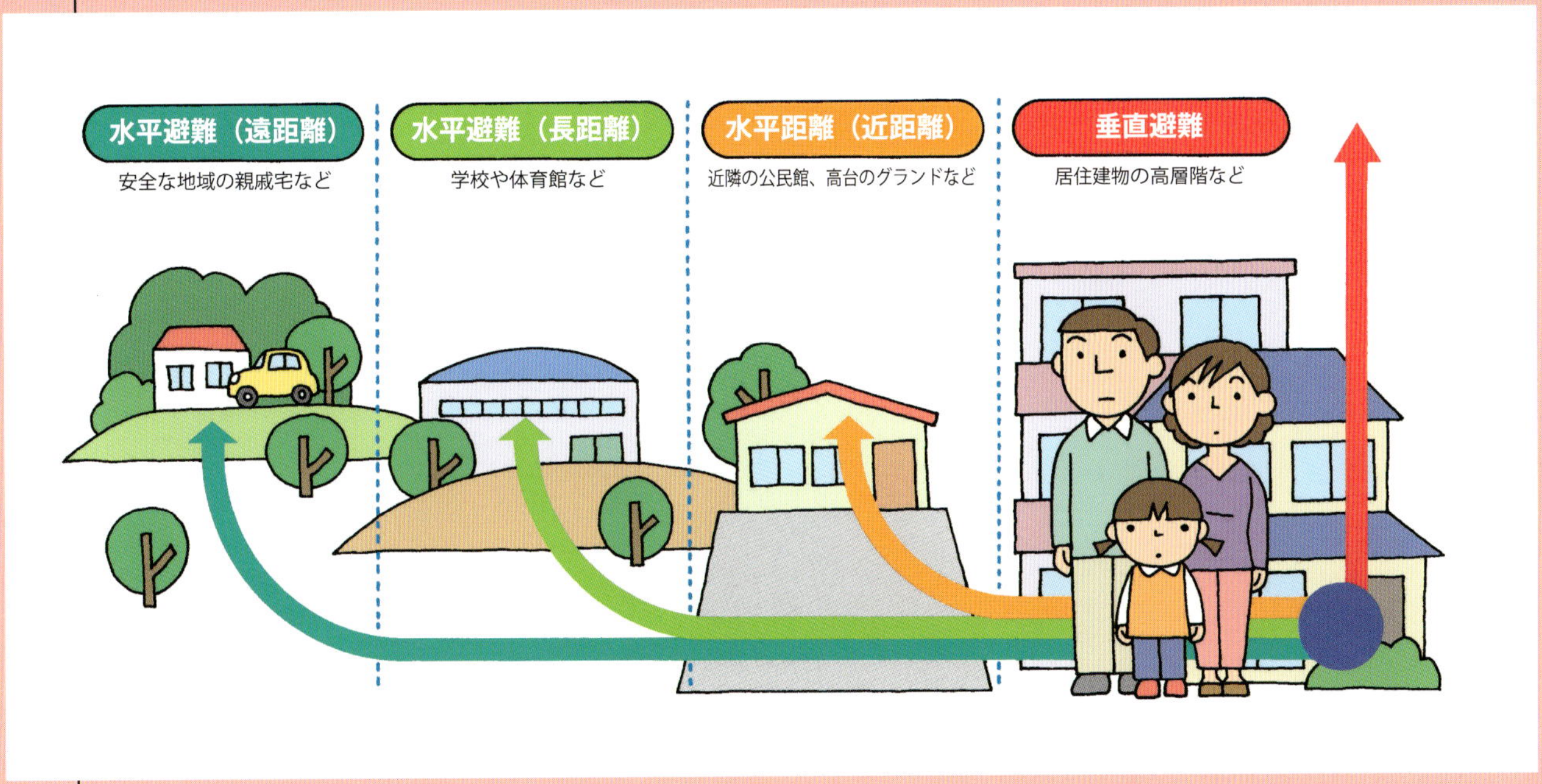

Part 1 逃げ遅れを防ぐための災害心理学
Part 2 そもそも避難とは?
Part 3 避難の方法
Part 4 避難についての素朴な疑問Q&A
Part 5 要配慮者施設の避難計画
Part 6 コミュニティ防災で命を守る

Part 1

逃げ遅れを防ぐための災害心理学

「また起こるのでは」
▼過大視の偏見
（catastrophe bias カタストロフィー・バイアス）

「まさかそんなことが」
▼正常化の偏見
（Normalcy bias ノーマルシーバイアス）

私たちはなぜ簡単には逃げないのか？

水害が迫っている時、さらに災害後、私たちはどんな心理状態になるのか。「避難」にまつわる災害心理学の基本を心理学者・関谷直也さんにうかがった。

東京大学大学院情報学環
総合防災情報研究センター
特任准教授
関谷 直也さん

災害時の避難行動はひとくくりに語られがちですが、水害と地震では大きく異なります。地震の場合、災害が起こった後に安全な場所へ退避すること、さらにその後の避難生活が「避難」のイメージです。水害における避難とは「事前に逃げること」「命を守るために安全な場所に移動すること」を意味します。しかし、いつ避難すればいいかのタイミングがわかりにくく、気象災害であるため、どこの地域で被害が発生するかを特定しづらいという問題がある。事前にどんな情報を手に入れ、どのように行動を起こすかを考えておくことがポイントで、できるだけ早めに気象状況や川の水位などを知り、水害が発生する域外に逃げる「水平避難」、もしくは緊急的に自分の家の2階やマンションの上の階などに逃げる「垂直避難」で命を守ることになります。このように災害によって避難行動は異なるわけですが、「避難」というと「避難所に行くこと」だけを意味すると誤解している方が多いのです。

災害前は「正常化の偏見」災害後は「過大視の偏見」

災害が起こる前は、私たちは

災害前はリスクを過小に評価

自分が被害にあうかどうかわからないため、簡単には避難行動をとりません。河川が破堤して徐々に浸水が広がっているのを見てあわてて逃げる、または夜に浸水したため逃げ遅れて2階に避難をせざるを得ない状況になるのが水害時によくある行動パターンです。

災害に限らず、人間は危機が迫った時、それをきちんと受け止めることが簡単にはできません。過小に評価するか、過大に評価するかのどちらかです。普通に日常生活を送っている時、いざ災害という状況を受け入れることは心理的に難しい。いわゆる「ゆでガエル効果」です。また「大雨洪水警報」や「避難勧告」が出されても、何度も繰り返されるうちに次第に慣れてしまう。これは「オオカミ少年効果」です。つまり、「まさかそんなことが」と思っているため、危険を知らせる情報を受け取ったとしてもすぐに避難するという行動に至りません。これを**「正常化の偏見」**といいます。

災害が起こる前はリスクを過小に評価する一方、災害が起こった後は過大に評価しやすいという心理状態になります。これを**「過大視の偏見」**といいます。英語では「正常化の偏見」を「ノーマルシーバイアス」、災害が起こった後の心理を「カタストロフィーバイアス」といいます。（「バイアス」とは思い込みや先入観という意味）

水害から逃げる時の行動パターンは「浸水を目の当たりにして」と「直接、避難を呼びかけられて」が多い

過去の調査によると、水害からの避難行動は次の3パターンに分けられます。

① 気象情報などを見て、自分で判断して逃げる
② 実際に浸水が迫っている状況を目の当たりにして逃げる
③ 消防団・友人・知人・家族・自治体の職員に直接呼びかけられて逃げる

この中では、2つ目と3つ目のケースが多いです。個人で防災情報をキャッチして逃げるのが大原則ではあるのですが、地域で避難を呼びかけあうこと、呼びかけを受けたら行動を起こすことが大切です。コミュニティ同士のつながりも逃げる際の大きなポイントになります。

水害後は堤防やダムに関する流言が発生しやすい

災害が起こった後は、「過大視の偏見」から人々の不安は極度に高まっています。噂はその延長線上にあり、最近はSNSで拡散しやすいので注意が必要です。噂というのは、情報がなくかつ多くの人が不安だと発生しやすい特徴があります。水害時は堤防決壊やダムに関する流言が広がりやすい。よくあるのが、「また堤防が決壊するかもしれない」という噂です。「警戒」と「決壊」の音が似ているのも「堤防決壊流言」が発生しやすい一因です。対策としては公的な機関が正確な情報を出すこと。災害後は噂が発生しやすい（災害再来流言）ことを行政側も認識し、情報の出所と真偽を把握し、誤っている場合は否定することが重要です。

災害前には噂やパニック、混乱は起こりにくい

災害前と災害後では、人々の情報への対応が変化します。災害前は危機感を感じにくいため、

噂やパニック、混乱は起こりにくい。なかなか避難もしません。行政側は避難に関する情報については出し遅れをしないことが大切です。我々のアンケートでは、避難勧告や避難指示を入手して危機感を感じるという人は、4割程度でした。避難勧告・避難指示を受け取っても危機感を感じない人も多いということを大前提に、事前にも緊急時にも、わかりやすく伝えていく工夫が求められます。

また、伝えたからわかってもらえるとも限りません。必要な情報をきちんと伝えること、危機感を持ってもらうこと、最終的には避難をしてもらうこと。それぞれにハードルがあります。最終的な目的は「人の命を救うこと」ですから、情報を発信する側は伝えたから義務を果たしたとはいえません。水害からどのように人々を逃がすかまでを考えなければならないのです。

高齢者や要援護者の方は簡単に逃げられる状況にありません。寝たきりの方、高齢で遠くまで行くのが体力的に大変という方もいらっしゃいます。

もうひとつストレートに言えば、雨が降っている時は家の中にいるのが当たり前なわけです。本当に危機感を感じるまでは避難したくないというのは普通の心理ですから、そこを突破しなければいけない難しさもあります。

また、災害時に避難勧告・避難指示を出すのは市区町村だということを、大人も子供もほとんどが知らないのが現状です。市区町村の担当者は住民が理解していないのを前提に、事前の啓発を行い、また住民もきちんと学ぶことが大事だと思います。

「正常化の偏見」から脱するために

土地のリスクや過去の水害、避難情報の枠組みを知っておく

「正常化の偏見」を脱するには、水害に備えるための知識を得ること。まずは自分の住んでいる土地の浸水の可能性を知ることです。自治体が配布しているハザードマップ（災害予測地図）で、ある程度の浸水リスクを判断できます。河川沿いで堤防の近くに住んでいるならリスクは高いことになります。また上流部で大雨が降ると、下流部で破堤したり越水する可能性がありますが、私たちの調査ではそのことを知っている人は3割程度でした。

「自分のところは大丈夫」と思い込んでいる方には過去の災害も学んでほしいと思います。首都圏でもカスリーン台風などの大規模水害は過去に何回もありました。特に東京の江東デルタや木曽三川の濃尾平野、大阪の港湾部などは確実に浸水リスクがあり、備えが重要です。

また災害時には「避難準備・高齢者等避難開始」「避難勧告」「避難指示（緊急）」という3段階の情報が市区町村から出されます。その前に、大雨洪水警報や台風情報など気象に関する情報が気象庁から出され、河川に関する情報が国交省や地元の自治体から出されます。①雨が降る⇓②川が増水する⇓③自治体が避難情報を出す。この3段階の枠組みを知っておくことです。10〜20年前に比べれば気象の観測網も緻密になり、雨の情報、河川と水位の情報も正確に得られるようになっています。

住民は避難に関する情報の意味を知らないことを大前提に、自治体の担当者は必要な情報を伝え、理解してもらい、避難行動に結びつける工夫を

Part 2　そもそも避難とは？

突発型災害の「地震」と進行型災害の「水害」では大きく異なる「避難」の意味

避難

「地震で避難する」「洪水から避難する」は同じ「避難」という言葉を使っているが、その目的・役割は大きく異なる。地震は突然発生し、避難は地震発生後からとなるが、水害は、降雨から危険な状況になるまで猶予時間（リードタイム）がある進行性の災害であり、事前に避難する。

命を守る　事前避難

生活を守る　事後避難

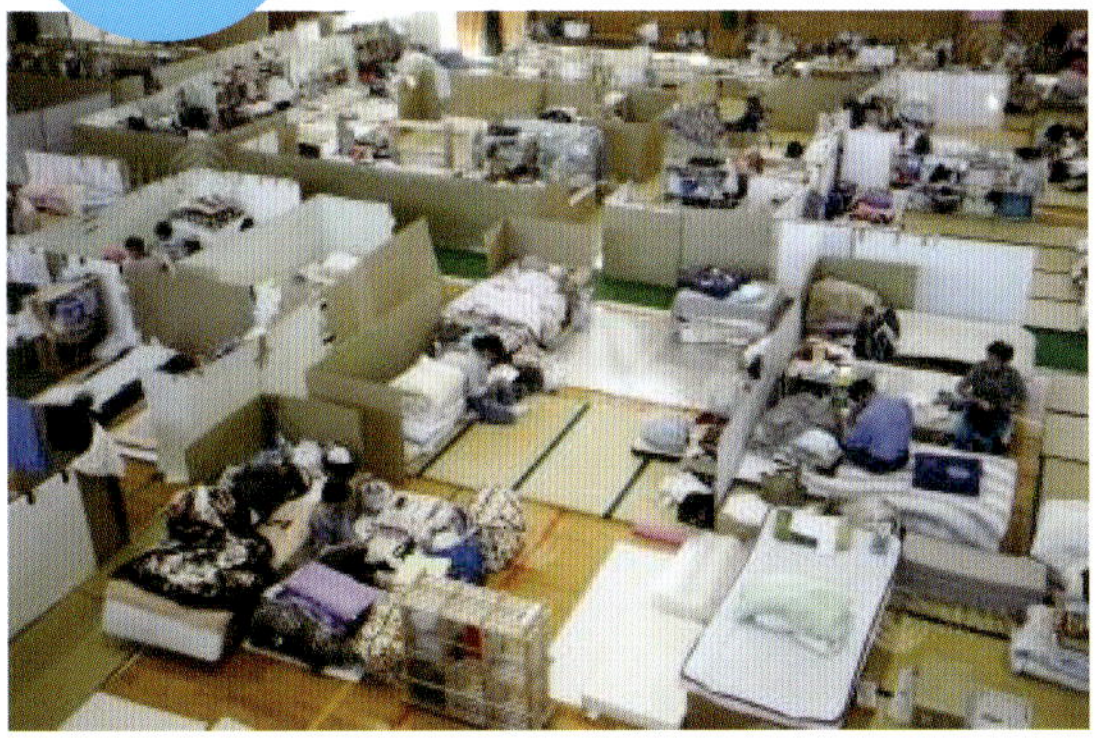

熊本地震から1カ月。間仕切りを設置した避難所で生活する人たち＝熊本県西原村、2016年5月12日

退避《たいひ》

・その場所を退いて危険を避けること。避難。（大辞泉／小学館）
・一時的にその場から離れて危険を避けること。避難。〔同音語の「待避」は危険をさけるために脇に寄ってそれが通り過ぎるのを待つことであるが、それに対して「退避」は危険を避けるためにその場を離れて安全な別の場所に移動することをいう〕（大辞林／三省堂）

避難《ひなん》

・災難を避けること。災害を避けて、安全な場所へ立ちのくこと。（大辞泉）
・災難を避けて他の場所へ立ちのくこと。（大辞林）

豆知識

日本語には事前避難、事後避難を区別する言葉がない。退避と避難も意味はほぼ同じだが、退避には「一時的にその場を離れる」というニュアンスがある。

両方とも「避難」

水害前に逃げること＆災害後の生活

事前と事後、危険回避と生活支援を区別していない我が国の「避難」

我が国の災害に対する基本的な考え方・対応をまとめているのが「災害対策基本法」であるが、発生（危険現象）の前後で、避難の目的・避難行動は大きく異なることが明確には区分されていない。

例えば、指定避難場所について定めた第四十九条の四では、災害が「発生のおそれのある場合」と「発生した場合」とともに避難のために避難場所を指定するとしているが、水害の場合、氾濫前は安全な高台、氾濫後は近傍の水没しない建築物等が避難場所として想定され、本来避難行動が異なるはずである。また、生活の場として被災者を受け入れる「避難所」と、危険な場所から住民を退避させる「避難場所」に、同じ「避難」が使われており、とっさに違いを理解するのは難しい。

英語だと、前者が「shelter」（避難）、後者が「evacuation」（退避）と使い分けができる。常総市の鬼怒川水害対応では、「shelteringに配慮するあまり、evacuationが遅れる本末転倒が生じた」と検証されているように、「避難」と言えば、「避難所に行くこと」が頭に浮かぶ人がほとんどと思われるが、本来は事前避難、事後避難に区分して、災害の進行に応じ注力する避難行動のタイプを変える必要がある。

危険な場所から住民を退避
命を守る事前避難

Evacuation
（退避）

水害では、事前に浸水する場所から高い場所に移動することで、人的被害を避けることができる。すなわち、危険な場所から住民を退避させ、命を守ることが最優先で取り組むべきことである。いわば、水害はevacuation first（退避ファースト）といえる。

当面の生活として被災者の支援を行う
生活を守る事後避難

Sheltering
（事後避難）

水害発生後は、被災しなかった者と被災した者では歴然とその差が生じる。被災しなかった者は、普段の生活の場へ戻るが、被災した者は、生活の場を取り戻す必要が生じる。被災した者を受け入れ、次の生活までの支援を行うのが事後避難（sheltering）である。

※

このように、災害発生の前後で避難の目的、役割は大きく異なる。

避難の概念図

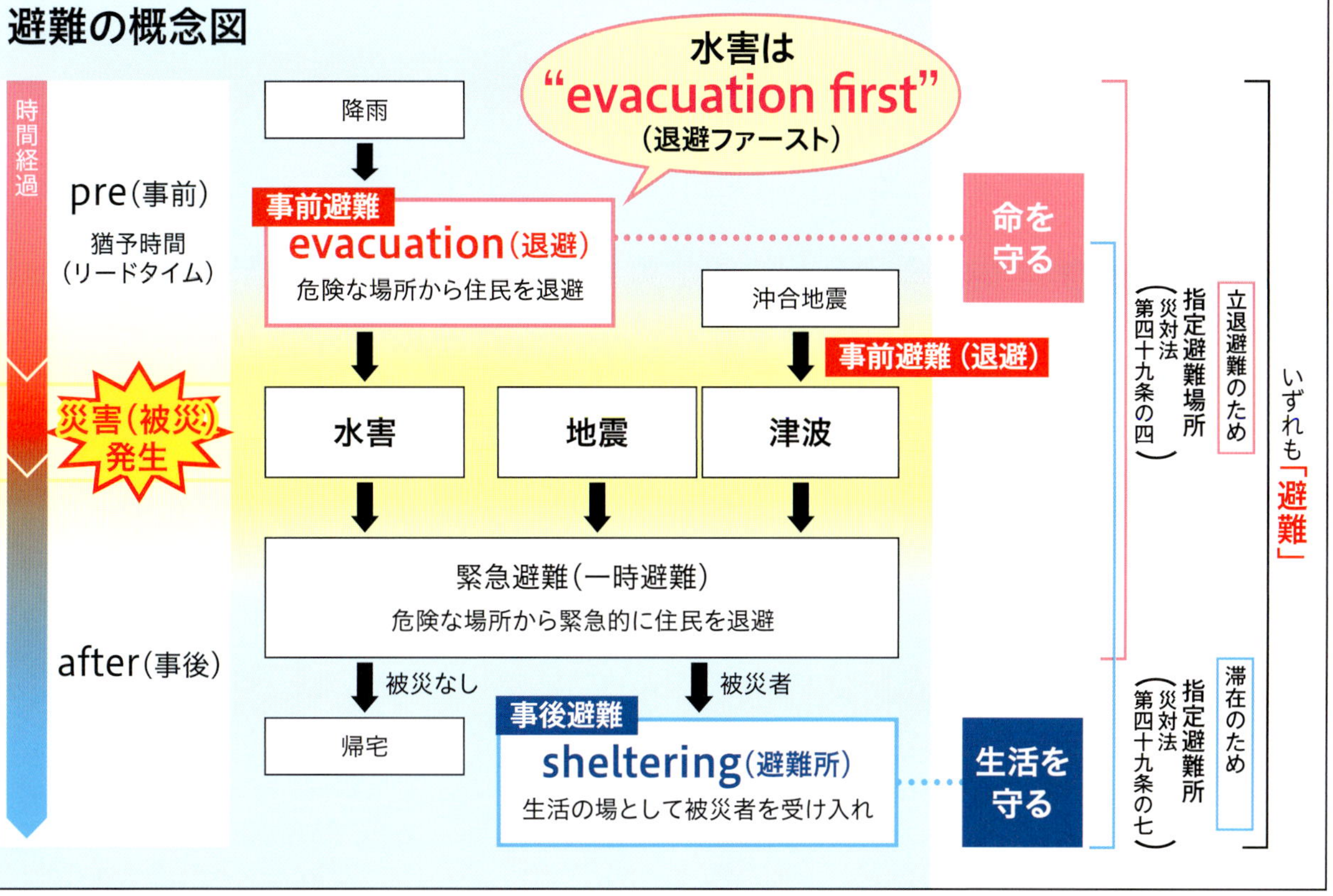

災害対策基本法（抜粋）　第二節　指定緊急避難場所及び指定避難所の指定等

○**指定緊急避難場所**：居住者等が災害から命を守るために緊急的に避難する施設又は場所
○**指定避難所**：避難した居住者等が災害の危険がなくなるまで一定期間滞在し、又は災害により自宅へ戻れなくなった居住者等が一時的に滞在する施設

（指定緊急避難場所の指定）

①各地域の実情に講じた判断　②事後避難　③事前避難　④立ち退き避難　⑤ 地震以外：管理条件かつ立地条件を満たすこと　⑥崖崩れ、土石流、地滑り、高潮、地震、大規模な火事、内水氾濫、噴火に伴い発生する火山現象

第四十九条の四　市町村長は、防災施設の整備の状況、地形、地質その他の状況を総合的に勘案し、必要があると認めるときは、災害が発生し、又は発生するおそれがある場合における円滑かつ迅速な避難のための立退きの確保を図るため、政令で定める基準に適合する施設又は場所を、洪水、津波その他の政令で定める異常な現象の種類ごとに、**指定緊急避難場所**として指定しなければならない。

（指定避難所の指定）

事後避難　立ち退き避難　災害の危険性がなくなるまで　被災者

第四十九条の七　市町村長は、想定される災害の状況、人口の状況その他の状況を勘案し、災害が発生した場合における適切な避難所（避難のための立退きを行った居住者、滞在者その他の者（以下「居住者等」という。）を避難のために必要な間滞在させ、又は自ら居住の場所を確保することが困難な被災した住民（以下「被災住民」という。）その他の被災者を一時的に滞在させるための施設をいう。以下同じ。）の確保を図るため、政令で定める基準に適合する公共施設その他の施設を**指定避難所**として指定しなければならない。

（指定緊急避難場所と指定避難所との関係）

第四十九条の八　指定緊急避難場所と指定避難所とは、相互に兼ねることができる。

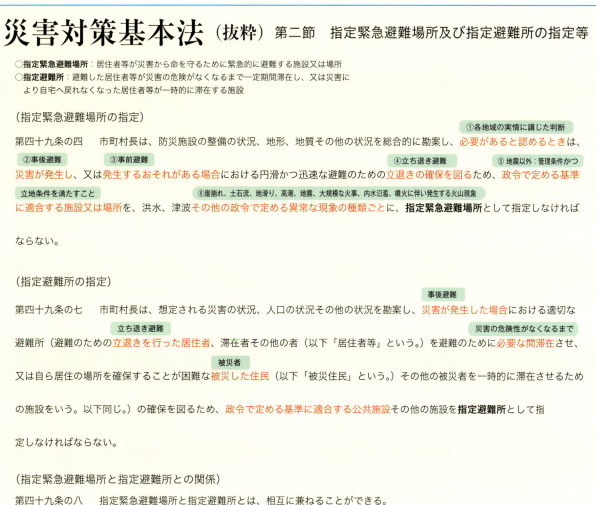

多くの自治体では、「避難所、避難場所の準備・開設」が避難勧告等の前提

命を守る観点からは、準備・開設が間に合わなくとも、躊躇なく避難行動を！

避難勧告等の発令前に、避難場所や避難所が準備・開設されていることが望ましいのは言うまでもない。政府の避難のガイドラインでもその旨が記載されている。多くの都道府県で導入されている総合防災システムにおいても、避難勧告等の発令等を入力する前に、開設している避難所等の情報の入力が要求されるようになっている（未指定でとばすこともできる）。

このように、避難所・避難場所の準備・開設→避難勧告・避難指示（緊急）の手順が一般的となっている。避難勧告等においても、「○○公民館へ」等、避難先を指示している例がほとんどである。しかし、状況が急変する場合や十分なリードタイムがとれない場合もある。このため避難所・避難場所の開設にこだわらず、躊躇なく避難行動に移ることも必要である。

また、避難場所も、屋根があろうがなかろうが、とにかく安全である場所を決めておき、いざという時は逃げられるように準備しておくことが重要である。

避難場所が危険となり、より高台の避難場所へ

2次避難、3次避難とならないように注意

過去の水害経験から決めておいた避難場所が、想定しなかった規模の洪水に見舞われることにより危険となり、さらに高台の避難場所に移動する事例も発生している。このような場合、中小河川では豪雨の最中という場合もあり、夜間であればなおさら危険な状況下での移動となる。

実際、過去最大規模を大きく超える規模の洪水に見舞われた紀伊半島大水害においては、那智川では、1次避難場所となっている保育園から時間雨量100ミリの最中、上流側の小学校への2次避難が行われた。この1時間半後に保育園は3メートルを超える浸水に見舞われている。

紀宝町を流れる相野谷（おのだに）川でも複数の地区で避難所に浸水の可能性が出てきたためより高台に避難を行っている。高岡地区では山付けの避難所が危険な状況になり、豪雨・夜間において、暗い山道をさらに高台にある個人宅へ2次避難、さらにそこも危険な状況になり、3次避難、4次避難と避難を繰り返した。

安全な避難場所とともに、様々な避難の条件を考えた避難路の確保も重要である。

Column

「避難所」と「避難場所」

自治体によって異なる言葉
その場所の意味するところをよく理解

東日本大震災においては、切迫した危険から逃れるための「避難場所」と、その後の避難生活を送るための「避難所」が必ずしも明確に区別されておらず、また、災害毎に避難場所が指定されていなかったため、発災直後に避難場所に逃れたもののその場所に津波が襲来して多数の犠牲者が発生した。この反省を踏まえて、平成25年の法改正で「指定避難所」と「指定緊急避難場所」が区別されることとなった。

しかし、現実には、各地域によって、避難の体系、用語が異なる。

例えば、多くのオフィスのある東京都千代田区では、「避難所」と「災害時退避場所」が設定されており、指定避難場所は設定されていない。避難所は区民用、災害時退避場所は通勤者用と分け、区の特性として指定避難場所等は不要としている。災害時退避場所は千代田区独自のものと思われる。

一方、東海地震対応で取り組みの先行している静岡県では、「一次避難地」「広域避難地」としている。

これらは、建築物を伴う施設を選定しているが、自治体によっては、オープンスペース、駐車場、グランドを指定している例もある。屋根があると思って行ったら、屋根がなかったということもあり得る。

当該施設が、①命を守るものか生活再建支援なのか（施設の目的・役割）、②どの災害（水害、土砂災害、津波、地震等）を対象としているのか（災害の種別）、③どういう規模か（広域、一時等）、④場所・施設の性格（屋根、トイレの有無等）などは確認しておいたほうがよい。

緊急避難場所

緊急避難場所

緊急避難場所

国土地理院の避難場所などの地図記号

Ⅳ はじめての避難

紀伊半島大水害（2011年）では、四度の避難を繰り返したケースもあった（三重県紀宝町）

1次避難所だっ
にもかかわらす
紀伊半島大水害
浸水した井関保
所（和歌山県）

Part 3 避難の方法

水害の事前避難は「垂直避難」と「3タイプ（近距離 長距離 遠距離）の水平避難」

避難には「命を守る避難」と「生活のための避難」があるが、水害の避難は、猶予時間（リードタイム）を活用し、事前に安全な場所へ移動する「命を守る避難」が第一である。

過去の水害でも、防災情報、避難情報が的確に提供され、住民や行政がそれを踏まえ、適切に行動をとった場合には人的被害は大幅に減少している。そのまた逆もしかりである。

水害の避難は、被災を受ける時間までの切迫度に応じて、**①「垂直避難」②「水平避難（近距離）」③「水平避難（長距離）」④「水平避難（遠距離）」**に区分できる。

この他、既に浸水が始まっているなど避難すること自体が危険な状況下であり、留まらざるを得ない「待避」もあるが、被災する可能性も高く、ここでは避難としては取り扱わない。

①の「垂直避難」は、避難が難しい場合に2階や高層階に逃げるものであるが、河川の近くや氾濫流が集中する場所等家屋が流出する場合もあり、留意する必要がある。カスリーン台風時、利根川の破堤地点から約10キロ離れた幸手市付近で約80戸が流出している。自然堤防等の地形条件により氾濫流が集中したためである。川のそばだけ注意するだけでなく、地形条件も考慮する必要がある。

②～④の「水平避難」は時間的余裕があれば、より安全な地域に長距離避難することもあるが、集落単位の集団避難などはむしろ近距離であり、避難のスタイルでも異なる。水害の場合は、例えば台風の来襲が想定されているのであれば、思い切って遠くの実家に帰る、どこかに1泊する等のことも考えられる。

危険の切迫度に応じ避難先を選ぶ必要があるとともに、例えば妊娠中、療養中、休暇中等、自分自身の状況もあわせて考えておくことも重要である。

カスリーン台風

947

伊勢湾台風

1959

ハリケーン カトリーナ

2005

米国ミシシッピ州ビロクシではカジノビルが傾き、桟橋が破壊されていた＝2005年9月9日、藤原章生撮影

移動距離に着目した事前避難の分類

切迫度合い		内容	具体的場所	留意点
平常	水平避難（遠距離）	実家、知り合い宅等遠隔地へ移動	実家、知り合い宅	発災後の状況確認が困難
	水平避難（長距離）	居住地と異なる安全な場所へ移動	広域避難場所等	時間的余裕をもって移動する必要
	水平避難（近距離）	近隣のより安全な場所へ移動	一時（1次）避難場所、一時（1次）集合場所 等	あくまでも一時的な避難先
	垂直避難	切迫した段階で上層階へ移動	自宅の2階 居住建物の高層階	孤立化する可能性 救助までの間、自立が必要
緊急	（待避）	避難すること自体が危険な状況であり、その場に留まる	自宅内の安全な場所	そのまま被災する可能性 救助を受ける可能性

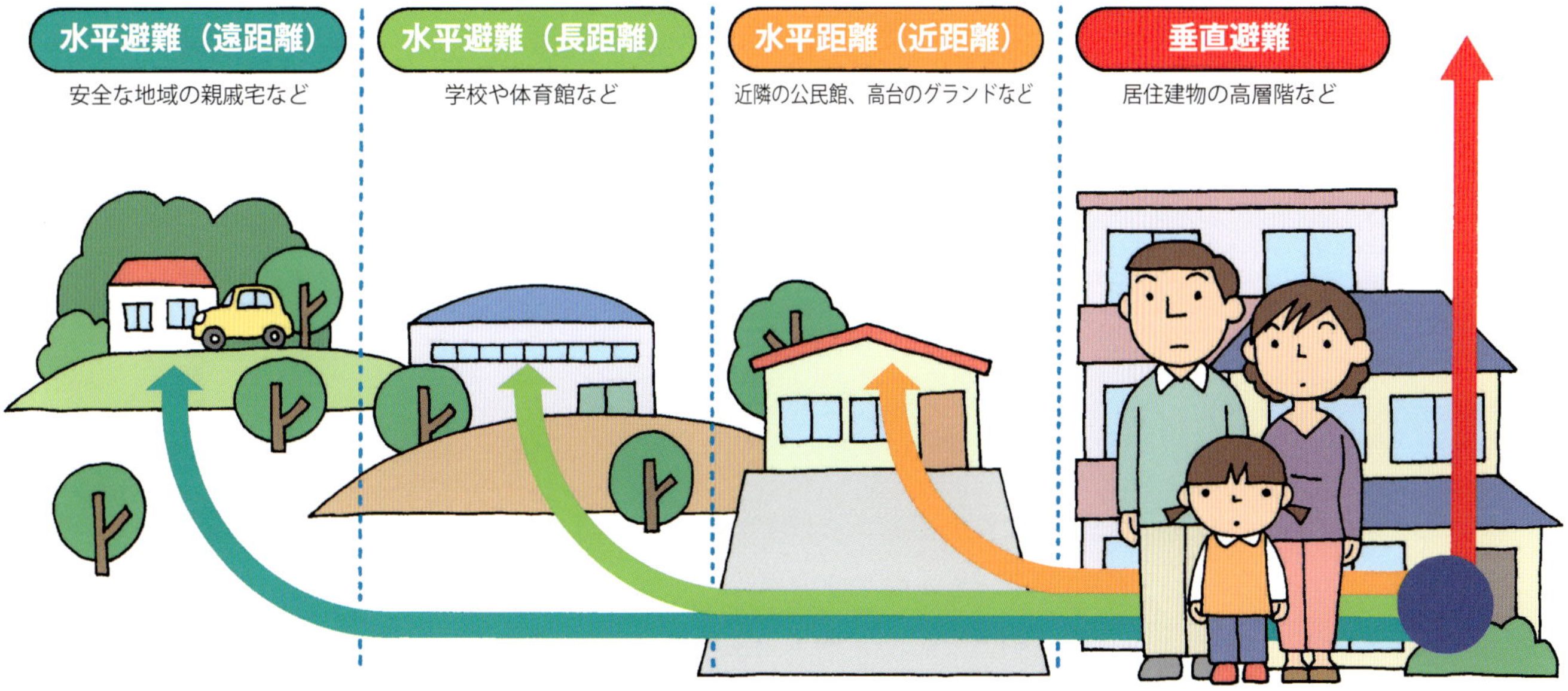

事前の情報・対応で被害の状況が異なった事例

災害名	発生年	災害の概要	死者・行方不明者数	避難にかかるエピソード
カスリーン台風（日本）	1947年（昭和22年）	利根川の決壊により氾濫水は東京に到着、江戸川、葛飾区の大半が水没	1930人	ラジオにより「利根川が決壊し、濁流による被害は、足立区、江戸川区に及ばん」と警戒が呼びかけられ、葛飾区、江戸川区は、浸水の状況を区民に伝え避難の時期を示した。その結果都内の死者は8人にとどまった
北海高潮災害（イギリス、オランダ）	1953年（昭和28年）	気圧低下によりイギリス東岸、オランダ西南岸で海岸堤防が決壊、オランダは国土の約1/20が浸水	オランダ1835人 イギリス307人	イギリスでは、洪水に関する危険性や警報を伝える体制が整備されていなかった。深夜に堤防が決壊したことから、多くの人々は突然高潮に襲われ、死者・行方不明者が多数発生
伊勢湾台風（日本）	1959年（昭和34年）	伊勢湾周辺の海岸・河川堤防が決壊、木曽三川下流デルタが長期間浸水	5098人	台風上陸前に発令された高潮波浪警報、洪水警報等を受け取った愛知県碧南市は直ちに避難命令を出した。市域の98%が被災したが死者・行方不明者は12人にとどまった。事前避難を行わなかった市では290人が死亡した。
ハリケーンカトリーナ（アメリカ）	2005年（平成17年）	カテゴリー5のハリケーンにより運河堤防・海岸堤防が決壊、ニューオーリンズ市域の約8割が浸水	死者1833人（この他行方不明者多数）	プラークマインズ郡では副保安官が一軒一軒訪ね避難を呼びかけ、手助けが必要かどうか確かめた。避難率は97～98%に達し、死者はわずか3人だった。

洪水のピークは数時間。この時間をどう対応するか。そのためにはリードタイムを認識すること

「水害特有の時間の進み方」を理解する

どの程度の水位から危険かは、それぞれの河川の特性や整備水準により異なる。氾濫危険水位以上の水位の継続時間は過去の大水害でも十数時間程度である。まずは、この時間帯前に安全な場所にいることが重要である。この時間帯より前に避難が完了している、もしくは、いざという時に氾濫流がくるまでの間に避難ができることが必要といえる。

水害に襲われれば、氾濫が解消するまでさらに時間がかかるが、幸い被災しなければ、この後には家に帰宅できる。水害特有の時間の進み方を理解し、避難行動に役立てたい。

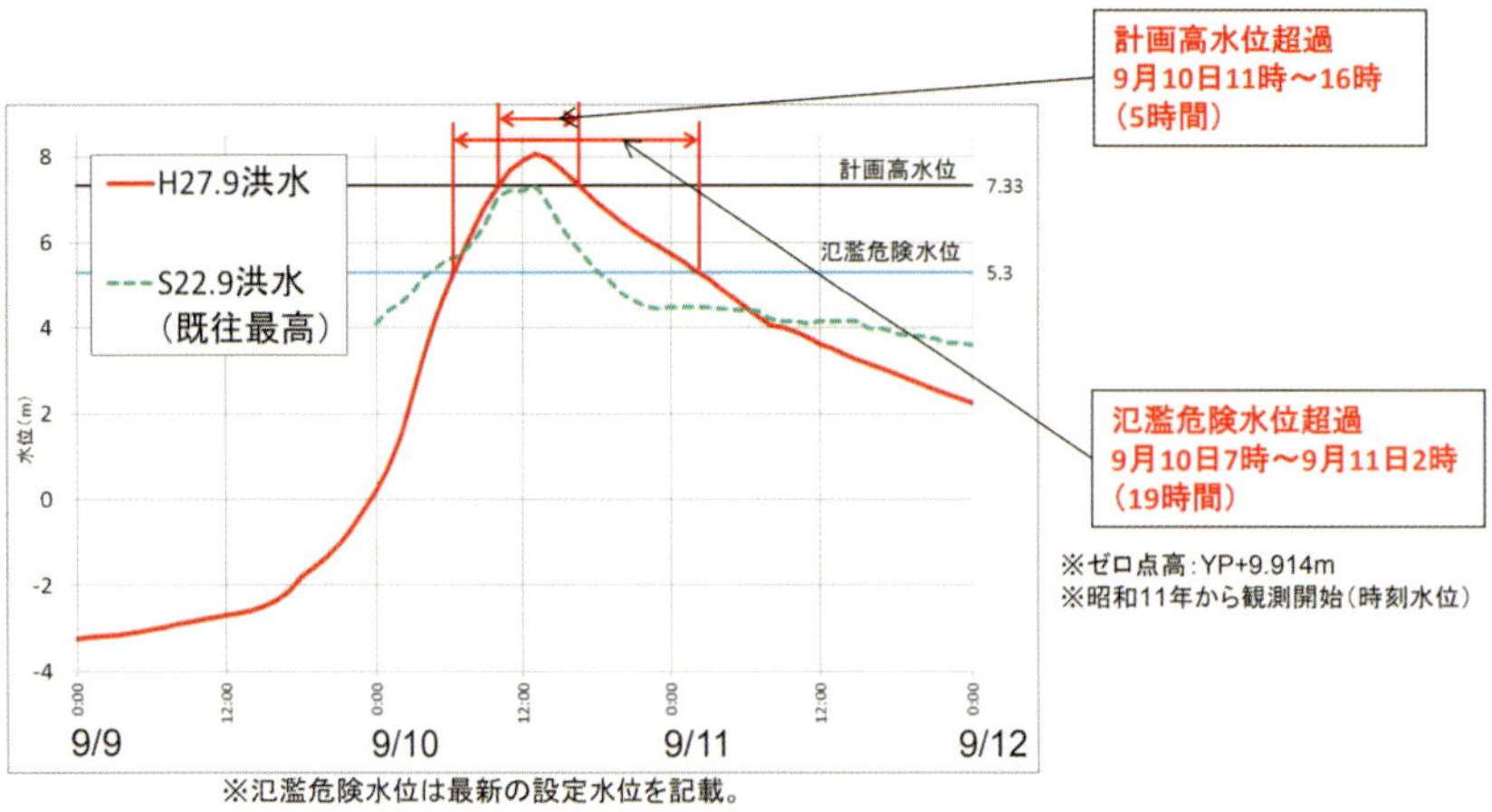

※氾濫危険水位は最新の設定水位を記載。

関東・東北豪雨における鬼怒川（水海道地点）の水位

堤防の決壊等の大洪水の前に、内水氾濫等で移動できなくなる可能性にも注意

水害は堤防の破堤による外水氾濫だけではない。既に雨水が集積することによる内水氾濫が起こっている場合もある。過去、既に浸水が始まっているにもかかわらず避難を行い犠牲になった事例も多い。

内水氾濫は、事前の情報は現時点では雨量程度しかなく、予測するのは困難である。地形的に内水氾濫が想定される場所は、早め早めの避難を心がける必要がある。

また、車による避難の場合、渋滞に巻き込まれることもあるが、20～30センチの浸水でも車は動かなくなる可能性がある。避難に要する時間は、通常よりかかる可能性が大きく、かつ、避難路の危険性も認識しておくべきである。

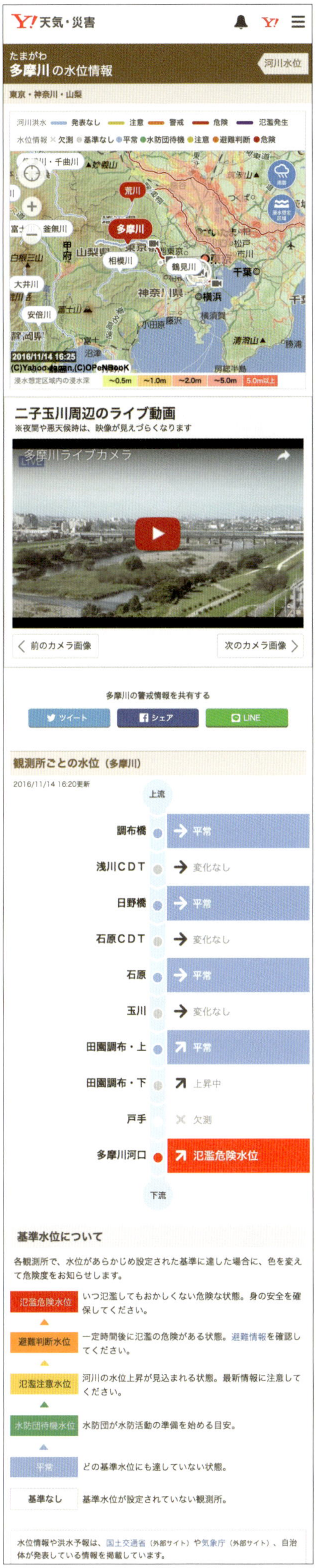

「Yahoo!天気・災害」についてはP120も参照

防災情報を活用すれば、危険度がわかる。まずは気象（降雨の状況）から、基本は河川の水位情報、特に上流側の状況をチェック！

危険がどの程度迫っているのか、最近は多くの情報が提供されており、これを活用することでかなりのことがわかるようになっている。降雨の状況は、詳細な気象レーダー情報が確認できるようになっている。気象庁や各気象サービスサイト等でも確認できる。大雨が予測される場合には、気象予警報が発表されるが、都道府県や地域単位でありアラームとしては活用できるが、住居単位ではわかりにくい。

水害に直結するものとしては、河川の水位情報が基本である。インターネットのサイトでは「氾濫危険水位まであとどのくらいか?」等、時系列のグラフでわかるようになっている。

特に洪水は上流から下流に現象が移ってくる。すなわち上流側で起こっていることが時間差をもって下流でも起こる可能性が高い。上流では、どのくらいまで水位が上がったのか、避難勧告等は発令されたのか等注視しておくとよい。今後の水位の見通しについても、上流側で水位が上がっていれば、下流側も水位は上がるし、上流側が下がれば、時間差はあるにしろ、下流側もそのうち下がり始める等の傾向はつかめる。

川の水位情報は、114ページに掲載しているが、「Yahoo!天気・災害」の河川水位情報のページは地図上に河川と水位計を明示し、水位計は矢印で上昇傾向にあるのか、下降傾向にあるのか示している。川筋でどの地点で下がり始めたのかなど一目瞭然である。これまでは、国が管理している河川の情報提供を行っていたが、2017年からは都道府県が管理する河川にも拡大されている。

避難の促し方は多種多様

人口規模に着目した避難の促し方の分類

	手法	特徴	課題	工夫点
小	全戸個別訪問	全戸に確実に 避難の必要性が伝わる	マンパワーが必要、土地勘が必要 それでも逃げることに躊躇する人もいる	
↑	要援護者のみ訪問	弱者を確実に避難	個人情報の取り扱い マンパワー・土地勘が必要	要配慮者名簿の工夫(手上げ方式、密閉文書方式等)
	広報車	住民の近くで直接情報提供 避難に直結しやすい	屋内では聞こえにくい場合 道路が不通になれば使用不能	
	防災行政無線	住民に直接、同時に情報が伝達 多くの市町村で整備	屋外では聞こえにくい場合 戸別受信機は高価で都市部の普及に難	IP化による戸別受信機への文字情報の伝達
人口規模	CATV(ケーブルテレビ)	世帯普及率約5割 災害時に独自映像を流しやすい	災害時の放送協定を結んでいるCATV事業者は64%にとどまる(H28.1.1)	河川監視カメラ映像など わかりやすい映像を放映
	エリアメール	一斉に特定地域の人に伝達 安価に導入	情報量に制約	メール文を工夫
	インターネット活用	多種多様な情報が入手可能 SNSによりリアルな情報発信が可能	必ずしも当該ページを閲覧しない可能性 うわさ、デマの広がる可能性	大手ポータルサイトと連携、各サイトの災害情報の充実
↓ 大	マスメディア活用	身近で影響度が高い 専門家によるわかりやすい編集	放送内容・時期をコントロールできない 視聴者の関心の高い映像を重視 ※(救出シーン>氾濫の拡散 等)	メディアへの情報の積極的な提供

「人は逃げないもの」という前提で避難のあり方を考える

Ⅳ章パート1「災害心理学」でもとりあげたように、人には「正常性バイアス」があり、いざという時に根拠なく楽観視する傾向がある。大雨の最中は屋根のあるところにとどまりたいというのも正直な気持ちだろう。2016（平成28）年の岩手県の水害でも、人的被災を免れた高齢者施設では、外部から促されたことにより避難を開始している。事実、避難勧告が発令されても、実際に避難する人の割合は極めて少ない。

「人は逃げない」ということを前提に、「いかに避難を促すのか?」という視点が重要となる。

地域の特性を考え、情報伝達手段を使いこなす

消防団員や防災担当職員が1軒1軒回って避難を促すフェイス・トゥ・フェイス（face to face）が、一番効果が高そうであることは明らかであり、地方部では実際に実施されている。

しかし、人口規模が大きくなればなるほど、このような対応は難しくなる。不特定多数にはマスメディアとの連携が重要となるが、一方で放送内容はコントロールできない。例えば、鬼怒川水害（2015年）では、救出シーンのヘリカメラ映像が幾度となく放映されたが、氾濫が広がっていくヘリ映像は少なかったと記憶している。視聴者の関心が高い映像、テーマに流れがちである。

スマートフォンの普及率は72%（2015年現在）であり、上昇傾向は衰えていない。スマートフォンの活用も考える時期ではないか。すなわち、エリアメールとHPを融合し、リアルタイムで視覚的に災害情報を伝達することも可能なはずである。岩手県の水害では、消防団員である夫から河川の状況の写真がメールで送られ、それを見て避難を決心したグループホームもあった。臨場感のある現場の映像が一番伝わる。

移動先のバリエーションを示して心理的抵抗を下げる

避難所・避難場所だけが避難先ではない

「避難勧告」「避難指示（緊急）」は避難を強制するものでなく、あくまでも避難するかどうかは、個々人の判断に委ねられている。避難といえば、避難所、避難場所へ移動することと考えがちである。見ず知らずの人と一緒になることへの不安・心理的抵抗を感じる方も多いと思うが、水害の場合はまずは安全な場所（高台）へ移動することが避難である。こう考えれば、避難先のバリエーションも増えてくるし、増えてくれば避難に対する心理的抵抗も少しは減るのではないか。

安全な場所に遊びに行くのも避難の一つの考え方

高潮や中小河川の場合は、豪雨の最中に洪水が発生する。このような中での避難は危険な状況となる可能性が高いが、大河川であれば、降雨はやんで、晴れ間がのぞいたころに、上流の雨が洪水として到達してくるような場合も多い。河川の水位を見て、その時間帯だけ、「高台のショッピングセンターに行く」「映画を見に行く」といった行動をとることも一つの避難の形態である。また、台風来襲前に「どこか温泉に泊まりに行く」のも同様である。安全な温泉施設を避難所に指定している自治体もある。「念のためにどこかへ出かける」という選択肢も命を守る手段である。

河岸段丘低地では中位段丘へ、台地の縁では台地部等へ、日常生活の範囲内で移動が可能な場合もあるだろう。少し長距離の移動になる場合もあるが、このように考えれば避難に対する心理的抵抗も少しは軽減されるのではないか。

地形を上手に読み解くことが安全な場所を探す決め手

では、どこが安全か？　避難所、避難場所は行政が定めており、一定の安全性を備えているといえるが、自分で判断するにはどうしたらよいか？　そこで役に立つのは、国土地理院が整備を進めているデジタル標高図である。本書Ⅲ章パート1の「水害のメカニズム」の地図がそれである。彩色されており、高く平らな場所が一目瞭然である。P92・93を見れば、例えば東京では海側の埋め立て地も高台で安全なことがわかる。お台場、豊洲あたりに出かけるのも一つの避難と考えられる。

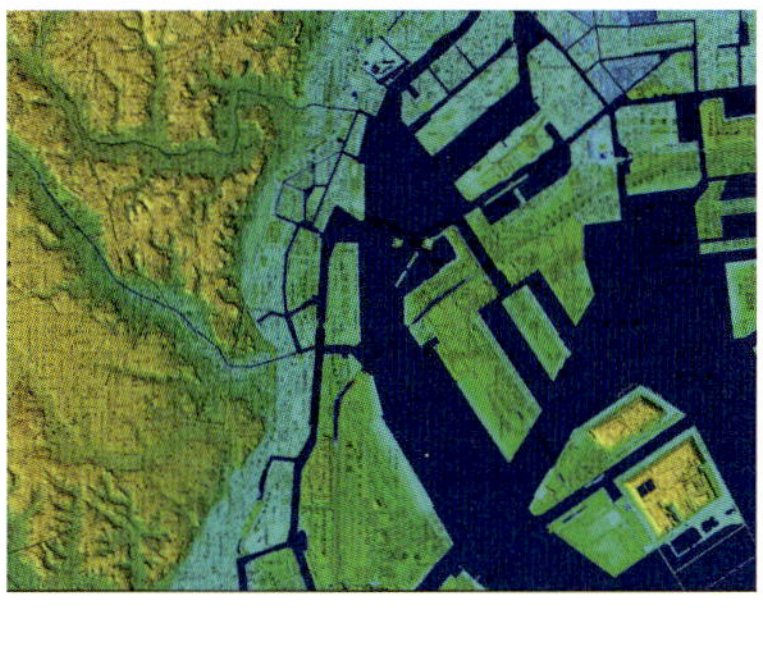

災害時要援護者の避難は行政の役割。要援護者にとって、避難の心理的ハードルは一段と高い

自らの力では避難ができない災害時要援護者の避難は、行政の役割といえる。

要援護者については、避難の心理的ハードルは一段と高い。例えば「避難所はバリアフリー化されているのか？」「雑魚寝のような環境になるのか？」といった要援護者にとって不安となる事項については、あらかじめ明らかにし、心理的ハードルをできるだけ下げる等の工夫が必要となる。

水害では、ヘリコプターが直後に飛べるとは限らない

水害時に、ヘリコプターによる救助の映像が放送されるが、台風一過の強風が残っている場合は、ヘリコプターは飛行できない。２０１１（平成23）年の紀伊半島大水害では、丸1日飛行することができず、道路も分断されていたことから本格的な被災状況の調査、緊急物資の支援等は丸一日後からとなった。夜間に被災した場合も、ヘリコプターが飛ぶのは翌朝からとなる。

水害で逃げ遅れた場合や孤立した場合、すぐに救助されないケースもあることを覚悟しておくべきである。

●昭和36年に制定された災害対策基本法

5000人を超える犠牲者（死者4697人、行方不明者401人）を出した伊勢湾台風（昭和34年）を契機として、一元的な制度として災害対策基本法が昭和36年に制定された。

災害対策基本法制定以前は、避難のための住民の立ち退き指示については、水防法、地すべり等防止法、警察官職務執行法等に規定されていたが、災害の態様や発令の要件、発令権者等がまちまちであり、事前避難が十分に行えず大きな被害を招いたとの反省があった。

●避難勧告などは市町村長の権限に

これを踏まえ、住民に最も身近な市町村長に、災害全般についての避難の勧告又は指示の権限を与え、事前避難を規定することにより、住民の生命・財産の保護に万全を期することとしたのが、市町村長による避難勧告・避難指示の制度の導入の経緯である。

**●勧告・指示は強制力をもたない
自己責任で自ら行動を！**

法律の解釈は、次の通りである。制定当時、本人が危険負担を行うことから、逃げる・逃げないは本人の判断によるものであり、強制すべきでない、との考えから、勧告・指示は強制力をもたないものとされ、したがって罰則は設けられていない。勧告、指示の強制力は相対的なものに留まっており、住民を強制力をもって立ち退き避難させるには、警戒区域の設定が必要である。

災害対応にかかる権限の多くが住民に身近な存在である市町村長の権限とされているが、福祉、まちづくりなどを公約に立候補する市町村長は多いが、災害対応を公約とする市町村長は少ない。初めて大災害に直面し心構えも整わず、経験もない中、指揮に直面する市町村長も多い。円滑に災害対応が進むよう、第Ⅴ章のタイムライン等の取り組みは重要といえる。

避難勧告・避難指示のできた背景

災害対策基本法（抜粋）

（市町村長の避難の指示等）

第六十条　災害が発生し《事後避難》、又は発生するおそれがある場合《事前避難》において、人の生命又は身体を災害から保護し、その他災害の拡大を防止するため特に必要があると認めるとき《豪雨等により、大被害を防止するためダム貯水を漸次放流しなければならないとき等》は、市町村長は、必要と認める地域の居住者等《居住者、滞在者、通過者等その地域にいる全ての者》に対し、避難のための立退きを勧告《避難勧告》し、及び急を要すると認めるときは、これらの者に対し、避難のための立退きを指示《避難指示》することができる。

2　前項の規定により避難のための立退きを勧告《避難勧告》し、又は指示《避難指示》する場合において、必要があると認めるとき《集団避難させるため、あるいは安全地域を明確にするため等》は、市町村長は、その立退き先として**指定緊急避難場所**その他の避難場所を指示することができる。

市町村長の避難に関する権限等

類型	内容	根拠条文等
警戒区域の設定	警戒区域を設定し、災害応急対策に従事する者以外の者に対して当該区域への立入りを制限し、若しくは禁止し、又は当該区域からの退去を命ずる	災害対策基本法 第４節応急措置 第 63 条«罰則あり»
避難指示（緊急）	被害の危険が目前に切迫している場合等に発せられ、「勧告」よりも拘束力が強く、居住者等を避難のため立ち退かせるための行為	災害対策基本法 第３節事前措置及び避難 第 60 条«罰則なし»
避難勧告	その地域の居住者等を拘束するものではないが、居住者等がその「勧告」を尊重することを期待して、避難のための立退きを勧めまたは促す行為	
避難準備・高齢者等避難開始	・避難に時間のかかる要配慮者とその支援者は立退き避難する。 ・その他の人は立退き避難の準備を整えるとともに、以後の防災気象情報、水位情報等に注意を払い、自発的に避難を開始することが望ましい。 ・特に、突発性が高く予測が困難な土砂災害の危険性がある区域や急激な水位上昇のおそれがある河川沿いでは、避難準備が整い次第、当該災害に対応した指定緊急避難場所へ立退き避難することが強く望まれる。	避難勧告等に関する ガイドライン （平成 29 年１月）
自主避難の呼びかけ	（各市町村において独自に行っているもの）	地域防災計画等

Part 4 避難についての素朴な疑問Q&A

1

「避難したほうがいい」というお知らせは、どこから誰が教えてくれるの？

TVやラジオで知る以外に、緊急情報を知る方法は？ 特に深夜はどうしたらいい？ 広報車が各戸をまわってくれる？ 町内放送？

避難の呼びかけはお住まいの自治体から発信されます。緊急の避難情報がどのように届く仕組みになっているか、事前に確認しておいたほうが安心です。多くの場合、防災無線や　地元のコミュニティFM局、防災メール（事前登録が必要）などを通じて避難情報が伝えられます。自治会を通じてお知らせが届く地域もあります。テレビやラジオでももちろん伝えられ、地域限定の防災情報に関してはローカル局のほうが詳しく伝えてくれる場合もあります。

停電や携帯電話の基地局が被害にあう可能性もあるので、電池式（充電式）ラジオは必携。避難のタイミングを判断するためにも、正確な情報を確実に手に入れましょう。防災無線のサイレンやアナウンスは風雨の音にかき消されてよく聞こえない場合があることを想定して、いつもより雨が強いなと感じたら、できる限り、自分から情報を確認するようにしてください。

水が来る前に逃げる！！
水が来ないところに逃げる！

2

避難と言われても、どこへ行けばいいかわかりません。

水害の避難＝避難所に行くとは限りません。外に出ないことがより安全なケースもあり得ます。いま自分がいるところより安全なところ、「水や土砂が来ないところに身を確保する」ことを考えてください。最寄りの避難所に移動する途中に危険な場所があったり、避難所そのものが川の近くや標高の低い場所にあるケースもあるでしょう。自宅が一軒家か集合住宅か、木造かビルか、地形や標高によっても状況は異なります。地域の洪水ハザードマップには、浸水の可能性がある地域はどこか、また避難についての情報がまとめて掲載されているので、目を通しておくようにしましょう。

3 水害時、車で逃げてもいいですか？

余裕を持って逃げられるタイミングであれば大丈夫ですが、浸水が始まっていたら車は避けるのが原則です。走っている途中でタイヤが水につかるとエンジンは停止。窓が開かなくなってしまいます。大雨の影響で国道が封鎖され、いつもは通らないルートを走るうちにアンダーパスで身動きがとれなくなるおそれもあります。車の中には窓ガラスを割るツールを備え、いざという時は窓などを割って逃げることができるようにしておきましょう。

アンダーパスとは、交差する鉄道や道路などの下を通過するため、周辺の地面よりも低くなっている道路のこと

4 浸水時に移動しなくちゃいけなくなった時の注意は？

浸水時の移動はとても危険です。道路と用水路などの区別がつかなくなるし、濁流がマンホールのふたを押し流すため、はまってしまうおそれもあります。やむを得ず、浸水時に移動する場合は、つえ（棒・傘）をついて足元の確認を。長靴は水が中に入ってしまうと重くて歩けなくなるので動きやすい靴を。逃げられる（歩行可能な）水深の目安は「ひざ下程度」といわれています。また、氾濫水は身体に危険な汚染物質で汚れていることも。近所の方と声をかけあい、できるだけ浸水する前に安全なところへ複数人数で移動するようにしましょう。

豪雨による河川氾濫や土砂災害などの危険から、高台へ避難した住民ら
＝大分県日田市小野で２０１７年７月６日午後２時３分、毎日新聞社ヘリから大西岳彦撮影

Part 5 要配慮者利用施設の避難計画

水防法の改正で、氾濫のおそれがある区域にある要配慮者利用施設の避難確保計画の作成・避難訓練の実施が「努力義務」から「義務化」に

社会福祉施設、学校、医療施設等の要配慮者利用施設の利用者は他の住民等と比べ避難に時間を要するため、特にその避難の確保に配慮する必要がある。このため水防法では河川の洪水浸水想定区域内に当該施設があり、その利用者の洪水時における円滑かつ迅速な避難の確保が必要と認められる場合、市町村は地域防災計画にその施設名と所在地を定め、この施設に対して洪水予報または水位到達情報の伝達方法を定めることとしている。

一方、地域防災計画に定められた要配慮者利用施設は、洪水予報、水位周知情報や避難準備・高齢者等避難開始等の市町村の避難情報の伝達を受けて施設内の防災体制を確立し、洪水が発生する前に的確な避難行動をとるため、その施設における具体的な対応内容を定めた避難確保計画を作成し、さらに計画を実効性のあるものとするため、計画に基づく訓練を実施することが求められる。

2016（平成28）年8月に発生した台風10号による豪雨災害では、小本川（岩手県）の氾濫によって要配慮者利用施設が浸水し、利用者9名が命を落とす痛ましい被害が発生した。当該施設では、洪水発生に関する警報に応じて要配慮者の避難行動等を定めた水害に関する避難計画等は作成されておらず、実際、市町村から発令された避難準備情報の意味を理解できていなかった。

このような背景も踏まえ、要配慮者利用施設における確実な避難を促進するため、2017（平成29）年5月に水防法が改正され、従前は努力義務とされていた、要配慮者利用施設における避難確保計画の作成と訓練の実施が義務化された。

国交省、都道府県等

（水防法第14条等）

河川が氾濫した場合等に浸水が想定される区域を洪水浸水想定区域等として指定

↓

市町村

（水防法第15条）

地域防災計画に、利用者の円滑かつ迅速な避難の確保を図る必要がある浸水想定区域内の要配慮者利用施設※を記載

↓

要配慮者利用施設の管理者等

（水防法第15条の3）

避難確保計画の作成、訓練の実施（義務）
自衛水防組織の設置（努力義務）

※要配慮者利用施設：社会福祉施設、学校、医療施設その他の主として防災上の配慮を要する者が利用する施設

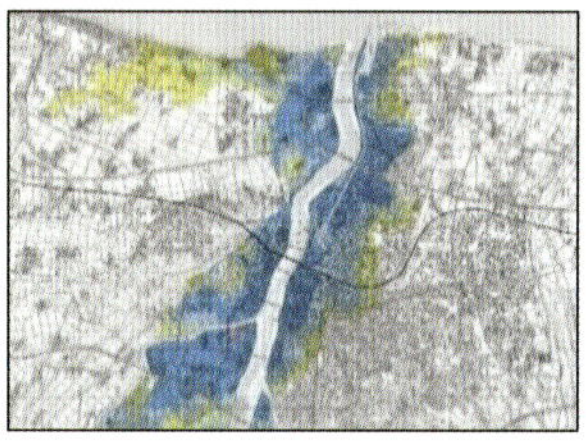

洪水浸水想定区域

図　水防法における要配慮者利用施設の利用者の避難確保の仕組み

扇寿苑」のケース

には、法人の自宅待機職員への緊急連絡網による駆けつけ指示、大館市社会福祉施設等災害支援ネットワークへの援護要請、119番・110番通報し、大館市立扇田病院へ受入要請し一時避難を開始する。一時避難後は状況に応じて、避難場所である大館市比内福祉保健総合センター、特別養護老人ホームはなみずき、介護サービスセンター山王台へ移動する。なお、二次災害の危険性がある場合には、施設内に残留し専門職へ救助を要請する。

●これまでの米代川の増水・氾濫等による避難状況

(1) 平成19年豪雨での避難（米代川氾濫）

9月17日

16：00　災害警戒部・災害対策本部設置（設置基準まで水位上昇）

17：20　避難決定（避難判断基準まで水位上昇）

17：50　避難開始（避難場所：大館市比内福祉保健総合センター）

19：15　施設入居者全員110名の自主避難終了

増水した米代川

19：20　避難勧告発令（氾濫危険水位5.3mを超え5.58mを観測）

9月18日

04：00　現地確認（施設への浸水なく道路も通れることを確認）

08：30　施設断水（ポリ缶で施設内へ水を確保）

10：30　大館市から避難解除の連絡

14：00　避難場所から施設入居者の移送を開始

16：00　施設への移送終了

9月17日 米代川氾濫時に冠水した施設前道路の翌日の状況

(2) 平成25年豪雨での避難（米代川氾濫）

8月9日

10：00　災害警戒部・災害対策本部設置（設置基準まで水位上昇）

11：30　米代川の水位上昇（避難判断基準水位まで20cm位）

11：50　避難決定（施設敷地付近で河川氾濫し道路に水が流れ込む）

12：00　避難開始（避難場所：大館市立扇田病院、大館市比内福祉保健総合センター）

大館市社会福祉施設等災害支援ネットワークへ援護要請

13：00　大館市社会福祉施設等災害支援ネットワーク第一陣車両4台が到着、その後も順次車両が到着し避難誘導

14：00　施設入居者全員118名の避難終了（大館市立扇田病院：21名、大館市比内福祉保健総合センター：97名）

15：00　米代川の水位が避難判断基準水位より1m程下降したため、避難場所から施設へ入居者の移送を開始

16：20　施設への移送終了

避難時の状況

(3) 平成28年台風10号接近に伴う避難

大型で非常に強い台風10号が8月30日夜はじめ頃から31日未明にかけて本県に接近した場合、水害の恐れがあると判断し避難対応する。

8月29日

11：00　災害警戒部設置（台風10号の現況と予想について情報収集）

8月30日

10：00　災害対策本部設置（情報収集した結果、13時頃より自主避難決定）

11：00　避難時の必要物品を避難場所へ搬送

11：10　大館市長寿課（災害支援ネットワーク事務局）へ避難することを報告

> 緊急避難ではなく、避難先との調整を図りながら、施設入居者を徐々に避難させるため、法人内の車両で避難移送が可能であることを伝える（災害支援ネットワーク施設の援護要請はしない）

11：27　大館市に大雨、洪水、暴風警報発令

13：00　避難開始（法人の車両13台で移送）

16：00　施設入居者全員117名の避難終了

20：30　台風10号が本県へ接近（大雨や暴風による影響は殆どなし）

避難場所の状況

8月31日

03：34　大館市で大雨、洪水、暴風警報解除（注意報に変わる）

06：30　現地確認し避難解除（河川増水もなく上流も平常水位）

08：00　避難場所から施設へ入居者の移送開始

10：55　施設への入居者の移送終了

事例紹介　「河川 July2017」より、施設長・千葉弘樹さんの報告を抜粋引用

秋田県大館市「社会福祉法人比内ふくし会　特別養護老人ホー…

施設前の米代川

同施設は、秋田県大館市の米代川堤防に接した場所に建設されている。平成19年９月の豪雨により河川が増水し施設入居者を避難させたことから、平成20年１月に非常災害時の対応マニュアルを全面改訂し、避難確保体制の見直しを行っている。その後も毎年のように豪雨等による河川氾濫のおそれに遭遇し、これまで数回、施設入居者を避難させる事態が起きている。これらの経験を踏まえ、当施設の避難確保体制と避難状況について紹介する。

○ 災害警戒部の設置基準及び業務内容

米代川の水位が警戒水位（施設基準）に達した場合、特別養護老人ホーム扇寿苑に災害警戒部を設置する。業務内容としては、情報収集（川の防災情報、気象情報等）、職員の施設残留・自宅待機命令、避難場所・避難車両の確保要請、食糧・飲料水等の確保、法人本部（災害対策本部）との連絡調整、関係機関・家族等への連絡、避難誘導班への指示等を行う。

○ 災害対策本部の設置基準及び業務内容

災害警戒部設置後に米代川の水位が上昇傾向にある場合、法人本部に災害対策本部を設置する。業務内容としては、災害警戒部への指示、大館市社会福祉施設等災害支援ネットワーク等への援護要請、避難場所への受入・移送支援の指示等（要請）を行う。

○ 避難判断基準

米代川の水位が避難判断水位（施設基準）に達し、その後も増水が予想される場合もしくは大館市からの避難準備・高齢者等避難開始が発令された場合に避難を開始する。

○ 避難場所（距離・受入予定人数）

避　難　場　所	距　離（車での時間）	受入予定人数
大館市立扇田病院	330m（１分）	緊急時一時避難：123 名
大館市比内福祉保健総合センター	ルート１：2.3 km（５分） ルート２：2.8 km（６分） ルート３：3.0 km（７分）	特別養護老人ホーム：50 名 併設短期入所事業所：25 名
特別養護老人ホーム　はなみずき （平成２６年７月　新設） ※ 法人本部	ルート１：2.4 km（５分） ルート２：2.9 km（６分） ルート３：3.3 km（７分）	特別養護老人ホーム：30 名
介護サービスセンター山王台	ルート１：4.9 km（10 分） ルート２：5.6 km（12 分）	高齢者グループホーム：18 名

○ 施設入居者の避難移送支援体制

・避難場所（当法人運営）である大館市比内福祉保健総合センター、特別養護老人ホームはなみずき、介護サービスセンター山王台は災害対策本部からの指示により、避難する施設入居者の受入・移送支援を行う。
・災害対策本部から援護要請を受けた大館市社会福祉施設等災害支援ネットワーク施設（７法人20施設）は避難を要する施設入居者の移送支援を行う。

大館市社会福祉施設等災害支援ネットワーク

災害時等において、要援護者等のために支援活動や緊急避難場所の確保、避難者を受け入れるためのネットワークを構築し、災害時等における市民の安心・安全に寄与することを目的とし、平成19年12月に設立される。（７法人20施設）

○ 日中で敷地・建物への冠水・浸水に備え土嚢を設置、断水に備え浴槽等に水を確保、停電に備え発電機等を準備する。また、必要に応じて法人本部、特別養護老人ホーム扇寿苑から職員へ自宅待機を命じる。

○ 夜間は職員が河川を専用の投光器で照らし水位を確認し、必要に応じて施設長等に連絡し指示を仰ぎ対応する。なお、河川が増水傾向にある場合には、高齢者グループホームの入居者は特別養護老人ホーム扇寿苑へ避難する。

・災害警戒部及び災害対策本部の設置

夜勤職員からの河川水位の報告を受け、施設長・幹部職員等が施設に駆けつけ、災害警戒部・災害対策本部を設置する。

・避難判断基準、避難対応

避難判断は日中と同じ基準である。避難可能な場合

Part 6 コミュニティ防災で命を守る

ケース01

兵庫県佐用町久崎地区自治会の例

様々な水害の調査をする中で、地域（コミュニティ）の自治会や自主防災会など住民組織の対応と行動が命を守った例は多い。失敗事例は、人的被害に繋がるので、多くは批判を受ける。災害は、被害が先行し伝えられるので、成功例が積極的に伝えられることは少ない。

本節では、筆者が直接聞き取りした調査データを基に自治会や自主防災会の災害対応の成功例や教訓を報告する。

読者のみなさんが地域の自治会長の立場でコミュニティ防災を考えることが重要ではないだろうか。

1 堤防の決壊から地域を守った自治会の組織的な防災行動

2009（平成21）年8月8日から11日にかけて四国の沖を北上する台風第9号の影響もあって西日本から東北地方の広い範囲に大雨が降った。兵庫県佐用町では猛烈な雨で佐用川が氾濫し、死者18人・行方不明2人の大きな被害をもたらした。佐用川の河川堤防が決壊・氾濫した同町久崎地区は、地区の自治会が中心となった防災行動が地域を守った。

久崎地区は、被災前時点で世帯数は171世帯、人口は約500人であった。地区の自治会組織は、自治会長を筆頭に15の隣保単位で選出された隣保長（15人）によって日常的な自治活動が行われ、自治会組織の構成は右の図であった。

久崎地区自治会長や隣保長などへのヒヤリングを通じて分かったことは、以下の4点であった。

①自治会隣保長内で災害に関する危機感の共有が迅速に行われたこと。
②自治会が独自に災害対策会議を開催し、行動したこと。
③隣保長を通じて多くの世帯に被災回避等の声かけが行われたこと。
④隣保長の勇敢な地域を守る行動があったこと。

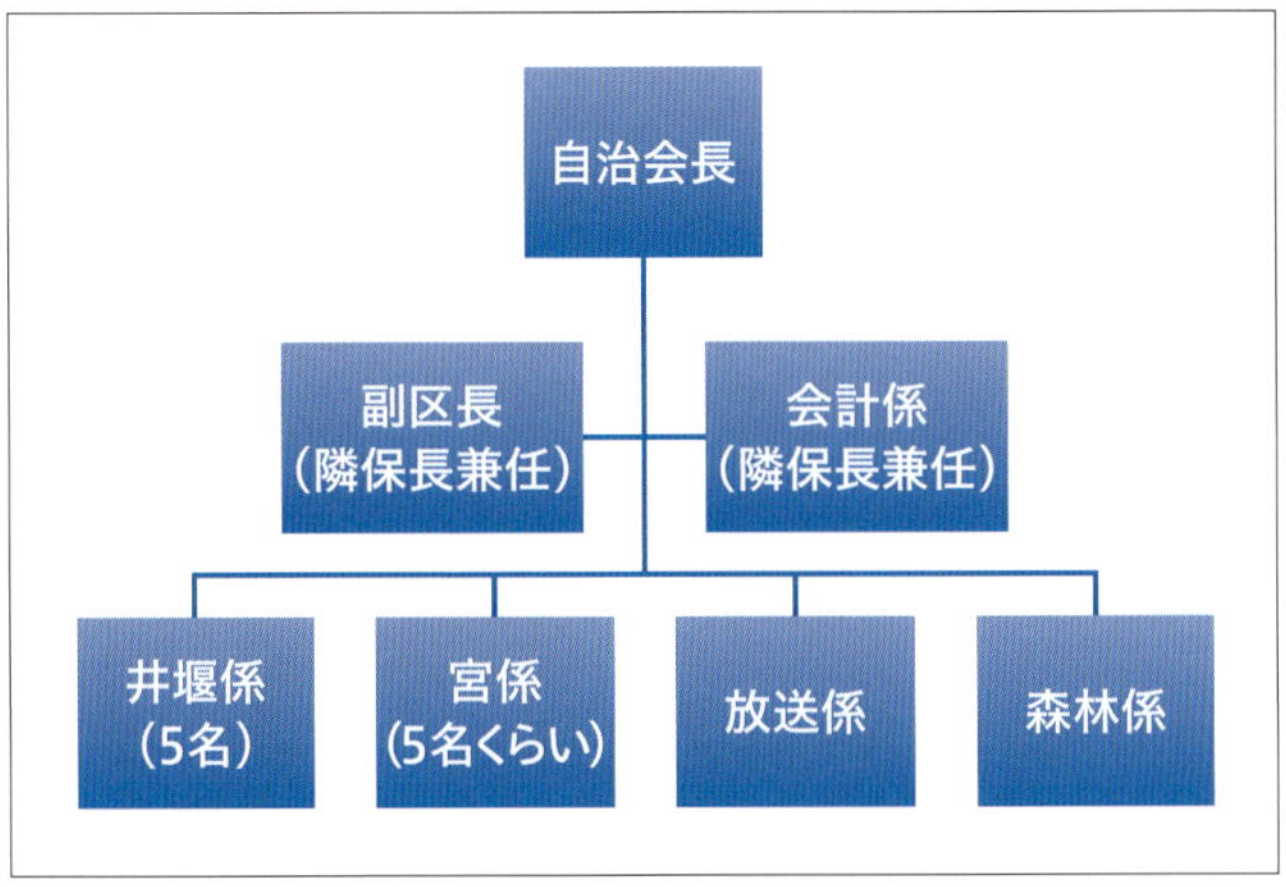

図　久崎地区自治会の構成（2010年調査当時）

住民組織の防災行動を知る

自治会長や隣保長等の防災行動を時間で追って整理すると表1のようであった。

災害現象	自治会長・隣保長の動き	自治会の主な防災活動
大雨が降りだす	・15:00 頃の雨を受け隣保長数名が河川を巡視。	**情報収集** ・河川巡視 ・水門操作、・連絡
佐用川の水位が上昇	・地域の隣保長や自治会長が、集合 ・久崎地区対策本部を開くことを決定	
19:45 佐用川円光寺地点で避難判断水位相当に達す	・自治会長と井堰係数名で地区のセンタで対策本部を開催。 ・一部隣保では（浸水時に危険な）平屋の住民を事前に久崎小学校へ避難させる。 ・全隣保長に「20：00 に老人福祉センターに参集」連絡	**対策協議** ・井堰係・消防団・自治会長による久崎対策本部立ち上げ ・隣保長召集 ・一部で事前避難
20:00　佐用地点で避難判断水位超え 20：40 頃 氾濫危険水位超え破堤へ	・各隣保長が老人福祉センターに参集 ・自治会長・隣保長が協議し、住民に避難呼びかけを決定 ・老人福祉センタの防災無線を使おうとするが、浸水で使用不能 ・隣保長は河川見回りを続行	**避難呼びかけ** ・隣保長会議（10 分） ・担当隣保に戻り避難を呼びかけ ・センターに戻った隣保長は土　嚢積み
21:10 役場から一部に避難勧告 21:20 全域に避難勧告 21:50 佐用地点最大水位	・浸水で老人福祉センタ 1 階が浸水、自治会長・隣保長が孤立。 ・移動に用いていた車が、浸水や道路上の障害物で走行不能になった。 ・携帯電話水没多数。連絡手段も奪われた ・逃げ遅れた人を、隣保長はボートで救出 ・流されて、電柱につかまったり、登ったりして難を逃れた人もいた。	**災害対応限界～避難** ・急激に浸水位上昇 ・命の危険があった隣保長も多い
	・2:00 頃、老人福祉センター前の水が引き、自治会長は避難所に住民安否確認を行った ・4:00 頃、浸水が引き、自宅避難していた隣保長が安否確認を開始	**安否確認** ・浸水が引いた後、担当隣保の住民の安否を確認

表1.1久崎地区住民防災組織の災害対応行動の概要

このように久崎地区自治会の自主的な防災行動は、地区内の人的被災ゼロに繋がった。災害中は、役場からの情報もなかったため、降雨量・河川水位を隣保長が中心となって集約し19時頃には危機感を持っていた。しかし隣保長には「九死に一生」の経験があったことも分かった。浸水が最大状況の中を、隣保長数名が町営住宅の高齢者を救助に行った状況は、はん濫水に流されながらもの行動であり賞賛されるべきであるが、二次災害に巻き込まれる可能性もあった。

同様なことはどこでも起こりうる。このことを考えた場合、自治会として進めるべきこととして、

①あらかじめ浸水リスクを知って安全な避難場所の確認

②気象や河川情報などを地区内で共有し、早期に避難行動出来る体制つくり

③いざと云うときでも自治会役員など安全装備の用意や連絡体制の強化

等が久崎地区自治会の取り組みから学べることであろう。

ケース02

三重県紀宝町の例

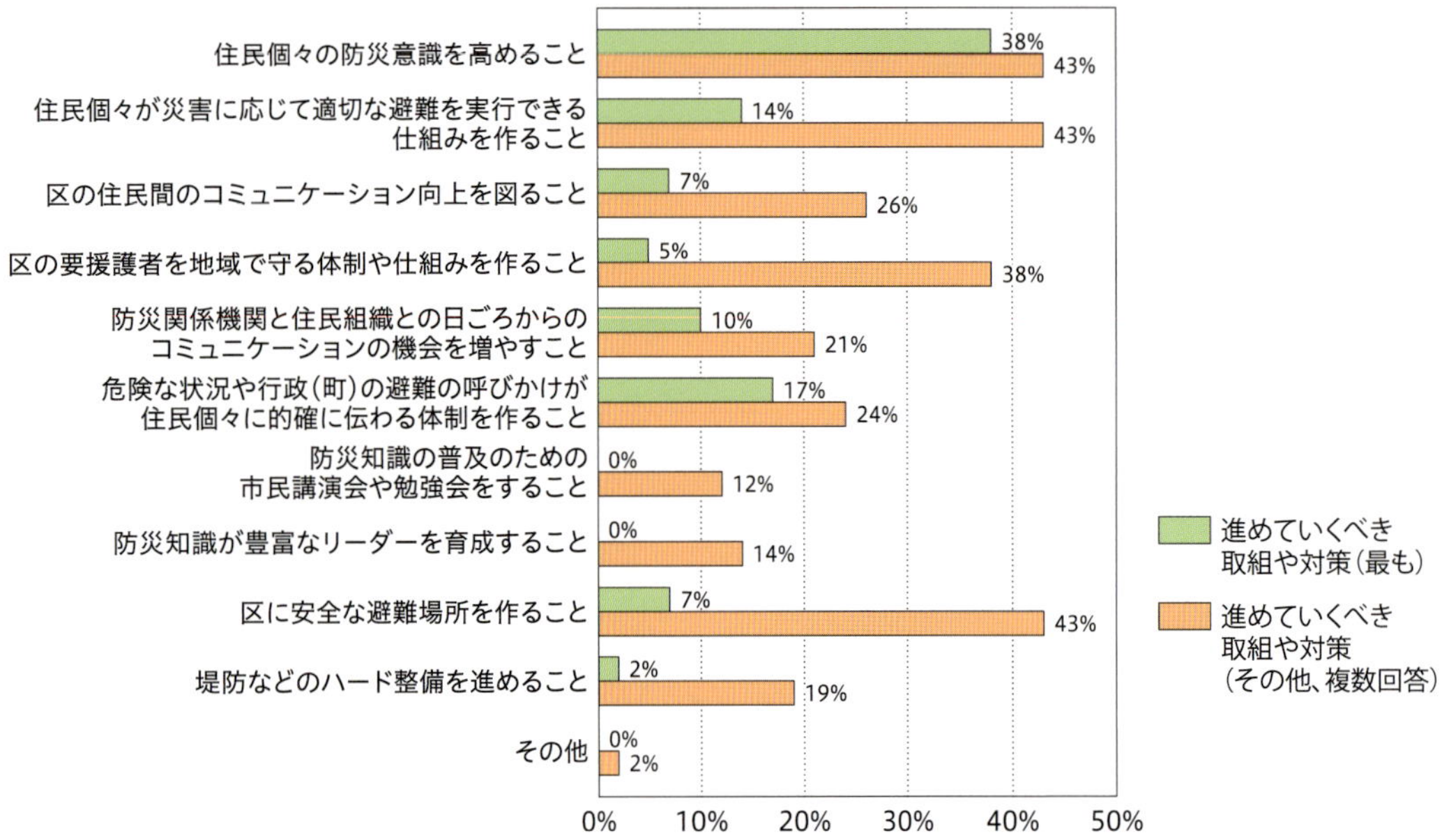

図　100年ぶりの大水害を経験して町内区長が考えていること　(町内区長へのアンケート調査から)

2　100年ぶりの大水害を経験した自主防災組織の対応と新たな取り組み

2011（平成23）年の台風第12号がもたらした2000ミリ以上の豪雨によって三重県紀宝町の相野谷川は、記録的な洪水が起こり、堤防の高さを約5メートルも超える浸水によって、低地では2階の屋根まで浸かるほどの水害に襲われた。災害後に筆者は、自主防災組織の方々の声を聞いたが、それぞれの判断や行動によって辛くも助かった人々が多い災害であったことが分かった。

自主防災組織の声

①水害後に思ったこと、感じたこと（教訓）

直前の台風では、浸水せず、堤防もあって大丈夫だったので慢心もあった。地域には浸水が始まっても逃げない人も多く、本当に大変なことになって「助けてくれ」と連絡してくる人もいた。家の下まで水がきてから逃げた、最初は逃げるつもりはしていなかった。結局着の身着のままに出てしまった。ひどい状況になると電気も停電して、テレビも電話も使えなくなる。情報がまったくつかめなくなるので、先も見えなくなり、対応も出来なくなる。場所によっては水も出なくなる。

ある避難所（学校）では、1階が浸水しだして2階へ移動、その後30分ほどで裏山が崩れ、一気に階段から1階は埋まった。2階もガラスや窓，壁を突き破ってきたが、全員無事だった。

②次への改善や新たな取り組み

地域のつながりはしっかりしているが、誰が要援護者なのかわからない。民生委員や役場との情報共有が重要であると思っている。また、多くの経験を次の世代に残して行きたい。自主防災組織の役員という責任感だけで危険な行動もあった。

雨量や水位などの情報を地域で共有することは住民自ら判断するためには重要である。現在これらの地域では、地区タイムラインも策定中であるがソフト対策に加え、治水対策や防災インフラなどのハード対策も重要との認識は高い。

写真◎毎日新聞社、国土交通省
イラスト◎しばざきとしえ

第V章

減災への取り組み

古代ギリシャの神殿を思わせる首都圏外郭放水路の調圧水槽＝春日市にて2009年12月

Part 1 タイムライン
Part 2 ホットライン拡大へ
Part 3 治水の取り組み
Part 4 防災教育
Part 5 飯田市の減災メソッド
Part 6 水害サミットの挑戦

Part 1 タイムライン

「タイムライン」って何？

1 水害対応の難しさ ～同じ事の繰り返し～

このところ台風等に起因する大雨で大河川の決壊や氾濫災害が続いている。２０１５年には、台風17号の影響を受けた「線状降水帯」がもたらした豪雨で鬼怒川が決壊した。昼間の決壊で報道のヘリから送られる映像を国民は注視し、氾濫流の怖さを改めて知ったはずだ。続く２０１６年には、台風10号が初めて東北地方に上陸し、岩手県小本川が氾濫し、高齢者福祉施設等が被災し、多くの尊い命が犠牲となった。この台風は、北海道にも多量の雨をもたらし、一級河川空知川が決壊して南富良野町が被災した。また北海道内では、道東地域を中心に中小河川が氾濫し、車で移動中の人々が犠牲となった。

２０１５年の鬼怒川の決壊は、関東地域にとって29年ぶりの事であったし、台風10号による北日本の災害も北海道では35年ぶりのことであった。

筆者は、これまで自然災害発生時の自治体や住民の防災対応について検証的な調査研究を行ってきた。広域に及ぶ水害は、地域にとってみれば数十年ぶりに発生するし、希に起こる広域な現象や被害に対して、従来の防災体制や防災計画で適切に対応することは困難であると考えている。そのような中でニューヨークを襲ったハリケーンサンディ（２０１２年）の危機管理対応調査でタイムラインの原型（ハリケーン対応計画付属書）を知って、この考え方を我が国に導入することを思い、「水害に備えたタイムライン防災」が始まったのである。

改めて、いま我が国における水害時の防災対策の課題を述べてみたい。

■雨の降り方など気象現象が昔に比べて極端化しており、日本全国どこでも降雨量の記録更新が見られる。

■地域にとって数十年ぶりの降雨であるが、多くは危険が差し迫ってから防災対応となるため、混乱に終始し何もできない場合が多い。

■地域や防災機関にとっても初めてのことで防災情報や上位機関からの助言を活かせない。

■現象も広がり、災害が拡大すれば、調整すべき機関も増えるが、日頃からの付き合いはない。

■住民避難は、自治体首長の責務で行う必要があるが、首長不在もあったり、対応の遅れ、判断の躊躇などの対応に課題を有している。

■災害対応中は、多くの業務も地域からの連絡も防災担当に集中する。防災担当は、防災の担当であって専門家ではない。

■被害が始まってから対応するため、現場に近い消防や役場職員が危険に晒されている。

■失敗例・成功例など全国で共有されず、また教訓や課題が継承されず・伝承されず、改善も進まない。

	前兆段階	応急段階
地域防災計画	20項目	77項目
2011年 紀伊半島豪雨災害	77項目	159項目

K町の地域防災計画（風水害対策編）に記載されている防災行動と実際の災害における防災行動項目数の対比

水害タイムライン策定ワークショップの風景

タイムラインによる防災機関の連携

近年起こった災害を振り返ってほしい。発生する地域は異なるが、同じような課題や教訓が繰り返すように指摘されている。他にも様々な課題はあるが、水害から住民の命を守るためには「何が起こるかを想像し、それに対して日頃から各主体が役割を認識した上で的確に防災対応を図る」このことに尽きると考えている。

前述した課題に対し、減災を実現するための改善点を要約してみたい。

□地域で起こりうる水害のリスク（気象現象、洪水現象、氾濫現象など）や災害のシナリオを予め災害対応に関わる機関や主体が共有しておく。
□住民の命を守るために行うべき防災行動を状況に応じて考え、それぞれの役割を決めておく。
□首長や防災担当など、それぞれの意思決定を科学的知見で支援する体制を構築する。
□広域な災害においても関わる地域の防災機関や組織は、日頃から顔の見える関係を構築しておく。
□災害対応後のふり返りや全国共通の防災課題を経験知として取り込む防災システムを構築。
□地域の守り手（消防・警察や自主防災など）が救護被災しない体制整備。

幸いにして台風や前線などの水災害は、気象現象が先行する。このことは、気象から洪水に至る猶予時間をうまく使えば被害の防止が実現できるはずだ。水害タイムラインが「先を見越した早めの防災対応」を実現することがここにある。

2 タイムラインの構築と特徴

タイムラインは、地域で発生する自然災害に対して、地域の防災機関や様々な主体が予め行うべき防災行動を調整し合意した上で、進行シナリオに応じた防災行動計画として文書化し、共有しておくものである。

台風や前線性大雨のように、気象情報や河川情報などによって災害発生（浸水）時期が予想できる自然災害には、タイムラインによる減災効果は大きい。

タイムラインの構築には、地域の市町村・都道府県・河川及び道路管理者・気象台・ライフライン機関・企業・住民防災組

タイムラインの3要素

「何時」⇨ 行動時刻：ハリケーンを対象に、上陸する時間から逆算した時間帯
「何を」⇨ 防災行動：事前に行う防災行動内容（予め調整し決めておく）
「誰が」⇨ 防災機関や組織または個人

行動時刻（何時）	対応段階	防災行動事項（何を）	役割（誰が）市・区					住民防災組織			国交省		府県			鉄道事業者			ライフライン		民間	
			危機管理G	施設管理G	住民支援G	教育福祉G	広報調整G	自主防災（町内会）	民政防災	消防団	地方整備局	管区気象台	府県	警察	消防本部	JR	民鉄・バス	地下鉄	道路	電力	地下街管理者	企業
	基準超過	台風発生、襲来の可能性	情報収集	調整	調整	調整	調整															
120時間前	TL立上げ	タイムラインの立上げ（基準に基づく）	意思決定	共有	共有	共有	共有										共有	共有	共有	共有	共有	共有
120時間前から		防災情報の収集・共有			共有	共有	共有	共有	共有	共有	共有	共有	共有	共有	共有	共有	共有	共有	共有	共有	共有	共有
120－96時間前		防災行動の企画立案・組織内役割の確認			調整	調整	調整	共有	共有	共有	共有	共有	共有	共有	共有	共有	共有	共有	共有	共有	共有	共有
120－96時間前		管内管理施設の巡視・点検				行動		行動	行動		行動		行動	行動	行動			行動	行動	行動		
120時間前－随時		住民等への定期的な防災情報の提供			行動	行動	行動	行動	行動	行動												
	基準超過	台風の影響あり、気象・水象現象が注意状況			共有	共有	共有	共有	共有	共有	助言	助言	共有	共有	共有	共有	共有	共有	共有	共有	共有	共有
120－48時間前	準備	想定現象別の避難計画の立案・調整			調整	調整	調整	調整	調整	調整	助言	助言		共有	共有						共有	共有
120－48時間前		要援護者等の自主避難にかかる事前調整			共有	共有	共有						共有		共有							共有
120－36時間前		住民・利用者への避難予告				共有	支援				共有	共有										
	基準超過	気象警報または、河川はん濫の可能性			共有	共有	共有	共有	共有	共有	助言	助言	共有	共有	共有	共有			共有	共有		共有
水防警報発表	早期警戒	水防団の出動判断								協働	判断											
48－24時間前		避難所の開設準備			共有	共有	共有	共有	共有		共有	共有		共有	共有							
36－24時間前		自主避難のよびかけ（要援護者避難の実施）			共有	共有	共有	共有	共有	共有	共有		共有	共有	共有							共有
	基準超過	はん濫危険水位超過の可能性			共有	共有	共有	共有	共有	共有	協働	協働	共有	共有	共有	共有			共有	共有		共有
基準水位超過	行動	避難情報の発表			共有	共有	行動	共有	共有	共有	共有	共有	共有	共有	共有	共有	共有	共有	行動	行動	共有	共有
36－6時間前		住民の避難およびその支援	指揮調整	共有	行動	行動	行動	行動	行動	行動	助言	共有	共有	行動	行動						行動	行動
12－6時間前		救助・避難誘導	指揮調整	共有	共有	共有	共有	行動	行動	行動	共有	共有	共有	行動	行動	行動	行動	行動	行動	行動	行動	行動
	基準超過	台風最接近、河川はん濫発生	意思決定	共有	共有	共有	共有	共有	共有	共有	助言	助言	共有	共有	共有	共有	共有	共有	共有	共有	共有	共有
6時間前	緊急	垂直避難（緊急）の呼びかけ	指揮調整	共有	共有	共有	行動	行動	行動	行動	助言	助言		助言	助言	行動	行動	行動	共有	共有	行動	行動
6－0時間		消防・警察　退避	指揮調整					行動	行動	行動				行動	行動							

防災機関の横断的な連携

上陸予想時間から逆算し先を見越した防災行動

織などが数回集まって、「何時」「誰が」「何を（行動内容）」の防災行動を議論し、とりまとめていく。このことは地域で起こりうる災害やそのリスクを共有し、人的被災の軽減に向けた防災行動とその役割を定めるなど「縦割り防災」の改善にも繋がる。タイムラインは、参加機関の経験や技術力を活かして構築することから、意思決定の支援にも繋がる。またタイムラインの大きな柱である「先を見越して、早め早めに防災行動を行う」ことも被害の最小化に向けた最も効果的な取り組みにも繋がるのである。

タイムラインの特徴

水害タイムラインの特徴や効果を述べるが、前述した水害の改善事項にすべて繋がるのである。

①参加主体が水害リスクを正しく理解し策定すること

水害タイムラインは、対象とする現象と被害想定を前提に議論を進める。そのためにはまずは、起こりうる現象と被害を参加者全員が理解した上で、人的被害の防止のために、どうすればいいかを議論していく。このアプローチ手法は、如何なるタイムラインも同様である。

②作るプロセスが重要

タイムラインは、地域の災害対応にあたる機関や主体（住民防災組織も含め）が参加し、気象庁や施設管理者などの専門機関の示す災害リスクに基づき、犠牲者ゼロを目指してワークショップを行いながら作り上げていく。

また完成後も毎年のように運用し、改善していくPDCAの考え方に基づき良いものにしていく必要がある。その意味で策定・運用のプロセスが重要である。日頃、顔合わせすることのない組織や個人が、一堂に会するのである。そこでそれぞれの役割で議論を進めていくことによって、相互理解が生まれるのである。なぜ防災施設が必要なのか、なぜ逃げなければならないのか、なぜ自治体が避難の呼びかけをするのか、様々な議論がなされ、その上で役割を決め合意していく。

これまで防災計画は、上位機関からのお仕着せであったと思っている。策定に手間と多少の時間はかかるが、策定後はそれぞれの負担が軽減され、命を守るツールになることは間違いない。

3 タイムラインの運用効果

すでに水害タイムラインも7河川かつ3区4市2町で運用もしくは試行に入っている。その取組実績から水害タイムラインの効果を述べてみたい。

①首長の判断や意思決定の支援に繋がっている

台風や前線等の対応で重要なのは、防災情報や今後の見立てなどの情報の共有にある。加えて避難情報の発表は、首長が行うことから気象台や河川管理者との危機感や情報の共有体制がより図れるタイムラインは、自治体にとっても、住民にとっても有効である。

②役割分担が、責任分担と効率的な対応に繋がる

タイムラインは、一つ一つの防災行動について参加主体の役割を決める。このことは、災害対応がそれぞれの役割に応じて、並列に進むということである。防災や危機管理担当は、大きな意思決定だけに集中できるのである。

③タイムラインは、振り返りで常に改善

試行・運用は、PDCA（実行→検証→改善）の繰り返しである。現場では、出水期前の慣れるための演習と洪水期が終わった後の「振り返り」会議を行うようにしている。このことによって常に改善されたタイムラインとなるのである。

④水害タイムラインを防災チェックリストに

読者の方々は、おわかりだろうが水害タイムラインで規定している防災行動は、そのものがチェックリストとして、「漏れ、抜け、落ち」の防止に繋がる。

さらに我が国でタイムラインを最初に手がけた三重県紀宝町では、参加主体にその取組効果を聞いている。

三重県紀宝町の水害タイムライン
（運用3年経過）における参加主体の声

○浸水が発生する前から気象台や河川管理者との防災情報の共有が早めの対応に繋がった。
○町内各課の役割が明確化され、日々の進捗が確認でき、余裕を持った対応が行えた。
○役場からの早めの避難呼びかけもあって、心配することなく安心して過ごせた。（住民）
○役場からの状況報告が随時防災行政無線やメールで行われるなど、役場が何をやっているか住民が分かるようになった。
○タイムラインに教育部局や学校、福祉部局が参加し策定したことによって役割をもって動けるようになった。
○事象・現象の進み具合に応じて、防災対応レベルを定め、基準となる情報を決めたことによって、参加主体のすべてが今何をすべきか明らかになった。

4 タイムラインによる危機感共有の手法

タイムラインの試行・運用を重ねて分かったのは、水害タイムラインが機能するか否かの重要な要素は、専門知見も含め災害への危機感を共有できる体制を作れるかだと考えている。市町村長と河川管理者・気象台など首長の意思決定支援体制の構築に他ならない。水害タイムラインでは、現象や被害に推移して段階的な防災対応ができるようにタイムラインステージとして定義している。

危機感を共有し、意思決定を下支えする道具として、パソコンに付随するテレビ会議機能を使った取り組みを行っている。(下記　実施状況)

その参加機関は、意思決定を行う自治体、気象台、河川管理者、専門家で構成されている。このような情報共有会議を台風が近接する3日前から必要に応じて実施した。

その効果は、首長が参加することから防災情報の読み解き方の促進や適切な避難の呼びかけに繋がっている。

多治見市浸水タイムライン　意思決定グループ（多治見市、庄内川河川、岐阜地方気象台）の試行運用の振り返り会議風景

多治見市浸水タイムラインにおける役割を決めるためのタイムライン図上演習の風景

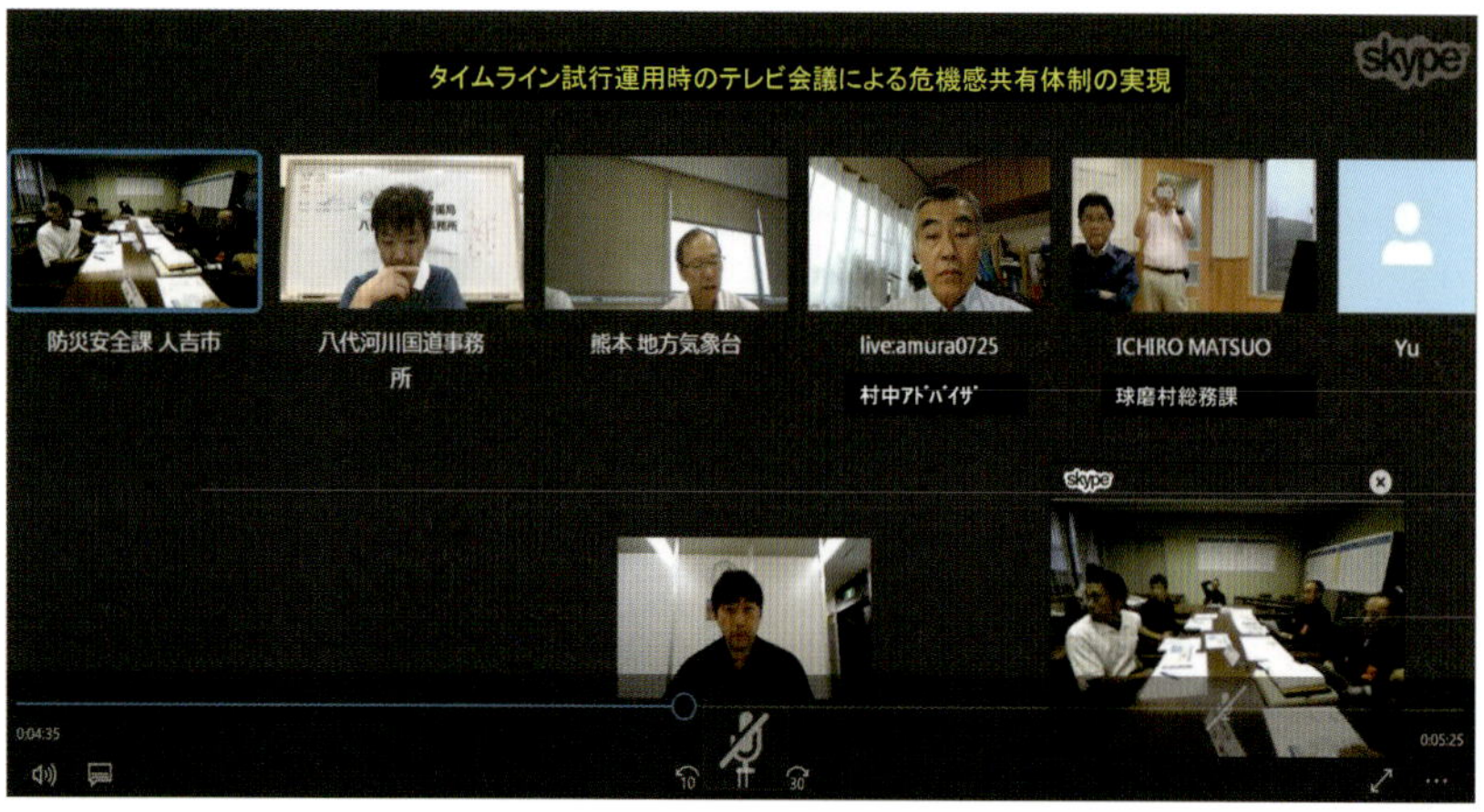

台風接近に備えた球磨川タイムラインの意思決定グループによるテレビ会議の風景
（人吉市、球磨村長、八代河川国道事務所長、熊本地方気象台長、アドバイザー）
©Ichiro Matsuo

水害タイムラインで地域を繋ぐ

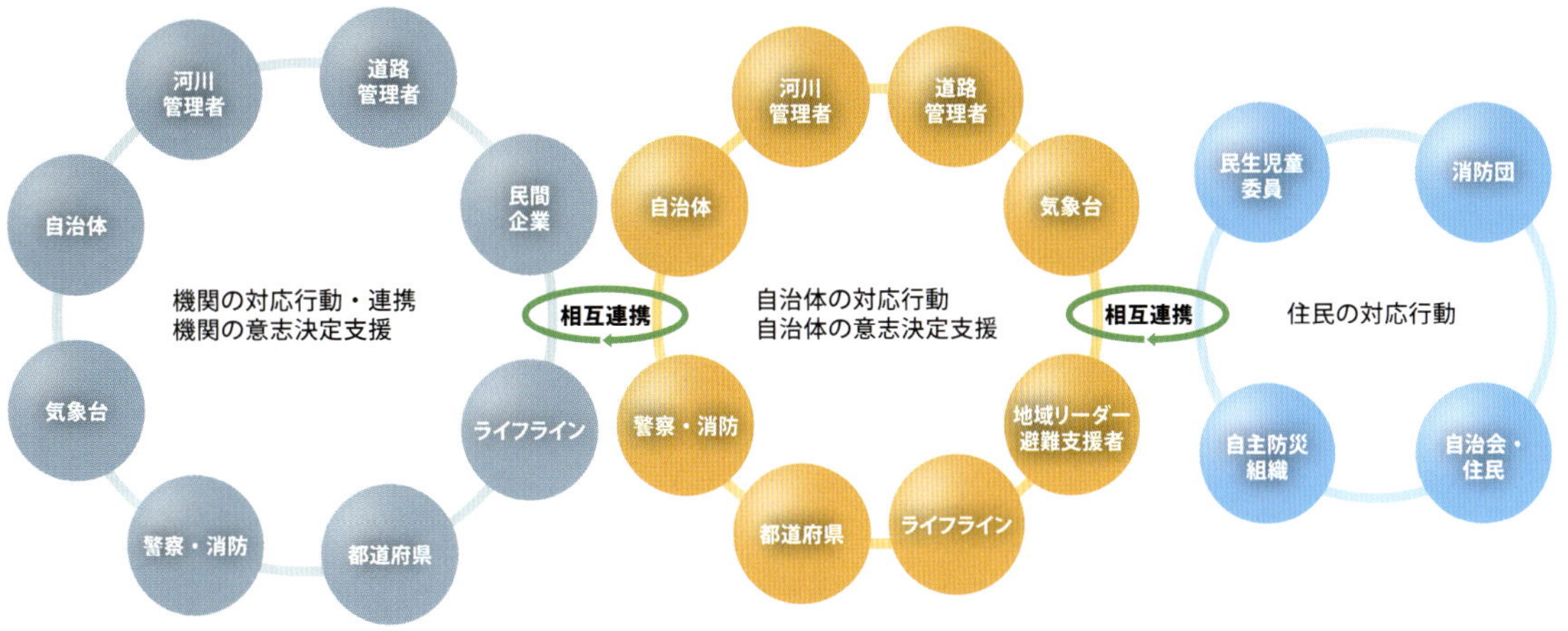

図　タイムラインの階層構成　©Ichiro Matsuo

5 タイムラインで防災機関や住民をつなげる

～水害タイムラインの様々な形～

２０１４年の三重県紀宝町に始まった我が国の水害タイムラインは、区市町村が主体となった自治体タイムラインから、それに連動したコミュニティ（地区）タイムラインに深化するなど、拡がりの展開を見せている。

水害から人的被災の防止には、地域の防災機関や住民個人が連携した被災回避行動をはかることが最も重要なことである。市区町村タイムラインは、地域の防災機関で構成された行動計画であることから、より実効的なものとするためには、地区や自治会などのコミュニティ単位のタイムラインが必要である。さらに個人や要配慮者の避難という視点で見れば、家族や個人のタイムラインもあると望ましい。上図に、水害タイムラインの形態を示した。

これ以外にいま進められているものを述べておきたい。

①流域水害タイムラインへの取り組み

水害は、流域単位で発生する。特に都市部の河川の場合は、広域避難のように自治体をまたぐ避難が生じる可能性がある。特に一級河川のように長大で広いエリアを対象とする場合は、流域の上流から下流に至る時間軸と空間軸でタイムラインを構築することが必要となる。現在、荒川下流や石狩川、球磨川で取り組みが進められている。

②コミュニティ（地区）タイムライン

自治会や町内会単位でタイムラインを構築することにあるが、すでに三重県紀宝町や高知県大豊町、熊本県球磨村での取組事例がある。首都圏では、足立区内の連合町会で中川、荒川氾濫を対象にいま策定中である。

③防災機関タイムライン

防災機関タイムラインとは、河川管理者等の事務所単位や組織単位に水害タイムラインを自分たちの防災行動要領として策定することである。各組織には防災計画があるが、その実施要領的に組織内で行動すべきことと、それをどの部局や担当が担うかを予め整理しておくことにある。

Part 1 タイムライン

「タイムライン」で地域・国土を守る

「タイムライン」で防災・減災の強化を目指す

災害応急対策の責任を有する市町村長への支援強化へ

日本各地で水害対応タイムラインの取り組みが確実に広がっている。大規模な水害が全国各地で頻発し、「防災・減災」に関心が高まっている今、日本の防災・減災が抱える課題の解決、とりわけ、災害応急対策の責任を有する市町村長の支援の強化に向けた取り組みとして、全国で展開されている。

激甚な災害が頻発する中で、防災を担う者からの「想定外」の災害であるといった発言への批判や、住民避難等の災害応急対策の遅れによる被害の拡大等が続いている。日本の防災・減災においては、防災担当者ですら災害時の具体的なリスクを知らずして対応にあたり、いわゆる想定外を増やしている可能性がある。

さらに、日本では、避難等の災害応急対策は災害対策基本法に基づき災害の規模や種類に関わらず市町村（長）が行うことを基本としており、対応が困難な場合には県等に支援を要請することとしている。このため、大規模な災害では、被災した市町村の組織が十分機能しない中での災害応急対策となる状況が発生している。

また、災害応急対策の各省庁等あるいは国・都道府県・市町村等の基本的な役割分担は防災計画等により決まっている。しかし、災害時に必要な対応事項の共通化・標準化には至っておらず、発災後に各機関相互に調整し、役割分担を決定している。さらに、国と地方との役割分担の調整は制度上も難しい側面があり、迅速な調整と対応が困難なことがある。

迅速かつ効果的に災害応急対策を行うために

このため、災害応急対策を迅速かつ効果的に行うためには、災害リスク評価と社会的な共有化、さらには災害時に必要となる事項を共通化、標準化するとともに、役割分担を明確化しなければならない。その上で、役割分担に基づき事前の準備を連携して行い、災害発生に備えることが必要である。

しかし、米国FEMA（アメリカ合衆国連邦緊急事態管理庁）のESF（Emergency Support Function：緊急支援機能）に相当する機能は、日本では制度上明確化・標準化されていない。各省庁等や都道府県・市町村等の総括的な役割分担は防災計画等で示されているが、災害発生に伴う具体的な役割分担は、発災後に調整し決めているのが一般的である。特に国と地方公共団体との役割分担を事前に決めるには制度上も難しい側面があり、迅速な対応が困難となっている。

タイムラインに取り組む際の条件とは

現在、国が管理する河川を中心に進められているタイムラインは、NY都市圏に激甚な被害をもたらしたハリケーン・サン

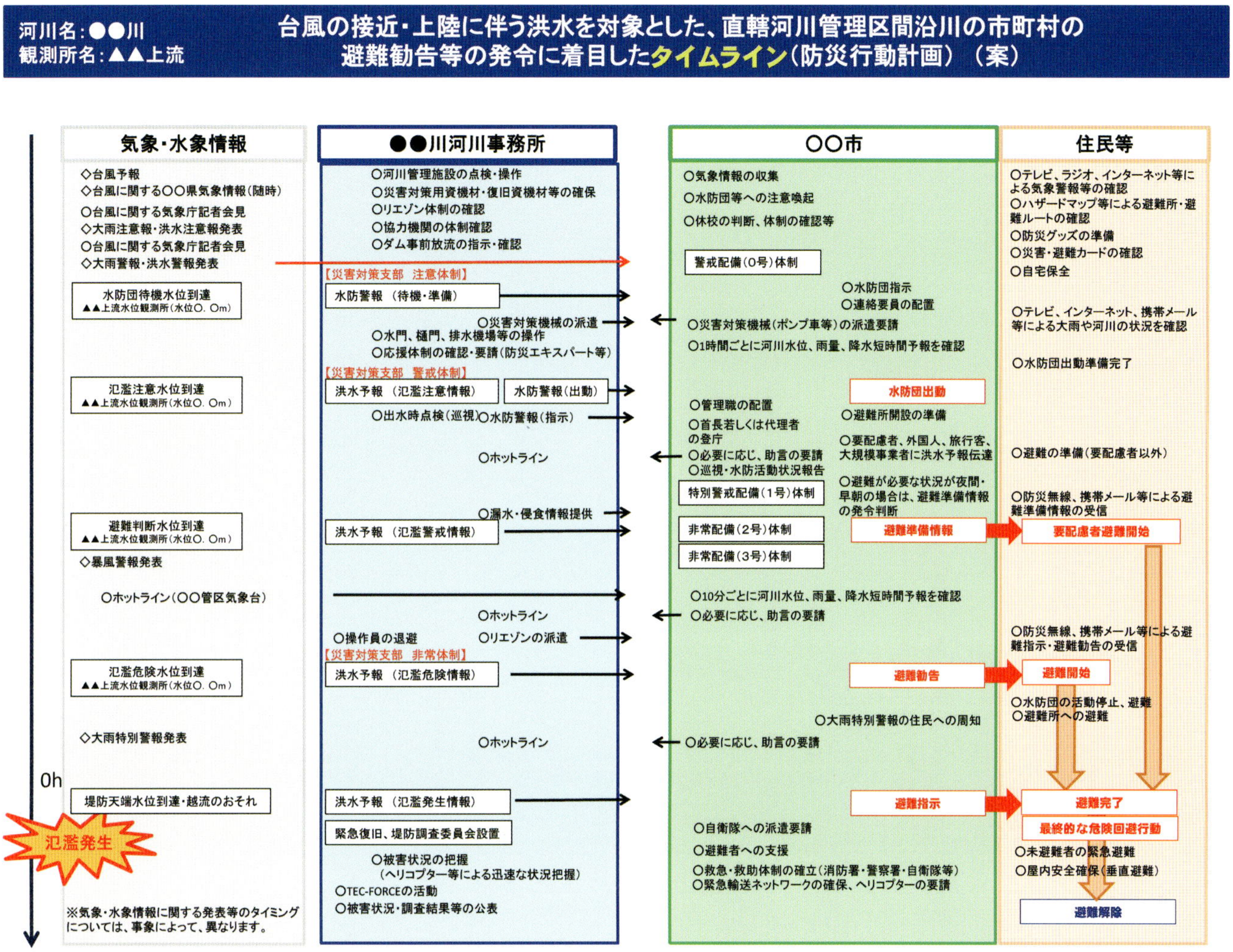

避難勧告着目型タイムラインの一例

ディに関する調査団による緊急メッセージを契機に取り組みが始められた。このタイムラインは、最悪の状況をも含めた災害リスク評価に基づき災害時に必要な応急対応項目を共有化・標準化するとともに、項目毎の責任と役割分担を明らかにした上で時系列に沿った準備を行い、発災時の対応を強化することを目的としている。

　このように、タイムラインは災害発生時の意思決定を強化することを目的としており、事前の意思決定を進めるものともいえる。このため、タイムラインに取り組むにあたっては少なくとも下記の三つの条件を踏まえる必要がある。

①最悪の状況を含めて災害時に何が起こりうるかのリスク評価の実施

②リスク評価の社会的共有、少なくとも防災関係機関での共有

③リスク評価に基づく災害時対応事項の責任・役割分担の明確化と時系列的な準備

　こうした、最悪の状況を含めたリスク評価に基づくタイムラインへの取り組みにより、単なるタイムラインの構築でなく、防災・防災が長年にわたって抱えてきた課題が具体的に解決に結びつける機会となることが期待される。

避難勧告発令に着目して タイムラインを作成

　そこで、国土交通省では、洪水時に市町村長が避難勧告等を確実に発令できるよう支援するため、避難勧告等の発令にターゲットを絞った「避難勧告着目型」の水害対応タイムラインを全国で一斉に作成を推進することとした。

　国土交通省では、流域面積が大きく洪水により国民経済上重大な損害を生じる河川について、担当の河川事務所を設置して管理を行っている。洪水時の河川の状況、水位上昇の傾向を含め、それぞれの河川の特性は、担当の河川事務所が最もよく理解している。その河川事務所と市町村が協力し、国が管理する河川に関係する全７３０市町村について、２０１７年７月までに避難勧告着目型の水害対応タイムラインを作成した。

　前章で紹介されているような、多数の関係者が連携し、洪水時の対応を総合的にとりまとめたタイムラインの作成は、ハードルが高いと感じる機関も多いと考えられるが、このような避難勧告着目型のタイムラインについては比較的短期間で作成することができる。まずは、作ってみることが大事ということである。

運用・見直しが成否の鍵

　国が管理する河川に関係する全７３０市町村が河川事務所と連携して、避難勧告着目型の水害対応タイムラインを作成した。タイムラインの取り組みは、タイムラインを作ることが目的ではない。実際の災害時にタイムラインを運用し、災害対応が迅速かつ的確に行われなければならない。そのためには、作成されたタイムラインを訓練や実際の災害の際に運用し、その結果を踏まえ、継続的に見直していくことが必要となる。国が管理する河川における避難勧告着目型の水害対応タイムラインは、これから本格的にそのような運用・継続の段階に入っていくこととなる。これからの河川事務所と７３０市町村の取り組みが、タイムラインの成否を左右することとなる。さらなる河川事務所と市町村の連携に期待したい。

都道府県が管理する河川にも展開

　国が管理する河川に関係する市町村における避難勧告着目型の水害対応タイムラインは、「まず作ってみる」段階まで到達した。

　河川には、国が管理する河川の他に、都道府県が管理する河川もある。都道府県が管理する河川は、国が管理する河川と比べ、その規模こそ相対的に小さいものの、数、延長は圧倒的に多数に上る。また、国が管理する河川と比較して整備が進んでおらず、安全度が低いことから、大きな被害が生じている場合も多い。水害対応タイムラインに関する取り組みについては、現在のところ、都道府県が管理する河川に関係する市町村における取り組みは限定的である。

　これからは、都道府県が管理する河川に関係する市町村の水害対応タイムラインの取り組みを進めていく必要がある。国土交通省では、これまで取り組んできた水害対応タイムライン作成の経験や知見を踏まえ、都道府県を支援していくこととしている。

　２０１７年に改正された水防法では、地域における多様な関係者が連携して洪水氾濫による被害を軽減するためのハード・ソフト対策を総合的かつ一体的に推進するため、「大規模氾濫減災協議会」を組織することが規定された。この協議会において、水害対応タイムラインの作成・運用についても協議されることで、その取り組みが進むことを期待している。

「タイムライン」を使う

タイムラインによりオペレーションを効率化 人的資源を〝想定外〟へ集中投入！

災害時には想定していない事象が発生する

タイムラインは、被害が生じると考えられる災害の発生に至る一つの典型的な過程を想定して、いつ、誰が、何をするかをあらかじめ決めておくものである。

しかし、現実の災害は、決して我々が想定したようには起こらない。想定していたよりも早く事象が進行することもあれば、想定していなかった事象が発生する、もしくは複合的な事象が発生することもあるだろう。タイムラインを運用する関係者は、現実の災害は想定した通りには発生するものではないということを当然のこととしてタイムラインを活用していくことが必要である。

タイムラインで想定していた通りに災害事象が発生しないから、そのような時にはタイムラインは役に立たないということではない。

「想定外」への対応をサポートするのがタイムラインの意義

タイムラインにおいて想定すべき災害のシナリオは、最も典型的な災害の進行ストーリーである。典型的なシナリオによりタイムラインを作成しておくことで、あらかじめ想定していた事象に対しては、タイムラインに沿った対応を基本として、対応の検討に要する人員や時間等を大幅に省力化することが可能となる。これにより、想定していなかった事象に対して、時間と人的資源を集中的に投入することが可能となるのである。

単にあらかじめ決めておいた役割をその通り実施するということのみにタイムラインの意義があるわけでは無く、災害発生時の「想定外」の様々な事象に対する適切な対応を可能とするところにタイムラインの意義がある。

タイムラインを作成し、その通り対応すれば、災害対応が万全というわけではない。「想定外」にいかに対応・応用していくかによって、災害対応の成否が左右される。それをサポートする仕組みがタイムラインであり、災害対応にあたる関係者がそのことを理解して、災害発生時にタイムラインを活用することが重要である。

ケース01　タイムラインで地域を守る

三重県紀宝町《きほうちょう》

日本初のタイムライン

紀宝町は三重県南東部にあり、和歌山県との県境に位置する。町内は山に囲まれ熊野川と相野谷川という2つの一級河川が流れている。

2011年9月には紀伊半島大水害によって甚大な被害を受けている。各地で記録的な大雨をもたらした台風第12号の影響により、紀宝町でも熊野川、相野谷川が氾濫し、土砂災害も発生した。その結果、1人が亡くなり、今も1人が行方不明となっている。

この経験から「防災関係機関と町民が連携・連動した防災行動」「平時からの心構えと準備」「早め早めの防災行動」という教訓を得たことが、タイムラインに取り組むきっかけとなった。

タイムラインの検討は紀伊半島大水害の振り返りから

2014年1月に「タイムライン検討部会」が設置されタイムラインの作成が始まった。検討には役場職員だけでなく、河川管理者や気象台、ダム管理者、県、警察、消防、消防団、自治会、学校など紀宝町の防災に携わるほぼ全ての機関が参加している。

検討は、紀伊半島大水害の振り返りから始めた。計画に記載されていないが、実際に行われた対応や、必要だった対応が明らかになった。また、「水門操作員が退避する基準が曖昧だった」や「職員を参集した時間が、風や雨の最も厳しい時間だった」といった多くの課題も挙げられた。それらを基に、タイムラインを参加者全員で検討している。

タイムライン運用に関する連携会議

検討部会では、関係機関からの様々な話題提供も行われた。タイムラインを検討する上で欠かせない気象や河川、土砂災害、ダムの運用基準等への理解を深めながら検討は行われた。

台風での試行運用を重ねて改善

検討の真っ最中、2014年7月に台風第8号が紀宝町に接近してきた。町では、それまでに検討してきたタイムラインを試行運用することが決められた。始動は台風最接近の5日前。運用中は検討部会委員の各機関が参加した連携会議を連日開催し、対応状況や今後の見込みなどを共有しながら対応を行った。

連携会議では、河川管理者や気象台より、従来から一歩踏み込んだ予測情報が提供され、担当者が持つ危機感も伝えられた。それらの情報によって、現在の状況や事態の推移を注視し、0アワーやタイムラインレベル移行の意思決定を下していった。結果として、台風第8号は大きな被害もなく過ぎ去っていった。

この年、紀宝町では、他に4つの台風でタイムラインを試行運用している。運用後は、検証会議を繰り返し行い、率直な意見を述べ合いタイムラインを改善していった。

検討開始から約1年後、試行と検証を繰り返し、2015年2月26日に「紀宝町における台風等風水害に備えた事前防災行動計画（タイムライン）」として日本初のタイムラインが策定された。また、1年間の取り組みによって構築された顔の見える関係を継続するため、紀宝町、紀南河川国道事務所、紀勢国道事務所、津地方気象台との間で「タイムラインの連携に関する協定」が同時に締結されている。

地区のタイムラインへ発展

タイムライン策定による効果として、各主体の自律的な災害対応が行われるようになったことが挙げられる。現在、紀宝町では更なる深化を目指し、住民が自律的な災害対応や避難を行う地区タイムラインを推進しており、大里地区、浅利地区で作成されている。今後は、町内の全地区で作成することを目標としている。

ケース02　タイムラインで地域を守る

北海道滝川市
～石狩川滝川地区水害タイムライン

台風で起動、運用後に改善

北海道滝川市は、石狩川と空知川に挟まれて、水害リスクが高い地域であり、河川改修等のハード対策に加え、タイムラインを策定することが防災上非常に有効と判断し、石狩川滝川地区水害タイムライン検討会を設置した。

7回の検討会を実施

平成27年10月の発足式を皮切りに平成29年1月まで7回の検討会を開催した。

全国でも最大規模となる36の関係機関が参画し、約100人程度の参加者となることから、7つのグループに分かれて検討会を進め、台風期前の8月3日にタイムライン試行版を完成させた。

台風で起動したタイムライン

平成28年8月に、北海道で観測史上初めて3つの台風が上陸し、その1週間後、再び台風10号に伴う大雨により空知川で堤防が決壊する大きな出水となり、タイムライン試行版の完成後、間もなく運用することとなった。

タイムライン防災対応レベル毎に滝川市、札幌開発建設部、札幌管区気象台で合同テレビ会議を開催し、水位予測や河川等の状況、今後の台風進路等の情報提供及び今後の体制について確認した。

台風11号・9号の際は、滝川市内で内水氾濫が発生し、タイムライン防災対応レベル3まで発動し、滝川市長が避難勧告を発令するなど、関係機関との情報共有等も円滑に行われた。

実際に運用してみないと分からないことも判明し、運用後に振り返りを行い、『運用上、防災対応の順番を変えなければならない項目』、『タイムライン防災対応レベルを下げていく基準がないこと』等の課題が抽出され、それら課題の改善を行うことにより、今後のタイムラインへの充実を図っている。

また、参加機関（民間企業）から、『降雨情報や河川情報が提供され、それを見てタイムラインに沿った行動の準備ができたので大変助かった』との声も頂いた。

新たに住民によるタイムラインを策定

参加機関の一つである滝川市幸町第4区の町内会長が中心となり、新たな取り組みとして町内会が独自でタイムラインの策定を行っている。タイムラインは、平成29年4月の完成後に町内会の各家庭へ配布される予定である。

【滝川市災害対策本部】
体制状況や避難所等の状況確認

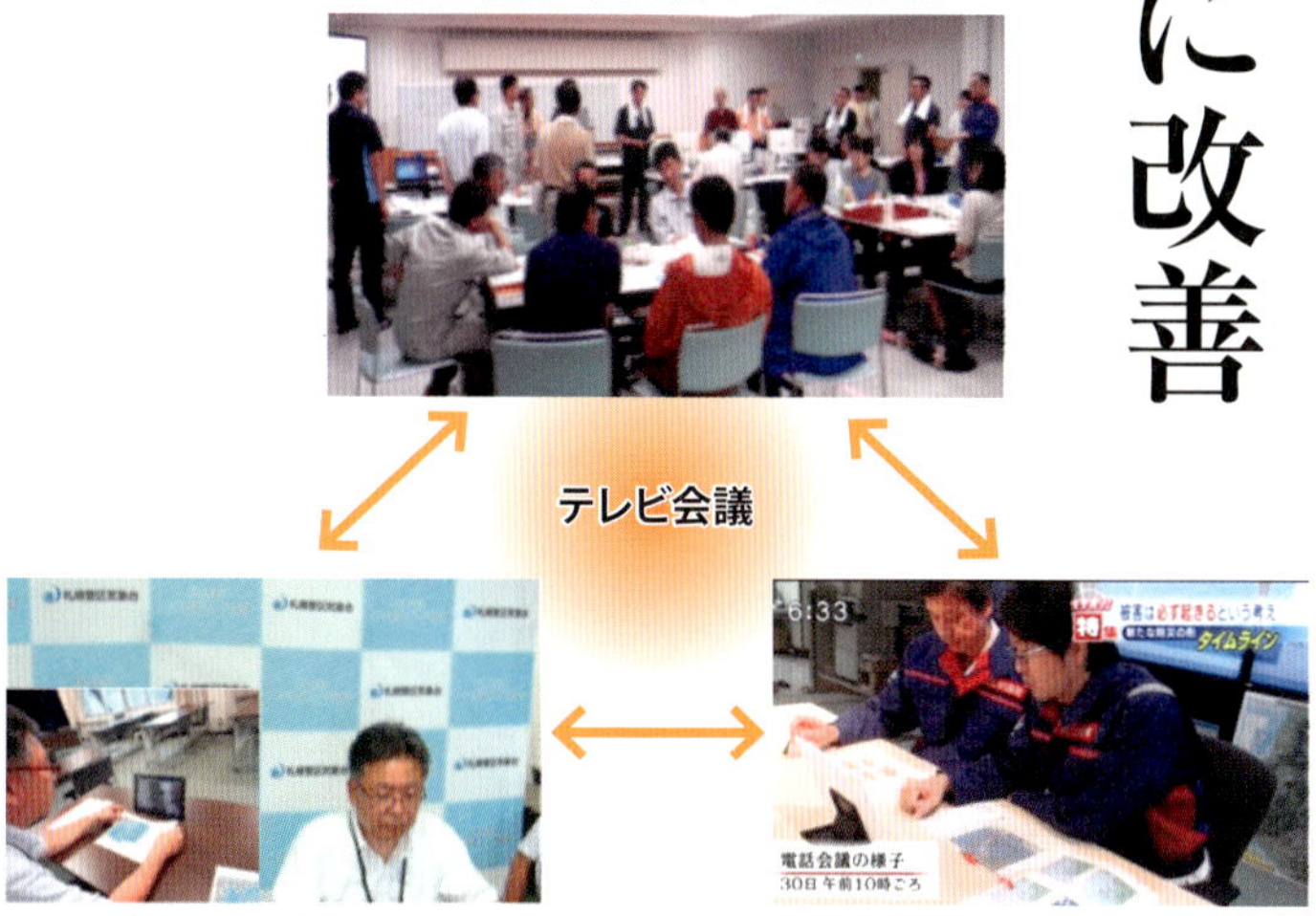

【札幌管区気象台】
今後の台風の進路や気象予測情報の提供

【札幌開発建設部】
水位予測や河川・ダムの状況を情報提供

滝川地区タイムライン（試行用完成版）の構成

タイムライン防災対応レベル	想定される状況	主な対応
レベル1	前線の停滞や台風の接近 台風説明会により滝川市で水害の可能性	事前準備と情報収集 平常業務の延長として実施
レベル2	滝川市に大雨警報の発表 大雨による内水はん濫の発生	内水はん濫への警戒 内水はん濫対応の実施
レベル3	石狩川・空知川の水位の上昇 水防団待機水位を超過	外水はん濫発生への対応の準備 内水はん濫による交通規制対策
レベル4	石狩川・空知川の水位の上昇 3時間後に避難判断水位に到達予測	早めの行動の実施
レベル5	石狩川・空知川の水位の上昇 はん濫危険水位を超過	住民・要配慮者の避難完了 避難支援、水防活動者等の退避
発災	石狩川の堤防決壊、空知川の越水	
緊急対応 応急復旧対応	市街地での浸水被害 天候の回復とともに、浸水域の縮小	迅速な復旧活動への準備。 堤防の応急復旧、排水作業

平成28年6月　第5回検討会（実施状況）

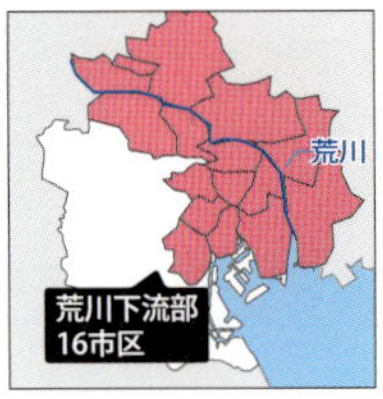

ケース03　タイムラインで地域を守る

荒川下流部
～東京都・埼玉県

首都圏水害に備える

荒川の下流部は、地下水等のくみ上げにより広域地盤沈下が進行し、海面水位よりも低い土地、いわゆるゼロメートル地帯が広く存在している。また、我が国の政治・経済の中枢機能が集積しており、洪水により仮に堤防が決壊すれば、広域的かつ長期的な浸水が発生することが想定され、壊滅的な被害が発生するとともに、首都機能を麻痺させる恐れがある。

このため、少なくとも命を守り、社会経済に対して壊滅的な被害が発生しないよう、平成26年度から荒川下流タイムラインの検討に着手し、翌年度から運用を開始している。

パッチワーク方式で検討

平成26年8月より全国に先駆け、北区、板橋区、足立区をモデルエリアとして検討を始める。当該地域は、付近の堤防に比べて局所的に堤防の低い箇所があり、また地下鉄や地下街等の地下空間が発達し、福祉施設も数多く存在する。このため、行政機関だけでなく鉄道、電力、通信機関や福祉施設などの多様な機関・部局と共に検討を行った。また、課題が多岐にわたることから、北区では「交通の運行状況に着目した行動項目」、板橋区では「避難行動要支援者施設に着目した行動項目」、足立区では「住民避難に着目した行動項目」をテーマとして、パッチワーク方式で検討を深め、平成27年5月にテーマごとに「荒川下流タイムライン（試行案）」を公表し、運用を開始した。なお、検討の過程で対処が必要と考えたものの、対処方針を定められなかったものについても、引き続き検討が必要なものとして防災行動項目に明記することとしている。

平成27年は、台風17号、18号を含む8個の台風を対象にタイムラインを運用し、また机上訓練も実施した。これらの結果を踏まえて見直しを行うとともに、テーマごとのものを統合し、平成28年3月に「荒川下流タイムライン（試行版）」を公表し、運用を行うこととした。

対象エリアを拡大し、さらに深化

平成28年からは、対象エリアを荒川下流部の洪水浸水想定区域にある全ての市区（**図**）に拡大をして検討を行った。堤防が決壊するとすぐに氾濫水が到達する地域と数時間後に到達する地域、また浸水継続時間が数日程度の地域と2週間以上となる地域など、地域ごとに氾濫特性が異なることを踏まえ、議論が深まりやすいように4のブロックに分けて検討を進めた。なおBブロックでは、墨田区、江東区、足立区、葛飾区、江戸川区において平成28年8月に「江東5区大規模水害避難等対応方針」を公表し広域避難の検討を進めていることなどを踏まえ、より地域の実情に即したものとなるように工夫した。

さらに、平成28年の台風10号を含む7個の台風を対象にタイムラインを運用した結果を踏まえ、振り返り、見直しを行い、平成29年5月に「荒川下流タイムライン（拡大試行版）」を公表し、運用を行うこととしている。

このように、荒川下流タイムラインは、毎年、運用結果等を踏まえてふり返り、見直しを行うとともに、地域ごとの課題に即した検討が進められるよう検討体制を柔軟に見直すことなどにより、引き続き「深化」「拡大」を図っていく。

ケース04　タイムラインで地域を守る

名古屋駅地下街
での取り組み

庄内川決壊を想定

地下街の防災行動に主眼を置いたタイムラインの検討

庄内川決壊を想定したシミュレーションによると、堤防決壊後、氾濫流は最短で約2時間半で名古屋駅周辺に到達し、浸水深は最大で2㍍近くに達すると推計される。名古屋駅周辺には9つの地下街が存在、延べ面積は約8万3000平方㍍（平成28年12月現在、出典・名古屋市ホームページ）と全国でも有数の規模の地下街が広がっており、氾濫流が地下街に流入し、浸水すると甚大な人命被害が生ずるおそれがある。

このため、浸水による人命被害を防ぐことを目指し、庄内川河川事務所、名古屋地方気象台、名古屋市が事務局となり、名古屋駅地区まちづくり協議会等も参画して、『庄内川タイムライン検討会』を平成26年に組織し、台風による庄内川の決壊に備え、名古屋駅地下街の事前の防災行動に主眼を置いたタイムラインの検討を行い、平成27年3月には、『庄内川決壊対応タイムライン検討案』をとりまとめた。

さらに、タイムラインに示した地下街の防災行動を詳細に検討し、より実践的なタイムラインとするため、平成27年10月に検討会の下に、『地下空間ワーキング』を設置、検討会のメンバーに地下街の管理者である企業も新たに加わり、検討を進めているところである。

地下空間のタイムラインのポイント

名古屋市内では、平成12年の東海豪雨のほか、平成20年や25年の豪雨により内水被害が発生しており、台風により庄内川が決壊する前に内水の発生が想定される。このため、タイムラインで想定する災害のシナリオに内水も加え、地下街の出入口への止水板の設置等の内水対策もタイムラインに反映することとした。

また、名古屋駅周辺の浸水深が最大で2㍍近くに達し、地下街が浸水してからの避難は困難であると考えられることから、浸水が発生するまでに避難を完了させることを目指し、個々の防災行動に要する時間も想定しながら、どの段階で、どのような気象・河川・防災情報をトリガーとして、防災行動を実行するべきか検討を行っている。

防災行動としては、降雨が激しくなる前の段階での地下街来訪者の帰宅促進策、地下街店舗の営業停止、地下街滞留者の退避等が柱となるが、これらの行動について何をトリガー情報として実行するのか、また、各地下街が統一的に実行することが可能であるか等について、各地下街管理者の間で様々な意見があり、議論のポイントになっているところである。

地下空間ワーキング

浸水対策への高い意識に応えて

平成29年2月までに地下空間ワーキングを6回開催し検討を進めてきており、平成29年度の早期の段階で検討結果を反映したタイムラインのとりまとめを予定している。

台風期の前には机上訓練を実施し、台風期に試行、これらを通じてタイムラインの検証を行い、課題等を明らかにした上で、タイムラインの改善を図り、これを毎年繰り返し、さらに実践的なタイムラインにブラッシュアップしていく。

名古屋駅地下街のタイムラインの取り組みは、名古屋駅地区まちづくり協議会や地下街の管理者の企業の多くが参加、各者とも浸水対策への意識が非常に高く、タイムラインの検討にも積極的な姿勢で取り組んでおり、地下空間ワーキングの会議では、いつも長時間かつ熱心な議論をいただいている。その結果、より実践的なタイムラインの検討につながっている。このような参加者の意識に応えられるよう、事務局としても取り組んでいきたい。

ケース05　タイムラインで地域を守る

球磨川《くまがわ》（熊本県）

梅雨前線性の降雨への対応

治水安全度が低い状況を踏まえたタイムラインによる減災の取り組み

球磨川の治水安全度は、現時点で想定される対策を全て実施した上でも、人吉地点では流量の年超過確率にして1／5から1／10程度と低い状況にあり、近年の降雨の激甚化・頻発化の傾向も踏まえ、早期の防災対応の実施により洪水時の着実な避難を実現することが急務である。

このため、人吉市、球磨村から河川管理者である国土交通省にタイムラインの策定について協力を要請され、流域の関係機関が参画する「球磨川水害タイムライン検討会」を平成27年6月に設置し、延べ10回の検討会を経て、平成28年6月に試行版を完成させた。

球磨川水害タイムラインの特徴

球磨川沿川は水害常襲地帯であるが、その洪水をもたらした降雨は主に梅雨期に発生している。梅雨前線性の降雨は、その降り始めからピークに至るまでの推移が、台風性の降雨と比較するとタイミングを図りづらく、雨が降り始めてからの後手の防災対応になる恐れがある。

このような降雨の予見困難性を克服し、早期の防災対応を実現するため、球磨川水害タイムラインは、そのシナリオを全国で初めて梅雨前線性の降雨による洪水として検討を進めている。台風性の降雨対応のタイムラインとの主な違いは、台風については「上陸○日前」というレベル移行のトリガー設定が可能であるが、梅雨前線性の降雨の場合はタイムライン立ち上げのトリガーを気象警報の発表としており、既に降雨イベントが進展していることから、短時間のうちに防災対応をこなしていく必要がある。このため、梅雨前線性の降雨を対象とするタイムラインの検討・運用は難易度が高いとの認識で関係者一丸となり取組を進めている。

テレビ会議を導入し効果を発揮

平成28年度は結果的に大きな出水はなかったが、6月の試行版完成以降、梅雨期と台風期に合わせて6回の試行運用を行った。梅雨前線性の降雨対応の試行版は台風期の降雨においても準用して用いた。

運用においては関係者間の情報共有手段としてメーリングリストを活用したが、迅速な情報共有と議論の実施のため、双方向のコミュニケーションツールとして有用なテレビ会議を台風期を控えて導入した。

9月初旬に発生した台風12号への対応で、タイムラインの効果が特に発揮されている。1日の台風発生から4日に熊本に最接近するまで、定期的にテレビ会議を開いた。会議には市村長、気象台、河川管理者等関係機関の意思決定者レベルが参加し、台風の進路予測と降雨の見立てについて情報共有を行い、避難を呼びかけるタイミングについて議論を実施した。

この結果、早い段階での自主避難所開設、避難準備情報の発表がなされ、市村から効率的な意思決定に寄与したと評価を得ている。

出水期後となる平成29年2月には、試行運用の結果をもとに、効果と課題の振り返り会議を関係者が一堂に会して実施し、次年度以降への改善を検討した。

球磨川水害タイムライン検討会の様子

より実用的なタイムラインへ

振り返りの結果から、運用中の情報共有の徹底、運用結果の記録方法など運用方法を明確化すること等の課題が明確になった。改善を実施し、次なる運用、振り返りの循環を継続し、より実用的なタイムラインを根付かせ、地域の防災力向上に繋がるよう事務局として取り組んで参りたい。

ケース06　タイムラインで地域を守る

高知県大豊町《おおとよちょう》

地域の課題は地域住民が解決

高知県大豊町では、地域の過疎・高齢化が深刻な問題となっている中、住民自らが水害に備え防災行動計画を策定し、コミュニティ・タイムラインの運用を図っている。

大豊町は、高知県東北端四国山地の中央部に位置し、町の中央部を吉野川が流れ、深い渓谷を成す山岳地帯である。山の斜面には、棚田、傾斜畑や集落が形成され、風光明媚な景色が広がる一方、脆弱な地質構造により土砂災害の危険性が高い地域が多く存在する。また、地域の過疎・高齢化が深刻な問題となっており、65歳以上の高齢者は54%を占める（平成22年国勢調査）。そのため、個人や地域コミュニティの脆弱化が懸念されている。

山裾に広がる大豊町の集落

同町は、自治体を主体としたタイムライン（以下、大豊町TL）を2014年に策定し、災害時の町・関係機関の対応行動とその役割の整理・明確化を図った。大豊町TL策定を通じ、庁内の防災体制が強化された一方で、地域への支援体制の限界が明らかとなり、地域コミュニティや住民が中心となって防災対応を行うためのコミュニティTLの取り組みを進めることとなった。

コミュニティ・タイムラインが地域防災を変える

コミュニティTL策定の取り組みは、平成27年から始まり、平成29年3月現在、4地区で策定されている。策定にあたっては、住民が手を動かし話し合う参加型の研修会、住民ワークショップ（以下、WS）を開催し、住民が「知る」ための3つの取り組みを行った。

1つ目は、「地域の現状を知る」である。同町や関係機関が情報提供を行い、地域で発生し得る災害とその危険性や町が指定する避難所等を学んだ。2つ目は、「適時適切な対応を知る」である。地域の現状を踏まえ、どのような状況・情報をもとに（いつ）、より安全な避難所へ避難するか（何をするか）を、住民が話し合い、取り決めた。3つ目は、「連絡体制を知る」ことである。住民が避難行動をとるにあたり、行政からの情報、区長や消防団からの声かけは重要なきっかけとなる。また、避難状況や完了の情報は、状況を確認する現場対応者や災害時発生後の対応時に重要な情報となる。そのような情報を確実に伝達・集約できるよう、住民が連絡経路を話し合った。

取り組み当初、参加住民から「この地域では災害は発生しない」「自宅が一番安全だから避難しない」との声があった。しかし、住民WSを通じて地域の現状や防災への認識が深まり、「遠くの安全な避難所へは雨が降る前に移動しなくてはいけない」「逃げ遅れた人や遠くへ避難できない人は、集落内のより安全な避難施設へ避難する」と具体的な対応を取り決めることができた。また、集落内に安全な避難施設がない場合、「そっちの建物に逃げていい？」と近隣集落での助け合いも見られるようになった。

このように、大豊町では、〝住民自らが、災害から自身や家族を守るために何が必要なのか〟地域の課題を探し、〝いつ、誰が、何をするのか〟地域独自のルールを決めることを可能にする「地域住民の課題解決支援ツール」として、コミュニティTLが期待されている。

住民ワークショップの様子

V 減災への取り組み

Part 2 ホットライン拡大へ

避難勧告等の発令権限をもつ
市町村長を支援するのが「ホットライン」

水害後に問われるのは「避難勧告等のタイミングが適切であったか？」

人的被害を生じた水害で、事後になって必ず問題・課題として取り上げられることに、「避難勧告等のタイミングが適切であったか？」がある。「もしあの時こうしておけば……」は必ず付きまとうが、発令を行う者は神様ではない。個々の判断を行う時点で将来を見通すことは困難であるが、かといって無策であってよいわけでない。

河川管理者から市町村長へ 河川・水位の状況を直接伝える

避難勧告の発令権限は、住民に最も身近な基礎的な地方自治体の長の市町村長に委ねられている。しかし、直接選挙で選ばれる市町村長が必ずしも災害対応に精通しているわけでなく、加えて、各々の市町村長が大災害に直面することは稀であり、経験・ノウハウの蓄積のないまま、水害対応に直面することも多い。また、自らの市町村内の情報は収集できるが、区域外、例えば上流の市町村の被災・対応状況等を収集する手段は限られており、本来、情報を必要とするところに必要な情報が集積していないのが現状である。

市町村長は、気象や河川に関する情報の他、浸水被害の状況、避難ルートの状況、対象地域の社会・経済活動等の状況を踏まえて避難の判断を行う。このうち河川に関して専門的な知識と経験を有する河川管理者から、市町村長の判断を支援するため、河川の状況、水位変化と今後の見込み等の情報を集約し、市町村長に直接連絡するのがホットラインである。特に、洪水は上流から下流にかけて移動してくる。流域全体でどのような状況なのか、個々の市町村長では持ちえない視点での情報提供に意味がある。

台風10個が上陸した平成16年の水害後に導入 国が管理するすべての河川で運用中

２００４（平成16）年は、観測史上最多となる10個の台風が上陸したのに加え、梅雨前線による集中豪雨もあり各地で甚大な被害が生じた。京都市北部で観光バスが立ち往生し、乗客らが一晩バスの屋根で過ごしたのもこの年である。当時も市町村長による避難勧告等の発令の遅れ、発令されても避難しない住民が多数にのぼったことなど多くの課題が指摘された。政府全体として、避難勧告等の円滑な発令・伝達のためのマニュアルの整備がすすめられた。また、これを機に、国が管理する河川については、河川管理者から直接、市町村長に情報提供を行うホットラインを開設し、本格的に運用を開始した。現在、国が管理する全ての河川で実施されており、少ない年で１００回強、多い年で２００回を超えるホットラインが運用されている。

都道府県が管理する河川では、２０１０（平成22）年7月に岐阜県可児川において死者・行方不明者3人となる水害が発生したことを踏まえ、岐阜県が導入したのが最初である。この後、伊豆半島大規模

土砂災害、広島土砂災害、関東・東北豪雨を契機に順次、ホットラインを運用する都道府県は増加している。

ホットラインの有無が命運をわけた熊本市の白川の水害（九州北部豪雨）

白川は上流・中流を熊本県が管理、下流部を国が管理している。熊本市は両方の区間にまたがっている。２０１２年当時、国にはホットラインの制度が構築されており、ホットライン７回、担当者間

九州北部豪雨での白川の水位（代継橋）と
熊本河川国道事務所から熊本市へのホットライン（2012年）

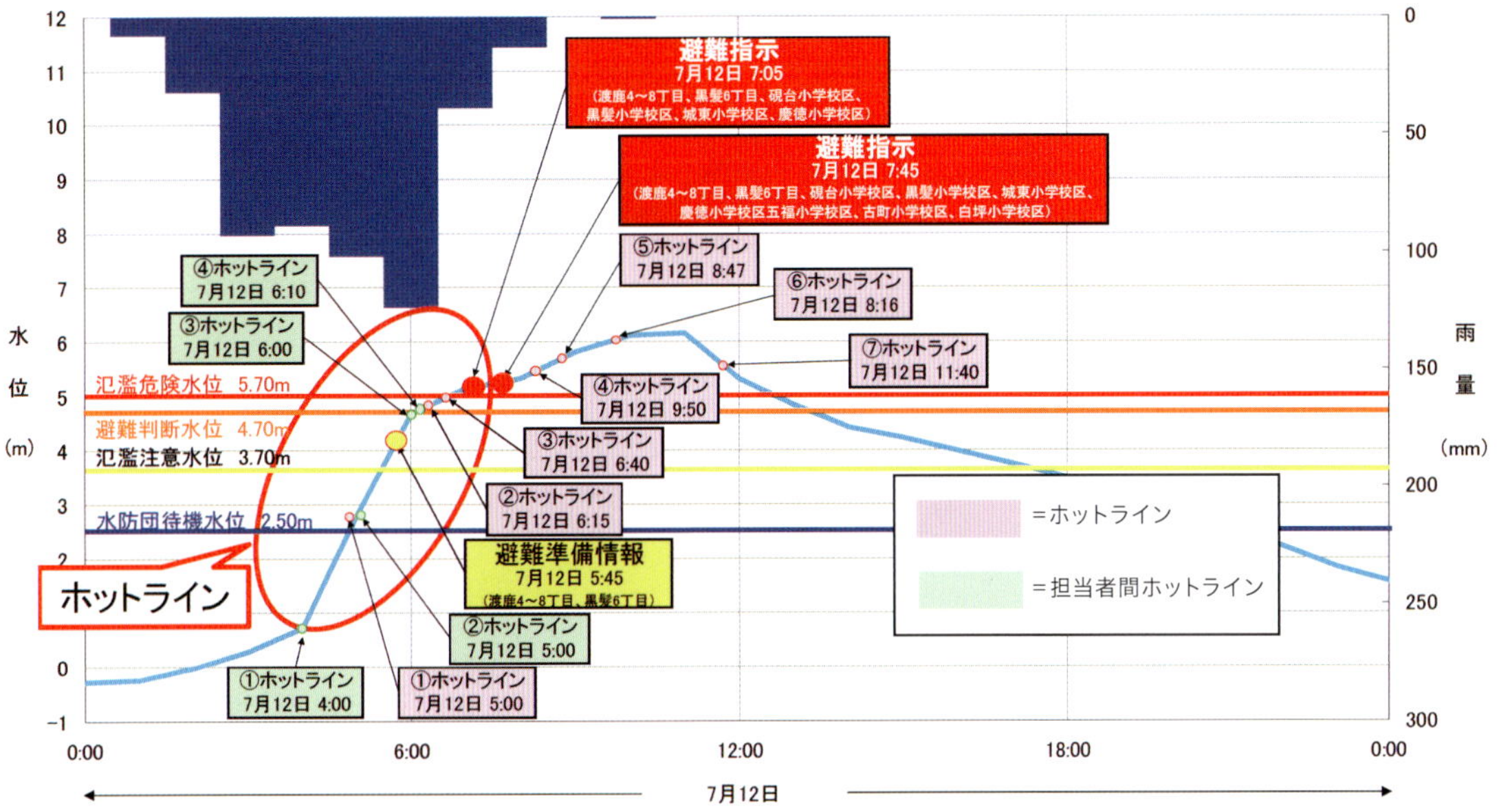

国土交通省資料

九州北部豪雨での白川の水位（陣内）

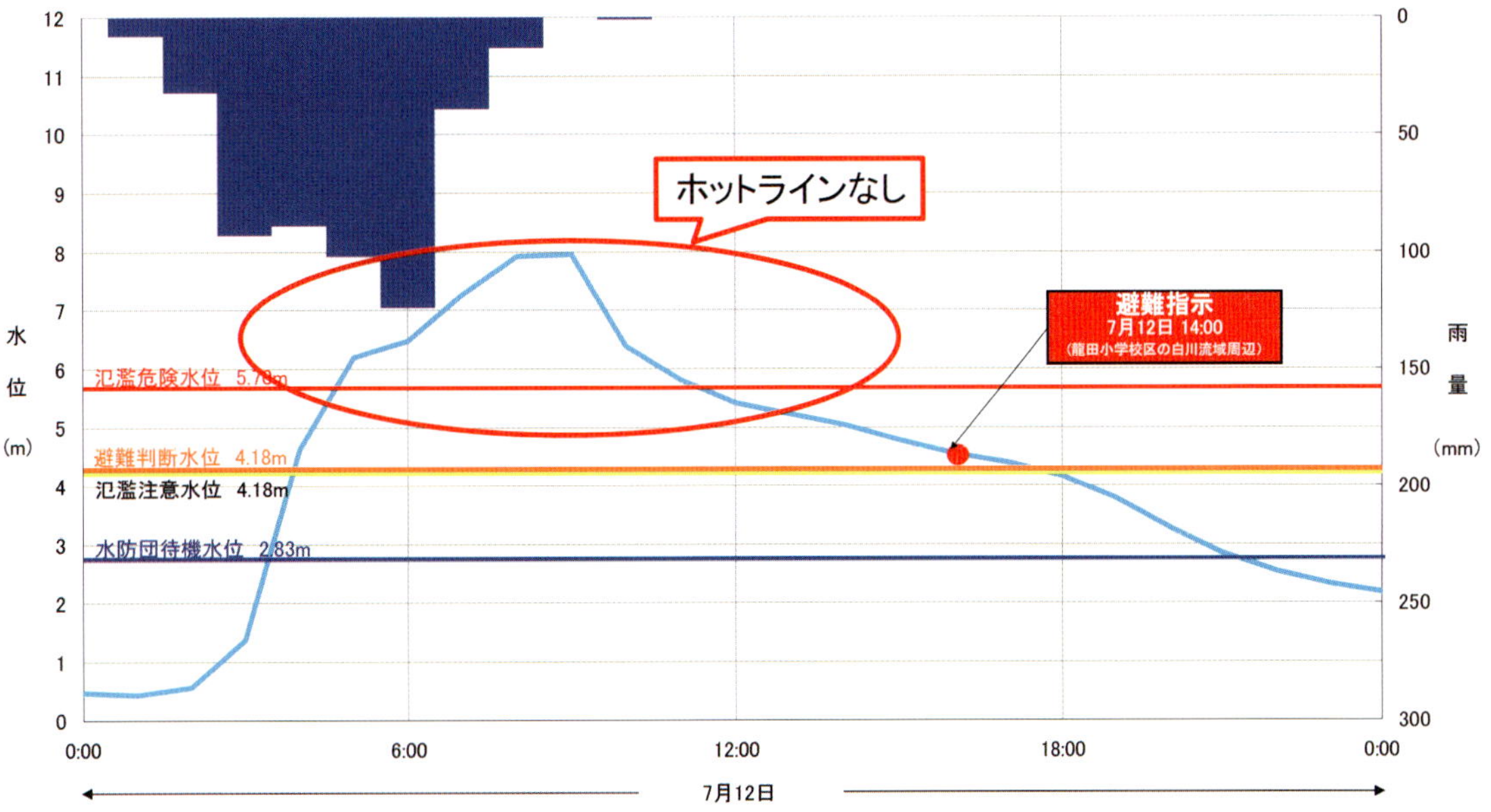

国土交通省資料

V 減災への取り組み

関東・東北豪雨での鬼怒川の水位と下館河川事務所から常総市へのホットライン（2015年）

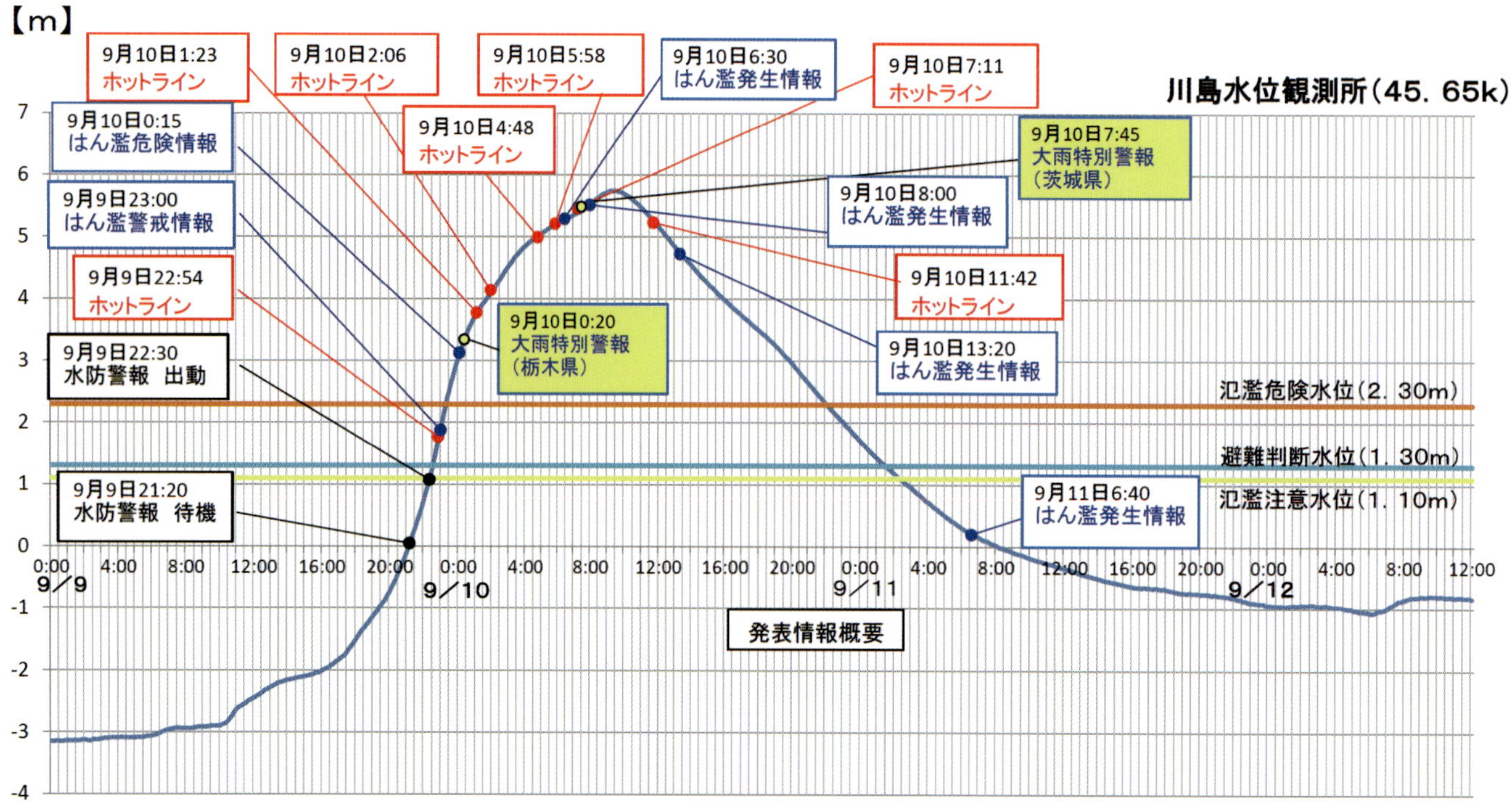

国土交通省資料

ホットライン4回の計11回の情報提供が矢継ぎ早に行われた。単なる水位の情報だけでなく、現地巡視員からの「洪水が氾濫しました」「あと堤防天端まで何センチです」といったきめ細かな情報が提供された。

一方、県にはそのような制度がなく、情報提供がされなかった。国管理の区間では、最高水位に到達する5時間前には避難準備情報が、3時間前には避難指示が発出されていたのに対し、県管理の区間では、氾濫発生後に、それを踏まえ避難指示が発令された。既に時遅く、結果として、多くの方が逃げ遅れ、ヘリで32人、ボートで50人が救出されることとなった。数時間前には上流側では急激な水位上昇により既に氾濫が発生していた。上流で発生していること、水位の見通しを伝えるだけでも受け手側の心構えは違うはずである。ホットラインの有無がこの差となった。

ホットラインの決め手は日頃からの信頼関係と情報の共有

ホットラインは相当緊迫した状況下で、住民の生命にかかわるやりとりをすることとなる。特に市町村長が避難勧告を発令するか否か迷っている時に、やりとりすることから相互に信頼関係があることが前提となる。

また、限られた時間の中で的確に情報を伝達するためには、事前にどのような情報をやりとりするのか、双方で理解しておく必要がある。例えば、栃木県では、細分化した氾濫ブロックごとに危険水位を設定し、これを市町村と共有するとともに、市町村は氾濫ブロック内の自治会と自治会長への緊急連絡先を整理し、これを河川管理者と共有している。このように平常時から情報を共有しておけば、いざという時の伝達もスムーズである。

市町村が混乱していても大切な情報が伝わるように

河川の水位が上昇するような状況下においては、既に内水氾濫や土砂災害等が発生しており、役所内はかなり逼迫した状況となっている可能性が高い。さらに避難勧告等の発令のために避難所の開設等を先行して実施しており、これらの事務で混乱している可能性も高い。また市町村長は陣頭指揮で電話に出られないかもしれない。情報が伝わらなかったということがないように、各レベルでもホッ

中小河川（都道府県が管理する河川）へもホットラインを拡大

トラインを構築しておく必要がある。

頼りすぎにも要注意
関東・東北豪雨での教訓

関東・東北豪雨における鬼怒川の決壊の際には、国の河川事務所から常総市には7回のホットラインが行われた。一部地域では事前に避難勧告が発令されていたが、決壊時点では決壊箇所付近、氾濫エリアには避難勧告は発令されていなかった。水害を検証した常総市の報告（※）は、ホットラインへの過依存、市独自の発令基準がなかったこと、ハザードマップが活用されなかったことを指摘している。あくまでもホットラインは、総合的に判断される避難勧告等の補完情報であり、発令権者自らが、様々は情報をもって自ら判断するものである。

※『避難勧告・指示の発令の判断材料に関する問題点として、第一に、国土交通省下館河川事務所からのホットライン情報への過依存である。若宮戸の溢水に関しては、その危険性が事前にピンポイントで予測され、ホットラインで確度の高い詳細な情報がもたらされたため、溢水に先立ち入念な避難対策が講じられた。しかし、その後の情報は相対的に精緻性が異なる中、常総市では避難勧告・指示を発令するための基準となる想定状況や指標が設定されていなかったほか、避難対象地域の判断・決定に際し「常総市洪水ハザードマップ」が活用されなかったこともあり、避難勧告・指示の決定にあたって依拠すべき判断材料に事欠いてしまった。』（平成27年常総市鬼怒川水害対応に関する検証報告書　平成28年6月13日 常総市水害対策検証委員会　P43）

タイムラインとホットラインは
水害対応の両輪。相乗効果を活かして

水害は進行性の災害であり、タイムラインを作成し、定型的な業務をタイムラインに沿って行うことにより、より多くの人的資源を想定外の事象に割くことができる。このタイムラインにホットラインを位置づけることにより、関係者間でホットラインの実施が明確となり、情報共有の実効性を高めることとなる。

また、タイムラインで想定しているシナリオに対して、「現状がどう推移しているのか」「想定外として何が起こっているのか」がホットラインで明確になり、より実効性をもってシナリオ外に対応ができるようになる。

現在策定を進めている水害対応タイムラインでは、タイムライン・ホットラインの相乗効果を狙い、ホットラインの実施を位置付けている。

２０１８年梅雨期までには
全都道府県での導入を目指す

中小河川は、急激な水位上昇を伴うことが多く、短時間での対応が迫られる。市町村長の気づきを促す河川管理者からの直接のホットラインの意義はより大きいといえ、今後は中小河川にもホットラインを拡大していく必要がある。２０１７年2月に国は、「中小河川におけるホットライン活用ガイドライン」（国土交通省水管理・国土保全局河川環境課）を策定し、都道府県が管理する中小河川へのホットラインの拡大を促している。２０１８（平成30）年梅雨期までには全都道府県での導入を目指している。

Part 3 治水の取り組み

①首都圏外郭放水路(埼玉県春日部市)

地下の巨大放水路がもたらす地域の安全と経済の活性化

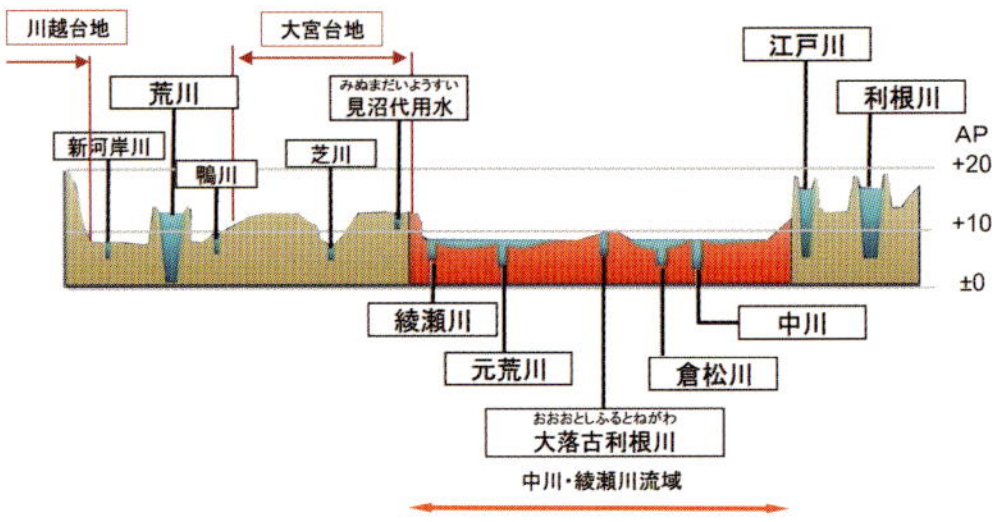

中川・綾瀬川流域(埼玉県・東京都)はスープ皿のような地形

中川・綾瀬川流域は、かつて利根川、荒川が流れていた地域で大落古利根川、元荒川として現在も名前が残っている。この低湿地を江戸の食糧基地とするため、江戸幕府は利根川、荒川を付け替え、新田開発を行ったが、この結果、荒川、利根川、江戸川に囲まれたスープ皿の底のような地形となった。水害の頻発もあり、水田以外の土地利用がなされてこなかった。

高度成長期以降、首都圏の一角をなす中川・綾瀬川流域にも開発の波が押しよせる。今まで雨を貯めこんでいた水田がなくなり、水害がさらに頻発するようになる。1979(昭和54)年から86年の8年間に4度の大洪水がありその度に大規模な事業が採択され、短期間に集中投資が行われた。

外郭放水路はバブル経済による地価上昇がピークを迎えた平成3年に事業化された。地価高騰を踏まえ、政府は今後10年間で首都圏全体で431万戸の住宅を供給する数値目標を決め、このための具体的なプロジェクトを次々と事業化していった。つくばエクスプレスもその一環である。水害常襲地帯をドライアップし、開発適地に変えることを目的に事業化されたのが首都圏外郭放水路である。

早期効果発現のため地下放水路+排水機場方式に

事業に対しては、①中流域をドライアップする十分な治水効果、②10年以内の事業効果の発現の2点が求められた。放水路により流域の洪水を集め、江戸川に排水する対策が効果が一番高く、これを10年で実現するには、用地買収面積を極力小さくする必要があり、流域を東西に横断する国道16号を活用した大規模地下放水路計画(延長6・3キロメートル、内径

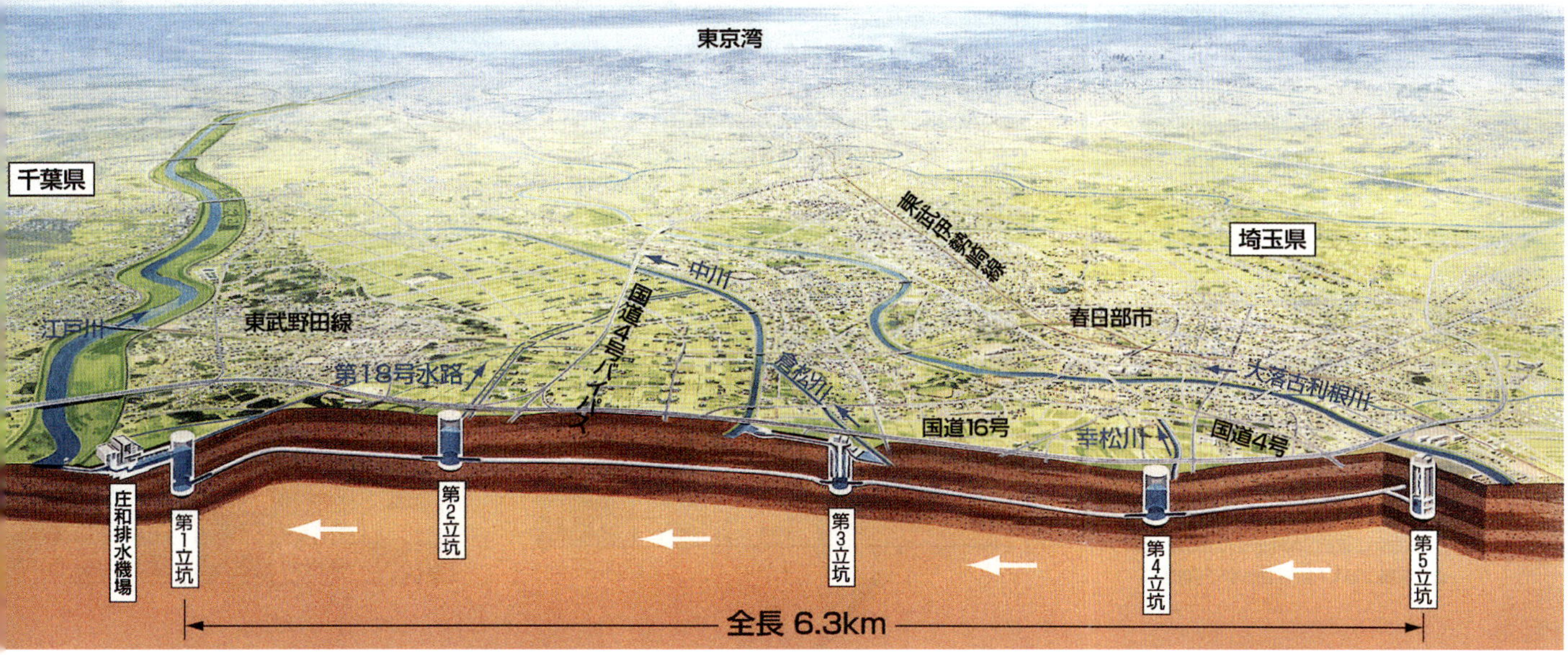

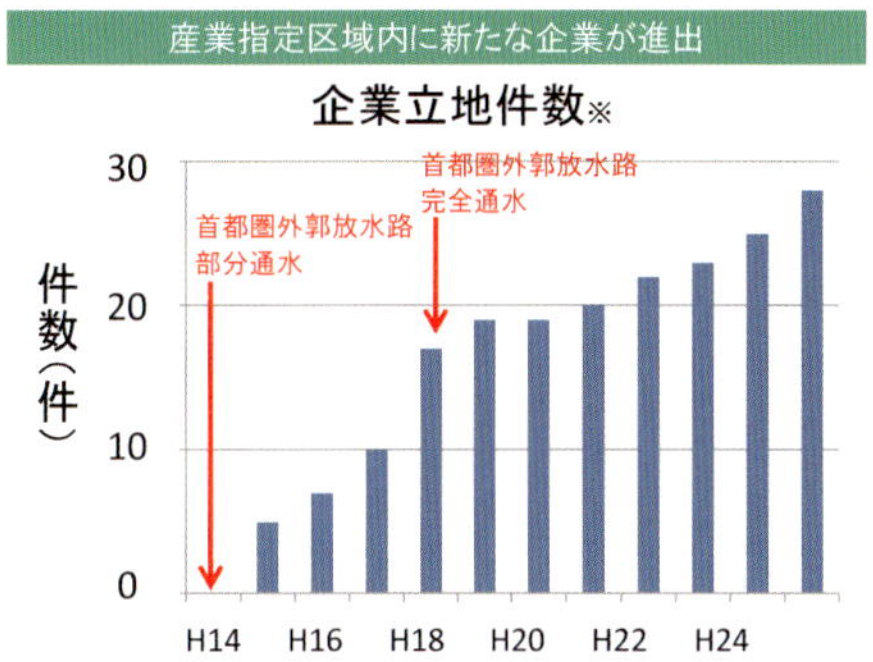

※　産業指定区域（春日部市が指定した企業立地を推進するための区域）内

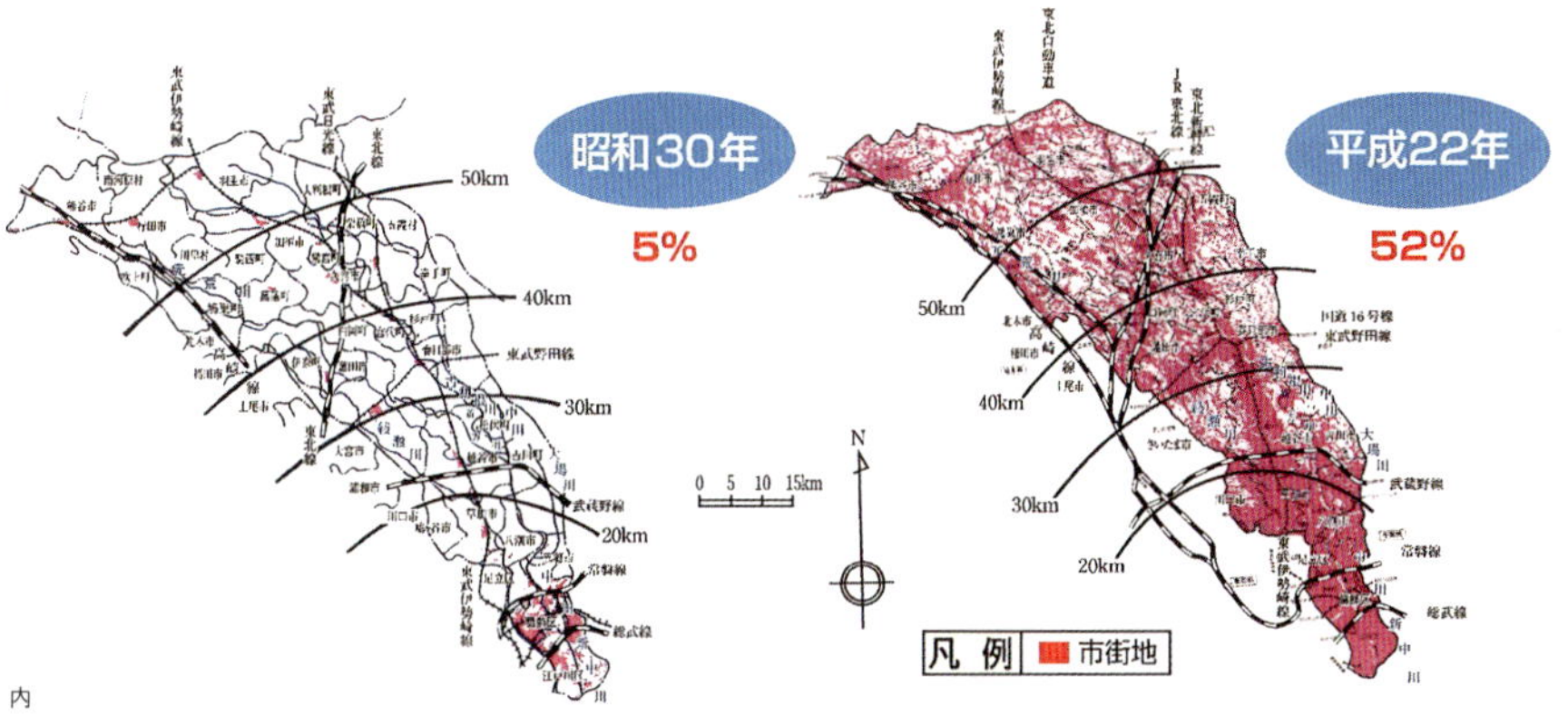

10・6メートル）となった。

放水路で集めた洪水を江戸川に排水するためには、高低差14メートル（4階相当）を持ち上げる必要がある。このため、巨大な羽根車を航空機用を転用したジェットエンジンで回転させ、1秒間に25メートルプール1杯分の洪水を排水する。総排水量200立方メートル／秒、出力41200キロワットは排水規模では日本第二位、エンジン出力では第一位である。

関東・東北豪雨では劇的な効果

関東・東北豪雨は、昭和61年豪雨と比べて約1・1倍の降雨であったが、被害は1／10にとどまった。この間の急速な低平地の開発から考えても実質的な効果はもっと大きい。昭和61年以降、流域の洪水を、外周河川（江戸川・荒川）に排水する能力が格段に向上し、今回は、全雨量の約25％を排水した。かつての水害常襲地帯の姿はもうない。

大規模マンションの着工2・8倍増

春日部市内の大規模マンションの着工件数は、外郭高水路整備前と比べると約2・8倍に増加している。また、国道16号と4号の交差する庄和IC付近は、以前浸水が相次ぎ水田だった場所が、交通の便のよい開発適地に生まれ変わった。28社が進出、3200人の雇用を生み出し、その動きは現在も続いている。さらに、がん診療連携拠点病院となる新・春日部市立病院もオープン。重要インフラの立地も進んでいる。

「地下のパルテノン神殿」として人気の観光スポットに

外郭放水路は我が国の土木技術の粋を集めて建設された巨大地下施設である。サッカーグランドがすっぽり入る規模の地下空間に59本の柱が立ち並ぶ調圧水槽は「地下のパルテノン神殿」と紹介され多くの人が訪れている。観光地のランキングを行うサイト（4travel）でも春日部市のランキング第一位となっており、シティセールス、インフラツーリズムの面でも期待が高まっている。

②大河津《おおこうづ》分水路（新潟県）

日本有数の米どころを支える、越後平野の生命線

信濃川の洪水を直接、日本海へ 江戸時代からの悲願だった分水

越後平野はその名のとおり、海が内陸に閉じ込められた潟湖《せきこ》が多数存在した低湿な平野である。江戸時代以降、干拓が進められ、多くの潟湖が水田と化したが、泥深い田んぼであり、腰まで水に浸かりながら稲が栽培されていた。採れた米は品質が悪く、「とりまたぎ米（鳥もまたいで食べない）」といわれていた。江戸時代にも洪水が頻発した（平均すると3年に1度は決壊したといわれる）ことから享保年間に、信濃川の洪水を直接日本海に流す計画が幕府に請願され、以降、明治になるまで約150年間も請願し続けられた。

明治3年、政府はいったん大河津分水路の建設に着手するが、明治8年に中止。明治29年に、「横田切れ」といわれる大洪水が発生し、越後平野ほぼ全域が1カ月、低い土地は4カ月にわたり浸水し、伝染病も蔓延、多くの人々が犠牲となった。これを契機に、明治42年に約10㎞の放水路、2つの堰を建設し、信濃川の洪水を直接日本海へ流す事業がスタートした。着工から13年後には完成したが、完成から5年後に堰が陥没し、平常時の水のコントロールができなくなった。このため、新たな堰、河床を安定させる床留、床固の建設が5年で行われ、大河津分水路が機能し始めた。

鳥も食べないと称された米が 新潟コシヒカリへ

かつての湿田も河川の水位の低下により乾田化され、面積当たりの収穫量も倍増、新潟コシヒカリの産地として、日本有数の米どころとなった。以前は越後平野を迂回するように作られていた交通網（例えば信越線）も現在では、上越新幹線、国道8号、北陸自動車道等越後平野を突っ切って交通網が形成されるようになり、首都圏との動脈となっている。

信濃川下流部は、かつて約800メートルの川幅があったが、洪水時の流量が減少したことから、300mまで縮小され、埋め立てが行われた。新潟市中心部では約200haの土地が生み出され、新潟の都市機能を支えている。

自然の河川とは真逆の漏斗《ろうと》状の構造 下流ほど幅が狭く、急こう配

自然の河川は、上流部は川幅が狭く勾配も急であり、下流部は川幅は広く、勾配は緩やかであるが、大河津分水路は、上流部の川幅720メートルに対し、河口部では180メートルと1／4に狭まり、河口に近くなればなるほど急こう配になっている。自然の河川とは真逆の漏斗状の姿となっている。

これは、下流部が山地であり、掘削規模を最小限にとどめざるを得なかったからである。また、地すべり地形であったため、建設期間中も3度大規模な地すべりが発生しており、この部分の掘削は難工事であった。この下流部が洪水を流下させる際のネックとなっている。

さらなる治水安全度の向上を 目指して拡幅工事がスタート

大河津分水路は新潟にとってまさに生命線ともいえる施設である。施設規模を超える洪水が発生し、「横田切れ」のような氾濫が発生すると、人口・資産の集積の著しい現在、その被害は計り知れない。このため、分水路の川幅を180メートルから280メートルへ拡幅し、洪水の流下能力を向上させる事業が進められている。

地すべり地形と闘いながら、また洪水を流しながらの難工事である。2032年の施設完成を目指して工事が進められている。この事業により、越後平野の安全度を大きく向上させるだけでなく、信濃川上流部の長野県側の河川改修の進捗も図れるようになる。信濃川流域全体にとってその完成が待たれている。

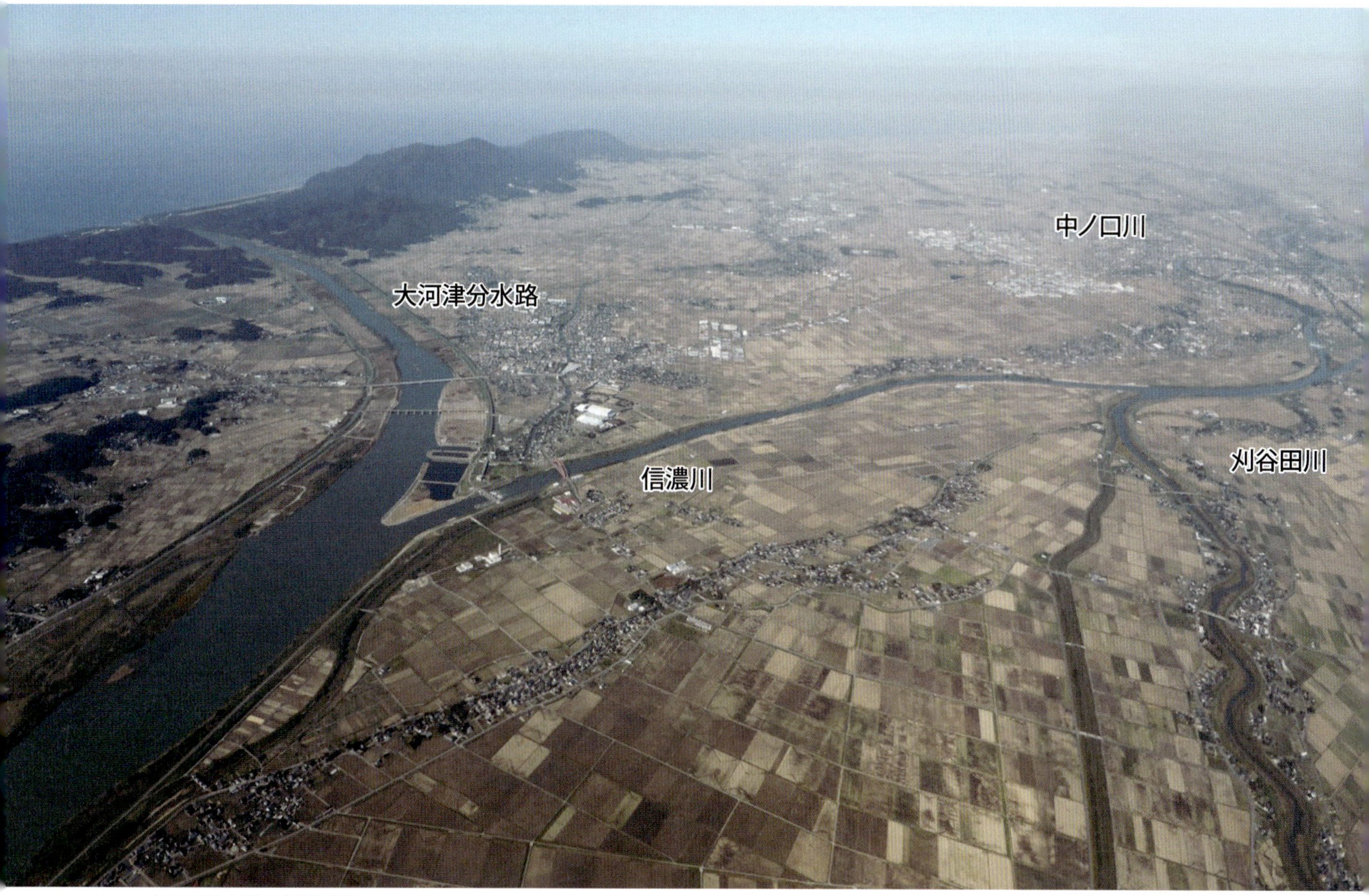

大河津分水路と越後平野

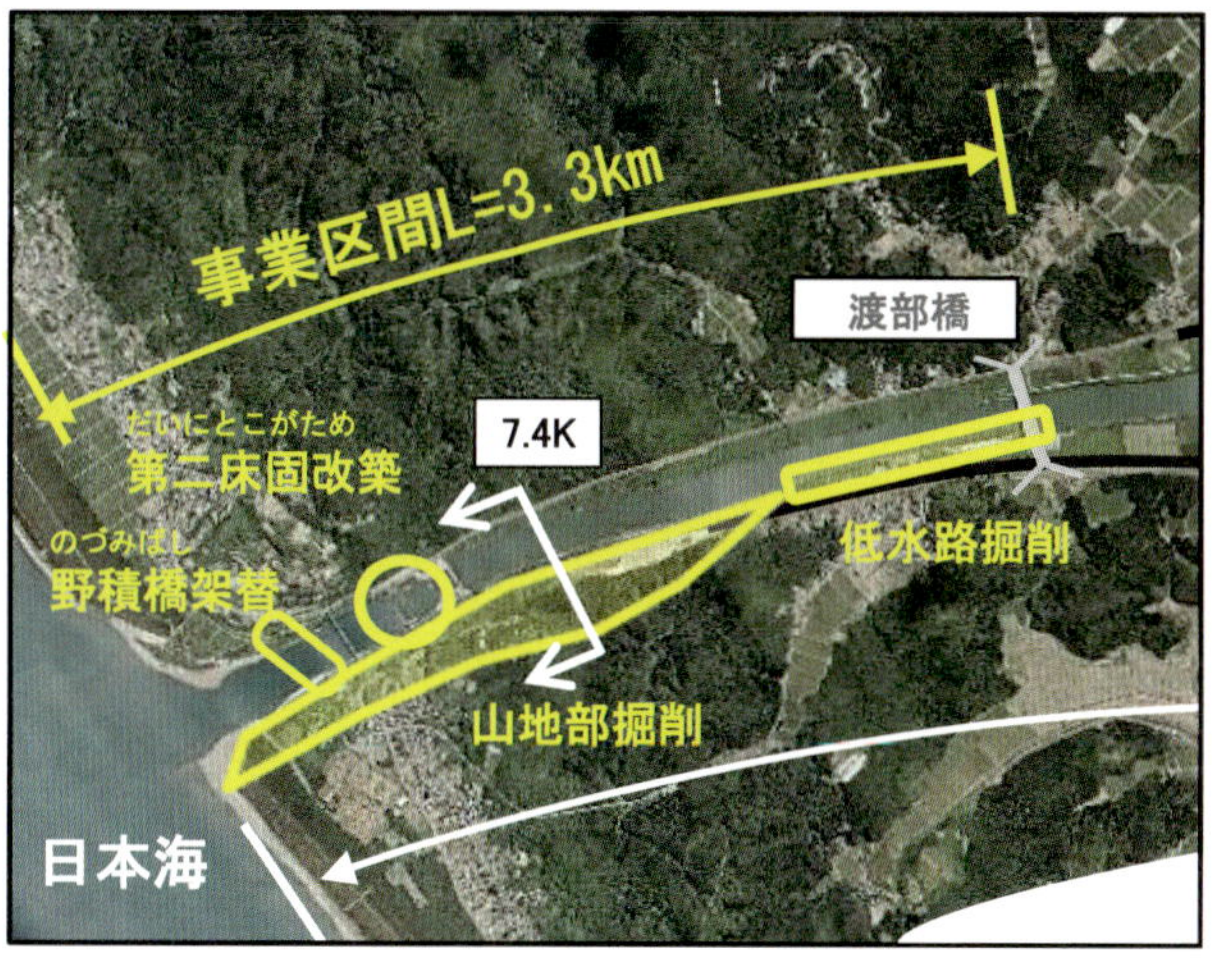

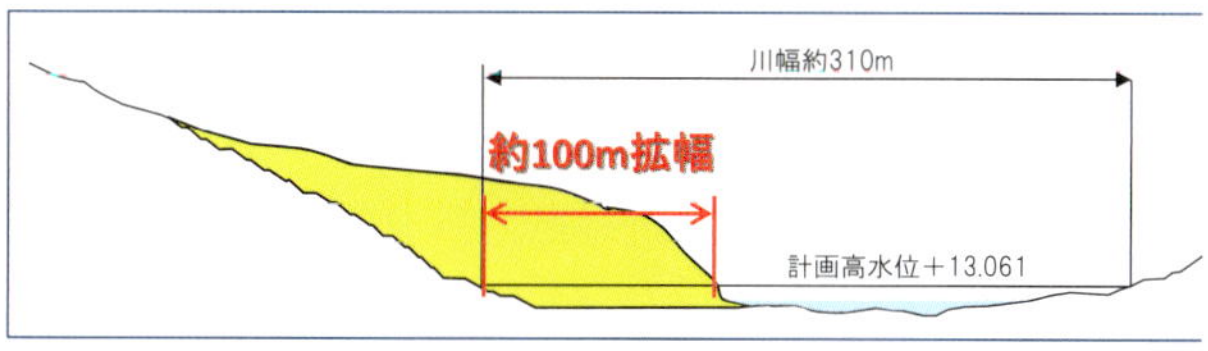

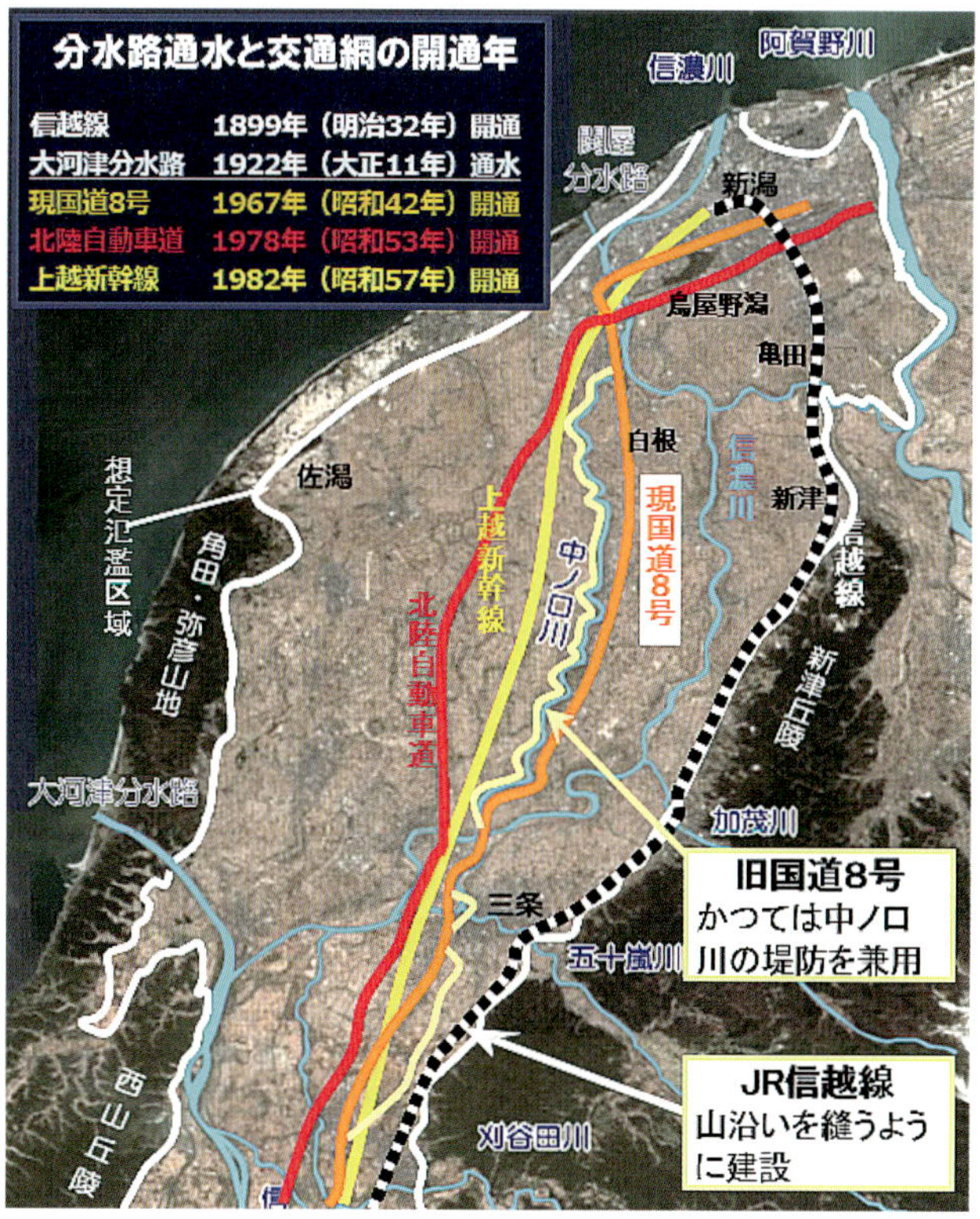

大河津分水路と越後平野の主要交通網

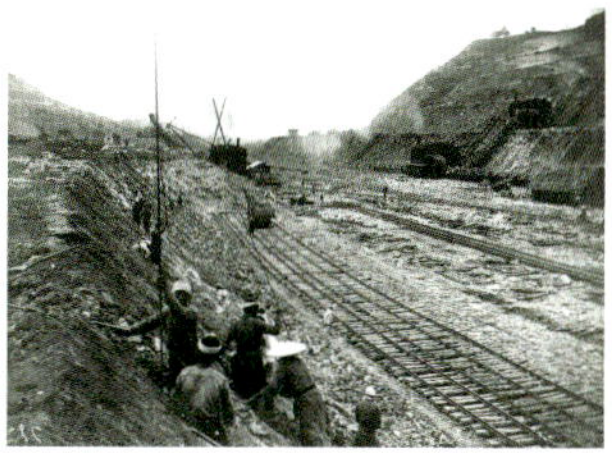

大河津分水路建設当時の工事の様子

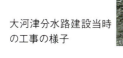

③日下川放水路（高知県日高村）

放水路3本の図、新放水路の断面

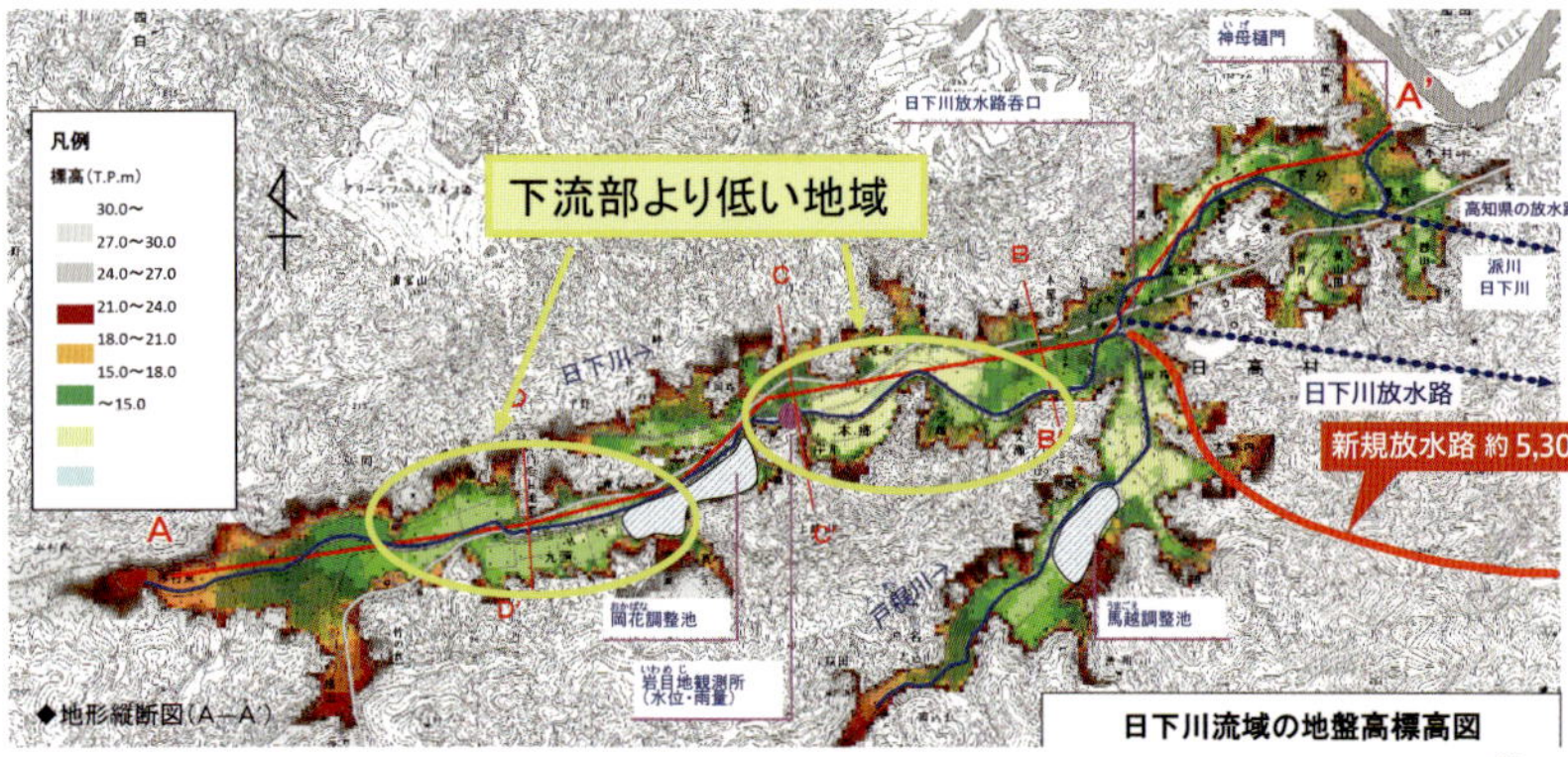

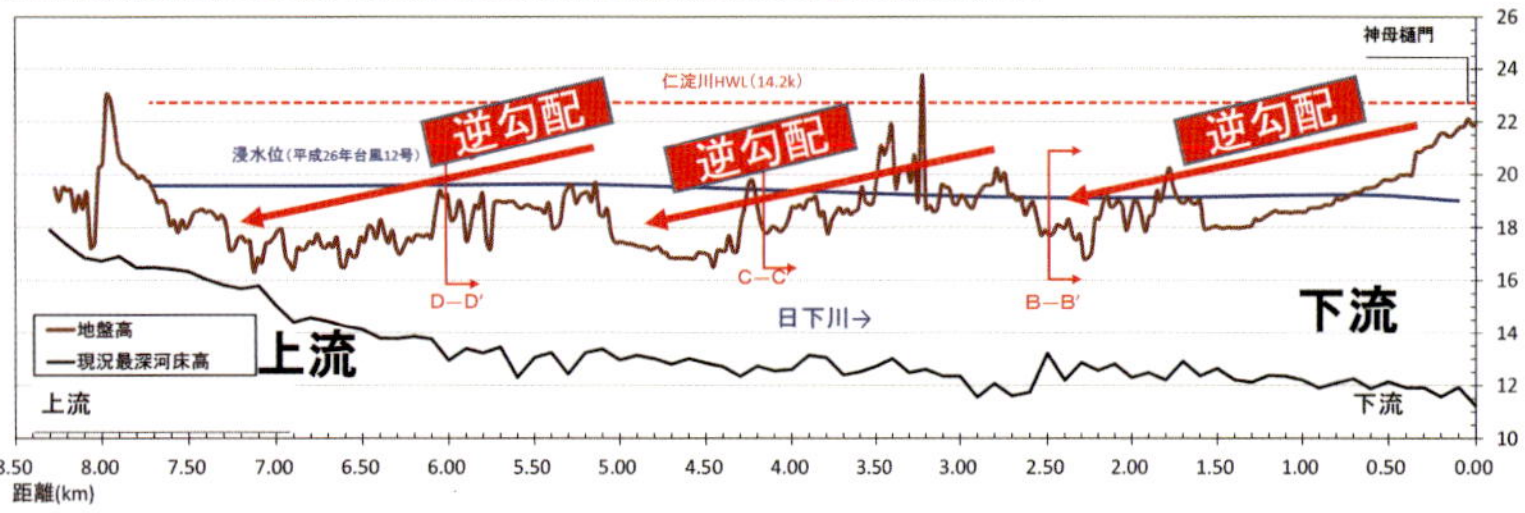

3本目の放水路がもたらすストック効果

屈指の〝難〟治水地形 上下流で地盤高が逆転の低奥型地形

2014（平成26）年8月3日、10日と四国地方は連続して台風に見舞われ、大きな被害が発生した。

特に、高知県を流れる仁淀川の支川の日下川では床上浸水100戸を超える大きな被害が生じた。日下川は、上流側が地盤高が低いという特異な地形を有している。歴史的に繰り返す南海地震のたびに、低平地で最大1メートル程度沈下を重ねてきたことが主な原因である。高きから低きに流れる水の摂理に反する河川である。

この地域の治水は、日下川の洪水を直接仁淀川へ流すことが第一であり、まず、昭和南海地震の地盤沈下の影響解消のため最初のトンネル放水路が建設された。1975（昭和50）年に死者25人に及ぶ大水害が発生した。ほとんどの家屋で軒先まで浸水したことから軒先水害を解消すべく、2本目の放水路、調節池の整備が行われ、平成26年まで大きな水害は発生してこなかった。

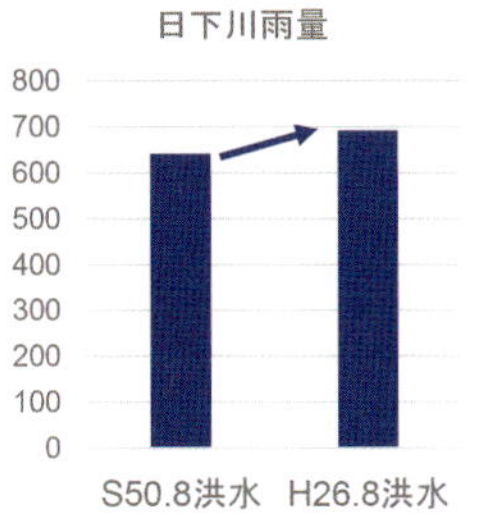

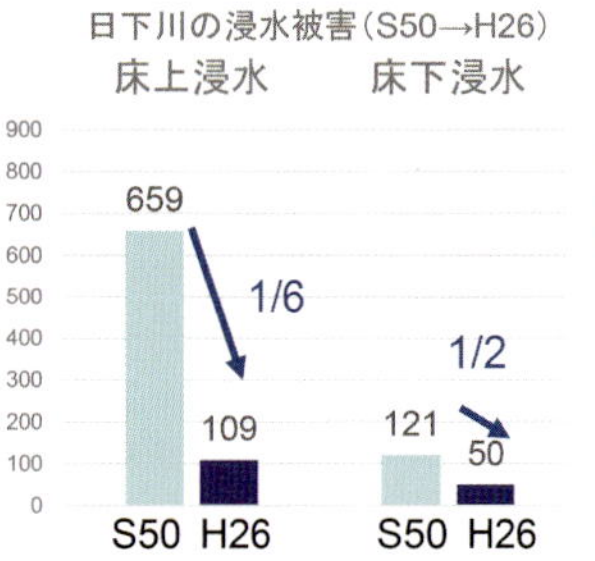

昭和50年と平成26年の被害比較

床上浸水の解消を目指す3本目の新地下放水路建設

今回の降雨は、昭和50年より大きかったが、床上浸水で1／6規模まで減少、ほぼ1階が水没した村役場も、役場前の国道の浸水程度で、軒下浸水は解消された。しかし床上浸水が100戸以上生じていること、浸水頻度の低下により水田から転換したハウス団地等も浸水したことから、抜本的対策として3本目の放水路の建設を進めている。

トマト&オムライスの街づくり

日高村は、シュガートマトの生産に力を入れており、糖度10（早生の桃に相当）以上のものが出荷されている。さらに、国道を「オムライス街道」と名付け、オムライス日本一決定戦でグランプリをとるなどトマトを活かした名産品化を図っている。トマト団地は2014年の水害では床上浸水レベルの被害を受けたが、新放水路整備を受けさらなる増設も計画されている。新放水路は、被害軽減だけでなく、地域活性化も支援している。

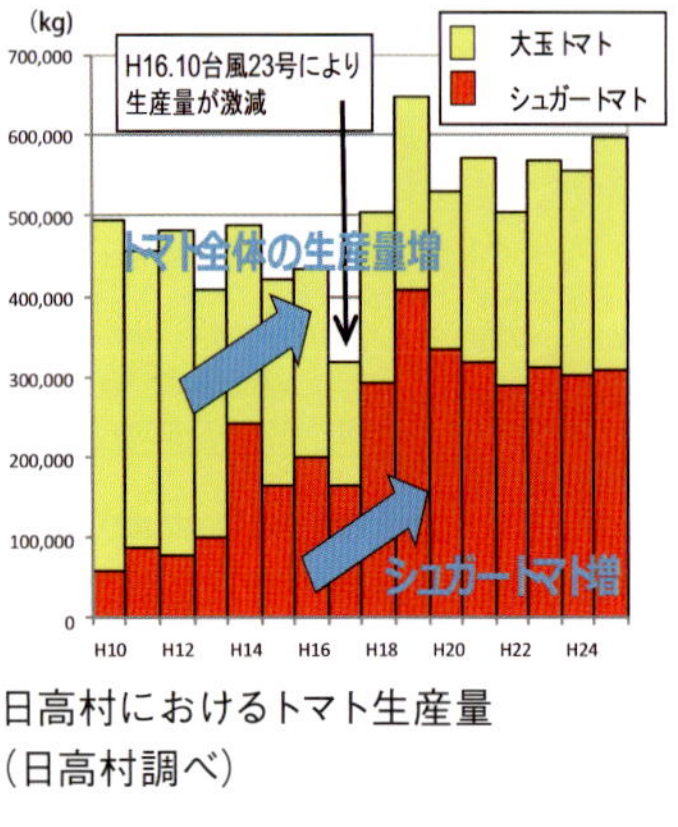

日高村におけるトマト生産量（日高村調べ）

日高村名産「シュガートマト」

④玉来《たまらい》ダム（大分県竹田市）

玉来ダム完成予想図

九州北部豪雨で大きな被害。急ピッチで進むダム建設事業

これまで経験したことのない降雨が短時間に橋が流木を捕捉し、玉来川で急激な水位上昇が発生

九州北部豪雨（2012年）では、大分県南部の竹田市を流れる玉来川が氾濫し、死者2人、家屋等の損壊298棟、床上・床下浸水281棟の大きな被害が生じた。この水害では、氾濫流が堤防天端から約2・5メートルも上昇し、一部は隣の稲葉川流域に達する等大きな被害の原因となった。橋梁が流木を捕捉し、河積を阻害し、水位を上昇させたことが、越水氾濫を加速させたと考えられている。

稲葉川と玉来川の流域図

玉来川と稲葉川、命運をわけたダムの完成 稲葉川は浸水被害ゼロ

竹田市は、北側に稲葉川、南側に玉来川とほぼ同規模の2本の河川の間に広がった谷底平野に展開している。この両河川は、1982（昭和57）年、90（平成2）年と大水害があり、竹田市内の蛇行部をショートカットするとともに、「竹田水害緊急治水ダム建設事業」が採択され、それぞれ稲葉ダム、玉来ダムを建設することとなった。

稲葉ダムは2010年度に完成し、2012年の水害では豊後竹田駅前地点で約1・3メートルの水位を下げる効果があったとされており、稲葉川による浸水被害は発生していない。もしではあるが、玉来ダムが完成していれば、計画規模を超える洪水ではあったが、洪水は河道内で流下できたと推定されている。また、相当の流木をダムが捕捉し、下流への流下を防いだと考えられる。

玉来ダムは、工事中の河川の迂回バイパス水路を完成させ、2017年度夏にダム本体工事の着工を予定している。完成年次は2022年度、しかし2020年から治水効果を発揮させるとしている。2つの河川にそれぞれダムが揃い、地域の安全が確保されるのが期待されている。

雨が集まり川の流れへ。流域の視点から学ぶこと

命を守るための防災教育は学校から家庭、さらに地域へ

　自然災害から命を守るためには、住民一人一人が災害時において適切な避難行動をとる能力を養う必要があり、災害リスクを認識することにより災害に対する心構えを持つだけでなく、自然災害及びそれに対する避難に関する知識を持つことが不可欠である。

　水害から命を守る観点から、防災担当部局や河川管理者などには、住民の適切な避難行動につなげるために浸水などの災害リスクの情報や避難に関する情報などをわかりやすく取りまとめ、周知することが必要とされる。一方で、住民には、これらの情報を知ること、それを理解し、避難行動を実行することが求められる。さらに、市町村長が避難勧告等の発令の基準をできるかぎり適切に設定したとしても、結果的に避難勧告等の発令が間に合わない場合や発令から現象の発生までに時間的余裕がない事態も想定され、避難勧告等だけでなく状況情報を基に、自ら考え適切に行動できることが住民に望まれる。

　自然災害に対する心構えと知識を備え、災害時に適切な避難行動をとることができる個人を育成するための防災教育としては、家庭、学校、社会の3つの場があるが、学校において防災教育を進めることにより、子どもから家庭、さらには地域へと防災知識などが浸透していくことが期待できる。

　防災教育の推進に当たっては、教える主体、教えられる対象、教える時期、活用できる時間、教える内容などを踏まえて、教える手法を工夫する必要がある。学校教育さらには社会全体の中で防災教育を進めていく上でも、現地ごとで工夫の積み重ねが求められ、優良な実践事例を共有していくことが有効である。

社会科の教科書で釜石市の津波防災教育を紹介

　学校教育の中では防災教育は教科として存在するわけではなく、理科、社会などの関連する教科、総合的な学習の時間、特別活動等と関連付けて行われる。

　理科や社会などの教科には、防災教育として活用可能な単元が存在し、教科書に川、洪水、避難などに関する記載がされている。災害時の避難行動に関連して、東日本大震災以降の社会科の教科書には、釜石市の津波防災教育の事例が紹介されている。**（写真1）**

　水害に関連した防災教育を進めるうえでは、関連する単元に合わせて地域の川の情報を学習材料として活用することが、子どもたちの興味を引き、自らが住んでいる地域の水害の状況や危険性を知ることとなり、効果的である。

教える立場の教師に防災に関する知識や地域の水害の情報などが不足している場合が多く、自治体の防災担当者や河川管理者による支援や防災教育の担い手となる教師を対象とした研修の充実が求められる。学校現場に対する支援としては、副読本や授業を補助する写真、映像、資料などの教材の提供、出前授業の実施が行われている。副読本の作成や出前授業の実施に当たっては、子どもたちの発達段階を考慮してテーマや内容を絞り、子どもたちが理解しやすいものを目指す必要がある。

遠賀川河川事務所では、教育委員会や小学校の協力を得て、遠賀川を題材にした小学5年の社会科「自然災害と共に生きる」と理科「流れる水の働き」の教材を遠賀川水防災学習プログラムとして作成し、流域内への普及を図っている。学校で使用されている教科書を前提に、流域内の小学校で試行授業を実施したうえで改良を加え、教師用解説付きの教材を作成し、流域内の全小学校に配布している。遠賀川流域の教育関係者へ周知を行い、2016年度時点で小学校122校に教材が配布され、部分的な活用も含めると77校で実際に教材が使用されている。**（写真2）**

日野市立平山小学校では、文部科学省研究開発学校として、2013年～2016年度の4年間で、防災教育を基盤とした新たな教科「生きぬく科」のカリキュラム開発と実践の試みが行われた。開発したカリキュラムについては、各学年の代表的な授業を「生きぬく科ミニミニ授業セット」としてとりまとめている。**（写真3）**

どこの学校でも行われている特別活動としての避難訓練を防災教育として利用することは、学校教育現場で限られている時間と機会の有効活用となり、教育面の効果も期待される。避難訓練時もしくはその前後の教科学習で避難訓練に関係づけて災害発生のメカニズム、災害発生のリスク、安全な行動の仕方などを学習することができれば効果的であるが、学校の避難訓練の多くは地震と火災を想定したものとなっている。学校が所在している地域で起こりうる災害を対象に避難訓練は行われるので、浸水想定区域内に位置する学校において水害に関する避難訓練の計画の策定と実施を行い、防災教育を展開していくことが考えられる。

⑤東日本大震災当日のひなんの様子（岩手県釜石市，2011年）

次にみさきさんは，市では防災に関してどのような取り組みを行っているのか，岩手県《いわてけん》釜石市《かまいし》の方にお話をうかがいました。

釜石市の方の話

岩手県の南東部にある釜石市は，東は太平洋《たいへいよう》に面しています。海岸線が入り組んでおり，これまで何度も津波《つなみ》の被害《ひがい》を受けたことがあることから，市は，それらを教訓として防災対策《たいさく》を進めてきたと聞いています。

特に，学校での防災対策として，群馬県《ぐんま》にある大学の防災教育が専門《せんもん》の先生に，10年ほど前から津波防災教育にかかわっていただいたということです。いつ発生するかわからない地震や津波に備えて，『釜石市津波防災教育のための手引き』が東日本大震災《ひがしにほんだいしんさい》の前の年に発行されています。市が積極的にこうした取り組みを続けてきたことで，子どもたち一人ひとりが率先《そっせん》してひなんすることができたのだと思います。

「釜石市では，授業《じゅぎょう》の中で防災マップを作成し，下校時の訓練をするなど，防災教育に熱心に取り組んでいたことがわかりました。」

「率先ひなん者たれ」
東日本大震災の津波により，多くの方がなくなった釜石市ですが，小中学生は99.8%にあたる2921人が無事でした。学校にいた子どもだけでなく，下校していた子どもたちの多くが自分で判断《はんだん》して高台へとひなんしました。釜石式防災教育の原則《げんそく》の一つである「率先ひなん者たれ」をじっせんしたのです。

ことば
防災　東日本大震災後の防災意識《いしき》の高まりもあり，国や都道府県，市町村では，災害に強いまちづくりや施設《しせつ》づくりの取り組みを強化しています。

国や都道府県，市町村がさまざまな取り組みをしていることがわかりました。
では，地域のみんなで取り組めることはどんなことでしょうか。

133

写真1　釜石の事例
小学校5年社会の教科書（東京書籍）の記載例。東日本大震災の津波に対して、自分で判断して避難する「率先避難者たれ」の教えなどを実践した効果を紹介している

写真3　ミニミニ授業セット
生きぬく科で実践した授業の達成目標や授業展開例、授業風景の写真、使用された教材、ワークシートなどが掲載された冊子

写真2　遠賀川水防災学習プログラム
教材の普及促進のため、単に配布するだけでなく、教育委員会、学校長会への説明、教師への合同説明会の開催により教材の周知を行っている

新単元「雨水の行方と地面の様子」で流域の概念を養う

２０１５年９月の関東・東北豪雨災害では南北に伸びた線状降水帯が、鬼怒川流域の範囲と重なった。実際に雨があまり降っていなかった下流部で流域内から集まった水が集中し、破堤が生じた。また、２００８年７月の都賀川の水難事故は、突発的、局所的な集中豪雨が上流部で発生し、下流部で水遊びなどをしていた人が急激な水位上昇によって流されたものである。上流部に降った雨が集まって川の流れとなることを流域の視点から認識していれば、下流部で雨が降っていなくても上流部で大雨が降っていれば、やがて下流にその水が押し寄せることを予想し、いざというときには、自ら考え、主体的に避難できることにつながると考えられる。流域の視点でとらえることは、水災害のみならず、水利用、水環境の問題を認識し、その解決を考えるために必要とされるものである。

これまで、日本では流域あるいは流域の概念は教育の対象ではなかったが、２０１７年３月に文部科学省が改訂した学習指導要領では、小学校４年の理科に新たな単元「雨水の行方と地面の様子」が位置づけられた。この新たな単元では「水は、高い場所から低い場所へと流れて集まること」と「水のしみこみ方は、土の粒の大きさによって違いがあること」の２点を理解し、雨水の行方と地面の様子について追究することとされている。新たな単元は、雨水が流れて集まることの理解を通じて地面に降った雨には集まる範囲があることを認識でき、流域の概念を養うものとなっている。**（図１）**

小学校５年の理科の従来の単元「流れる水の働き」では、流れる水には土地の浸食、土石の運搬、堆積の３つの作用があることを実験などで観察し、雨の降り方によって、流れる水の量や速さが変わり、増水に

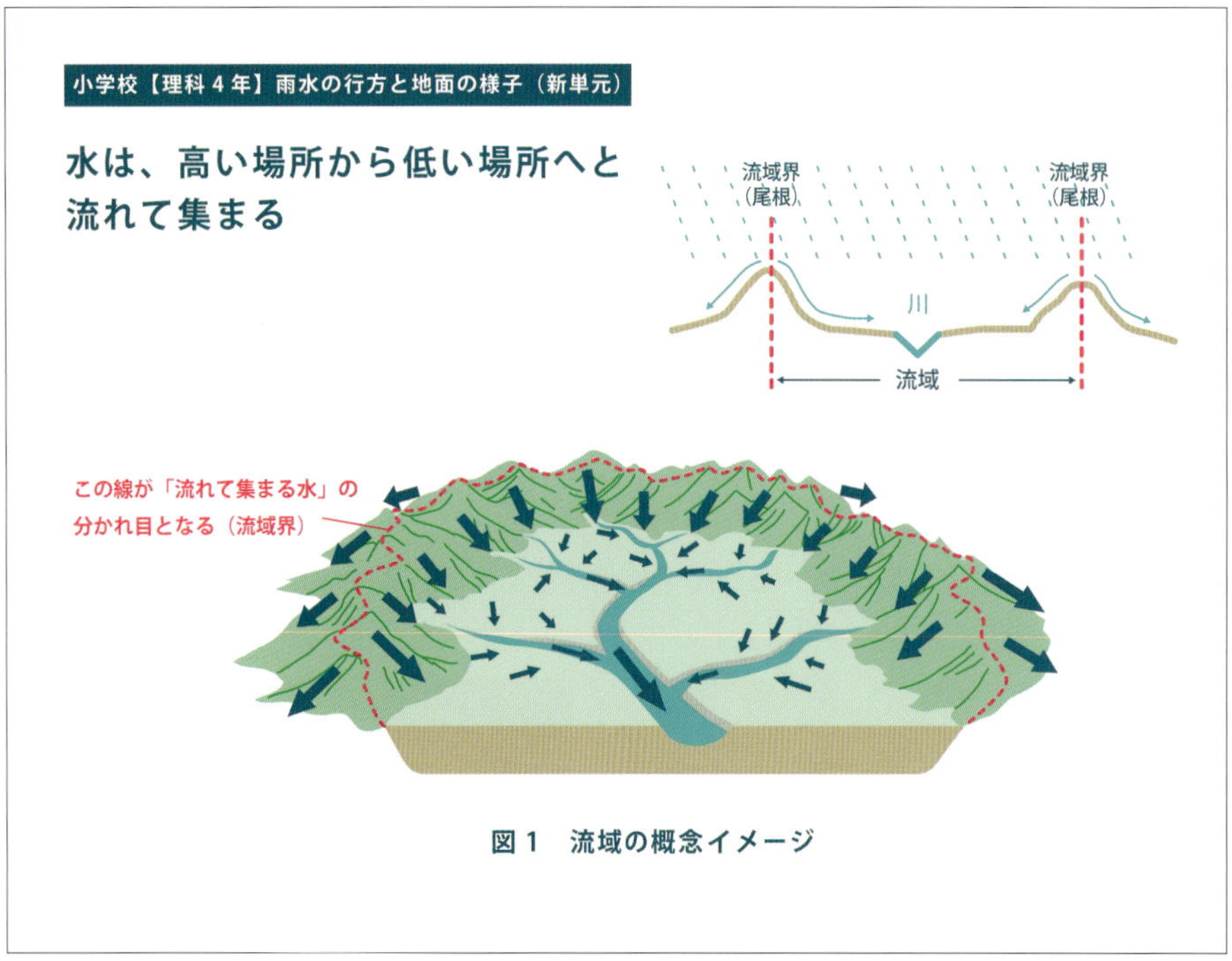

図1　流域の概念イメージ
流域は、災害、利用、環境という河川の3つの面で問題の理解と解決のフレームワークとなる
小学校理科4年の新単元「雨水の行方と地面の様子」は流域の概念を養うことにつながる

写真４　流れる水の実験
小学校5年理科の単元「流れる水の働き」の実験風景。流れる水の3つの作用である浸食、運搬、堆積について、校庭の実験で観察している

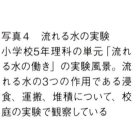

恵みと災い。川には二面性があることを子どもたちに伝える

写真５　防災キャンプ授業風景
小学校を会場として、見附市の防災担当者から2004年の刈谷田川の水害の話を聞き、新潟県の担当者から刈谷田川の治水対策について学習している

写真６　防災キャンプEボート乗船
川の対岸に洪水氾濫で孤立した人をEボートで救助に向かうことを想定して、Eボートの乗船体験をしている

より土地の様子が大きく変化する場合があることを学ぶ。（写真４）

この単元では洪水と氾濫のメカニズムを学ぶ要素があるが、川の流れに重点が置かれている。新単元「雨水の行方と地面の様子」を「流れる水の働き」の単元と関連させると、一定の範囲に集まった雨が集まり、川の流れとなることの理解につなげることができる。流域の視点からから学ぶ防災教育として新単元の活用が期待される。

見附市では夏休みを利用して小学生の防災キャンプを実施

新潟県見附市では、２００４年７月の刈谷田川の水害で大きな被害を受けた時の体験を踏まえ、学校と地域・関係機関などが連携した防災教育を推進している。夏休みを利用して、小学生が学校の教室に泊まりがけで参加し、水災害などに関する学習と合わせて、Ｅボートの乗船や着衣泳といった体験型の活動を行う防災キャンプを実施してきている。（写真５、６）

防災教育には災害の直接の原因となる自然について知ることが必要とされるが、自然としての川は人間に対して多くの恩恵を与えていることも忘れてはならない。防災教育の取り組みがより効果的なものとなるためには、体験型学習等の機会を利用して日頃から川との関わりを持ち、親しんでもらうことも重要である。そのうえで、自然は人間にとっていつも都合よくできているわけでなく、川には恵みと災いの二面性があることを子どもたちが意識するようになることが水災害に関する防災教育として望まれる。

（公益財団法人 河川財団・子どもの水辺サポートセンター長　鈴木 篤）

災害オペレーションの迅速化・効率化のカギ

執務環境のレイアウトに大きく依存

水害時のオペレーションが混乱したことから、第三者委員会を創設し、その検証・提言から災害対応力の強化に努めている市町村も少なからずある。多くの検証報告書はHPで公開されており、一読に値するものである。ほとんどの市町村は数十年ぶり、過去最大という水害であり、経験・ノウハウの蓄積がないまま、水害の進行についていけず、コアメンバーによる判断・意思決定が滞るなど後手後手にまわったとされている。これに関してはどの市町村も執務環境・体制について共通した指摘を受けている。

○通常の幹部会議室（個室）をそのまま災対本部にした
→防災担当課と物理的に離れている（情報共有が困難）
→手狭であり、関係行政機関のリエゾンの席もない
→情報端末がなく（パソコン1台、テレビなしの例有）で、情報が集約できない

○防災情報端末機器が担当課にバラバラに配置
→情報の一元化が困難
○大判の地図、ハザードマップがない
→どこで何が起こっているのか整理困難
○浸水により停電が発生し、機能を喪失
→非常用発電施設が1階に設置されており水没により停止
○防災担当課に外部からの電話が殺到し、電話処理に忙殺
→電話が防災担当に回るようになっていた。本来なすべきことができない
○各部署の役割分担が明確でなかった
→特定の部署に業務が集中・混乱
○ホワイトボードの板書内容の記録がない
→事後の検証ができない

災害対策専用の執務室をもつ飯田市（長野県）そのレイアウトと工夫に学ぶ

飯田市（長野県）は、天竜川の河岸段丘地形に位置する人口約10万人の都市である。ほとんどの市町村は、会議室等を災害時は執務室として兼用しているが、飯田市は、災害対策に特化したオペレーションルームを有する数少ない市町村である。様々な工夫がされている。

防災情報機器を一カ所に集約した専用の危機管理センター、オペレーションルーム

危機管理室の執務室として危機管理対応の中心的機能を担うのが執務スペースである。各種情報端末があるだけでなく、モニターも多数配備し、市独自に設置している監視カメラ映像、テレビ映像等を映し出すモニターも設置している。災害に監視、情報収集、発信の基地となる。

また、これと隣接してオペレーションルームを設置されている。ここには、災害時に使うパソコン、電話等も常備。パーテーションを開放すると執務スペースと一体となって機能する。小規模な災害まではこのスペースで対応する。

飯田市災害対策本部 基本レイアウトの一例

第二配備態勢、第三配備態勢、震度6強以上の時全体図

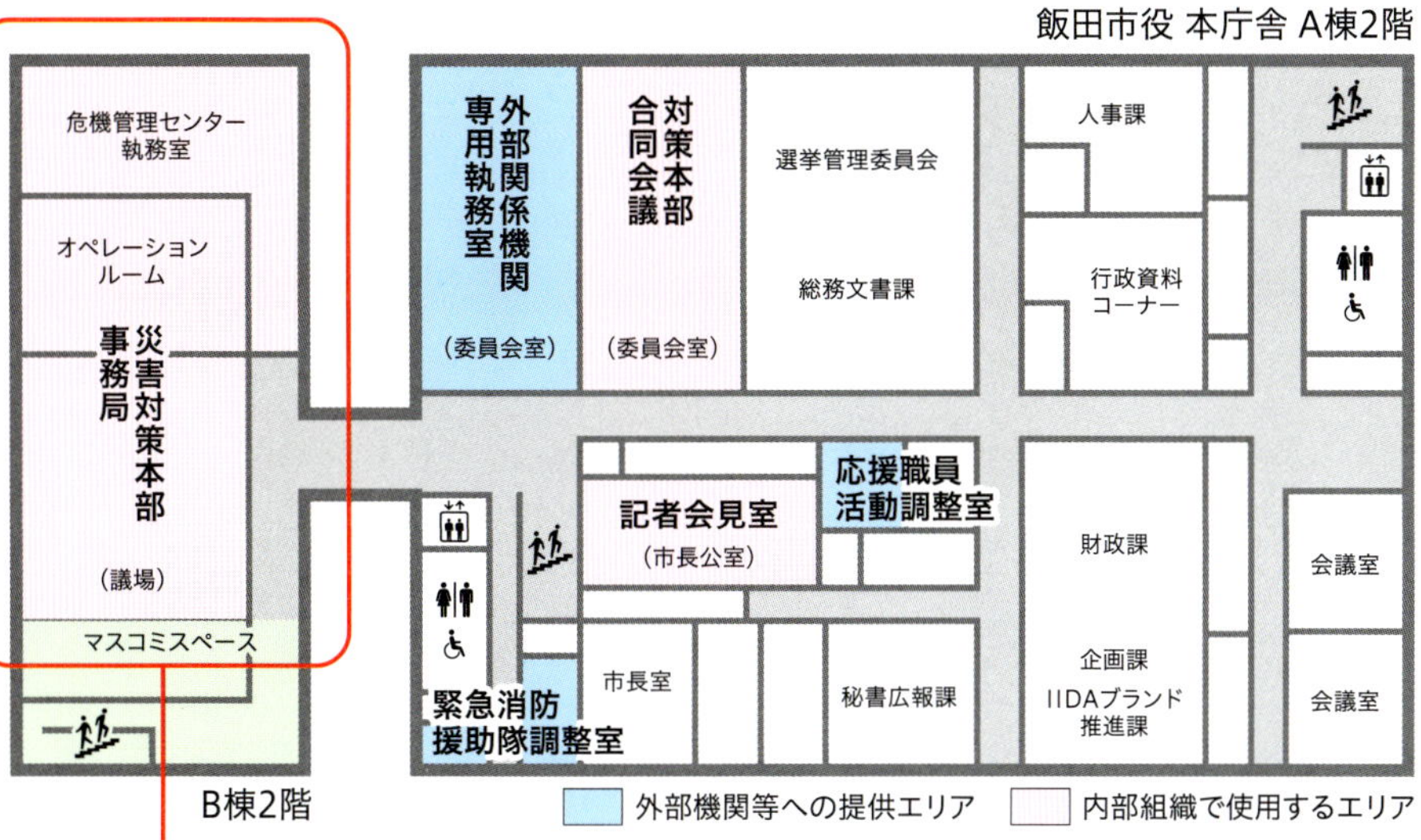

第三配備態勢

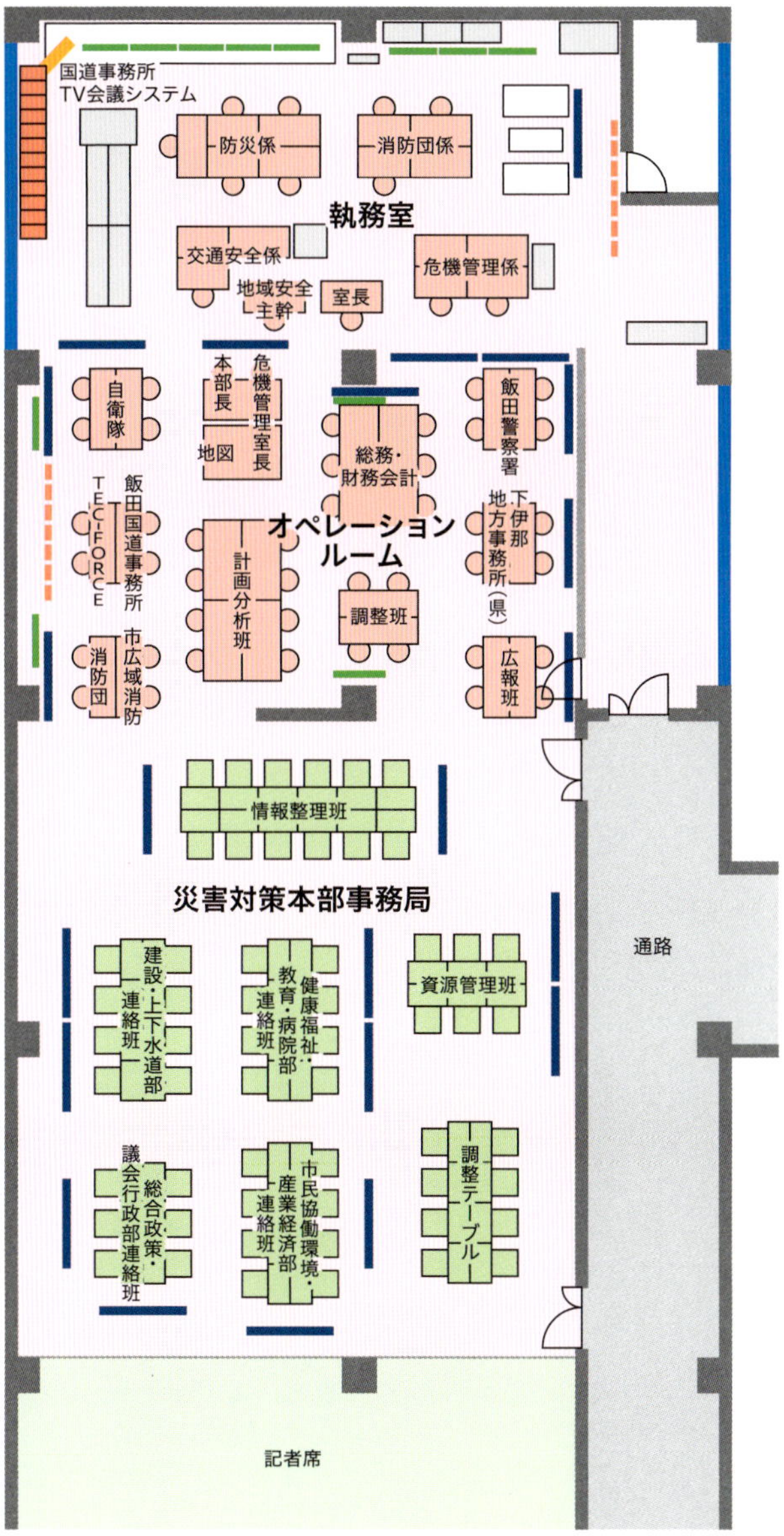

第一配備態勢、第二配備態勢

「ケース2:第一配備態勢以上、土砂災害警戒情報発表、降雪、
第二配備態勢:震度～6弱」の時は、
執務室とオペレーションルームを使う

「ケース3:第三配備態勢、震度6強以上」の時は、
執務室だけでなくオペレーションルームまで拡張、
さらに市議会の議場が災害対策本部事務局になる

災害の規模によりパーテーションを開放し オペレーションルームを拡張

オペレーションルームの横には議場があり、パーテーションをとることで、約2倍の面積に拡張する。議場の設備も可動型で災害対応を考えている。これにより多くの関係機関も災害対策本部事務局で執務可能となり、情報の共有・一体化が進む。

また、第一委員会室は災害対策本部室会議室となる。コアメンバーのロの字テーブルとそれをとりまくテーブルを分け、意思決定とそれの迅速な共有が可能なように工夫されている。

外部機関のための専用スペースも設置

国土交通省だけでなく、自衛隊、県警、県、緊急消防援助隊、政府の現地連絡対策室の設置までを考えて、オペレーションルームの席だけでなく、第2委員会室を専用の執務室として準備している。関係行政機関も市の災対本部と一体となって活動しやすいように配慮がなされている。オペレーションルーム、災害対策本部会議等と同一フロアに集中して配置されている。

First Mission Box ～最初に着いた人のために～

アイデア①

突発型災害の場合、常に危機管理担当が危機管理センターに先着するわけではない。誰が来ても、立ち上げの15分間になすべきことができるように考えられたのが、このBOXである。最初のカードは「一番乗り。さすがですね☆」と褒めて落ち着かせる内容。箱の中には計12のミッションが書かれたカードがあり、優先順位を迷うことなく、初期対応が行えるように工夫されている。

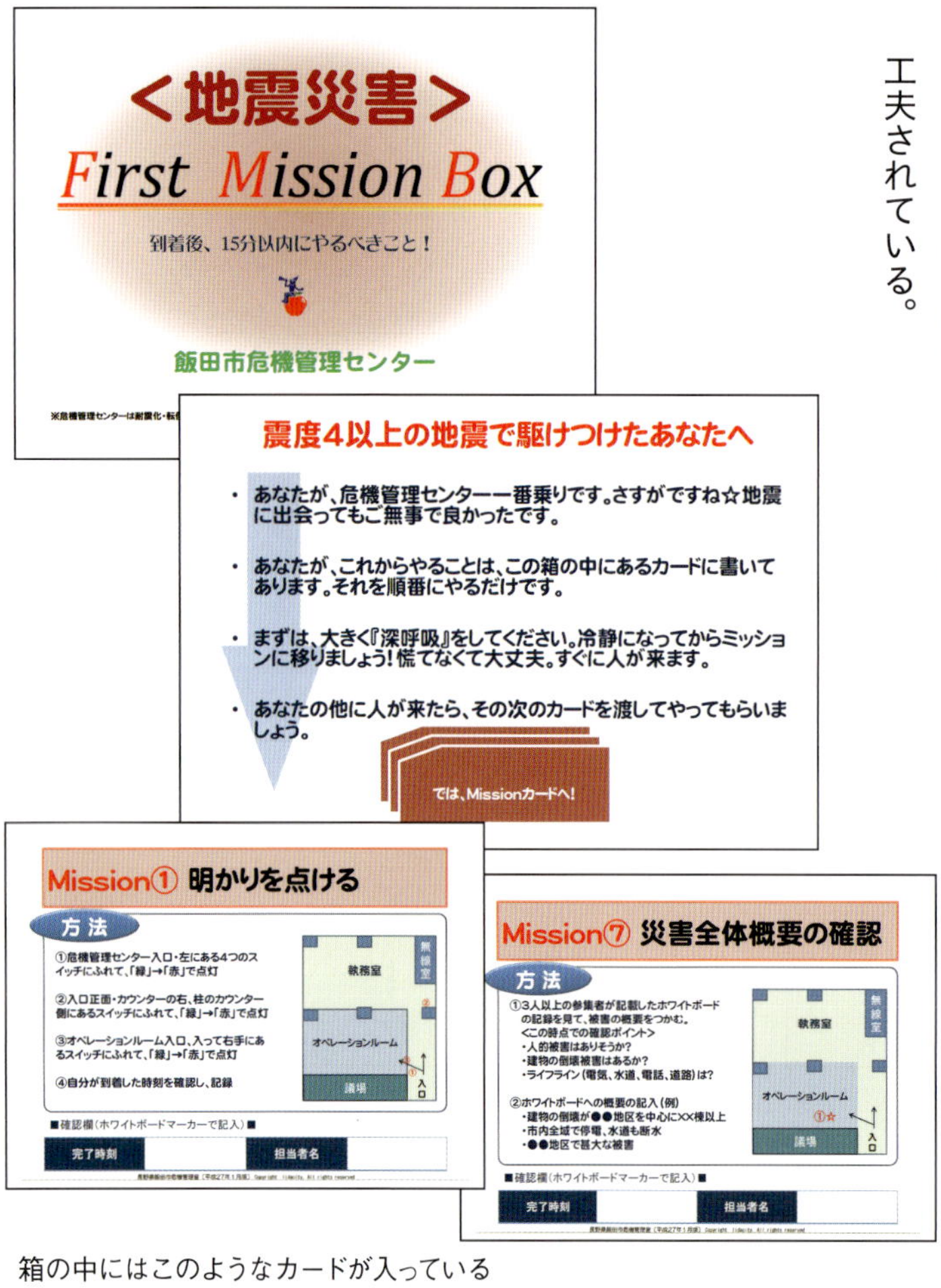

箱の中にはこのようなカードが入っている

「他の自治体の皆様に『真似していいですか』とよく聞かれます。ノウハウはすべて公開しますので、どうぞ使ってください」（同市危機管理室・後藤武志さん）

細かな工夫で、より効率化を図る

★オペレーションルームの本部長（市長）席の前には地図スペースを配置

本部長席前には地図スペースがあり、常に地図を広げながら指揮ができるように配慮。

★班ごとに島を構築、座っている場所で役割が一目瞭然

役割ごとに席を島状に配置、誰が何を担っているのか配置から明確になっている。

★超幅広ラップでホワイトボードの板書を残す

ホワイトボード一面を超幅広のラップ（写真上）で覆い、その上から記入。記入後はそれを壁に貼り付けていけば、時系列の把握も可能。交代した本部メンバーも不在の間の出来事の理解が進む。

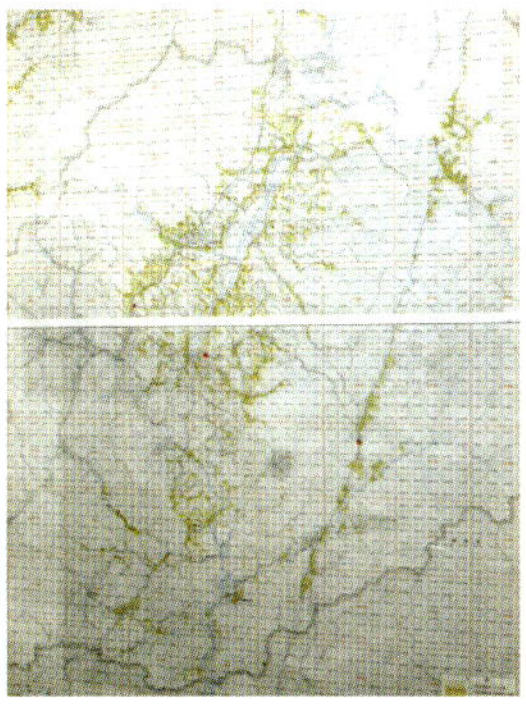
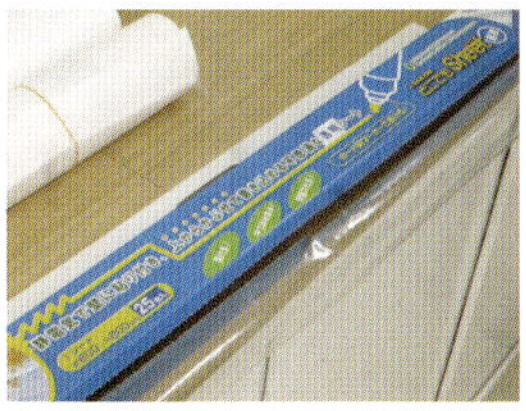

静電気でどこにでも貼ることができる「どこでもSheet」。ボード用のマーカーで文字を書いたり消したりできる。飯田市の危機管理室では地図の上に貼って地域ごとの情報を書き込むなどに活用

Message

防災体制をつくるのはトップの役割

牧野 光朗 飯田市長

防災・減災に取り組みやすい組織をどう作るか。その体制づくりはトップの役割です。飯田市では危機管理室を市長直属として位置づけ、そこに交通安全・赤十字奉仕団・消防団など関連部門を集めています。庁舎を建て替えるタイミングで、効率的な災害対応ができるよう、常設のオペレーションルームを備えた危機管理センターも設置しました。また防災モードへの切り替えがスムーズに行えるよう、職員には何も知らせず、抜き打ちでの防災訓練も行っています。危機管理部門には専門的な知識を持つスペシャリストが必要ですし、そのノウハウの継承のためにも、ある程度大きい組織にしておく必要があると考えています。

私は昭和36年生まれで、子供の頃から「三六災害」（伊那谷での土砂災害）の話を聞いて育ちました。昭和22年の「飯田大火」の話もよく聞かされ、子供心に防災に対する意識が生まれました。

過去の災害を次の世代に伝えていくための試みも市内では常時行っています。10万都市だからこそ、市民の方々とお互いに顔の見える関係で防災・減災に取り組めると思っています。

シール方式マイハザードマップ（わが家の避難計画づくり）　アイデア2

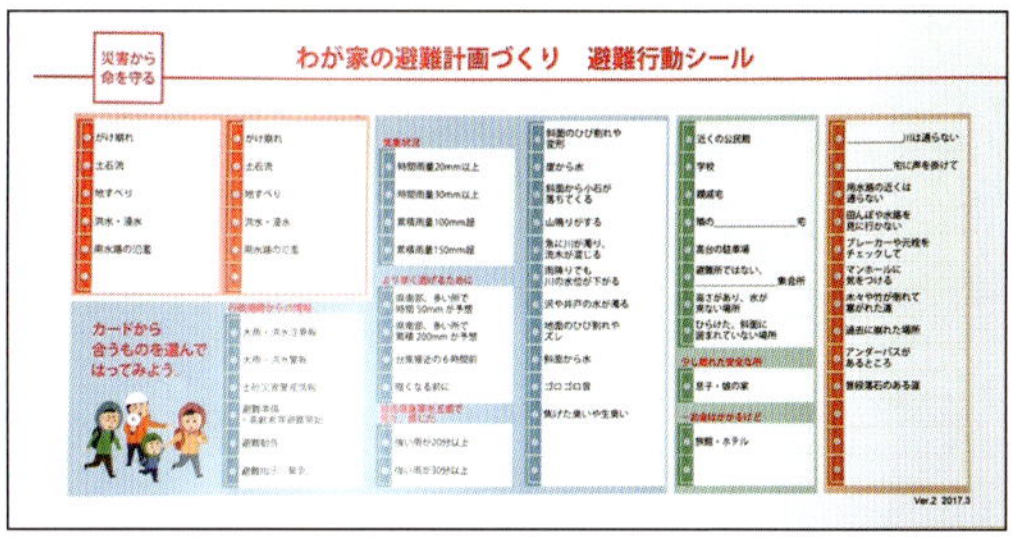

飯田市のハザードマップの裏表紙には、事前避難・緊急避難、災害別に、「避けるべき『難』はなに？」「いつ？」「どこへ？」「何に注意して？どこを通って？」の4項目を決める「わが家の避難計画づくり」が記載されている。住民がそれぞれの項目を考えて記入するのは難しいと思われ、「いつ？」には27種類、「どこへ」は10種類等選択肢をシールにして、確実に完成するように配慮している。

避難行動シール。「どこへ?」に貼るシールには、「息子・娘の家」、「…お金はかかるけど」として「旅館・ホテル」等、様々な選択肢を準備

Part 6　水害サミットの挑戦

「第13回水害サミット」には14県20人の首長が参加、1部で「より広い視野で考える現実的な災害対応について」を、2部で「多様な関係者による効果的な連携について」をテーマに話し合った＝2017年6月6日

多発する局地豪雨　自助や共助も促せ

毎回、毎日新聞紙面で内容を紹介
（写真は第10回）

大水害に見舞われた地方自治体の首長らが一堂に会し、被災体験に基づく反省、教訓を共有しながら防災・減災対策を考える「水害サミット」が2005年から毎年開かれ、延べ232市町村長が参加している。水害サミット実行委（三条市、見附市、福井市、豊岡市）と毎日新聞社の主催。単なるイベントに終わらせることなく、具体的で実践可能な「集合知」を節目節目で国土交通省に提言し、国の政策に反映させてきた。14年には「防災・減災・復旧　被災地からおくるノウハウ集」も刊行した。サミットの概要を紹介する。

人命守るため「集合知」共有を

世界でもまれな水の恵みを享受している国・日本。ところが、その水が毎年のように牙をむいて国民を襲う。特に近年は、過去に例の無い規模・程度の激甚災害に見舞われることが珍しくなってきている。国と共に人命を守る責務のある自治体はそれにどう対処していくべきか？　衆知を集めて共有しようと始まったのが水害サミットだ。

発起人は兵庫県豊岡市長、新潟県見附市長、同県三条市長、福井県福井市長。

05年の**第1回**は、02～04年に大規模水害を受けた、北は北海道から南は福岡県まで9道県16市町長が参加。災害発生時に避難勧告をどう出せばいいのか悩んでいるという首長の発言が相次いだ。いざという時に「人は逃げたがらない」ことを前提にして、避難情報を出すための客観的データの早期収集や、住民が納得しやすい避難勧告を早めに出すことの重要性を確認し合った。

「災害を経験していない首長のための防災読本が必要」との意見を基に「災害時にトップがなすべきこととは……」（別掲）がまとめられ、「水害サミットからの発信」サイト、http://www.mlit.go.jp/river/suigai/index.htmlで公開されている。

そのほか①的確な情報分析②住民への確実な情報伝達③避難先の確保、要配慮者の避難支援④災害ごみの処理⑤ボランティアの受け入れ方法⑥

水害を体験した地方自治体の首長らが一堂に

避難時に威力を発揮する地域コミュニティの形成などが大きな課題として浮かび上がった。

第2回は、日常の備えとして河川やダムの状況をカメラとインターネットで常時監視している市や、自主防災組織が災害ごみを処理している地域の報告があった。

第3回には10市町が初参加。「自主防災組織を消防団と連携させて合同訓練している」「中学・高校生が被災高齢者の精神的なケアに当たっている」「市や、情報伝達の確実化のために3キロは聞こえるサイレン70台を導入した」などの実例が紹介された。

第4回は、国土交通省が緊急災害対策派遣隊（TEC－FORCE）を本省と全地方整備局に配置し、ノウハウを持つ職員と機材を被災地支援のため派遣することが報告された。災害時に要配慮者を民間介護事業所に収容してもらう協定を結んだ市や、サポート家庭を設けた市の例が発表された。

第5回は「都市型豪雨（ゲリラ豪雨）への対応と河川との共生」がテーマになった。雨量から河川水位を予測することの重要性や、道路が水路となって逃げられなくなる危険性などについて指摘された。コウノトリの居る自然を守るための湿地再生と治水を両立させる「共水」に取り組んでいる兵庫県豊岡市の報告も注目された。

第6回には、「田園地帯の浸水では農薬や重金属が浸からなかったかの調査が必要」「名刺大の初動マニュアルを市職員に持たせている」「災害復旧のために地元建設業界と協定を結び、どこにどういう重機があるかのデータベースを作っている」などの参考例が次々に報告された。

震災の年には自治体連携などがテーマに

東日本大震災のあった11年の**第7回**には、災害協定など自治体間の広域連携や復興策の在り方が中心テーマになった。ほかに、住民避難のための災害予知法として全市内で洪水の様子が分かるシミュレーションシステムを導入した例や、各家庭への貯水タンク設置への補助金制度で市民の防災意識向上を図っている例が紹介された。

第8回には最多の首長25人が参加。各地で防災士50人を育成するという市や、長期広域避難対策、「自分の命は自分で守る。自分が無事なら地域を守る」教育を進める市の取り組みなどが報告された。NTTドコモからは、音声通信よりつながりやすいパケット通信を使った「災害用音声お届けサービス」の開始や、エリアメールが1000以上の自治体で利用されていることが伝えられた。

第9回は「防災教育」と「職員数の減少と防災体制の構築」がテーマになった。震災時に海辺の平地で子供たち自身の判断、協力で命を守った「釜石の奇跡」で知られる岩手県釜石市からは「将来、地域の主役になる子供たち自身が安全を確保できることを第一に防災教育に取り組んでいる」「避難所で保護者に引き渡した子供たちが亡くなったことから、警報が出たら子供たちを帰宅させないことを決めた」などの報告があった。

自治体職員の減少対策では、土砂災害の危険度予測システム導入や、建設業協同組合と観光地の協同組合との災害パトロールの支援協定締結などが紹介された。

「タイムライン」に焦点

第10回では、実施主体ごとに防災行動を時系列に整理した計画「タイムライン」に焦点が当てられた。12年に米国を襲ったハリケーン・サンディで時間軸に沿った行動計画が準備されていたため被害が最小限に食い止められていたことから注目された。国交省も避難勧告発令に着目したタイムラインを試行、検証していくとの報告があり、「関係機関が互いに何をしているかを知ることが大事」との指摘があった。首長からは「地域ごとに合ったものに」「休日向け、平日向けの両方が必要」などの声が上がった。

第11回には内閣府、消防庁、気象キャスターネットワークも参加。「消防署は水防署」との考えに基づき、消防署に水防係を置いたり、雨量によってどう浸水するかが分かる三次元ハザードマップを作ったりした市、全戸に「家庭防災対策ガイド」を配った市、「タイムラインを使ったイメージトレーニングをする必要がある」と訴える市などの報告があった。

第12回は、災害時に住民にどうやって逃げてもらうか、被災地支援の在り方などを話し合った。「避難勧告を出しても逃げないので、住民に一度は避難してもらう訓練をしている」という市、災害情報の「見える化」「伝わる化」を進めるため、タブレットやスマートフォンのアプリを活用している市が紹介された。

第13回には、市内にある国交省河川国道事務所、自衛隊駐屯地などの防災関係機関のトップが意見交換会を開いたり、14の防災機関が参加してタイムラインを策定したりしている市、気象の一次情報作成経験のある気象庁OBを派遣してもらい、出水期の3カ月間張り付いてもらった市を紹介。また、東日本大震災で職員の4人に1人以上が犠牲になった戸羽陸前高田市長の「万一の時には職員も逃げ、減災に特化して人の命を守ることが大事」との発言に耳を傾けた。

水害サミット実行委員会は2014年に「新改訂　防災・減災・復旧　被災地からおくるノウハウ集」を毎日新聞社から刊行した。第9回までのサミット概要、02～12年の災害で甚大な被害を受けた市区町村の記録を収めているほか、災害発生時、発災後それぞれの対応、平常時の対策などをまとめている。

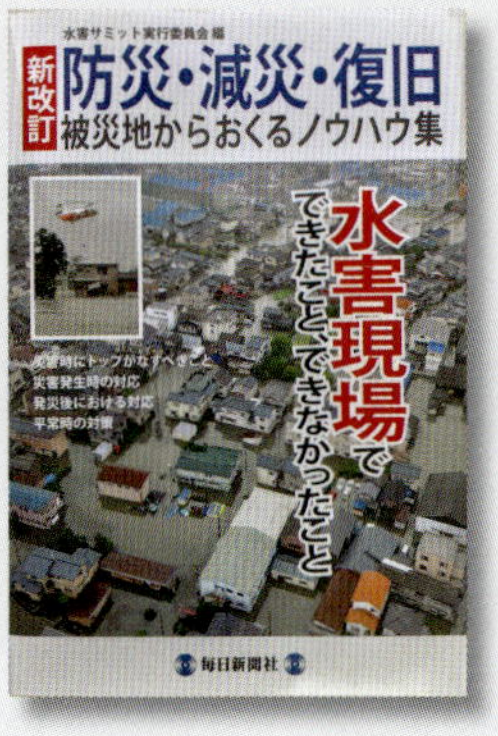

水害サミット発起人からのメッセージ（第13回サミットの発言より）

國定 勇人
新潟県三条市長

04年の水害以降、毎年想像力を働かせるためにブラインド型の防災訓練を愚直にやり続けている。しかし昨年信濃川下流河川事務所長にシナリオを全部書いていただいて訓練を実施したら災害対策本部は右往左往させられる結果となった。自分たちだけの想像力には限界がある。想像の枠を超えるために外から協力をいただくことも必要だ。

久住 時男
新潟県見附市長

04年に水害と中越地震という激甚災害を二つ体験した。
「災害時にトップがなすべきこと」に書かれた24項目は職員や市民に見てもらうことが必要だ。
首長と市民の間が近くなると思う。
まさにこの24項目を広めることが喫緊のなすべきことだと思う。

中貝 宗治
兵庫県豊岡市長

毎年のようにどこかで大災害が発生しています。しかし、個々の市町村にとって被災はごくまれな経験です。いわんや首長にとっては、ほとんどの場合職務上初めての経験で、結果、各地で失敗と反省が繰り返されています。その連鎖を断ち切りたいとの思いから、被災自治体の首長が集まり、毎年開催しているのが「水害サミット」です。自らの失敗や経験、教訓を全国に発信することが私たちの果たすべき「被災地責任」だと考えています。

「災害時にトップがなすべきこととは……」

2017年4月に「災害時にトップがなすべきこと協働策定会議」の代表が震災も含めて「災害時にトップがなすべきこと」24カ条を防災担当大臣に報告し、全国の市区町村長に向けて共同発表した。これは、水害サミットの発起人である豊岡市長、三条市長、見附市長を含む、過去に大規模な災害を経験した15市町村の首長が自らの経験と反省を踏まえて、あの時トップとしていかに立ち振る舞うべきだったのかを問い直しまとめたもの。以下に抜粋を掲げる。

Ⅰ 平時の備え

❶ 迫りくる自然災害の危機に対処し、被災後は人々の暮らしの復旧・復興にあたる責任は、法的にも実態的にも、第一義的に市区町村長に負わされている。非難も市区町村長に集中する。トップはその覚悟を持ち、自らを磨かなければならない。

❷ 自然の脅威が目前に迫ったときには、勝負の大半がついている。大規模災害発生時の意思決定の困難さは、想像を絶する。平時の訓練と備えがなければ、危機への対処はほとんど失敗する。被災経験がない首長は、自然の脅威を甘く、組織と人間の対応能力を過大に想定しがちである。心のどこかで、自分のまちには災いは来ないと思い込んでいる。

❸ 市区町村長の責任は重いが、危機への対処能力は限られている。他方で、市区町村長の意思決定を体系的・専門的に支援する仕組みは、整っていない。せめて自衛隊、国土交通省テックフォース、気象台等、他の機関がどのような支援能力を持っているか、事前に調べておくこと。連携の訓練等を通じて、遠慮なく「助けてほしい」と言える関係を築いておくこと。

❹ 日頃から住民と対話し、危機に際して行なう意思決定について、あらかじめ伝え、理解を得ておくこと。このプロセスがあると、いざというときの躊躇が和らぐ。例えば……避難勧告、避難指示（緊急）は、真夜中であっても、たとえ空振りになっても、人命第一の観点から躊躇なく行うということ。

❺ 行政にも限界があることを日頃から率直に住民に伝え、自らの命は自らの判断で自ら守る覚悟を求めておくこと。

❻ 災害でトップが命を失うこともありうる。トップ不在は、機能不全に陥る。必ず代行順位を決めておくこと。

❼ 日頃、積極的な被災地支援を行うこと。派遣職員の被災地での経験は、災害対応のノウハウにつながる。

Ⅱ 直面する危機への対応

❶ 判断の遅れは命取りになる。特

「水害サミットの挑戦」

今年で13回目を迎えた水害サミットだが、発足時はもっぱら被災後の復旧に向けてのノウハウ、さらには避難勧告などを出す際、根拠にすべき正確な情報の取得方法などを重視してきた。

しかし、回を重ねるごとに論議は深化を見せた。第5回のサミットの表題は「命を守る『共水』へ、広がる『情報ネット』」だった。自然に配慮した河川改修を契機に、コウノトリの放鳥に成功した兵庫県豊岡市をケースに、経済と環境の両立を大いに論議した。

一方、雨の降り方も年々激しくなっている。Xバンドなど観測機器の近代化は進んでいるが、被災地域の広域化に対応した「公助・共助」の促進が求められている。今年のサミットで提起された「水害サミットフォースによる支援隊」（仮称）計画は、現場からの画期的な行動プランと、自負している。

松田 喬和（毎日新聞 特別顧問）

に、初動の遅れは決定的である。何よりもまず、トップとして判断を早くすること。

❷「命を守る」ということを最優先し、避難勧告等を躊躇してはならない。空振りを恐れてはならない。

❸人は逃げないものであることを知っておくこと。人間には、自分に迫りくる危険を過小に評価して心の平穏を保とうとする、「正常化の偏見」と呼ばれる強い心の働きがある。災害の実態においても、心理学の実験においても人は逃げ遅れている。

❹住民やマスコミからの電話が殺到する。コールセンター等を設け対応すること。

❺とにかく記録を残すこと。

Ⅲ 救援・復旧・復興への対応

❶トップはマスコミ等を通じてできる限り住民の前に姿を見せ、「市役所（区役所・町村役場）も全力をあげている」ことを伝え、被災者を励ますこと。

❷ボランティアセンターをすぐに立ち上げること。ボランティアセンターと行政をつなぐ職員を配置すること。

❸職員には、職員しかできないことを優先させること。

❹住民の苦しみや悲しみを理解し、トップはよく理解していることを伝えること。苦しみと悲しみの共有は被災者の心を慰めるとともに、連帯感を強め、復旧・復興のばねになる。

❺記者会見を毎日定時に行い、情報を出し続けること。

❻大量のがれき、ごみが出てくる。広い仮置き場をすぐに手配すること。

❼庁舎内に「ワンストップ窓口」を設け、被災者の負担を軽減すること。

❽住民を救うために必要なことは、迷わず、果敢に実行すべきである。

❾忙しくても視察を嫌がらずに受け入れること。現場を見た人たちは、必ず味方になってくれる。

❿応援・救援に来てくれた人々へ感謝の言葉を伝え続けること。職員も被災者である。職員とその家族への感謝も伝えること。

⓫職員を意識的に休ませること。

水害サミット実行委は、２０１３年２月に続いて２０１６年10月にも第12回サミットの議論をまとめた水防対策に関する提言書を国交相に手渡した。柱は次の通り。

１ 住民等の適切かつ主体的な避難行動の促進
２ 流域全体における関係機関等の連携強化
３ ソフト対策とハード対策の一体的かつ着実な実施
４ 効果的な被災地支援体制の整備
５ 広域避難計画策定の推進

末松信介副国交相（右）に提言書を手渡す中貝宗治・兵庫県豊岡市長、久住時男・新潟県見附市長、國定勇人・新潟県三条市長＝東京都千代田区で2016年10月5日午後0時半ごろ

命を守る水害読本編集委員会　執筆者（順不同）

関　克己　　公益財団法人河川財団　理事長（p28-29、p31、p68-69、p156）

松尾一郎　　特定非営利活動法人 環境防災総合政策研究機構　環境・防災研究所副所長（p146-148、p150-155、p160-165 監修）

村中　明　　特定非営利活動法人 環境防災総合政策研究機構　上席研究員（p72-p83、p110-113）

岩谷忠幸　　NPO 法人気象キャスターネットワーク事務局長（p84-87）

松田喬和　　毎日新聞社　特別顧問（p6-10 監修）

佐藤寿延　　国土交通省　水管理・国土保全局河川環境課　河川保全企画室長（p22-27、p30-31、p37-51、p58-63、p88、p90-103、p122、p127-139、p166-175、p180-183）
宮本健也　　国土交通省　水管理・国土保全局河川環境課　河川保全企画室 企画専門官（p52-56、p156-159）
林　　孝　　国土交通省　水管理・国土保全局河川環境課　河川保全企画室保全技術係長（p104-105、p114-115）
松橋秀幸　　国土交通省　水管理・国土保全局河川環境課　河川保全企画室調整係長（p106-107、p114-115、p116-119）
澳　知寛　　和歌山県　県土整備部　河川・水道局河川課防災班副主査
小栗孝幸　　国土交通省　水管理・国土保全局河川環境課　河川保全企画室研修員
日下部隆昭　国土交通省　北陸地方整備局　信濃川河川事務所　事務所長（p64-67）
今井　誠　　国土交通省　水管理・国土保全局河川環境課　水防企画室 課長補佐（p143-145）
小川　豊　　国土交通省　水管理・国土保全局河川環境課　水防企画室 課長補佐（p143-145）
千葉弘樹　　社会福祉法人比内ふくし会　特別養護老人ホーム扇寿苑施設長（p143-145）
秋山泰祐　　国土交通省北海道開発局札幌開発建設部（p161）
貫名功二　　国土交通省九州地方整備局八代河川国道事務所長（p164）
中須賀淳　　国土交通省関東地方整備局荒川下流河川事務所長（p162）
石川博基　　国土交通省中部地方整備局庄内川河川事務所長（p163）

安達孝実　　公益財団法人　河川財団　河川総合研究所　戦略的維持管理研究所長
鈴木　篤　　公益財団法人　河川財団　子どもの水辺サポートセンター長（p176-179）

※肩書は執筆時点のもの

編集協力：ヤフー株式会社

毎日企画サービス　　萩原明子
毎日新聞社　　　　　安藤秀徳　河野健太郎
毎日新聞出版　　　　五十嵐麻子　渡邉康佑　村井浩之

本書は、NPO、財団法人、気象キャスター、国土交通省、毎日新聞社等の上記の有志により構成された「命を守る水害読本編集委員会」が編書を行い、それぞれの執筆者の責任において公表するものであり、所属組織の見解を示すものではない。

命《いのち》を守《まも》る水害読本《すいがいどくほん》

2017年7月15日 印刷
2017年7月30日 発行

編著者　命《いのち》を守《まも》る水害読本編集委員会《すいがいどくほんへんしゅういいんかい》

発行人　黒川昭良

発行所　毎日新聞出版
〒102-0074
東京都千代田区九段南1-6-17 千代田会館5階
営業本部　03-6265-6941

印刷・製本　図書印刷株式会社

ISBN978-4-620-32452-4

【STAFF】
ブックデザイン　折原カズヒロ
デザイン　水野賢司
編集協力　毎日企画サービス
校閲　有賀喜久子